ELEFANTE

elefante
EDITORA

CONSELHO EDITORIAL
Bianca Oliveira
João Peres
Tadeu Breda

EDIÇÃO
Tadeu Breda

PREPARAÇÃO
Paula Carvalho

REVISÃO
Daniela Uemura

PROJETO GRÁFICO
Bianca Oliveira

uma história da onda progressista sul--americana
(1998–2016)

fabio luis barbosa dos santos

Este livro é dedicado à Méri,
que esteve comigo nas viagens
a que não foi.

Conteúdo

Introdução   11

1. A Revolução Venezuelana e o subdesenvolvimento com abundância de divisas   29
2. Conciliação e ordem sob o lulismo no Brasil   97
3. Kirchnerismo e os impasses da via burguesa na Argentina   173
4. O *proceso de cambio* na Bolívia: tensões criativas ou destruidoras?   215
5. Ecologia *versus* capitalismo: dilemas da Revolução Cidadã no Equador   267
6. A deposição de Fernando Lugo no Paraguai e a questão brasiguaia   299
7. O Brasil e a economia política da integração sul-americana   337
8. Chile e a economia política do neoliberalismo real   371
9. Perversão e trauma: impasses da política peruana contemporânea   423
10. Guerra e paz na Colômbia em perspectiva histórica   469
11. Para onde vai a Revolução Cubana? Dilemas do socialismo primitivo   513
12. México e o progressismo tardio na fronteira imperial   563

Epílogo   605
Sobre o autor   645

Quem quer manter a ordem?
Quem quer criar desordem?
— Titãs, "Desordem" (1988)

Introdução

O objetivo deste livro é contribuir para um balanço da chamada "onda progressista" sul-americana. A expressão alude à sucessão de governantes identificados com a esquerda, eleitos em reação ao neoliberalismo em anos recentes na região: Hugo Chávez, na Venezuela (1998); Luiz Inácio Lula da Silva, no Brasil (2002); Néstor Kirchner, na Argentina (2003); Tabaré Vázquez, no Uruguai (2004); Evo Morales, na Bolívia (2005); Rafael Correa, no Equador (2006); e Fernando Lugo, no Paraguai (2008). À exceção deste último, todos se reelegeram ou fizeram sucessores. No Chile, os socialistas assumiram a liderança da coalizão Concertación com a eleição de Ricardo Lagos (2000) e, depois, com Michelle Bachelet (2006). Somente no Peru e na Colômbia, por motivos que serão explorados neste livro, se pode dizer que a alternância política pendeu para a direita.

Em fins de 2015, quando o bolivarianismo sofreu uma derrota acachapante nas eleições parlamentares venezuelanas e Mauricio Macri elegeu-se presidente da Argentina, parecia que a onda progressista cedia a uma ressaca reacionária. Esta percepção consumou-se com o *impeachment* de Dilma Rousseff no Brasil, no ano seguinte. Em 2017, embora a coalizão Frente Amplio ainda governasse o Uruguai, Morales presidisse a Bolívia e Correa preparasse seu sucessor no Equador — mesmo que logo depois tenha rompido com ele —, era visível que a iniciativa política tinha mudado de mãos.

Como compreender esta inflexão? Seria uma reação à mudança empreendida pelos governos anteriores, ou o progressismo simplesmente esgotou-se em meio a expectativas frustradas, acossado pela queda no preço das *commodities* e por denúncias de corrupção? O que esta experiência nos diz sobre o sentido da evolução da história contemporânea?

I.

A onda progressista surgiu como reação aos efeitos socialmente deletérios da conjunção entre globalização e neoliberalismo na América do Sul. Enquadrada em perspectiva global, trata-se de uma tentativa de brecar, a partir da periferia, o movimento em direção à barbárie que caracteriza o capitalismo contemporâneo.

Esta reação, no entanto, foi limitada pelas próprias condições de degradação do tecido social e da conjuntura internacional em que pretendeu se afirmar. O resultado foram projetos de mudança que aceitaram os parâmetros da ordem que haviam herdado, visando renegociar em melhores termos a inserção mundial de seus países e a situação dos "excluídos" que frequentemente representaram. Para esta razão política moderada convergiram, em diferentes níveis, pragmatismo e interesse, entre uma avaliação desfavorável da correlação de forças para a mudança e a mera acomodação ao poder. Em suma, com a possível exceção da Venezuela, optou-se por enfrentar a barbárie pela linha do menor confronto.

Esta via referendou a articulação prevalente entre neoliberalismo e progresso. A onda progressista foi neoliberal não somente porque subordinou-se à ditadura do ajuste estrutural, mas porque introjetou a razão de mundo que lhe caracteriza, reduzindo a política a técnicas de gestão balizadas por uma lógica mercantil. Ao mesmo tempo, foi progressista não por ser necessariamente de esquerda, mas porque partilhou de uma visão de mundo que identifica o combate ao subdesenvolvimento com o crescimento econômico, versão periférica da ideologia do progresso.

Como resultado, os governos progressistas articularam o ajuste estrutural ao mito do crescimento econômico; a financeirização à exportação primária; a capitalização dos pobres ao consumo importado. Na intenção de aplacar a voragem capitalista, buscou-se o mínimo denominador comum entre globalização e soberania na esfera internacional, e entre neoliberalismo e integração da população no plano doméstico.

Interpretada em seus próprios termos, a onda pareceu exitosa em um primeiro momento. O crescimento econômico insuflado pela alta no preço das *commodities* facilitou políticas focalizadas que mitigavam a pobreza, enquanto os negócios prosperavam como sempre, resultando em relativa pacificação social. O neodesenvolvimentismo brasileiro, o *capitalismo en serio* na Argentina, o *proceso de cambio* na Bolívia, a Revolução Cidadã no Equador e o governo Lugo no Paraguai perseguiam a pedra filosofal de um neoliberalismo inclusivo como outrora buscou-se o desenvolvimento dependente, na esperança de forjar amálgamas a partir do qual surgiriam nações.

Já no início de 2018, porém, o progressismo se vislumbrava como poeira em estrada passada, decantando aos poucos sobre o trilho pelo qual avançava o trem da história. Para onde quer que se olhasse, o "neoliberalismo inclusivo" cedia lugar à espoliação social, enquanto a conciliação dava lugar à guerra de classes. Para além de críticas, erros e acertos que se possam apontar em cada processo, o sentido do movimento era claro: a aposta foi insuficiente para brecar, quanto mais inverter, a voragem na direção da barbárie.

Neste sentido, o que acontecia em Cuba mostrou-se revelador. Isolada por sua política e natureza, o destino da ilha sempre esteve colado ao do seu entorno regional. Vinte anos de progressismo depois, Cuba escrevia uma constituição em que a palavra "comunismo" era eliminada. A onda progressista, que começou reescrevendo constituições para refundar nações — como no caso da Venezuela, da Bolívia e do Equador —, terminava reescrevendo o que havia de esquerda e de nação na região.

O paradoxo ia além: enquanto os países que atravessaram a onda progressista avançavam em ritmos e tempos diferentes para estados de criminalização da política e insulamento da economia — à moda colombiana —, os países que não foram governados pelo progressismo evoluíam timidamente na direção oposta: frentes de esquerda se destacaram nas eleições presidenciais de Chile, Peru e Colômbia entre 2016 e 2017, enquanto Andrés Manuel López Obrador alcançou a presidência no México em 2018.

A despeito do alento que os últimos pleitos possam ter trazido à esquerda destes países, entendo que esta ascensão deve ser interpretada não como um indício de mudança, mas como o seu contrário: vinte anos depois, constatada ao mesmo tempo a inofensividade do progressismo para ameaçar a ordem e sua relativa eficácia em geri-la, entreabre-se nos países em que as forças da mudança estiveram mais asfixiadas nos decênios recentes uma brecha que seguramente cativará a ilusão de muitos e, certamente, não levará à mudança alguma. López Obrador será o primeiro atirado aos leões, encarando a monumental crise mexicana.

Colocados frente à frente, passado e futuro, progressismo e reação, emergem sob este prisma como faces diferentes — mas não contrárias — da barbárie para a qual caminha o planeta. O malogro do nacional-desenvolvimentismo na periferia, seguido dos efeitos desagregadores do neoliberalismo em todas as esferas da existência, da economia à cultura política, dirige o conjunto do Terceiro Mundo para este destino.

Para dar dois exemplos: a degradação do nacionalismo

nehruviano associado ao Partido do Congresso na Índia, que abraçou o neoliberalismo nos anos 1990, foi sucedida pela ascensão do nacionalismo hindu, uma política com ambições totalizadoras, reacionária e, ao mesmo tempo, modernizadora. Na África do Sul, o Congresso Nacional Africano, que comanda o país desde o fim do *apartheid*, degenerou-se na administração de Jacob Zuma em uma organização que "capturou" o Estado para fins privados, enquanto campeiam a violência e a desigualdade — também entre os negros. Por onde quer que se olhe no Sul global, o cenário é desolador: blindagem da economia, desagregação da sociedade, rebaixamento da política e alienação cultural. Concentração de riqueza, desamparo, repressão e obscurantismo são as marcas da história contemporânea.

Analisados à luz desta tendência mundial, os governos progressistas na América do Sul aparecem como tentativas de civilizar o trem da história recorrendo ao bom senso e à concertação. Acreditou-se que era possível domesticar o desenvolvimento capitalista na periferia ou, ao menos, modular sua velocidade e direção. Sem questionar o trilho, adotaram como norte o crescimento econômico, referido ao paradigma do desenvolvimento das forças produtivas. Como resultado, em lugar de puxar o freio do trem do progresso, como dizia Walter Benjamin, estes governos o aceleraram. Ao invés de conduzi-lo, foram por ele arrastados e, em alguns casos, defenestrados.

A moral da história é que o progressismo não conduz à mudança e será preciso mais do que boa vontade para construí-la. Ao contrário do que se pode imaginar, descarrilhar esse trem não nos levará à barbárie: pode ser justamente o único meio de evitá-la. É preciso desmontar a ordem que o progressismo pretendeu civilizar, ou não haverá mais civilização. Se ordem é progresso, urge a desordem.

II.

A esquerda latino-americana exige uma análise informada da onda progressista, visando responder a questões de relevância política para a atualidade e para o futuro. A presente contribuição está organizada em torno de capítulos que abordam individualmente cada país sul-americano, inclusive os que não se identificaram com o progressismo, à exceção do Uruguai. O enfoque nacional é complementado por uma discussão do processo de integração regional liderado pelo Brasil, que também permeia o capítulo sobre o Paraguai. O livro incorpora ainda uma discussão sobre Cuba, referência incontornável de qualquer processo de mudança na região, e reflexões finais sobre o tema.

As questões que orientam a análise das presidências progressistas têm cunho político. Estes governos foram efetivamente de esquerda, no sentido de contribuírem para superar a desigualdade e a dependência? Qual o alcance e o limite da mudança ensejada? Que relações estabeleceram com o campo popular e com as classes dominantes? Em uma perspectiva histórica, é possível identificar uma funcionalidade política, do ponto de vista da reprodução da ordem? Quais os nexos entre os processos progressistas e a reação que se vislumbra?

Em relação a Chile, Peru e Colômbia, questões diferentes se colocam. Por que nestes países o neoliberalismo não foi desafiado nem mesmo em termos retóricos? O que aconteceu com o campo popular e a esquerda? A subsistência da luta armada no Peru e na Colômbia nos anos 1990 é relevante para explicar os entraves ao progressismo nestes países? O Chile é o neoliberalismo que deu certo? E, mais recentemente: à luz da onda progressista, as frentes à esquerda que cresceram nas eleições no Peru, em 2016, no Chile, em 2017, e na Colômbia, em 2018, têm futuro? No conjunto, a questão que se coloca é: que lições podem ser tiradas da onda progressista para a política de esquerda no subcontinente?

O livro inclui um capítulo sobre Cuba porque, desde o triunfo da revolução, em 1959, a ilha incide, de alguma maneira, em todo processo de mudança na América Latina e vice-versa: a margem de manobra da revolução é condicionada por seu entorno regional. Por outro lado, uma análise que visa contribuir para a política contra-hegemônica precisa incorporar a experiência cubana. Neste capítulo, a pergunta central é: qual o sentido das mudanças na ilha? Dito de outra maneira, indaga-se se há uma restauração capitalista em curso em Cuba. Subjacente a esta análise, refletimos sobre a atualidade da revolução na América Latina a partir da experiência cubana.

Para além de cada processo nacional, a onda progressista recuperou o ideário da unidade latino-americana, associando-o à soberania e ao desenvolvimento. A constituição da União de Nações Sul-Americanas (Unasul) em 2008 é a principal expressão deste movimento, que, no entanto, voltou-se para a América do Sul, e não para a América Latina, como pretendeu a então Alternativa Bolivariana para as Américas (Alba), hoje Aliança Bolivariana para os Povos de Nossa América, lançada alguns anos antes em oposição à Área de Livre Comércio das Américas (Alca) proposta por Washington. Entendo que a análise da integração regional permite discutir as sinergias e as limitações dos diferentes processos nacionais, uma vez que parte da esperança despertada pela onda progressista se relaciona com a possibilidade de convergência entre os governos, potenciando mudanças difíceis de se postular isoladamente — como, por exemplo, desafiar a hegemonia dos Estados Unidos.

Deste ponto de vista, o caráter das gestões petistas foi determinante para modular o sentido geral do processo. Além da importância política e econômica do Brasil, o país reivindicou a liderança de uma integração regional que procurou modelar à imagem e semelhança da sua política doméstica. Cumpre, então, perguntar: quais os interesses subjacentes à integração sul-americana liderada pelo Brasil? Como esta liderança interagiu com governos de orientação díspar, como Hugo Chávez na Venezuela e Álvaro Uribe na Colômbia? Como interpretar o consenso em torno da criação da Unasul e da Iniciativa para a Integração da Infraestrutura Regional Sul-Americana (IIRSA)? O que este processo de integração regional, ao qual aderiram todos os países da América do Sul, revela sobre o alcance e o limite da onda progressista? E, de modo correspondente, qual o alcance e os limites de uma integração encampada por governos desta natureza?

A hipótese central do livro é a de que a onda progressista explicita os estreitos limites para a mudança dentro da ordem na América Latina. O ensejo de modificar estas sociedades sem enfrentar a raiz dos problemas — que remete à articulação entre dependência e desigualdade legada do passado colonial — limitou a mudança à superfície da política. Porém, a alternância eleitoral é funcional à democracia burguesa e às classes dominantes, principalmente em momentos em que o padrão de dominação, descrito por Florestan Fernandes como o Estado Autocrático Burguês, é chacoalhado.

Os governos progressistas se elegeram em contextos com estas características. Em alguns casos, o neoliberalismo era contestado abertamente, como na Argentina, na Bolívia ou no Equador, onde levantes populares derrubaram seguidos presidentes. Em outros, a contestação era latente, como no Brasil ou no Uruguai, onde quem inaugurou o ajuste estrutural foi castigado com sucessivas derrotas eleitorais. Deste ponto de vista, a onda progressista pode ser vista como mais um capítulo da contrarrevolução permanente que caracteriza a dominação burguesa na América Latina, porque, a despeito das boas intenções originais, ela se impôs como uma lei da gravidade sobre os acanhados propósitos de mudança. Frequentemente, o teto baixo para a reforma se converteu no próprio chão do progressismo.

A impossibilidade da reforma como via da mudança, que está associada ao caráter antipopular, antidemocrático e antinacional das classes dominantes, não é uma hipótese nova nem original no pensamento latino-americano. Há quase cem anos, José Carlos Mariátegui enunciou a antinomia entre burguesia e nação no Peru, enquanto Florestan Fernandes explicou com rigor acadêmico, décadas depois, a razão de ser dessa dinâmica. Uma coisa, entretanto, é saber disso na teoria, e outra é constatá-la na prática. Entendo que a análise da onda progressista dá concretude histórica à proposição de que o padrão de luta de classes que caracteriza o capitalismo dependente na América Latina inviabiliza a reforma como via para superar o subdesenvolvimento.

De um ponto de vista político, tão importante quanto constatar este movimento na onda progressista é compreendê-lo. Com este fim, duas estratégias principais são adotadas neste livro: a contextualização histórica e a dinâmica da luta de classes, que envolve analisar a relação dos governos com as classes dominantes e com os setores populares. Este enfoque destaca as determinações internas de cada processo, ligando a *démarche* política ao movimento da história e ao padrão de luta de classes. Nesta perspectiva, embora o imperialismo e o papel dos Estados Unidos sejam realidades incontornáveis, observo que esta presença não foi determinante no desenrolar dos processos abordados, salvo exceções como o Plan Colombia e o inefável bloqueio a Cuba. Os Estados Unidos não tiveram um papel fundamental para derrubar Lugo no Paraguai ou Rousseff no Brasil, como foi o caso com Jacobo Arbenz na Guatemala ou Salvador Allende no Chile, durante a Guerra Fria. Mesmo a instabilidade que caracteriza o processo bolivariano desde a eleição de Nicolás Maduro, em 2013, é atribuída principalmente a determinações internas.

A exigência de contextualização impõe um recuo histórico aos capítulos em que se abordam os diferentes países, referindo o período da onda progressista aos dilemas específicos de cada situação: o subdesenvolvimento com abundância de divisas na Venezuela, a *sociedad abigarrada* na Bolívia, a violência na Colômbia, o socialismo primitivo em Cuba e assim por diante. Este recuo é importante para aquilatar a envergadura dos desafios enfrentados, porque, se os progressistas se elegeram em reação ao neoliberalismo, os problemas que enfrentaram têm raízes mais profundas. E essa perspectiva histórica é igualmente fundamental para entender os países que não penderam para a esquerda: é necessário compreender o Sendero Luminoso e o "fujichoque", ou a Unidad Popular (UP) e a ditadura de Augusto Pinochet — processos bastante diferentes entre si — para explicar por que a esquerda peruana encolheu e a chilena, congelou.

Ao mesmo tempo, é preciso indagar por que os processos desencadeados terminaram sucumbindo à ordem, mesmo onde havia um notável potencial de radicalização, como na Bolívia. Entendo que, mais além da sedução do poder, há uma correlação entre a timidez política destes governos e a derrota do movimento histórico que lhes antecedeu. Capítulo da contrarrevolução mundial, a contrarrevolução latino-americana no contexto da Guerra Fria liquidou projetos revolucionários e também reformistas, gerando as condições para a imposição do neoliberalismo que, por sua vez, a consolidou. A ordem burguesa na América Latina se afirma como uma contrarrevolução permanente.

Nesta realidade, não há meio-termo: gerir a ordem exige amasiar-se com os ricos e dominar os pobres. Há diferentes maneiras de exercer esta dominação, mas a exploração, a alienação e a dependência estão sempre lá. Nesta perspectiva, enquanto os governos progressistas ilustram os constrangimentos para romper com a contrarrevolução permanente, os países em que a política não pendeu para o progressismo são a contraprova do argumento: trata-se da permanente contrarrevolução permanente, sem interlúdio cor-de-rosa.

Para reconstituir a dinâmica da recente luta de classes nos diferentes países, recorri à pesquisa de campo, além da bibliografia disponível. No final de cada capítulo, inclusive o que trata da integração regional, encontram-se referências a conversas, entrevistas e visitas; se não estão citadas, como no caso do Equador, é porque não tenho registro delas.

Estes trabalhos de campo remetem a diferentes projetos de pesquisa e extensão: como bolsista do Instituto de Pesquisa Econômica Aplicada (Ipea), eu investigava a questão dos brasiguaios no Paraguai quando o presidente Lugo foi deposto, em 2012. A partir de 2014, viajei para Venezuela, Colômbia, Bolívia, Peru, Cuba, Argentina e Chile nos marcos do programa de extensão Realidade Latino-Americana da Universidade Federal de São Paulo (Unifesp), projeto que reúne grupos de estudantes e professores em torno de uma agenda de formação acadêmica e política que culmina com uma pesquisa de campo coletiva, envolvendo visitas e entrevistas com lideranças populares, personalidades políticas e intelectuais. O programa é apoiado pela Pró-Reitoria de Extensão da universidade, à qual registro um agradecimento especial. O Memorial da América Latina oferece suas instalações para as atividades do projeto, além de organizar a publicação eletrônica de seus resultados na série Pedagogia da Viagem. A Fundação de Amparo à Pesquisa do Estado de São Paulo (Fapesp) apoiou o projeto de pesquisa Neodesenvolvimentismo ou neoliberalismo: o Brasil e o sentido da integração regional sul-americana, processo nº 2014/05549-3. Este apoio viabilizou a realização de pesquisa suplementar na Venezuela, no Equador, na Bolívia, no Peru e no Uruguai. O capítulo sobre integração regional baseia-se nos resultados desta investigação. As entrevistas no Equador foram feitas em 2011 nos marcos de um projeto similar ao Realidade Latino-Americana, mas realizado fora da universidade. Atualizei os dados e a bibliografia posteriormente.

Registro os meus agradecimentos também aos colegas e alunos que participaram dos diferentes projetos. Arriscando omissões, agradeço a Pedro Barros, Verena Hitner, Felippe Ramos, Pietro Alarcón, Héctor Mondragón, Carol Ramos, Nilson Araújo, Luis Pinto, Rodrigo Chagas, Regiane Bressan, Daniel Carvalho, Gilberto Maringoni, Agustín Espinosa, Fabiana Dessotti, Vivian Urquidi, Bruna Muriel, Salvador Schavelzon, Luciana Sousa, Marcelo Carvalho, Carlos Alberto Cordovano, Joana Salém, Patrícia Mechi, Vanderlei Vazelesk, Fabio Maldonado, Silvia Adoue, Luis Fernando Ayerbe, Plínio de Arruda Sampaio Júnior, Frei Betto, Carlos Eduardo Carvalho e Vitor Schincariol. Fora do Brasil, agradeço a todos com quem conversei, sendo que a maior parte dessas conversas está citada no final de cada um dos capítulos. Miguel Tinker Salas, Rodrigo Chagas, Salvador Schavelzon, Javier Gomez, Bernardo Sorj, Michael Löwy, Marcelo Santos, Clécio Mendes, Julio Gambina e Isabel Loureiro estiveram entre os leitores críticos de diferentes capítulos, além dos pareceristas de revistas acadêmicas, nas quais foram publicadas versões de alguns destes textos. Daniel Feldman fez preciosos comentários sobre o livro e cada um de seus capítulos, em uma combinação de competência e generosidade infelizmente raras em nosso meio. Muito obrigado.

Esta nota metodológica delimita os limites do escopo do livro. Não há um capítulo sobre Uruguai porque este foi o único país sul-americano onde não fiz pesquisa de campo. Por outro lado, há um capítulo sobre Cuba. Inicialmente, não havia um capítulo sobre o caso brasileiro, porque o analisei em obra recente. Entretanto, diante da possibilidade de difundir este livro entre um público que não lê português, redigi um capítulo sobre o Brasil a partir de um texto escrito em coautoria com Ruy Braga. É o único capítulo que não se apoia em trabalho de campo sistemático.

Além dos capítulos nacionais, abordo o projeto de integração regional das gestões petistas por dois motivos: para explicitar o caráter da política exterior brasileira e da integração que promoveu, e também porque este é um ângulo fecundo para analisar as interações entre os países sul-americanos, à esquerda e à direita do espectro progressista. Sob este prisma, evidencia-se o papel moderador dos governos petistas, na dupla acepção do termo: como mediador entre radicais e reacionários, como Chávez e Uribe, mas também como um ator que pressionou pela moderação em lugar da radicalização da mudança. Neste mesmo diapasão, a questão brasiguaia ilumina as contradições do projeto brasileiro, que no caso paraguaio contribuíram para um lamentável desenlace. Este enfoque assume como premissa que as administrações petistas tiveram um papel decisivo para calibrar o alcance e o limite da onda progressista.

Por fim, há uma limitação cronológica. As pesquisas de campo e o esboço original dos textos foram realizados em diferentes momentos. Embora eu proponha 2016 como o ano em que se esgotou o processo, nem todos os capítulos chegam até lá, enquanto alguns avançam até 2017. O capítulo sobre o Equador recorre a uma atualização apoiada em fontes secundárias, porque o trabalho de campo extensivo foi feito em 2011. No caso da Colômbia, o capítulo foi redigido no final de 2014. Acrescentei apenas uma nota relacionada à derrota da consulta pública sobre o processo de paz. Entendo que a análise apresentada oferece elementos para explicar esse resultado, como a ressonância da política uribista no país e as ambiguidades do governo de Juan Manuel Santos. No caso paraguaio, não me propus a analisar o governo de Horacio Cartes, mas apresento uma reconstituição detalhada das motivações e dos eventos que conduziram ao *impeachment* de Fernando Lugo. Observo que este texto, apontando como articulador e principal beneficiário do golpe paraguaio o político que o sucedeu na presidência do país, foi escrito em agosto de 2013, muito antes da eleição de Horacio Cartes. Isso não é um talento profético, mas indício de que os paraguaios politicamente informados entenderam rapidamente o que aconteceu — e por quê.

O recuo histórico adotado nos capítulos também não é uniforme, correspondendo ao imprescindível para contextualizar os dilemas contemporâneos em cada país. No entanto, há uma relativa simetria entre as análises abordando países de formação socioeconômica similar, e cuja orientação política recente foi notavelmente distinta: Venezuela e Colômbia, Bolívia e Peru, Argentina e Chile. Aqueles que desejam aprofundar o potencial comparativo da análise podem cotejar estes capítulos.

Uma observação sobre as reflexões finais. A hipótese fundamental do livro foi enunciada nesta introdução e está subjacente aos diferentes capítulos: a ordem como uma contrarrevolução permanente, e a inviabilidade da reforma como caminho da mudança. Tendo estas questões como pano de fundo, as reflexões finais delineiam o sentido da história no período, pontuando relações ou contrastes relevantes entre os países. O objetivo é reconstituir em grossas pinceladas o quadro geral latino-americano, colocando particularidades nacionais em diálogo, por semelhança ou diferença. É um exercício ensaístico, pois não me convenci de que seria fecundo detalhar as comparações entre os países — o que, de todo modo, estaria além das minhas possibilidades.

Portanto, não se trata de um livro em que argumentos encadeados nos sucessivos capítulos convergem para uma conclusão que comprova a tese, mas de um livro em que, à maneira do seu objeto, a tese da contrarrevolução permanente está em toda parte. A exceção fica para as reflexões finais, em que apresento nove proposições em torno da resposta necessária à contrarrevolução permanente: a revolução latino-americana.

Referências bibliográficas

FERNANDES, Florestan. *Capitalismo dependente e classes sociais na América Latina*. Rio de Janeiro: Zahar, 1975a.
___. *A revolução burguesa no Brasil*. Rio de Janeiro: Zahar, 1975b.
___. *Circuito fechado*. São Paulo: Hucitec, 1976.
___. *Poder e contrapoder na América Latina*. Rio de Janeiro: Zahar, 1981.
LAVAL, Christian & DARDOT, Pierre. *A nova razão do mundo: ensaio sobre a sociedade neoliberal*. São Paulo: Boitempo, 2016.

1. A Revolução Venezuelana e o subdesenvolvimento com abundância de divisas

É um pouco o que eu falava da terceira via proposta por Tony Blair, o primeiro-ministro britânico. Um modelo que não seja socialista nem comunista, mas que também não seja o neoliberalismo selvagem que causa desemprego e instabilidade. Que exista emprego, trabalho, salário justo, seguridade social. Um modelo econômico humanista, esta é a solução.
— Hugo Chávez, 1998

Você se lembra, e o país se lembra, de que, em alguma ocasião, foi ingenuamente esboçada aquela tese da terceira via [...] mas cheguei aqui e começou aquela dinâmica em torno da minha pessoa, em torno da minha gestão, fui aprendendo na realidade, fui estudando, fui viajando pelo mundo e, em poucos anos, especialmente depois do golpe de abril de 2002, depois da investida imperialista com aquela ação selvagem de sabotagem econômica e de terrorismo, me dei conta de que o único caminho para sermos livres, para que a Venezuela seja livre, independente, é o caminho do socialismo.
— Hugo Chávez, 2008

Introdução

A eleição de Hugo Chávez em 1998 foi a primeira vitória de um candidato alternativo à política convencional na América do Sul no contexto do neoliberalismo. Nas quatro décadas anteriores, a Venezuela havia sido comandada por dois partidos que se revezavam no poder segundo um arranjo político conhecido como Pacto de Punto Fijo. Dependente da exportação de petróleo, o país viveu uma notável expansão econômica nos anos 1970, no contexto do choque petroleiro. Porém, a conjunção entre a crise da dívida e a queda no preço do barril no decênio seguinte mergulhou o país em uma prolongada recessão. A aplicação do receituário neoliberal por sucessivos governos esteve na raiz de uma insurreição popular em 1989, o *Caracazo*, bem como na tentativa de golpe frustrada liderada por Chávez em 1992 e, finalmente, em sua eleição. A despeito da orientação inicial moderada do novo governo, a intenção de conceder caráter público à renda petroleira polarizou o país. Confrontado com uma tentativa de golpe seguida de locaute patronal, em 2002, o governo extremou posições. Processo dinâmico que recolocou a mudança radical na agenda latino-americana, a autodenominada Revolução Bolivariana se deparou com o desafio de superar a situação descrita por Celso Furtado como "subdesenvolvimento com abundância de divisas", na qual se inscreveram o alcance e os limites deste processo.

1. Subdesenvolvimento com abundância de divisas

Um dos principais focos insurgentes na guerra de independência hispano-americana e berço de figuras como Francisco de Miranda, Simón Rodríguez e Simón Bolívar, a Venezuela revela, em sua trajetória ao longo do século XIX, similaridades com os países da região, onde os entraves geográficos, sociais, políticos e econômicos para a afirmação do Estado Nacional se expressaram em recorrentes conflitos civis.
À maneira mexicana, os esforços de modernização capitalista no último quarto do século foram guiados, direta ou indiretamente, por uma modalidade de "autocrata civilizador". O general venezuelano Antonio Guzmán Blanco, que ditou a linha política do regime mesmo quando saiu da presidência, em 1888, não seria o primeiro nem o último governante com um projeto modernizador a se identificar como uma espécie de reencarnação de Simón Bolívar — que, em 1830, morrera isolado e amargurado com a fragmentação de seu projeto de unidade regional, tendo sido alçado à condição de ícone nacional desde então (Carrera Damas, 2003).

Com a derrubada do regime em 1899 por um militar andino, Cipriano Castro, a chamada causa restauradora não se diferenciou de governos anteriores ou posteriores por seus métodos políticos, de características ditatoriais, mas sim por uma orientação de viés nacionalista. Assim, quando uma coligação de potências europeias bloqueou portos venezuelanos em 1902 a pretexto da cobrança de dívida externa, o presidente condenou a agressão em uma declaração que começava com as seguintes palavras: "A planta insolente do estrangeiro profanou o solo sagrado da pátria".

O desfecho do episódio, em que se impôs a mediação estadunidense favorável às potências estrangeiras, revelou algo que já se anunciara alguns anos antes com a intercessão de Washington na disputa fronteiriça oriental venezuelana com a Guiana inglesa: os Estados Unidos deslocavam os britânicos como poder discricionário na região, reivindicando o controle sobre o Caribe como uma espécie de mar interno na esteira da Guerra Hispano-Americana de 1898, quando ocuparam Cuba e Porto Rico (LaFeber, 1963). A intervenção na guerra civil colombiana, que resultou na cisão territorial que deu origem ao Panamá em 1903 e à construção do canal, iniciada no ano seguinte, consolidou este movimento.

Assim, poucos meses depois de junho de 1908 — quando eclodiu um conflito entre o governo venezuelano e uma corporação mineradora estadunidense, produzindo a ruptura das relações diplomáticas entre estes países —, operou-se um golpe militar que levou à presidência Juan Vicente Gómez, que reconheceu as exigências estadunidenses feitas ao governo anterior e abriu as portas ao capital estrangeiro, comandando o país até a morte, em 1935. A evolução venezuelana, neste contexto, não destoava senão em grau de outros países da América Central e do Caribe, em uma região em que os Estados Unidos passaram a intervir de modo cada vez mais explícito, modelando a economia e as instituições políticas. Em 1909, por exemplo, foi deposto com o apoio de tropas estadunidenses o presidente da Nicarágua, José Santos Zelaya, que flertava com a possibilidade de construir um canal transoceânico com capitais europeus. Poucos anos depois, tropas estadunidenses ocuparam o país, de onde só se retiraram em 1933, sob pressão do "pequeno exército louco" comandado por Augusto César Sandino.

A exportação de gêneros primários na Venezuela não apresentou o dinamismo de outras economias sul-americanas, que desenvolveram tendências à diversificação econômica apontando para uma potencial autonomização na virada do século. Expressão deste baixo dinamismo é a constatação de que, desde o final do século XVIII, não se fundavam novas cidades, em um país onde 85% da população vivia no meio rural e os demais, em sua maioria, habitavam cidades de 5 a 10 mil habitantes, enquanto Caracas não excedia 100 mil moradores (Carrera Damas, 1997, p. 129). Esta situação foi subvertida a partir de 1917, ano em que se descobriu petróleo em solo venezuelano. Em 1926, o produto se tornaria a principal exportação do país. A despeito da tributação ínfima, as receitas fiscais advindas do petróleo se multiplicaram por cinquenta em poucos anos, saltando de 6 milhões de bolívares em 1924 para 300 milhões em 1930, em um processo que teve desdobramentos econômicos e políticos sintetizados por Domingo Maza Zavala (1984, p. 477) nas seguintes palavras:

> [Cipriano] Castro foi o último governante de um país agroexportador, fragmentado pelo domínio dos caudilhos, endividado com o exterior, pobre em recursos fiscais, financeiros e monetários, absorvido ainda pelas centelhas agonizantes das guerras intestinas. Gómez foi o primeiro governante de um país petroleiro, com predomínio de capital estrangeiro, sem a ameaça do "caudilhismo" tradicional, sem os partidos "históricos" (diferentes matizes de conservadorismo e de liberalismo), com um crescente potencial fiscal, financeiro e monetário, de solvência restabelecida no que concerne à dívida pública e um relativo clima de paz sob o lema de "união, paz e trabalho".

Governando a Venezuela como um negócio privado — "administrar o país é como administrar uma fazenda", dizia o ditador —, Gómez distribuiu concessões de exploração por meio da Corporación Venezolana de Petróleo (CVP) entre seus familiares e favorecidos, que, por sua vez, as renegociavam com as transnacionais do ramo: neste cenário, Standard Oil e Shell controlavam 85% do negócio — 50% e 35%, respectivamente — no final dos anos 1930. Em um fenômeno que a literatura posterior descreveu como "doença holandesa",[1] a valorização do bolívar em função da receita do petróleo elevou o preço dos gêneros agrícolas exportáveis, agravando a situação crítica do setor no momento da depressão mundial do entre guerras. Neste contexto, o país se converteu em um importador de alimentos, o que teve como consequência um processo de "descamponesação" e migração urbana, revelando uma das faces de um processo determinante na constituição da Venezuela contemporânea: o esvaziamento das atividades produtivas como desdobramento do modo como a receita do petróleo impactou as relações sociais legadas pela formação histórica do país, engendrando uma situação descrita por Celso Furtado (2008) como "subdesenvolvimento com abundância de divisas".

A consolidação da identidade venezuelana como país petroleiro teve, neste contexto, desdobramentos fundamentais no modo como se afirmou a relação da população com o Estado — e com o próprio nacionalismo. Como o petróleo foi identificado como uma riqueza natural pertencente ao povo venezuelano, cuja gestão deveria ser feita pelo Estado como um representante do interesse nacional, os diferentes

---

1. "Doença holandesa" é um termo usado em economia para explicar situações em que o aumento da receita advindo da exportação de recursos naturais valoriza excessivamente a moeda local, levando à desindustrialização do setor manufatureiro, o que o torna menos competitivo em relação aos produtos externos. A origem do nome remete ao que aconteceu na Holanda na década de 1960, quando vários setores da indústria do país praticamente sumiram devido à valorização do florim depois da descoberta de gás natural em seu território. [N.E.]

matizes políticos no campo democrático que se consolidaram nos anos posteriores à morte de Gómez convergiram na reivindicação da distribuição da renda petroleira, em oposição à apropriação privada operada pela ditadura. Por isso é que mesmo no campo marxista não se aventava a nacionalização da extração do petróleo. Nesta perspectiva, a realização do interesse individual passava pela efetiva atuação do Estado como mediador entre as corporações transnacionais e o conjunto da população.

Esta identificação entre democracia e distribuição da renda petroleira resultou em uma ambiguidade do nacionalismo venezuelano, uma vez que, de um lado, o crescimento da renda nacional dependia de uma correlação de forças favorável à apropriação da receita petroleira por parte do Estado diante das transnacionais que dominavam o negócio; e, por outro, uma vez que a receita da nação se vinculava ao negócio petroleiro, a lucratividade das empresas estrangeiras que o operavam era uma condição necessária de sua reprodução ampliada. De acordo com Miguel Tinker Salas (2014, pp. 22-3), esta leitura lastreou um projeto cultural que se tornou hegemônico no país, segundo o qual "os empregados das companhias petrolíferas estrangeiras e setores da classe média criaram a visão de uma nação venezuelana moderna, enraizada nos valores políticos e sociais promovidos pela indústria", que tinha como linha mestra a ideia de que "os interesses da indústria eram os mesmos interesses da nação".

Assim, a percepção da Venezuela como uma nação petroleira se desdobrou em duas associações correlatas: entre democracia e distribuição da renda advinda do petróleo, e entre o progresso da nação e a prosperidade do negócio petroleiro. Esta ideologia, que aponta para a convergência entre o interesse nacional e o negócio petroleiro transnacional, está subjacente à frase de maior ressonância na Venezuela contemporânea: "Semear o petróleo". Formulada originalmente pelo intelectual

Arturo Uslar Pietri nos anos 1930, em um contexto em que o país até há pouco agrícola dependia crescentemente da importação de alimentos, o texto denunciava, de modo premonitório, o risco de que a riqueza petroleira convertesse a Venezuela em uma espécie de "parasita da natureza".

Convertida em mantra de variados projetos políticos que intencionavam romper a dependência do país em relação à receita petroleira por meio da diversificação da atividade produtiva e da industrialização, esta noção oculta a natureza das relações internacionais e de classe em que se baseia a reprodução do subdesenvolvimento, sugerindo que sua superação é, sobretudo, uma questão técnico-econômica associada à alocação racional e produtiva da receita estatal. Esta ideologia está presente no debate político venezuelano desde os primeiros programas do partido Acción Democrática (AD), fundado em 1941 com inspiração social-democrata, até o processo bolivariano no século XXI, e informa a análise de pensadores críticos e comprometidos com o povo da Venezuela, como Juan Pablo Pérez Alfonzo e Celso Furtado — este, diante da alta dos preços do petróleo, diagnosticava em 1975 que "existe nesse país a possibilidade de modificá-lo [o subdesenvolvimento] sem transtornos sociais maiores" (Furtado, 2008, p. 122).

Ao contrário de ser uma questão ideológica, esta identificação entre nação e negócio petroleiro expressa a incidência da economia rentista em todas as esferas da sociedade venezuelana (Tinker Salas, 2014, p. 344). Em primeiro lugar, uma vez que o Estado é o intermediário entre a receita do petróleo e o interesse nacional, a disputa pelo excedente petroleiro se materializa como uma disputa pelo Estado. Assim, se o denominador comum das organizações democráticas que afloraram após a morte de Gómez foi a exigência de distribuição social da renda petroleira, é possível interpretar que a instabilidade política deste período — em que uma sucessão de golpes militares colocou e tirou o AD do governo — está vinculada à costura de um arranjo satisfatório às diferentes frações da classe dominante no que concerne aos privilégios associados à renda petroleira. Este arranjo consumou-se em 1958 com o famigerado Pacto de Punto Fijo, que implicou fundamentalmente a partilha do Estado entre os dois braços da ordem: AD e Comité de Organización Política Electoral Independiente (Copei, de inspiração democrata-cristã, fundado em 1946), que passaram a se alternar no poder Executivo; integrar as Forças Armadas aos privilégios petroleiros; controlar os sindicatos, inclusive a Confederación de Trabajadores Venezolanos (CTV), vinculada majoritariamente ao AD; e reprimir os dissidentes, sobretudo os comunistas.

Sob esta perspectiva, o pacto aceitou as premissas em que se assentava a reprodução do negócio petroleiro, o que teve como consequência, no plano geopolítico, o alinhamento do país com os Estados Unidos. Assim, o Pacto de Punto Fijo correspondeu no plano internacional à Doutrina Betancourt, formulada em 1959 pelo presidente venezuelano Rómulo Betancourt, que, sob a retórica de um compromisso intransigente com a democracia, desagradável a ditadores como o dominicano Rafael Trujillo e o nicaraguense Anastasio Somoza, revelou uma hostilidade militante à Revolução Cubana. Internamente, o limite da tolerância política dos governos associados ao Punto Fijo foi dado pelos fundamentos do próprio pacto, recorrendo-se às técnicas repressivas características das ditaduras do Cone Sul contra aqueles que questionaram os marcos da ordem (Defensoría del Pueblo, 2013). Portanto, a despeito da idealização da "democracia" venezuelana no período, frágil como os elogios à democracia de partido único mexicana ou à democracia genocida colombiana, análises que enfocam as implicações do rentismo petroleiro sobre as diferentes esferas da existência matizam o significado dos golpes que destituíram Isaías Medina Angarita, em 1945, e Rómulo Gallegos, em 1948, assim como do *golpecito* que consolidou a ditadura de Marcos Pérez Jiménez, em 1952, e da mobilização que derrubou este mesmo regime, em 1958. Daí que autores como Fernando Coronil ou Tinker Salas enfatizem a continuidade como a marca da história venezuelana petroleira, ao menos até a eleição de Hugo Chávez, em contraponto a leituras que identificam a "modernidade" venezuelana com o petróleo, como o faz Germán Carrera Damas; ou com a morte de Gómez em 1935, como sugere Mariano Picón-Salas; ou ainda com a "Revolução de Outubro" de 1945, conforme a narrativa construída pelo AD; ou, por fim, com o "espírito do 23 de janeiro", que derrubou Pérez Jiménez em 1958, segundo leituras apologéticas do Pacto de Punto Fijo. Coronil observou, por exemplo, um padrão similar no gasto público entre estes diferentes governos, localizando como única diferença um empenho nas gestões do AD por aumentar as receitas (Coronil, 2013). De modo análogo, a análise de Bernard Mommer (2013a, p. 23) sobre o sentido geral da política petroleira estabeleceu um corte cronológico no auge do Pacto de Punto Fijo, quando a nacionalização do combustível comandada por Carlos Andrés Pérez traduziu uma inflexão no que havia até então:

> A história petroleira pode ser dividida em três períodos. O primeiro, a Época das Concessões (que vai desde o começo do século XX até 1975), foi caracterizado por um progresso contínuo do Estado como proprietário do recurso natural e como proprietário soberano. Culminou com a nacionalização da indústria em 1975 e a criação da companhia Petróleos de Venezuela S.A. O segundo período, a Época da Compañía Petrolera Nacional (de 1975 até 2003), foi marcado por um movimento contrário, de anular, uma por uma, todas as conquistas do primeiro período. [...] O terceiro período da nossa história petroleira, que se iniciou em 2003, pode ser chamado de Época das Confrontações entre as duas políticas opostas já indicadas

anteriormente — a nacional e a antinacional — sob o lema da Plena Soberania Petroleira.

Diferentes em escopo, metodologia e objetivos, os trabalhos de Coronil e Mommer chamam a atenção para linhas de continuidade na história venezuelana para além das alternâncias de governo e, inclusive, de regime. E estas determinações estão vinculadas ao caráter da economia nacional, discussão que remete aos nexos entre Estado, sociedade e renda petroleira. No caso de Mommer, estas relações referenciam o sentido do movimento da história, enquanto o trabalho de Coronil enfoca as múltiplas ramificações sociais, políticas e culturais do rentismo petroleiro para a sociedade venezuelana. É possível situar a crise que projetou Hugo Chávez na convergência entre ambas as problemáticas em uma sociedade marcada, em todas as esferas da sociabilidade, pelo subdesenvolvimento com abundância de divisas.

Segundo Mommer, a inversão no sentido da política petroleira praticada desde os anos 1930 foi sinalizada, paradoxalmente, pela criação da Petróleos de Venezuela S.A. (PDVSA) em 1975, em uma operação que se limitou a nacionalizar o capital das transnacionais enquanto manteve intocado o seu controle sobre a dimensão comercial do negócio, replicando um procedimento realizado nos principais países associados à Organização dos Países Exportadores de Petróleo (OPEP) no período (Mommer, 2013a). Na Venezuela manteve-se intacta a orientação da nova empresa, balizada pela racionalidade mercantil e infensa às políticas de Estado, de modo que a PDVSA consolidou-se nos decênios seguintes como uma espécie de "Estado dentro do Estado", em um movimento agravado nos anos 1990 à luz das políticas de abertura petroleira (Parra Luzardo, 2012).

Coronil assinalou que este descolamento entre a renda petroleira e o interesse nacional esteve associado à generalização da corrupção e da delinquência em um país onde o uso do cargo público como meio de enriquecimento privado era prática comum. Assim, paralelamente à euforia no auge das receitas petroleiras decorrente do choque do petróleo, em 1973, que se traduziu em numerosas obras públicas, na difusão de um padrão de consumo sofisticado baseado em importações e em um endividamento público afiançado pela certeza de receitas futuras, difundiu-se a sensação de que o petróleo corroía o tecido social do país. Esta percepção foi sintetizada no título do livro lançado em 1976 por um expoente da luta pela nacionalização do petróleo e um dos protagonistas da fundação da OPEP, Juan Pablo Pérez Alfonzo: *Hundiéndonos en el excremento del diablo* [Afundando no excremento do diabo] (Pérez Alfonso, 2011).

As raízes estruturais deste mal-estar estão vinculadas às peculiaridades do padrão de luta de classes sob o rentismo petroleiro. Segundo Coronil, em uma sociedade em que a fonte precípua de riqueza está associada à distribuição, a disputa pelo excedente econômico não se realiza no terreno da produção, mas se expressa em uma disputa pelo Estado ou, mais especificamente, pela maneira como o Estado distribui a receita petroleira. Nesta perspectiva, o lastro socioeconômico do Pacto de Punto Fijo residiu em uma divisão desigual — porém abrangente — da receita estatal, contemplando desde os beneficiários diretos do negócio petroleiro e os setores de serviços a ele associados, a burocracia estatal, que inclui o exército, os negócios vinculados às obras públicas, até segmentos de trabalhadores que conformam burocracias sindicais, que frequentemente pressionam por uma maior distribuição da renda petroleira em lugar de aumentos salariais. Em suma, o negócio petroleiro, o funcionalismo público, as obras de infraestrutura, os programas sociais e os subsídios econômicos diretos e indiretos ao consumo constituem uma rede que estende os benefícios da renda petroleira aos diferentes estratos da população, embora em proporção desigual. Segundo Coronil (2013, p. 294), a natureza desta relação social resulta em uma percepção fetichista do Estado como "um lugar dotado do poder alquímico de transmutar a riqueza líquida em vida civilizada".

Em função das distorções socioeconômicas associadas à doença holandesa e do impacto causado por ela sobre a produtividade dos setores não petroleiros, a generalização dos subsídios ao consumo se traduziu em estímulos à importação, difundindo um padrão de vida descolado da estrutura produtiva do país. Uma vez que a seiva vital da economia nacional está associada à circulação da renda petroleira, que impulsiona a importação, floresce no país uma burguesia vinculada ao comércio, e não à produção. Assim, para além dos empecilhos de natureza econômica à proposição de "semear o petróleo" (mercado interno, dependência tecnológica, investimento de capital etc.), essa dinâmica revelou múltiplos entraves à constituição de uma burguesia nacional umbilicalmente vinculada à produção, em uma realidade na qual a iniciativa industrial era percebida como mera extensão da atividade comercial.

Isto significa que o investimento industrial foi frequentemente motivado pelo afã de preservar uma situação comercial vantajosa, quando, por exemplo, o governo acenava com tarifas protecionistas à fabricação de determinados produtos. Assim, o estudo de caso da fábrica de tratores FANATRACTO nos anos 1970 aponta que os acionistas desta empresa eram vinculados ao comércio de tratores importados, de modo que, quando o governo retirou seu apoio à iniciativa nos marcos de uma inflexão liberalizante, a fábrica foi sepultada sem protestos e seus protagonistas voltaram a importar tratores. A generalização deste padrão, em que a distribuição da renda petroleira predomina sobre a produção de valor, leva o autor a inverter a afirmação de Karl Marx, sugerindo que, na Venezuela, o processo de circulação absorve a produção como uma fase da circulação (Coronil, 2013, p. 470).

O mal-estar associado à percepção de que a renda petroleira disseminava a corrupção e o "parasitismo" em lugar de "semear" a industrialização e a soberania converteu-se em indignação social nos anos 1980, quando a combinação da crise da dívida com a queda nos preços internacionais do petróleo provocou uma falta de divisas que dissolveu o poder associado ao "Estado mágico", colocando a Venezuela nos trilhos neoliberais. O primeiro sintoma inequívoco da crise foi a desvalorização do bolívar em 1983, ao mesmo tempo que se alterou o sistema de câmbio, em um dia que ficou conhecido no país como Sexta-Feira Negra. A manchete de um diário nacional sintetizou o estado de espírito do momento: "A festa acabou" (López Maya, 2006, p. 23).

No ano seguinte, foi implementado o primeiro pacote de medidas de cunho neoliberal. Mas o estopim da crise foi a rebelião popular desencadeada pelo aumento no preço da gasolina em 1989, que afetou o preço dos transportes públicos, no contexto dos ajustes fiscais executados pelo governo de Andrés Pérez entre 1989 e 1993. O presidente, que ironicamente comandara o país entre 1975 e 1979 em plena "euforia petroleira", administrava um Estado que direcionava mais da metade de sua receita ao pagamento de credores. O *Caracazo* foi a rebelião mais violenta contra a agenda neoliberal na América Latina no final do século XX, deixando, após cinco dias de enfrentamentos, um legado impreciso de mortos, que se contam às centenas.

Ao evidenciar o caráter autocrático do Estado venezuelano, o episódio é considerado um marco no processo de corrosão dos fundamentos políticos do Pacto de Punto Fijo, que tem como substrato sua degradação econômica. Segundo Mommer (2013b), durante o período que correspondeu à política petroleira antinacional (1975-2003), houve uma involução da ordem de 1,5% do Produto Interno Bruto (PIB) *per capita*, em contraste com um crescimento em torno de 4% no período anterior. As taxas negativas entre 1980 e 1984 foram seguidas de alternâncias bruscas, refletindo a dependência do país em relação às exportações de petróleo.

Entretanto, o programa neoliberal teve efeitos corrosivos no mundo do trabalho, que se expressaram em um incremento substancial da delinquência. Entre 1983 e 1998, registrou-se uma diminuição no emprego formal nos setores público (22,67% a 16,33%) e privado (36,03% a 35,47%), que correspondeu a um crescimento do trabalho informal (41,30% a 48,2%). Esta redução do emprego formal foi acompanhada de ofensivas que precarizaram os direitos dos trabalhadores, resultando em uma piora no poder de compra do conjunto da população, que foi agravada pela inflação. Assim, entre 1980 e 1997, o percentual de lares em situação de pobreza saltou de 17,65% para 48,33%, e de extrema pobreza, de 9,06% para 27,66%. O aumento da delinquência no período se evidenciou na taxa de homicídios, que quadruplicou na Venezuela como um todo e sextuplicou em Caracas entre 1986 e 1999, enquanto triplicaram os roubos de veículos entre 1990 e 1996 (López Maya, 2006).

É este o pano de fundo em que se projetou a liderança política de Hugo Chavez. O tenente-coronel comandou um golpe militar em 4 de fevereiro de 1992 contra o governo de Andréz Pérez. Frustrado o levante, assumiu responsabilidade pela derrota em rede nacional de televisão, sublinhando que se rendia temporariamente — *por ahora*, em suas palavras.[2]

---

2. "Companheiros, lamentavelmente, por ora, os objetivos a que nos propusemos não foram alcançados na capital. Ou seja, nós, aqui em Caracas, não conseguimos controlar o poder. Vocês o fizeram muito bem por aí, mas já é tempo de evitar mais derramamento de sangue, já é tempo de refletir, e novas situações virão, e o país tem que se encaminhar definitivamente a um destino melhor."

A ousadia e a humildade de Chávez, que se rebelou contra um governo odiado, resultaram em uma identificação popular com o líder da insubordinação. Filiado à AD, Andréz Pérez segurou-se no cargo, mas desmoralizado. Foi destituído no ano seguinte em meio a um processo de corrupção e colocado em prisão domiciliar. Seu sucessor foi outra figura emblemática do Pacto de Punto Fijo, o ex-presidente e fundador da Copei, Rafael Caldera, que se elegeu com um discurso em que procurava desvincular-se do arranjo que ajudara a construir, anunciando uma ruptura com as políticas do antecessor. A despeito das intenções originais, em pouco tempo este governo capitulou aos constrangimentos neoliberais, selando diante da população a falência das alternativas políticas convencionais. Foi neste contexto que Hugo Chávez, indultado no início do governo Caldera, elegeu-se presidente em 1998, enfrentando uma inédita coligação entre as agremiações que se alternaram como os dois braços do partido da ordem durante quarenta anos.

II. Revolução Bolivariana

Vista em perspectiva continental, a eleição de Chávez remete a um padrão em que a implementação da agenda neoliberal provocou um agudo desgaste dos partidos convencionais, abrindo espaço para a eleição de candidatos alternativos, identificados historicamente com a esquerda em algumas situações, como Tabaré Vázquez no Uruguai e Lula no Brasil, ou simplesmente com uma alternativa à política prevalente, como Evo Morales na Bolívia e Rafael Correa no Equador — que, inclusive, se elegeu com um marcado discurso antipartidarista. Neste contexto, a singularidade do processo venezuelano foi a determinação com que seu presidente enfrentou os entraves à mudança social, respondendo com uma radicalização progressiva da autodenominada Revolução Bolivariana enquanto seus congêneres frequentemente legitimaram o neoliberalismo (Webber & Carr, 2013). O próprio Chávez mostrou-se consciente desta dinâmica, que descreveu como "questão de um amadurecimento teórico e de prática eminentemente dialética":

> Você se lembra, e o país se lembra, de que, em alguma ocasião, foi ingenuamente esboçada aquela tese de uma terceira via. Uma vez, inclusive, cheguei a ler a tese do chamado capitalismo renano ou com rosto humano, mas cheguei aqui e começou aquela dinâmica em torno da minha pessoa, em torno da minha gestão, fui aprendendo na realidade, fui estudando, fui viajan-

do pelo mundo e, em poucos anos, especialmente depois do golpe de abril de 2002, depois da investida imperialista com aquela ação selvagem de sabotagem econômica e de terrorismo, me dei conta de que o único caminho para sermos livres, para que a Venezuela seja livre, independente, é o caminho do socialismo. (Rangel, 2014, p. 274)

Embora para muitos venezuelanos a figura de Chávez tenha despontado subitamente para a política nacional com o levante frustrado de 1992, o próprio comandante localizou seu compromisso revolucionário original no final dos anos 1970, e daria início à preparação de um movimento militar reivindicando o direito constitucional à rebelião em 1982, com a fundação do Movimiento Bolivariano Revolucionario 200 (MRB-200) no ano que precedeu o bicentenário do nascimento de Simón Bolívar.

Tenente-coronel influenciado por militares de orientação progressista no continente, como os governos de Juan Velasco Alvarado no Peru (1968–1975) e Omar Torrijos no Panamá (1968–1981), Hugo Chávez Frías deveu sua formação política também às tradições da esquerda venezuelana vinculadas à luta armada nos anos 1960, conjugadas a um nacionalismo que reivindicava o legado dos próceres da pátria e da unidade latino-americana (Gott, 2004). Esta conjunção se evidencia no programa político que guiou o levante de 1992, conhecido como *O livro azul*, em provável alusão a *O livro verde* elaborado por outro militar de origem nacionalista em um país petroleiro, Muamar Al Khadafi. Neste livreto encontra-se a descrição de uma árvore de três raízes, à maneira das três fontes do marxismo popularizadas por Lênin: "É o projeto de Simón Rodríguez, o Mestre; Simón Bolívar, o Líder; e Ezequiel Zamora, o General do Povo Soberano" (Chávez, 2013). Em termos concretos, o eixo da proposta era uma reforma política tendo como ponto de partida a convocação de uma Assembleia Constituinte, premissa para a refundação da pátria e a construção de uma "democracia participativa e protagônica", em uma crítica velada à institucionalidade consagrada pelo Pacto de Punto Fijo.

De fato, este foi o roteiro seguido por Chávez quando eleito. Uma vez empossado, convocou uma Assembleia Constituinte, mas manteve a ministra da Economia do governo anterior, Maritza Izaguirre, sinalizando uma orientação moderada neste campo, ainda que em anos anteriores tivesse sugerido a moratória da dívida e o estabelecimento de um "modelo de economia de pós-guerra" (Rangel, 2014, p. 107). Em uma entrevista concedida meses antes do pleito, descreveu sua proposta econômica nestas palavras:

> É um pouco o que eu falava da terceira via proposta por Tony Blair, o primeiro-ministro britânico. Um modelo que não seja socialista nem comunista, mas que também não seja o neoliberalismo selvagem que causa desemprego e instabilidade. Que exista emprego, trabalho, salário justo, seguridade social. Um modelo econômico humanista, esta é a solução.
> (Rangel, 2014, p. 217)

Resultado de uma intensa atividade constitucional em seu primeiro ano de governo, a nova Carta Magna referendada em plebiscito alterou o nome do país para República Bolivariana da Venezuela; criou os poderes "cidadão" e "eleitoral", conforme assinalado n'*O livro azul*; ampliou e atualizou os direitos humanos, incorporando direitos indígenas e ambientais; assinalou diversas formas de participação política direta, além da possibilidade de revogar mandatos, entre outras mudanças no terreno político. A mobilização constitucional que ocupou o início do mandato foi acompanhada de um fortalecimento da base parlamentar vinculada ao processo, que então foi denominado Revolução Bolivariana.

No entanto, o que revoltou a oposição não foi o processo constituinte, mas o conjunto de "leis habilitantes" anunciado no final de 2001 — iniciativa do Executivo similar às "medidas provisórias" no Brasil (Maringoni, 2004, p. 57). Dentre as leis promulgadas, destacam-se a Lei de Terras e Desenvolvimento Agrário, facultando a desapropriação de áreas acima de 10 mil hectares que não apresentassem documentação regular; a Lei de Pesca e Aquicultura, defendendo a pesca artesanal em relação à pesca industrial; e, principalmente, a Lei de Hidrocarbonetos, que sinalizava para uma reapropriação das receitas petroleiras por parte do Estado para fins de políticas públicas.

Este conjunto de medidas desencadeou uma articulação conspirativa que culminou com o golpe de Estado de 11 de abril de 2002, orquestrado com decisivo apoio midiático, como revela o documentário *The revolution will not be televised* [A revolução não será televisionada], dos irlandeses Donnacha O'Briain e Kim Bartley. Revertido pela confluência entre o protesto popular de massas e a intervenção de militares fiéis ao governo, a ofensiva oposicionista tomou, poucos meses depois, a forma de um *paro cívico nacional* — ou seja, um locaute, que teve como eixo a interrupção das exportações de petróleo com a paralisação da PDVSA.

Apesar do êxito em desestabilizar a economia, provocando uma queda de 27% no PIB do primeiro semestre de 2003, o saldo político do embate inclinou a correlação de forças decisivamente a favor do governo. Determinado a consolidar uma reversão no sentido antinacional da política petroleira praticada desde 1975, o governo realizou um expurgo na PDVSA, demitindo cerca de 18 mil funcionários de um total de 42 mil. Ao mesmo tempo intensificaram-se as políticas sociais, principalmente por meio das chamadas *misiones*, que respondiam ao duplo ensejo de atender a demandas populares represadas e estimular bases orgânicas de apoio ao regime, em um processo que contou com participação decisiva do

Exército face aos entraves que a burocracia estatal colocou na relação com o chavismo.³ Segundo López Maya (2006, p. 276),

> Foi depois desta vitória política que o governo pareceu adquirir consciência clara de que sua sobrevivência, não só no médio e longo prazo, mas também no decorrer dos próximos meses, estava intrinsecamente vinculada à possibilidade de que deveria realizar o quanto antes e de maneira tangível a democracia participativa e protagônica que anunciava desde o início da sua gestão, e a qual, até então, só havia avançado timidamente.

Chávez sintetizou o dilema destes primeiros anos na seguinte frase: "Ou me deixo arrastrar ou me mantenho firme" (Rangel, 2014, p. 313). O triunfo sobre a oposição golpista na Venezuela se consolidava no momento em que Lula assumia a presidência do Brasil, seguida da vitória de Néstor Kirchner na Argentina poucos meses depois. Esta auspiciosa convergência regional estimulou a radicalização bolivariana e marcou a ascensão na América do Sul do processo descrito retrospectivamente como "onda progressista".

Decidido a manter-se firme, o governo venezuelano articulou iniciativas em diversas dimensões, visando consolidar as bases econômicas, ideológicas, sociais e políticas da mudança. No campo econômico, estimulou atividades produtivas em diferentes frentes e com estratégias variadas, envolvendo desde a estatização de empresas, os incentivos a

---

3. Chávez declarou: "Era viável do ponto de vista político começar a governar já com um projeto profundamente revolucionário? Era viável politicamente? Como?! Com quase todo o Estado contra" (Rangel, 2014, p. 408). Juan Carlos Monedero (2013, p. 18) registra a seguinte pichação difundida em Caracas naquele período: "Chávez é nosso infiltrado neste governo de merda".

empreendedores nacionais (a chamada *boliburguesía*)[4] e os estímulos para formas cooperativas de produção no campo e na cidade, como as Empresas de Produção Social (EPS) e, mais recentemente, a proposta das Zonas Especiais de Industrialização (ZEIS), entre outras. Em termos ideológicos, houve uma radicalização, que se revela na incorporação de uma retórica anti-imperialista em 2003, conduzindo à proposição de um socialismo bolivariano ventilado em 2004, descrito por vezes como o "socialismo do século XXI" (Dietrich, 2005) e que se adensou com a proposição do Estado Comunal a partir de 2006. No plano internacional, floresceu uma política alternativa, enfatizando a integração regional como parte de uma estratégia orientada à multipolaridade, sinalizada com o lançamento da Alternativa Bolivariana para as Américas (Alba) em 2004, em contraposição à Área de Livre Comércio das Américas (Alca), a constituição da Petrocaribe em 2005, o ingresso no Mercosul em 2006, consumado em 2012, além de relações aprofundadas com países como China, Irã, Rússia e Bielorrússia. No campo social, uma multiplicidade de programas recebeu investimentos, tanto para garantir uma política de segurança alimentar abrangente, entre a produção de alimentos (Gran Misión AgroVenezuela) e sua distribuição em mercados estatais (Mercal), até programas massivos de educação popular em diferentes níveis (escolas bolivarianas, Misión Ribas, Misión Sucre e a Universidade Bolivariana), passando por planos de assistência médica (Misión Barrio Adentro, com destacada participação de médicos cubanos) e um impressionante programa de construção de habitações populares (Gran Misión Vivienda), entre outros.

4. *Boliburguesía* é um neologismo criado pela contração dos termos "bolivariano" e "burguesia" para descrever uma nova elite composta de empresários e funcionários públicos que enriqueceram durante o governo de Hugo Chávez. [N.E.]

Referendado por dezessete pleitos ao longo de catorze anos, nos quais sofreu uma única derrota — na consulta popular de 2006 —, o governo teve aguda consciência de que a "tangibilidade da democracia participativa e protagônica" mencionada por López Maya implicava consolidar bases sociais de apoio ao processo, superando a falta de organicidade prevalente quando Chávez se elegeu pela primeira vez. Em uma palavra, a Revolução Bolivariana precisaria superar o chavismo para avançar. Daí os múltiplos empreendimentos organizativos em diversos terrenos, como os círculos bolivarianos e as *misiones* no contexto polarizado dos primeiros anos; o surgimento da Fuerza Bolivariana de Trabajadores no seio da CTV, que apoiara o locaute patronal em 2002 e 2003, e a criação da Unión Nacional de Trabajadores em 2003; a constituição dos Comités de Tierra Urbana (CTUs) em locais onde havia necessidade de regularização fundiária nas cidades, assim como das Organizaciones Comunitarias Autogestionarias (OCAs) no primeiro governo Chávez; a formação do Partido Socialista Unido de Venezuela (PSUV) em 2007; o empenho na afirmação dos Conselhos Comunais e Comunas, sobretudo a partir da Lei dos Conselhos Comunais de 2006, e com maior vigor a partir da Lei Orgânica dos Conselhos Comunais de 2009 (López Maya, 2011). Evidentemente, estas iniciativas se depararam com os dilemas inerentes à intenção de organizar a população a partir do Estado, fragilizando sua autonomia.

As proposições no campo político foram acompanhadas de ações no campo da imprensa e da propaganda, objetivando contrabalancear a hostilidade da maioria absoluta da mídia. A despeito de uma retórica histriônica de ressonância internacional, denunciando supostos limites à liberdade de expressão, pesquisas indicaram que, dos noventa diários nacionais e regionais, cerca de oitenta seguiam linhas de oposição ao governo: a capacidade desses veículos de influenciar a opinião pública era multiplicada diante do fato de muitas emissoras de rádio os utilizarem como fonte para seus programas de notícias. Além disso, a maioria dos veículos de comunicação pertence ao capital privado: dentre os canais televisivos, por exemplo, havia 65 comerciais e seis estatais (Díaz Rangel, 2012, p. 40). Frente a este impressionante poder, escorado na cumplicidade da grande imprensa mundial, o governo investiu em uma imprensa simpática à sua política, que teve na Telesur seu fruto mais admirável. Mas o principal canal de comunicação com a população talvez tenha sido obra do próprio Chávez, que se revelou um talentoso comunicador de massas, ao vivo ou em transmissões televisivas, como protagonista do programa dominical *Aló, Presidente*.

O carisma, porém, dificilmente sustentaria um processo que se estendeu por mais de quinze anos. A política de investimento social a partir da renda petroleira, que se beneficiou de altos preços do produto, registrou inegáveis avanços sociais sob Chávez, atestados por uma série de dados. Entre 2002 e 2010, a população em estado de pobreza na Venezuela reduziu de 48,6% para 27,8%, e essa cifra baixaria a 21,2% em 2012. Similarmente, observou-se uma redução de 22,2% para 10,7% de venezuelanos vivendo na extrema pobreza, atingindo 6,5% em 2012. Estes números colocaram o país como o terceiro menos pobre da América Latina continental, depois de Argentina e Uruguai. Além disso, a Venezuela registrou o coeficiente Gini— índice que aufere o grau de concentração de renda — mais baixo da América Latina (0,394). No campo do trabalho, o desemprego caiu de 14,6% em 1999 para 6,4% em 2012, enquanto o emprego formal ascendeu de 53% para 57,5%. O número de matrículas em todos os níveis de educação subiu acentuadamente, assim como a extensão do sistema de aposentadoria (de 387 mil beneficiados em 1998 para quase 2,5 milhões em 2012), enquanto a mortalidade e a desnutrição infantil diminuíram. Em decorrência disso, o país registrou um avanço consistente de posições no Índice de Desenvolvimento Humano (IDH), alcançando a posição 63 entre 187 países, situando-se no trecho considerado como "alto" dessa lista (Plan de la Patria, 2013).

Estes números, assentados em uma reapropriação da renda petroleira em prol do interesse público, sugerem que o processo bolivariano superou o nefasto legado social e econômico do neoliberalismo, recolocando o país na rota da nação. No entanto, a permanência de altos índices de criminalidade, a corrupção e a ineficiência estatal, o clientelismo, a cultura rentista, a dependência do petróleo, a falta de soberania alimentar e o padrão de consumo assentado em importações indicam os limites entre o que foi realizado e o que foi projetado pela revolução.

III. Dilemas da Revolução Venezuelana

Desde que Nicolás Maduro se elegeu com estreita margem de votos, em março de 2013, os maiores desafios do governo se localizam no terreno econômico. Sua principal expressão é uma inflação ascendente, problemas de abastecimento e desajuste cambial, em que se observa uma notável disparidade entre as diferentes bandas cambiais oficiais e o preço do dólar no mercado paralelo. A desorganização da economia tem efeitos desagregadores no tecido social e há indícios de que os avanços acima assinalados sejam revertidos (Lander, 2015).

Detalharei os mecanismos e efeitos da crise mais adiante. Neste momento, chamarei a atenção para aspectos que remetem à sua dimensão estrutural, ao mesmo tempo que delinearei os contornos do que parece ter sido a estratégia chavista para superar estas limitações. A hipótese central é de que a ênfase na disputa política em detrimento das contradições econômicas foi um sintoma da debilidade do bolivarianismo para produzir a mudança. Este enfoque analítico matiza o peso da morte de Chávez na crise atual, sugerindo os limites do processo na sua totalidade.

A raiz estrutural dos problemas econômicos venezuelanos remete ao descolamento entre o padrão de consumo, mediado por importações frequentemente subsidiadas pelo Estado, e a base produtiva do país, sendo esta uma situação característica do subdesenvolvimento. A peculiaridade do país é contar com o que Celso Furtado (2008, p. 46) descreveu como um "fluxo líquido estável de capital estrangeiro" proveniente das receitas petroleiras, sinalizando a possibilidade de driblar um dos entraves característicos da industrialização periférica: a escassez de capitais. No entanto, esta "abundância de divisas", ao engrenar nas estruturas do subdesenvolvimento, gera as distorções socioeconômicas associadas à "doença holandesa" e que na Venezuela resultam em relações sociais subsumidas ao rentismo petroleiro, alicerçadas em um padrão de consumo baseado em importações e subsídios estatais. Longe de se restringir a uma questão econômica, a superação da dependência petroleira implica modificar relações sociais cristalizadas, cuja origem remete à colonização, como observa Coronil (2013, p. 470):

> Paradoxalmente, o dinheiro proveniente do petróleo, que era o resultado das atividades de algumas das empresas transnacionais mais dinâmicas, reforçou na Venezuela concepções e práticas surgidas a partir do descobrimento e da colonização das Américas, que consideravam a riqueza não tanto como resultado do trabalho produtivo, mas sim como a recompensa por atividades não relacionadas diretamente com a produção, entre as quais a conquista, o saque ou a sorte pura.

Neste quadro, "semear o petróleo" não deve ser concebido como um fim em si, mas como expressão de um anseio de mudança que transcende a dimensão econômica do rentismo. Afinal, uma hipotética distribuição equânime da receita petroleira sustentaria uma nação rentista — ou, no limite, um "socialismo rentista", como foi provocativamente sugerido (Álvarez, 2012). No entanto, para além da questão existencial sobre o sentido de uma sociedade que se reproduz como um "parasita da natureza", a superação da dependência petroleira é condição para assumir o controle sobre o próprio destino e, neste sentido, uma premissa da Revolução Venezuelana. Em outras palavras, a renda petroleira é a expressão venezuelana do problema da dependência, que é indissociável do padrão de luta de classes que reproduz o subdesenvolvimento, como analisou Florestan Fernandes (1968; 1975).

Nesta perspectiva, ao recuperar a diretriz "semear o petróleo", Chávez incorporou também suas ambiguidades, pois, como vimos, este bordão sugere o conteúdo econômico, mas elide a dimensão de classe da Revolução Venezuelana: focaliza a distribuição, e não a produção. Esta ambivalência se reflete na dinâmica do processo bolivariano, em que a clareza de seu líder em relação ao caráter da burguesia venezuelana — "imaginem se eu tivesse feito um pacto com a direita venezuelana, com a burguesia capitalista; eu já estaria politicamente acabado" —, que derivou em uma radicalização do processo, conviveu com um permanente chamado à colaboração de classes — "não há outro caminho senão alcançar o maior consenso social possível" — e com a queixa da falta de uma oposição leal, que praticasse a política "com código ético" (Rangel, 2014, p. 378, p. 361). Esta ambivalência entre a consciência das implicações políticas da radicalização e a aspiração à conciliação de classes encontrou expressão lapidar em entrevista concedida pelo presidente em setembro de 2012, durante sua última campanha presidencial:

> Nossa vitória convém aos donos da Televen, convém aos donos da Venevisión, convém aos donos das grandes empresas privadas, convém à grande burguesia do Lagunita Country Club. Por quê? Porque com Chávez aqui se garante a tranquilidade do país, a paz do país e o desenvolvimento do país. [...] Eu sou uma garantia para vocês, um seguro de estabilidade; que mais você quer que eu fale? (Rangel, 2014, p. 465)

E, no entanto, os proprietários venezuelanos desestabilizaram a ordem chavista sempre que possível, reafirmando que não possuíam vínculos com o espaço econômico nacional ou com um projeto de nação. Além das contradições inerentes ao fomento de uma indústria nacional em que o interesse das classes dominantes está vinculado às importações, a abertura neoliberal potencializou a especulação financeira, aguçando a volatilidade do espaço econômico nacional. Estima-se que entre o auge petroleiro e a liberalização econômica dos anos 1990 houve uma fuga de capitais da ordem de 60 bilhões a 90 bilhões de dólares, ou seja, entre duas a três vezes a dívida externa do período. Já nos meses do *paro petrolero*, em 2003, a fuga de capitais foi estimada em 7 bilhões de dólares. Na crise recente, observou-se uma convergência entre a especulação financeira, que pressiona o preço do dólar apostando em uma desvalorização do bolívar, e a especulação comercial, que importa mercadorias ao dólar oficial para revendê-las à cotação paralela.

Diante desta realidade, e assumindo como premissa que o processo bolivariano envolveu um empenho genuíno em consumar a Revolução Venezuelana, como explicar a postura conciliatória de Chávez?

É possível interpretar suas declarações como uma tática orientada a minimizar as contradições sociais, em função de uma avaliação desfavorável da correlação de forças para um enfrentamento aberto. Uma racionalidade similar pode ser aventada no plano das relações internacionais, em que Chávez frequentemente criticou a orientação neoliberal do Mercosul, ao qual terminou por aderir, ao mesmo tempo que defendeu a Unasul como uma via de integração regional antineoliberal, embora a perspectiva brasileira de uma organização "guarda-chuva", de caráter eminentemente político (Sanahuja, 2012), tenha se imposto. Em ambos casos, a Venezuela aceitou os limitados benefícios que estas iniciativas lhe ofereciam como contrapeso à virulência estadunidense, em um contexto mundial hostil a projetos alternativos ao neoliberalismo — quanto mais aos de inspiração socialista.

Em uma conjuntura internacional desfavorável à mudança, confrontado com uma burguesia cujo horizonte mercantil é desvinculado do espaço econômico nacional e da produção de riqueza, herdando um Estado "ineficaz, corrupto, autoritário, indolente e desperdiçador" (Monedero, 2013, p. 18), as esperanças de uma revolução nacional só poderiam ser depositadas no povo venezuelano, a quem Chávez deu testemunhos de fidelidade.

Contudo, o ponto de partida neste campo tampouco era auspicioso. Conforme observado, Chávez foi eleito em um contexto de esgarçamento dos partidos políticos e debilidade da classe trabalhadora, em um processo no qual um setor militar desempenhou o papel de partido contra a ordem e resultou eleito, mobilizando uma ampla, mas difusa, base de apoio popular. Face a um Estado corrupto, uma central sindical opositora e um movimento camponês incipiente, o governo apoiou-se inicialmente no exército para deslanchar as *misiones*. No entanto, o ensejo de radicalizar a mudança motivou uma estratégia de transição a uma outra Venezuela, que Chávez descreveu como "socialismo bolivariano", assinalando deste modo que não teria como horizonte o capitalismo nem o paradigma soviético, mas a nação. A este respeito, gostava de citar Fidel Castro, que dizia que seu maior erro foi acreditar que havia quem soubesse o caminho ao socialismo. Daí o lema de Simón Rodríguez, abraçado por Chávez: "Ou inventamos ou erramos".

O terreno da invenção escolhido por Chávez foi a política, campo em que colheu seus maiores sucessos, e seu método, o Estado Comunal.

A constituição do Estado Comunal foi projetada a partir da consolidação e articulação de diversas instâncias de poder popular, como os Conselhos Comunais, as Comunas, as Cidades Comunais e, por fim, o Estado Comunal, culminando com o ideário da "democracia participativa e protagônica". Recebendo inicialmente atribuições políticas, diversas comunas se articularam em torno de atividades produtivas, principalmente no campo, sinalizando uma aproximação germinal entre as dimensões produtiva e legislativa da vida social. Havendo projetos de orientação econômica similar, constituía-se um "distrito motor" vinculado às Regiones Estratégicas de Defensa y Desarrollo Integral (REDI) promulgadas no Plan de la Patria (2013-2019), programa de governo legado por Chávez e incorporado por Maduro. Em meados de 2014, contabilizavam-se mais de 48 mil Conselhos Comunais e mais de duas mil Comunas, das quais 754 estavam registradas como tal, e estava em curso um processo de transferência de competências e recursos a estas instâncias comunais mediado pelo Ministério do Poder Popular para as Comunas e os Movimentos Sociais, órgão que, segundo afirmou seu vice-ministro, "tem que ter uma existência finita" (Toledo, 2014).

A proposta do Estado Comunal como um instrumento de construção do socialismo floresceu em uma realidade em que mesmo opositores do regime reconheceram que "as inovações participativas impulsionadas pelo governo ao longo de doze anos enraizaram a convicção de que os problemas da democracia venezuelana podem ser resolvidos com a participação e os esforços de todos" (López Maya, 2011, p. 113).

No entanto, este caminho que enfatiza a via política não esteve infenso a contradições. Como aponta Victor Álvarez (2012), no decorrer do processo bolivariano a economia se tornou *más capitalista*, no sentido de que aumentou a participação do setor privado, passando de 64,8% a 70% entre 1999 e 2008-2009, fenômeno que explica com as seguintes palavras:

> A política econômica bolivariana, ao se concentrar na reativação e não na transformação do aparato produtivo existente, contribuiu para que o setor capitalista da economia crescesse a uma velocidade maior que a economia pública e a economia social.

A dependência em relação ao petróleo também aumentou, respondendo por quase 95% das exportações no governo Maduro, que ainda tinha como principal comprador os Estados Unidos, apesar da crescente participação chinesa. Mais além dos desafios que remetem às relações de produção, o chavismo resistiu a implementar modestas reformas que sinalizariam um disciplinamento da riqueza e do consumo. Por exemplo, na Venezuela não há imposto sobre ganhos financeiros, enquanto a vizinha Colômbia tem uma alíquota de 25%; a carga tributária no país está entre 9% e 12% do PIB, enquanto no Brasil alcança 35%. Por fim, o governo resistiu a mexer no preço da gasolina, a mais barata do mundo, mas cujo subsídio sangra os cofres públicos.

Este subsídio condensa as contradições inerentes ao padrão de distribuição da renda petroleira que caracterizam o "Estado Mágico". Em primeiro lugar, reproduz a desigualdade, uma vez que a subvenção àqueles que usufruem de um barateamento do transporte público é ínfima em relação aos proprietários de carros, peruas e jipes, cujo consumo é ainda maior segundo o tamanho e a sofisticação do modelo. Por consequência, esta questão remete a outro dilema da Revolução Venezuelana, envolvendo a necessidade de modificar um padrão de consumo espelhado nas sociedades do capitalismo central. Pois, como indicou Furtado (2008, p. 126), no caso venezuelano, "disciplinar o consumo é pelo menos tão importante quanto orientar a produção".

Apesar das contradições para consolidar o poder comunal do modo como foi concebido, com apoio do Estado e nos marcos da continuidade econômica, trata-se de um esforço para projetar um horizonte de mudança para o chavismo. Nesta perspectiva, entendo que não deva ser desprezado, mas apreciado e criticado como parte de uma estratégia cujos limites se tornaram evidentes após a morte do líder, em 5 de março de 2013.

Chávez foi um leitor atento e um intelectual voraz, que

teve a humildade de aprender com os livros e com a vida. A centralidade adquirida em seu pensamento pelo lema "ou inventamos ou erramos" traduz a consciência de que "revolução é um revisar eterno". O líder venezuelano também foi um dedicado estrategista,[5] e Ignacio Ramonet (2013, p. 21) chama a atenção para a sua habilidade em ser subestimado, que estaria relacionada à origem pobre. Assim, é plausível que o Estado Comunal emerja inspirado nos Comitês de Defesa da Revolução (CDRs) cubanos, em uma estratégia que associa democracia direta e territorialização do poder (Briceño Mendez, 2014), com a intenção de superar entraves à radicalização do processo venezuelano:

> Acredito que esse é o melhor combate contra o burocratismo, contra a ineficiência do Estado, contra a corrupção. Dar poder ao povo, eis aí os conselhos comunais e suas leis, já são umas instituições; eis aí as comunas que estão se formando; eis aí o controle social e a lei que acaba de ser aprovada, são exemplos... São uma configuração estratégica geral muito mais complicada, muito mais trabalhosa. (Rangel, 2014, p. 333)

Entendo que a proposição do Estado Comunal fez parte de uma estratégia de consolidação da Revolução Venezuelana, concebida como um longo processo histórico cujo eixo não é a mudança das relações de produção, mas a construção do que Antonio Gramsci conceituou como "hegemonia". Vista por este ângulo, a crítica de López Maya a uma instrumentalização dos Conselhos Comunais pelo PSUV deve ser matizada,

---

5. Chávez declarou: "Na Academia aprendi o que Napoleão chama de a 'flecha do tempo'. Quando um estrategista planeja uma batalha, deve pensar de antemão no 'momento histórico', portanto, na 'hora estratégica', depois no 'minuto tático' e, por fim, no 'segundo da vitória'. Nunca esqueci esse esquema de pensamento" (Ramonet, 2013, p. 20).

uma vez que expressa uma contradição mais profunda, inerente ao papel de um Estado que pretende dissolver seu poder (López Maya, 2011). Como registra Azellini (2012, p. 119),

> O desafio à transformação na Venezuela significa que muitas das instituições têm que trabalhar para tendencialmente superar a própria existência (p. e., o Ministério das Comunas), ou pelo menos mudar completamente suas funções e reduzi-las a favor da participação protagônica do povo organizado. Isso, pela lógica inerente, não faz nenhuma instituição por si mesma.

A resistência que este processo despertou no próprio campo bolivariano era previsível, pois conflita com interesses incrustados na institucionalidade prevalente. Afinal, o bolivarianismo se tornou poder. Nesta perspectiva, o poder comunal foi encarado como um rival por quadros vinculados às diferentes instâncias do poder estatal, e que não projetam uma "existência finita". Na avaliação de muitos, foi este o motivo subjacente à única derrota eleitoral do chavismo, em uma consulta que pretendia, entre outros, referendar o poder comunal e a orientação socialista do processo. É plausível que o próprio Chávez cultivasse uma relação ambígua com a proposta comunal, dividido entre as exigências do poder estatal e a utopia do poder popular — dilema familiar à Revolução Cubana, da qual se aproximou.

IV. Crise

Às vésperas da eleição parlamentar na Venezuela em dezembro de 2015, os desequilíbrios econômicos no país se acentuavam. A inflação era estimada em 150%, segundo dados não oficiais, já que o governo não divulgara cifras ao longo do ano. Havia problemas de desabastecimento em vários setores, incluindo alimentos básicos, medicamentos, insumos produtivos e peças de reposição. O desajuste cambial decolava: no câmbio oficial, o dólar era cotado a 6,30 bolívares, enquanto no mercado paralelo superava a marca de 800 bolívares, fenômeno que potencializava práticas especulativas de distinta natureza. Como decorrência, havia escassez de divisas, dificultando as viagens ao exterior. O nível de reservas internacionais do país era baixo, em torno de 16 bilhões de dólares, e com baixa liquidez, já que mais de 80% estava em ouro. Neste contexto, o Fundo Monetário Internacional (FMI) visualizava uma recessão em torno de 10% para o país. Diante deste cenário econômico desalentador, a popularidade do presidente Maduro era avaliada em torno de 25% e a perda da maioria governista no Congresso era previsível, embora poucos imaginassem a magnitude da derrota que se impôs (Ramos, 2015).

Os contornos do processo que levou a esta situação são conhecidos. Em um contexto em que prevalece um câmbio fixo sobrevalorizado, o preço do dólar no câmbio paralelo arrancou de 12 bolívares em outubro de 2012 para atingir o pico de 88 bolívares no final de fevereiro de 2014. Este salto esteve vinculado a uma escassez de divisas em dólar em meados de 2013, associada ao incremento substancial dos gastos públicos a partir de 2010, após cinco trimestres de recessão na sequência da queda no preço do barril de petróleo de 118 para 58 dólares no final de 2008. O principal investimento canalizou-se para a construção de casas do programa Gran Misión Vivienda, lançado em resposta a uma catástrofe natural que deixou milhares de desabrigados no estado de Vargas. Para além da motivação imediata, o programa sinalizou uma nova rodada de ações populares nos marcos de uma sequência de disputas eleitorais que se anunciava, e que acabou por consumir as finanças públicas e a saúde de seu líder máximo.

A escassez de divisas provocou uma disparada no preço do dólar paralelo, onerando as importações, o que teve repercussões inflacionárias e afetou o poder de compra dos salários. A falta de alguns produtos que se seguiu gerou compras nervosas com a intenção de estocar — o que, por sua vez, agravou a escassez. O descolamento na relação entre o dólar paralelo e o oficial, cuja diferença anterior era o dobro, saltou para mais de dez vezes, difundindo atitudes oportunistas, em que comerciantes, importando ao câmbio oficial, reajustavam seus preços segundo a variação do paralelo, agravando a pressão inflacionária. Neste contexto, o governo lançou uma banda cambial intermediária conhecida como Sicad 2, com o objetivo de esvaziar a demanda pelo dólar no paralelo e romper o ciclo de depreciação e inflação que se instalara. Assim, a partir de fevereiro de 2014, vigoraram diferentes faixas cambiais: o dólar a 6,3 bolívares para a importação de bens essenciais; o Sicad 1, que neste momento estava na faixa de 10 bolívares, para itens secundários e viagens internacionais de venezuelanos; o Sicad 2, que segue o sistema de oferta e demanda com intermediação do Banco Central, que estava em torno de 50 bolívares; e, por fim, o dólar paralelo, que naquele momento baixou para menos de 70 bolívares (Ramos, 2014).

No segundo semestre de 2015, a explosão da diferença entre o câmbio oficial, congelado em 6,30 bolívares, e o paralelo, que ultrapassou 800 bolívares, se converteu em um impulso irresistível à especulação, que se materializou de variadas maneiras e escalas. No varejo, havia múltiplas atividades especulativas, como o fenômeno dos *raspacupos*, que compravam passagens em voos internacionais para acessarem dólares à cotação oficial, posteriormente revendidos no paralelo, esgotando os assentos virtuais de aviões que, de fato, decolavam vazios (Ramos, 2014); ou o contrabando, em pequena e grande escala, de tudo o que se possa imaginar — de gasolina a fraldas, passando por alimentos e remédios, principalmente para a Colômbia.[6] O empenho do governo em preservar o subsídio aos itens de primeira necessidade impulsionou este comércio ilegal, do qual se beneficiavam autoridades fronteiriças corruptas. Em escala maior, registraram-se controversas manipulações contábeis de grandes empresas, como no campo da aviação, gerando constantes atritos com o governo. Mais grave para a legitimidade do processo, havia evidências de corrupção envolvendo o funcionalismo público, inclusive denúncias de contrabando de navios de petróleo com a cumplicidade de membros do governo e das Forças Armadas. Quando se recorda que Chávez recorreu ao Exército, sobretudo em seus primeiros anos na presidência, para contrabalancear as dificuldades em implementar um programa de mudança diante do Estado "ineficaz, corrupto, autoritário, indolente e desperdiçador" que herdara, evidencia-se a profundidade do problema.

6. Foi neste contexto que o governo venezuelano deportou 1.532 colombianos em agosto de 2015, segundo dados das Nações Unidas, e decretou o fechamento da fronteira, provocando o retorno de ao menos 18.377 cidadãos ao seu país de origem por receio dos desdobramentos da situação, descrita pelo Estado colombiano como uma "crise humanitária".

O descolamento entre as taxas cambiais combinado a uma inflação ascendente resultou, na prática, na dolarização do preço de itens importados. Assim, um vidro de *ketchup* marcado a 6 mil bolívares corresponderia a quase mil dólares no câmbio oficial. O outro lado desta situação é a desvalorização real dos salários, acentuada na comparação com atividades que envolvem o acesso a dólares: alguém que revende um tanque de gasolina venezuelana na Colômbia uma vez ao dia, cinco vezes por semana, ganhará mais do que um professor universitário (Ramírez, 2015).

A conjunção entre a difusão da referência ao dólar em uma economia baseada em importações e a queda no poder de compra dos salários, a despeito de seguidos aumentos concedidos pelo governo, obrigou os venezuelanos a buscarem dólares para subsistir. Assim, de uma situação em que os proprietários maiores e menores manejavam a crise como uma oportunidade mercantil, lucrando com a brecha cambial, transitou-se a uma realidade em que muitos complementavam a renda, ou até mesmo deixavam seus trabalhos em busca de divisas, objetivando a manutenção de seu padrão de vida. Frequentemente, os meios de acesso às divisas envolvem atividades ilícitas, e o manejo da disparidade cambial é eticamente questionável. Este fenômeno, que tem semelhança formal com o chamado "período especial" em Cuba na sequência do colapso da União Soviética, sinaliza uma corrosão ética do processo bolivariano, na medida em que a reprodução social assentada no trabalho não basta (Lander, 2015).

Diante da progressiva degradação das condições cotidianas dos venezuelanos, observadores simpáticos ao processo questionam se o desgaste político não seria superior ao ônus de mudanças que disciplinem a economia. Mesmo medidas cuja necessidade é amplamente reconhecida, como o reajuste no preço da gasolina, resistiam a ser implementadas: a lembrança do *Caracazo* intimidava os dirigentes. Enquanto isso, ao preço de 10 centavos de bolívar por litro, um dólar comprava 8 mil litros de gasolina subsidiada no final de 2015, sangrando os cofres públicos.

Os déficits operacionais eram cobertos com emissão de moeda e com empréstimos, majoritariamente de origem chinesa, hipotecando a produção petroleira futura. Simultaneamente, as gestões internacionais de Maduro no sentido de articular uma elevação dos preços de petróleo junto a países produtores foram infrutíferas, embora reveladoras, ao explicitarem que o horizonte de saída da crise está no marco do rentismo petroleiro. De fato, o único ponto em que o Plan de la Patria chavista se assemelhava ao programa eleitoral do opositor Henrique Capriles era o compromisso de dobrar a produção petroleira até 2019.

Esta constatação explicita os limites do processo bolivariano: passados mais de quinze anos, a Venezuela tornou-se um país mais dependente da exportação de petróleo. O empenho do governo em materializar a utopia de "semear o petróleo", utilizando o "fluxo líquido estável de capital estrangeiro" proveniente das receitas petroleiras, malogrou.

Embora um balanço dos esforços realizados neste sentido e dos entraves com que se depararam exija pesquisas de campo consistentes e que empatizem com os obstáculos encontrados, é possível constatar que, de maneira geral, o rentismo prevaleceu sobre a produção. Uma investigação realizada em um conjunto de empresas nacionalizadas de pequeno e médio porte entre 2002 e 2009 sugere resultados devastadores do ponto de vista da produtividade (Obuchi, 2011). Grandes empresas tampouco apresentaram resultados satisfatórios, embora sempre haja exceções, como é o caso da CANTV, empresa telefônica que voltou a ser estatizada em 2007 — e que segue lucrativa. Via de regra, as estatais sofreram com fatores políticos, como a nomeação de favorecidos, brigas intestinas ou a suspensão de eleições sindicais, quando uma oposição crítica ao chavismo pela esquerda venceu a representação de trabalhadores na Siderurgia del Orinoco (Sidor), a maior siderúrgica do país.

Houve e há tentativas em curso de fortalecer o poder dos trabalhadores por meio da produção social. No entanto, os entraves estruturais à mudança nas relações de produção, somados à cultura rentista que permeia as relações sociais, têm se revelado um óbice extraordinário. Assim, a nacionalização e a entrega ao controle operário da Sidor, em 2008, no contexto de uma ampla greve reivindicando reajuste salarial, não alteraram as relações de trabalho na empresa, nem preveniram conflitos com o Estado nos anos seguintes. De modo similar, observam-se numerosos conflitos trabalhistas nas empresas vinculadas à Corporación Venezolana de Guayana (CVG), conglomerado público que emprega mais de vinte mil trabalhadores na região (Posado, 2013). A despeito da intenção do Plan Guyana Socialista 2009–2019, que pretendia converter o polo da indústria pesada do país em um "laboratório do novo papel dos trabalhadores no controle e gestão da produção", o presidente Maduro sugeria em discurso, pouco depois de eleito, que o modelo de controle operário na Guayana não fracassou, porque na realidade nunca existiu (Maduro, 2013).

Enquanto isso, no campo, experientes militantes do Movimento dos Trabalhadores Rurais Sem Terra (MST), em missão de cooperação técnica no país, testemunharam uma realidade singular, em que há um governo que desapropria terras, mas não há quem trabalhe nelas. Por outro lado, a importação subsidiada de gêneros agrícolas dificulta a produção rentável, e o Estado termina bancando muitas das Empresas de Produção Social para evitar devolver as terras aos latifundiários. Em suma, prevalece a cultura de que "é mais fácil colher nos portos do que colher nos campos" (Micilene & Derli, 2014).

No conjunto, os cerca de 23 milhões de dólares investidos em nacionalizações no período entre 2007 e 2009, momento em que o processo bolivariano radicalizou seu discurso e sua prática em direção socialista, foram incapazes de alterar a estrutura produtiva do país. Do ponto de vista das relações de produção, tampouco se modificaram as hierarquias do trabalho. Ao contrário, Álvarez (2012) constatou um recrudescimento da exploração dos trabalhadores ao observar que, em 1998, o "fator trabalho" absorvia 39,7% do valor criado, superando os 36,2% que cabiam ao capital. Dez anos depois, a participação do trabalho caiu a 31,69%, enquanto a dos capitalistas subiu para 49,18%, segundo dados do Banco Central de Venezuela.

Em suma, apesar da inflexão que o bolivarianismo representou para a história da Venezuela e de sua importância em recolocar a mudança radical na agenda do continente, o processo foi incapaz de desafiar consistentemente a lógica rentista. E, no momento em que a morte do líder incontestado e a queda internacional dos preços do petróleo exigiriam sólidas bases econômicas para atravessar as adversidades, as debilidades afloraram, referidas às próprias circunstâncias que permitiram a ascensão de Chávez.

Em primeiro lugar, a debilidade orgânica do movimento social venezuelano ensejou que Chávez se escorasse no Exército como um partido, situação que se aguçou em resposta ao fracassado golpe que sofreu em abril de 2002, e se evidenciou no papel da instituição na implementação das *misiones*. Porém, a centralidade do Exército é contraditória às pressões de sentido democratizador plasmadas no ideário do Estado Comunal a partir de 2006. O propósito de fortalecer poderes locais em paralelo ao Estado, como parte de uma estratégia de consolidação da Revolução Venezuelana, é antagônico à racionalidade militar, em que a autonomia é identificada como uma ameaça à soberania.

Em segundo lugar, a militarização do Estado, que tem sido

exacerbada por Maduro, reforça um dilema que acompanhou o processo: como assentar vínculos orgânicos entre o povo venezuelano e o Estado bolivariano sem instrumentalizar esta relação para finalidades políticas ou, mais precisamente, eleitorais. As tensões entre o poder do Estado e a democracia popular tiveram importantes consequências no plano produtivo, uma vez que, frequentemente, valiosas iniciativas de democratização da propriedade e do controle da produção sofreram com as distorções típicas de processos hierarquizados — ou "de cima para baixo", na linguagem popular.

Uma terceira questão se coloca no plano dos tempos da mudança social. A despeito da retórica revolucionária, a ascensão de Chávez consumou-se pela via eleitoral, e o processo bolivariano compensou sua fragilidade organizativa e sua debilidade econômica com uma recorrente legitimação nas urnas. Porém, o tempo das eleições pressiona por respostas imediatas, o que inibe a implementação de mudanças radicais que podem ser conjunturalmente impopulares, como é o caso do subsídio à gasolina. Ou mesmo medidas que não seriam radicais ou impopulares, mas que esbarram no receio de acirrar ânimos opositores, como a tributação de ganhos financeiros. Assim, a dinâmica eleitoral condicionou o alcance do chavismo a uma redistribuição democratizadora da receita petroleira, em que a extensão dos subsídios sob uma ótica universalista reforçou padrões característicos do rentismo. Uma expressão da perpetuação do rentismo é a reprodução de padrões de consumo típicos das sociedades centrais. No conjunto, observa-se uma correspondência entre as dificuldades para desenvolver um setor produtivo nacional e a adoção de padrões econômicos e culturais adequados à realidade do país.

Evidentemente, o desenvolvimento de uma base industrial própria no século XXI se defronta com numerosos desafios econômicos que dificilmente seriam endereçados em escala nacional. Daí a ênfase concedida pelo projeto bolivariano à integração regional. Porém, como veremos adiante, sua iniciativa mais ousada nesta direção — a Alba — foi neutralizada, na prática, pela atuação brasileira, cujo projeto regional obedeceu a uma racionalidade mercantil e de projeção nacional. Por outro lado, a política realizada pela Venezuela por meio da Alba e da Petrocaribe ressentiu-se de reciprocidade, e, quando a crise se aguçou, o país se viu constrangido a vender com um desconto substancial dívidas a receber da Jamaica e da República Dominicana (Cerezal, 2015). Mesmo os dois outros países que sinalizaram projetos de mudança radical na região, Bolívia e Equador, estabeleceram uma relação instrumental com a Alba, beneficiando-se das vantagens mercantis que esta aproximação lhes oferecia, mas demonstrando escasso interesse em outras dimensões da proposta (Villegas, 2016).

Reconhecer os limites do contexto internacional em que se moveu Chávez não significa desconhecer um terreno de concordância fundamental, sintetizado na ilusão do progresso — ou, nos termos de Furtado, o "mito do desenvolvimento econômico". No caso venezuelano, o paradigma do progresso se traduziu na reprodução da dependência em relação ao petróleo. Embora teoricamente seja concebível uma diversificação econômica impulsionada pela renda petroleira, a história tem demonstrado que as problemáticas são indissociáveis: para modificar a estrutura econômica do país, é necessário enfrentar a articulação entre dependência e desigualdade.

O rentismo petroleiro é a forma como se expressa o subdesenvolvimento na Venezuela. E, assim como a superação do subdesenvolvimento não se limita à equação de suas variáveis econômicas, o rentismo exige ser enfrentado em sua totalidade, abarcando os aspectos econômicos, relacionados aos entraves para a diversificação e a autodeterminação econômica; sociais, referidos às distorções socioeconômicas que militam contra uma sociedade assentada no trabalho; políticos, que projetam relações de dependência e clientelismo às esferas da organização popular; e culturais, fomentando uma subjetividade baseada em padrões de consumo alheios à realidade venezuelana.

VI. Reflexões finais

Confrontado com os constrangimentos impostos pelo padrão de luta de classes venezuelano para aprofundar a mudança dentro da ordem, Chávez liderou uma progressiva radicalização do processo bolivariano. O amplo apoio popular afiançado pela fidelidade de um setor das Forças Armadas garantiu a vitória do governo em embates decisivos em seus primeiros anos, que resultaram na desarticulação da oposição e no fortalecimento do chavismo no momento em que presidentes identificados com o campo progressista se elegeram no Brasil e na Argentina. Escorado no reestabelecimento do caráter público da PDVSA, os incontestáveis avanços sociais do governo lastrearam a legitimidade do processo, reafirmada em numerosas eleições e consultas populares que sepultaram os fundamentos políticos do *puntofijismo*.

No entanto, a pretensão de aprofundar as conquistas populares se deparou com óbices estruturais, cujas raízes remetem ao modo como a renda petroleira engrenou em uma sociedade forjada nos marcos da colonização do Novo Mundo, engendrando a peculiar situação de "subdesenvolvimento com abundância de divisas". Confrontado com uma correlação de forças nacional e internacional desfavorável a projetos de sentido anticapitalista, a autodenominada Revolução Bolivariana elegeu o terreno da política, no qual obteve seus maiores êxitos, como a via para uma projetada radicalização do processo.

Sua proposta mais ousada nesta direção, formulada

como Estado Comunal, se deparou com obstáculos e contradições, entre a resistência de setores chavistas incrustados no Estado e constrangimentos à autonomia do campo popular. Consciente de que se tratava de "uma configuração estratégica geral, muito mais complicada, muito mais trabalhosa", a estratégia parece ter sido um alongamento do tempo revolucionário com a intenção de solidificar as condições subjetivas para uma ulterior radicalização. No entanto, este empenho em difundir uma identificação positiva entre revolução nacional e socialismo contradiz os limites objetivos impostos pela reprodução capitalista na Venezuela, resultando em paradoxos como o aumento da fatia do capital na riqueza produzida, a intensificação da exploração do trabalho, a maior dependência em relação ao petróleo e a reprodução do mimetismo cultural.

Sem a presença de seu indisputado líder, enfrentando problemas econômicos característicos do "subdesenvolvimento com abundância de divisas" em um momento em que as conquistas acumuladas se apequenam face às dificuldades do cotidiano, afloram as vulnerabilidades de um processo corajoso e comprometido com a mudança, mas cujo horizonte civilizatório não superou as articulações entre rentismo e consumo importado que caracterizam o subdesenvolvimento no país. Passados mais de quinze anos, os constrangimentos da estrutura assaltam o tempo da conjuntura, colocando em xeque a Revolução Venezuelana.

Frente ao desgaste de um Estado permeado pela corrupção, apoiado cada vez mais em militares que frequentemente não reconhecem a liderança de Maduro com o mesmo ardor com que acatavam a Chávez, em um contexto de insegurança pública e imprevisibilidade econômica que força os cidadãos a engenharias cotidianas para viabilizar a rotina, o discurso da "guerra econômica", embora real, tem se mostrado insuficiente para renovar votos ao processo. A acachapante derrota eleitoral em dezembro de 2015, quando a oposição emplacou dois terços dos parlamentares, levou o governo a uma reação controversa, recorrendo a malabarismos políticos e a eufemismos ideológicos para elidir a disputa nas urnas, na qual outrora se apoiara. O Congresso foi desconsiderado, a realização de um referendo revogatório previsto na Constituição foi solapada e as eleições para governadores, adiadas. A institucionalidade burguesa com a qual o bolivarianismo conviveu converteu-se em óbice à sua sobrevivência, já esvaziada de qualquer potencial revolucionário. Neste contexto, a convocação de uma assembleia constituinte eleita segundo critérios específicos, que favorecem ao governo, foi interpretada como um meio de reforçar o poder Executivo e escantear o Parlamento eleito. No conjunto, este caminho dividiu a esquerda em relação ao bolivarianismo, entre aqueles que consideram legítimo defendê-lo diante das alternativas reacionárias que se apresentam, ainda que por métodos antidemocráticos, e os que identificam contradições insustentáveis entre os meios e os fins da política avançada, comprometendo qualquer aspiração progressista. Em todo caso, o processo está na defensiva e o semeado não desabrochará em poder popular.

A evolução da conjuntura venezuelana ilustra de modo paradigmático os limites do progressismo. Impotente para superar a exportação primária, promovendo um novo padrão de acumulação, ou uma revolução social, modificando as estruturas de propriedade e de poder, o processo bolivariano ficou no meio do caminho. Como na América Latina não há espaço para o meio-termo, em 2017 uma voragem tragava as conquistas do passado, ao mesmo tempo que sujeitava o país à decomposição social, trazendo à tona o pior do bolivarianismo. Incapaz de promover a mudança com que se identificou, o bolivarianismo bloqueava a reação, convertendo-se em uma força conservadora, enquanto o país se degradava em ritmo acelerado.

Como observou Lander, a diferença fundamental em relação aos momentos mais difíceis sob a liderança de Chávez — que atravessou problemas econômicos igualmente graves na esteira do *paro petrolero* de 2002 e 2003 — é que a população acreditava viver, então, uma situação provisória, em trânsito a algo melhor. Com Maduro, a sensação prevalente é a de que o processo bolivariano se esgotou, arriscando a degeneração — e, com ele, uma breve lufada menos progressista do que muitos acreditavam, mas menos reacionária do que o futuro imediato permite antever.

Post-scriptum
Venezuela em crise
Junho de 2019

*Há quem diga que Maduro abandonou as Comunas.
Abandonei? Eu te aviso... não falem bobagem. Então, o que
são os Comitês Locais de Abastecimento e Produção?
Essas são as comunas organizadas, são o poder comunal.*
— Nicolás Maduro, 2017

*Quanto mais Maduro ficar no governo,
menos restará do chavismo.*
— Edgardo Lander, 2019

Em maio de 2019, relatório do Banco Central da Venezuela estimava a inflação no ano anterior em 130.000%. Calculada entre abril de 2018 e abril de 2019, a cifra atingia 282.000%. No início de 2019, outras fontes calculavam a dívida externa venezuelana em 184,5 bilhões de dólares, montante sete vezes maior do que as exportações em 2017, e mais de vinte vezes o volume das reservas nacionais em 2018. Embora não houvesse dados oficiais, estimava-se que a produção petroleira, que no passado alcançara três milhões de barris diários, limitava-se então a pouco mais de quinhentos mil barris. Ao mesmo tempo, avaliava-se que somente um terço da capacidade industrial instalada do país era utilizada, comprometendo ainda mais a arrecadação do Estado, enquanto o déficit fiscal superava 20% do PIB. Contas feitas, a queda do PIB nos últimos cinco anos foi superior a 50%. Entre 1939 e 1943, em meio à Segunda Guerra e ao bombardeio nazista, o PIB da Polônia caiu 44% (Prodavinci, 2019; Rivas Alvarado, 2019; Sutherland, 2019).

Uma das respostas para manter o gasto público em meio à queda das receitas foi emitir moeda: entre maio de 2015 e maio de 2018, a base monetária se tornou 509 vezes maior, impulsionando a hiperinflação. A perda de lastro da moeda resultou em uma dolarização da economia, papel cumprido por pesos colombianos ou reais em algumas regiões, enquanto o governo imprimia bilhetes de cinquenta mil bolívares. Difundiam-se mecanismos de pagamento eletrônico, penalizando setores da população sem acesso a estes meios, em uma realidade em que o salário mínimo beirava seis dólares mensais e cujo poder real caiu 95% entre 2013 e 2018. Em maio de 2019, a cesta básica familiar era calculada em 1.218.147,82 bolívares, enquanto o salário mínimo vigente era de quarenta mil bolívares. Portanto, era preciso um salário mínimo por dia para alimentar adequadamente uma família. A queda nas importações agravava a escassez — comprometendo a provisão de alimentos, remédios e transporte — e o funcionamento de hospitais, indústrias e serviços, confrontados com seguidos apagões, que atingiram 80% do território nacional. Nesta conjuntura, calcula-se que mais de um milhão de venezuelanos deixaram o país nos anos recentes (Cenda, 2019; Lander, 2018).

Tendo como pano de fundo este desastre, o jovem e então desconhecido presidente da Assembleia Nacional, Juan Guaidó, autoproclamou-se presidente do país em janeiro de 2019. A movimentação foi reconhecida imediatamente pelos Estados Unidos, pela Organização dos Estados Americanos

(OEA), por países americanos aglutinados no Grupo de Lima[7] e pela maioria dos países europeus.

É preciso deixar claro que a manobra de Guaidó inscreve-se no pior da tradição golpista latino-americana. Trata-se de uma iniciativa antidemocrática sem qualquer respaldo popular, concertada com os Estados Unidos e governos submissos à sua agenda na região, notadamente a Colômbia de Iván Duque e o Brasil de Bolsonaro. O golpista venezuelano armou um circo diplomático e midiático que, de maneira literalmente orquestrada, conspira a céu aberto para depor um presidente eleito que não é menos legítimo do que seus pares — certamente não menos do que Trump, que teve três milhões de votos a menos do que Hilary Clinton, ou do que Bolsonaro, cujo maior rival eleitoral foi preso por um futuro ministro de seu governo. O principal efeito da ofensiva foi escalar a tensão no país e na região, desde então à beira de um conflito militar, enquanto calou os setores moderados. O caminho para uma saída negociada se estreitou, enquanto as sanções penalizam a população. Difícil imaginar qualquer consideração pelo povo venezuelano da parte de uma quadrilha imperialista que investe na violência e na miséria. A constatação de que a maioria dos países da União Europeia embarcou nessa insultuosa conspiração é um sintoma da degradação dos princípios e valores que balizam a política internacional, em um mundo que marcha rumo à barbárie.

Desde o primeiro momento, o autoproclamado presidente exortou os militares a derrubarem Nicolás Maduro. A despei-

---

7. O Grupo de Lima constituiu-se em 8 de agosto de 2017 na capital peruana após uma reunião dos chanceleres de Argentina, Brasil, Canadá, Chile, Colômbia, Costa Rica, Guatemala, Honduras, México, Panamá, Paraguai e Peru para "abordar a crítica situação da Venezuela e explorar formas de contribuir para a restauração da democracia naquele país através de uma saída pacífica e negociada". Os Estados Unidos não participam oficialmente do grupo, mas assiste às reuniões. Trata-se de uma articulação regional que trabalha diplomaticamente pela queda do chavismo. [N.E.]

to do amplo apoio internacional, a intentona que promoveu em 30 de abril fracassou. Enquanto a sorte de Guaidó parecia minguar, Leopoldo López, líder da agitação golpista em 2014, conhecida como "*la salida*", escapou da prisão domiciliar e refugiou-se na embaixada da Espanha.

Diante de tudo, os bolivarianos resistiam. Como explicar?

O governo tem dois pilares de apoio organizado: militares e organizações populares, por vezes vinculadas às comunas. Aparentemente opostos entre si, estes setores desempenham papéis complementares na economia da crise: enquanto os militares controlam o comércio exterior e de alimentos, os comitês de bairro, organizados como Comitês Locais de Abastecimento e Produção (CLAP), mediam a distribuição de cestas alimentares e outras políticas públicas.

Instituídos em 2016, os CLAP são parte da reação governamental para mitigar os efeitos da crise na sua base popular, ao mesmo tempo que pretende fidelizá-la. A criação dos *carnet de la pátria*, por meio dos quais se gerem benefícios monetários diversos, complementam uma engenharia política que, na prática, suplantou as missões (Encovi, 2018). Na visão de López Maya, os "*carnet de la patria* e os Comitês Locais de Abastecimento e Produção são os novos circuitos clientelistas pelos quais se derramam os recursos públicos em troca de lealdade política" (López Maya, 2018).

Uma parcela elevada da população depende desses benefícios e cestas para sobreviver: cerca de 87,5% dos lares do país acessam os itens distribuídos pelos CLAP (Encovi, 2018), constituídos fundamentalmente por carboidratos. Nesse contexto, "a principal tarefa de muitas organizações populares de base passou a ser a coordenação da distribuição de bens subsidiados" (Lander, 2018).

Com pouco dinheiro, o governo desenvolveu uma vasta rede clientelista, em meio a um processo de "lumpenização" da população. A oposição tem como nicho o Twitter e não faz trabalho de base nas periferias, onde quem penetra é o chavismo ou o crime organizado (Sutherland, 2019) — ou, às vezes, uma mistura dos dois, como é o caso de alguns *colectivos*, espécie de milícias bolivarianas originalmente armadas pelo governo (Sauda, 2019).

Essa rede precária — mas efetiva — de apoio ao regime tem frustrado os apelos insurrecionais da oposição, e dá certo respaldo ao governo. No entanto, assim como aconteceu no golpe de 2002 contra Hugo Chávez, quem segura o chavismo no poder são os militares.

Em 2016, oficiais na reserva governavam doze estados do país, enquanto calculava-se que mais de dois mil militares ocupavam altos cargos públicos. Nas eleições no ano seguinte, dos dezenove governadores eleitos pelo bolivarianismo, oito eram militares. Ao mesmo tempo, o governo tem decretado e prolongado indefinidamente "estado de exceção" em diversas regiões do país, subtraindo do comando civil parcelas importantes do território (San Miguel, 2016).

No entanto, mais do que fonte de poder, a posição dos militares é frequentemente, um meio de enriquecimento. Além de manejar bilionárias compras de armas, a caserna controla o setor elétrico, o metrô de Caracas, empresas de alumínio, ferro e aço no sul da Venezuela, assim como os portos e alfândegas. Desde 2013, formaram-se quatro empresas militares: o Banco da Força Armada Nacional Bolivariana (banfanb), um canal de televisão (tvfanb), a Empresa Militar de Transporte (emiltra), que faz transporte de cargas, e a empresa agropecuária agrofanb. Com o agravamento da crise em 2016, a presença militar intensificou-se em outras áreas estratégicas, como a alimentação, o extrativismo e o petróleo (Jácome, 2018).

Naquele ano, conformou-se a Gran Misión Abastecimiento Soberano y Seguro, colocada sob a responsabilidade do ministro da Defesa, Vladimir Padrino, um militar na ativa. Sob seu comando, designaram-se dezoito generais para organizar a compra (a importação) e a distribuição de alimentos e remédios. O envolvimento militar na política alimentar venezuelana não era novidade: desde 2004, dos onze ministros da Alimentação, dez foram militares. O controle da corporação se aprofundou em janeiro de 2018, quando um decreto proibiu autoridades regionais e municipais de se envolverem com o controle e distribuição de alimentos (Jácome, 2018).

O poder militar se estende à economia extrativista. Face à queda da renda petroleira, o governo impulsiona a mineração a céu aberto no Arco Mineiro do Orinoco, reserva de água crucial do país e que abriga uma das maiores biodiversidades do planeta. A exploração neste delicado ecossistema é realizada por "empresas mistas", em que multinacionais chinesas, russas ou estadunidenses se associam a empresas militares venezuelanas (Andreani, 2018). As forças armadas também ocupam altas posições no negócio petroleiro: no final de 2017, um general foi nomeado como presidente da PDVSA e, simultaneamente, como ministro de Energia. Em janeiro de 2019, nove de 32 ministros eram militares (Tian & Silva, 2019).

Pesquisas indicam que o braço econômico militar se estende a contratos do governo com empresas sob seu comando, em áreas como construção, importação de remédios e alimentos, insumos para o setor de saúde, entre outros (Armandoinfo, 2019). Por fim, numerosas denúncias indicam o envolvimento de patentes de todos os níveis com o narcotráfico e o crime organizado, inclusive o contrabando de gasolina, alimentos e pessoas, particularmente na fronteira com a Colômbia (Jácome, 2017).

Portanto, os militares controlam o comércio exterior — inclusive petróleo, suprimento de víveres e aquisição de armas — e estão envolvidos com a exploração mineira, o contrabando, o tráfico de drogas, armas e pessoas. Comparado a esse poder, a quimera de um Estado Comunal sobrevivia em 2019 como perfumaria, assim como no passado o orçamento participativo adornou gestões petistas comprometidas com a austeridade fiscal.

Esse quadro sugere que o comprometimento dos militares com o governo Maduro vai muito além da ideologia bolivariana ou do favorecimento político. Na realidade, é plausível supor que os militares estiveram entre os sustentadores da distorção cambial que, afinal, desorganizou a economia venezuelana, mas também gerou canais de enriquecimento e poder em meio à crise.

> E custa imaginar que algum membro desta cúpula possa ter sido alheio — por ação ou por omissão — ao que a revolução transformou no "melhor negócio do mundo": o tráfico de divisas vendidas pelo Estado a taxas preferenciais mediante importações superfaturadas ou mesmo "fantasmas" de bens de consumo e intermediários, assim como de matérias-primas — e isso, ironicamente, graças ao controle do câmbio instaurado em 2003 para "lutar contra a fuga de capitais", depois de três meses do *paro* petroleiro antichavista. (Andreani, 2018)

Uma espécie de economia política da crise floresceu com a distorção cambial, manejada de modo favorável para aqueles que ocupam posições privilegiadas no regime. Paradoxalmente, as sanções econômicas internacionais, que tem como objetivo debilitar o governo, fortalecem quem comanda a circulação de bens na escassez, além de darem lastro ao discurso anti-imperialista de Maduro. Isso não quer dizer que o governo ganhe com as sanções — a PDVSA por exemplo, é afetada pela impossibilidade de reposição de peças, o que compromete ainda mais sua capacidade de produção e, portanto, o acesso do país a divisas (Rivas Alvarado, 2019)[8] —, mas sim

---

8. Em função da distorção cambial, a PDVSA vendia os dólares que

que a margem de manobra para lidar com as determinações da crise foi e continua sendo condicionada por interesses que podem, contraditoriamente, agravá-la.

Comandando as principais posições econômicas e políticas no país, os militares venezuelanos não têm como objetivo tomar o poder. Ao contrário, lhes convém que Maduro permaneça como a face civil, visível e vulnerável de um Estado militarizado. Em outras palavras, o paradoxo que confronta o setor golpista liderado por Leopoldo López é que, aos militares, não interessa uma saída militar para os impasses do país (Barros, 2019).

Diferentemente de outros países da região, as Forças Armadas venezuelanas não são dominadas por quadros pró-estadunidenses, que foram expurgados da instituição após o fracassado golpe de 2002. Pelo contrário, há desde então um intenso proselitismo bolivariano, denunciando pela oposição como uma "partidarização" das Forças Armadas (Control Ciudadano, s./d.; Himiob, 2017). Estes quadros, que incluem muitos apoiadores genuínos do chavismo, receiam o revanchismo que seguiria uma mudança política brusca, em um contexto de violenta polarização. A alternativa ao bolivarianismo, aos seus olhos, seria uma "via chilena", o que significa um arranjo que conserve os privilégios e a impunidade dos militares em uma Venezuela pós-bolivariana (Gombata, 2019).

Nem só os militares têm interesses a serem acomodados em uma mudança de governo. O endurecimento estadunidense levou o bolivarianismo a se escorar, ainda mais intensamente, na China e na Rússia. Este apoio envolve vultuosos negócios: entre 2006 e 2016, a potência asiática emprestou 62 bilhões de dólares para a Venezuela, que, em troca, hipotecou parte importante de sua produção petroleira futura, enquanto

arrecada a uma taxa artificialmente baixa, o que facilita as importações subsidiadas para o governo, mas diminui a receita da empresa, comprometendo sua capacidade de reinvestimento.

empresas chinesas operam diversos projetos na zona do Orinoco. Em anos recentes, a Rússia direcionou ao país caribenho dezessete bilhões de dólares, entre empréstimos e investimentos: calcula-se que, desde 2010, a estatal Rosneft colocou nove bilhões de dólares em projetos petroleiros envolvendo a PDVSA. Cerca de 90% das armas que a Venezuela comprou, desde 2012, provêm destes países (Lowe & Sagdiev, 2019; Sabra & Wilkinson, 2019; Tian & Silva, 2019).

Ambos têm interesse na continuidade do regime, mas o enfoque geopolítico é distinto: enquanto a China privilegia o aspecto mercantil e pode até fazer negócios com a queda de Maduro, a Rússia concebe o aliado caribenho como um incômodo para Washington que a fortalece em negociações nas regiões que mais lhe importam — os países da ex-União Soviética e o Leste Europeu (Sabra & Wilkinson, 2019).

Por outro lado, embora os Estados Unidos apareçam como o bastião da via golpista, nem sempre foi assim. A despeito da retórica antichavista, a diplomacia petroleira venezuelana capitaneada pela Petrocaribe servia ao interesse deste país, pois mitigava os problemas sociais no Caribe, contendo pressões imigratórias (Ramos, 2015). Este cenário se alterou com o aguçamento da crise venezuelana, que debilitou a diplomacia petroleira, e a eleição de Donald Trump, que mudou a abordagem da questão imigratória. Ao mesmo tempo, o refluxo do progressismo sul-americano e a *débâcle* da Unasul deixaram o governo venezuelano sem pontos de apoio para uma solução negociada no âmbito regional. Se a América do Sul nunca teve muita força, agora sequer tem voz. Não é casual que Juan Guaidó tenha despontado no mês em que Jair Bolsonaro assumiu a presidência do Brasil, reivindicando abertamente a intervenção militar estadunidense.

Em junho de 2019, o quadro na Venezuela é sombrio. O impacto das sanções tende a agravar os problemas econômicos, aguçando a vertiginosa deterioração do tecido social do país. E, no entanto, não se vê uma luz no fim do túnel.

O governo Maduro está atado aos militares, principais gestores da economia política da crise, que se fortalece com as sanções. Paradoxalmente, uma saída militar para os impasses da Venezuela não interessa aos militares. É certo que Maduro precisa deles, mas eles também precisam de Maduro.

O poder comunal não é uma alternativa, nem uma preocupação para a oposição, que segue dividida e tem escassa legitimidade. Apesar da gravidade da crise, o bolivarianismo conserva uma base social, não somente pela eficácia das redes clientelistas, mas porque construiu certa legitimidade em seus primeiros anos: muitos identificaram em Chávez um aliado — quando não um protetor —, e lhe são fiéis. Ao apostar em uma rendição incondicional do bolivarianismo, a oposição golpista ignora essa realidade, e empurra a disputa para o terreno da força. Sem base popular, milita nas redes sociais. Sem apoio na caserna, aposta na intervenção externa.

No entanto, os impasses se replicam no cenário internacional. A continuidade de Maduro é favorecida, por diferentes motivos, por China, Rússia e até mesmo pelos Estados Unidos, ao menos circunstancialmente: os republicanos ambicionam prolongar a instabilidade venezuelana, com vistas a alimentar a campanha pela reeleição de Trump, que se aproxima. Uma intervenção internacional colocaria o presidente estadunidense "no assento do motorista" de uma crise colossal, para a qual ninguém tem solução (Corrales, 2019).

Entre a oposição venezuelana, para além da clivagem entre golpistas e os que apostam em uma solução negociada, o horizonte civilizatório é o mesmo: o restabelecimento do crédito internacional mediante austeridade fiscal, restaurando a normalidade neoliberal. A discrepância é como lidar com o chavismo antes e depois de, eventualmente, chegarem ao poder, em uma sociedade violentamente polarizada, em que se contabilizam sete milhões de armas ilegais para uma população de trinta milhões de pessoas (Notimex, 2016). A radicalização internacional joga lenha na fogueira golpista, deslocando de cena os moderados. No entanto, o calor mantém planando o balão chavista, enquanto as chamas consomem o tecido social do país.

Os paradoxos vão além. No Brasil, Bolsonaro fez do espectro da Venezuela um tema central de sua campanha eleitoral. No entanto, o país agora parece se aproximar daquilo que a Venezuela se tornou, mais do que jamais aconteceria sob o PT. Além de infestar o governo de militares, o ex-capitão ambiciona diversas políticas inspiradas no chavismo — que, aliás, admirou em seus primeiros anos como deputado. Por exemplo, Bolsonaro sonha com uma reforma do Supremo Tribunal Federal na linha da que houve na Venezuela após o golpe frustrado em 2002, ampliando o número de magistrados para dar maioria ao governo.[9] O ex-capitão também gostaria de apontar dezenas de quadros ideologicamente alinhados como embaixadores, entre outras ideias.

É duvidoso que o presidente brasileiro tenha êxito em

---

9. Após a derrota do governo em dezembro de 2015, quando elegeu menos de um terço da Assembleia Nacional, o parlamento que saía, de maioria governista, designou treze magistrados titulares e 21 suplentes para o Tribunal Supremo de Justiça. Ato contínuo, a corte impugnou a eleição dos deputados do Amazonas, retirando da oposição a maioria absoluta na casa. No entanto, a Assembleia decidiu incorporá-los, o que levou o tribunal a considerá-la em desacato, suspendendo suas funções. A procuradora-geral da República, Luisa Ortega, avaliou que a sentença do Tribunal Supremo de Justiça rompia a ordem constitucional, e foi removida meses depois. Em 2017, a Assembleia nomeou um tribunal paralelo no exílio, enquanto o governo convocou a eleição de uma Assembleia Constituinte, boicotada pela oposição. No ano seguinte, Maduro reelegeu-se, mas o pleito não foi reconhecido por parte da oposição. Desenhou-se, assim, a dualidade de poderes que culminou com a autoproclamação de Guaidó em janeiro de 2019.

seus desígnios. No entanto, esta aterradora convergência explicita, por outro ângulo, os limites do progressismo, visto como uma face diferente, mas não contrária, da autocracia burguesa de que fala Florestan Fernandes. Na atualidade, constata-se que o progressismo venezuelano não está infenso ao movimento em direção à violência econômica e à violência política que caracteriza a história contemporânea, embora por uma via diferente da neoliberal. Será que o bolivarianismo, inicialmente inspirado na "terceira via" de Tony Blair, se revelaria, afinal, como uma alternativa, mas também como uma inspiração do bolsonarismo?

Referências bibliográficas

ÁLVAREZ R., Victor. "La transición al socialismo de la Revólucion Bolivariana: gobierno socialista o revolución socialista?", em VALERO, Jorge (org.). *Democracias nuevas o restauradas: el caso de Venezuela*. Caracas: El Perro y la Rana, 2012.

ANDREANI, Fabrice. "Las vías emaranhadas del autoritarismo bolivariano", em Nueva Sociedad, n. 274, mar.-abr. 2018. Disponível em <https://nuso.org/articulo/las-vias-enmaranadas-del-autoritarismo-bolivariano/>. Acesso em 20 jun. 2019.

ARMANDOINFO. "El gobierno bolivariano subcontrata a los caudillos de la Fuerza Armadas", em ARMANDOINFO. Disponível em <https://armando.info/AiData/Outsourcing_Militar>. Acesso em 20 jun. 2019.

AZELLINI, Dario. "Participación y poder popular: Consejos Comunales y Comunas", em VALERO, Jorge (org.). *Democracias nuevas o restauradas: el caso de Venezuela*. Caracas: El Perro y la Rana, 2012.

BARROS, Pedro. Discussão sobre a Venezuela na Faculdade de Filosofia, Letras e Ciências Humanas da Universidade de São Paulo, 12 jun. 2019.

BRICEÑO MÉNDEZ, Manuel. *Estado Comunal: la nueva geometría del poder*. Caracas: Fondo Editorial de la Asamblea Nacional Willian Lara, 2014.

CANO, Wilson. *Soberania e política econômica na América Latina*. São Paulo: Unesp, 2000.

CARRERA DAMAS, Germán. *Una nación llamada Venezuela*. Caracas: Monte Avila, 1997.

_____. *El culto a Bolívar*. Caracas: Aldafil, 2003.

CENDA. "Canasta Alimentaria. Mayo 2019" Disponível em <http://cenda.org.ve/noticia.asp?id=189>. Acesso em 19 jun. 2019.

CHÁVEZ, Hugo. *El libro azul*. Caracas: Ediciones Correo del Orinoco, 2013.

CONTROL CIUDADANO. "Propaganda, militancia y proselitismo político por parte de los militares venezolanos (2012-2013)", em *Cuadernos de denuncia*, s./d. Disponível em <http://www.controlciudadano.org/web/wp-content/uploads/PARTIDIZACION-FANB-2012-2013.pdf>. Acesso em 20 jun. 2019.

CORONIL, Fernando. *El Estado mágico: naturaleza, dinero y modernidad en Venezuela*. Caracas: Alfa, 2013.

CORRALES, Javier. "How to tackle Venezuela's military problem?", em *The New York Times*, 4 mar. 2019. Disponível em <https://www.nytimes.com/2019/03/04/opinion/venezuela-military-maduro-guaido.html>. Acesso em 19 jun. 2019.

DEFENSORÍA DEL PUEBLO. *Testimonios: tortura, asesinato y desaparición forzada en el período 1958–1998*. Caracas: Defensoría del Pueblo, 2013.

DÍAZ RANGEL, Eleazar. "El proceso venezolano: obstáculos para su desarrollo", em VALERO, Jorge (org.). *Democracias nuevas o restauradas: el caso de Venezuela*. Caracas: El Perro y la Rana, 2012.

DIETRICH, Heinz. *Hugo Chávez y el socialismo del siglo XXI*. Buenos Aires: Nuestra América, 2005.

ENCOVI. *Encuesta sobre condiciones de vida en Venezuela*. Caracas, fev. 2018. Disponível em <https://www.ucab.edu.ve/wp-content/uploads/sites/2/2018/02/ENCOVI-2017-presentaci%C3%B3n-para-difundir-.pdf>. Acesso em 21 jun. 2019.

FERNANDES, Florestan. *Sociedade de classes e subdesenvolvimento*. Rio de Janeiro: Zahar, 1968.

____. *Capitalismo dependente e classes sociais na América Latina*. Rio de Janeiro: Zahar, 1975.

FURTADO, Celso. *Ensaios sobre a Venezuela: subdesenvolvimento com abundância de divisas*. Rio de Janeiro: Contraponto & Centro Internacional Celso Furtado, 2008.

GOMBATA, Marsílea. Discussão sobre a Venezuela na Faculdade de Filosofia, Letras e Ciências Humanas da Universidade de São Paulo, 12 jun. 2019.

GOTT, Richard. *À sombra do libertador*. São Paulo: Expressão Popular, 2004.

HIMIOB, Gustavo. "Por que los militares venezolanos no le dan la espalda a la dictadura?", em *The New York Times*, 7 jul. 2017. Disponível em <https://www.nytimes.com/es/2017/07/07/por-que-los-militares-venezolanos-no-le-dan-la-espalda-a-la-dictadura/>. Acesso em 20 jun. 2019.

JÁCOME, Francine. "Crisis, seguridad y fuerza armada en Venezuela. Retos en la relación colombo-venezolana", em *Documentos de Política Venezolana*, n. 11. Universidad del Rosario, Bogotá, 13 nov. 2017.

____. "Los militares en la política de Venzuela", em *Nueva Sociedad*, n. 274, mar.-

-abr. 2018. Disponível em <https://nuso.org/articulo/los-militares-en-la-politica-y-la-economia-de-venezuela/>. Acesso em 19 jun. 2019.

LAFEBER, Walter. *The new Empire: An interpretation of American expansion (1860–1898)*. Cornell: Cornell University Press, 1963.

LANDER, Edgardo. "Venezuela: el fracaso del proceso bolivariano", em *Aporrea*, 16 ago. 2018. Disponível em <https://www.aporrea.org/ideologia/a267859.html>. Acesso em 21 jun. 2019.

LÓPEZ MAYA, Margarita. *Del viernes negro al referendo revocatorio*. Caracas: Aldafil, 2006.

____. *Democracia participativa en Venezuela (1999–2010): orígenes, leyes, percepciones y desafíos*. Caracas: Fundación Centro Gumilla & Universidad Católica Andrés Bello, 2011.

____. "Socialismo y comunas en Venezuela", em *Nueva Sociedad*, n. 274, mar.-abr. 2018. Disponível em <https://nuso.org/articulo/socialismo-y-comunas-en-venezuela/>. Acesso em 20 jun. 2019.

LOWE, Christian & SAGDIEV, Rinat. "How Russia sank billions of dollars into Venezuelan quicksand", em *Reuters*, 14 mar. 2019. Disponível em <https://www.reuters.com/investigates/special-report/venezuela-russia-rosneft/>. Acesso em 21 jun. 2019.

MADURO, Nicolás. "Encuentro del presidente Nicolás Maduro con el Consejo de Movimientos Sociales del Gran Polo Patriótico". Caracas, 22 mai. 2013. Disponível em: <http:// http://www.granpolopatriotico.org.ve/opinion/lea-el-discurso-integro-del-presidente-nicolas-maduro-en-el-acto-de-juramentacion-del-gran-polo-patriotico-simon-bolivar/>.

MARINGONI, Gilberto. *A Venezuela que se inventa*. São Paulo: Perseu Abramo, 2004.

MAZA ZAVALA, Domingo Felipe. "Historia de medio siglo en Venezuela: 1926–1975", em GONZÁLEZ CASANOVA, Pablo (org.). *América Latina: historia de medio siglo*. Cidade do México: Siglo XXI, 1984.

MOMMER, Bernard. "Petroleo y socialismo", em MOMMER, Bernard; CORENA PARRA, Jaime & TRÓMPIZ VALLES, Humberto. *Renta petrolera y Revolución Bolivariana*. Caracas: El Perro y la Rana, 2013a.

____. "Venezuela, país petrolero: hacia el primer centenário", em MOMMER, Bernard; CORENA PARRA, Jaime & TRÓMPIZ VALLES, Humberto. *Renta petrolera y Revolución Bolivariana*. Caracas: El Perro y la Rana, 2013b.

MONEDERO, Juan Carlos. "Venezuela y la reinvención de la política: el desafio del socialismo en nuevos escenarios", em *Observatorio Social de América Latina*, Buenos Aires, n. 33, pp. 15-37, 2013.

NOTIMEX. "Venezuela cuenta con más de siete millones de armas ilegales en circulación", em *Notimex*, 30 abr. 2016. Disponível em: <https://www.notimerica.com/sociedad/noticia-venezuela-cuenta-mas-millones-armas-ilegales-circulacion-20160430194436.html>. Acesso em 21 jun. 2019.

OBUCHI, Richard K. (org.). *Gestión en rojo: evaluación de desempeño de 16 empresas estatales y resultados generales del modelo productivo socialista*. Caracas: Iesa, 2011.

PARRA LUZARDO, Gastón. *De la nacionalización a la apertura petrolera. Derrumbe de una esperanza*. Caracas: Banco Central de Venezuela, 2012.

PÉREZ ALFONZO, Juan Pablo. *Hundiéndonos en el excremento del diablo*. Caracas: Banco Central de Venezuela, 2011.

PLAN DE LA PATRIA. *Segundo Plan Socialista de Desarrollo Económico y Social de la Nación 2013-2019*. Caracas: Ediciones Correo del Orinoco, 2013.

POSADO, Thomas. "L'État regional du Bolívar au Venezuela. Reflet du désalignement entre le gouvernement chaviste et le mouvement ouvrier", em *Revue Mouvements des idées et des luttes*, Paris, n. 76, pp. 105-16, 2013.

PRODAVINCI. "Deuda externa venezolana: un mapa de propuestas", em *Prodavinci*, 20 fev. 2019. Disponível em <https://prodavinci.com/deuda-externa-venezolana-un-mapa-de-propuestas/>. Acesso em 19 jun. 2019.

RAMONET, Ignacio. *Hugo Chávez: mi primera vida. Conversaciones con Hugo Chávez*. Caracas: Vadell Hermanos Editores, 2013.

RAMOS, Felippe. Conversa em Caracas, nov. 2015.

____. "Oposição radicalizada na Venezuela perde força porque protestos mais violentos pioram economia, diz sociólogo do Ipea", em *América Economia Brasil*, 16 abr. 2014. Entrevista concedida a Franco Nero e Bia Rodrigues. Disponível em <https://brasilamericaeconomia.com.br/artigos/oposicao-radicalizada-na-venezuela-perde-forca-porque-protestos-mais-violentos-pioram>.

RANGEL, José Vicente. *De Yare a Miraflores, el mismo subversivo. Entrevistas* al comandante Hugo Chávez Frías (1992–2012). Caracas: Correo del Orinoco, 2014.

RIVAS ALVARADO, José Felix. Discussão por Skype com Grupo de Trabalho CLACSO de Integração Regional, 29 mai. 2019.

SABRA, Ayres & WILKINSON, Tracy. "Russia and China, heavily invested in Venezuela, warily watch the political turmoil", em *Los Angeles Times*, 25 jan. 2019. Disponível em <https://www.latimes.com/world/europe/la-fg-venezuela-russia-china-20190125-story.html>. Acesso em 21 jun. 2019.

SAN MIGUEL, Rocío. "Ponencia presentada en el marco del Foro: Venezuela: Transiciones militares. Retrospectiva y Perspectivas", em Control Ciudadano. Disponível em <http://www.controlciudadano.org/web/wp-content/uploads/2.2-Ponencia-Rocio-San-Miguel-.pdf>. Acesso em 21 jun. 2019.

SANAHUJA, José Antonio. "Regionalismo post-liberal y multilateralismo en Sudamérica: el caso de Unasur", em SERBIN, Andrés; MARTÍNEZ, Laneydi & RAMANZINI JÚNIOR, Haroldo. *El regionalismo "post-liberal" en América Latina y el Caribe: nuevos actores, nuevos temas, nuevos desafíos*. Anuario de la Integración Regional de América Latina y el Gran Caribe 2012. Buenos Aires: Coordinadora Regional de Investigaciones Económicas y Sociales, 2012.

SAUDA, Aldo. Discussão sobre a Venezuela na Faculdade de Filosofia, Letras e Ciências Humanas da Universidade de São Paulo, 12 jun. 2019. SUTHERLAND, Manuel. "La ruina de Venezuela no se debe ni al socialismo ni a la revolución", em *Nueva Sociedad*, n. 274, mar.-abr. 2018. Disponível em <https://nuso.org/articulo/la-ruina-de-venezuela-no-se-debe-al-socialismo-ni-la-revolucion/>. Acesso em 19 jun. 2019.

___. "Oú va le Venezuela? (a supposer qu'il aille a quelque part)", em *Contratemp*, 26 jan. 2019. Disponível em <https://www.contretemps.eu/venezuela-entretien-sutherland/>. Acesso em 18 jun. 2019.

TIAN, Nan & SILVA, Diego Lopes da. "The crucial role of the military in the Venezuelan crisis", em *SIPRI*, 2 abr. 2019. Disponível em: <https://www.sipri.org/commentary/topical-backgrounder/2019/crucial-role-military-venezuelan-crisis>. Acesso em 20 jun. 2019.

TINKER SALAS, Miguel. *Una herencia que perdura: petróleo, cultura y sociedad en Venezuela*. Caracas: Editorial Galac, 2014.

WEBBER, Jeffery & CARR, Barry. *The New Latin American Left. Cracks in the Empire*. Lanham: Rowman & Littlefield, 2013.

WEISBROT, Mark & JOHNSTON, Jake. "Venezuela's economic recovery: is it sustainable?", em *Center for Economic and Policy Research*, 2012. Disponível em: <http://www.cepr.net/index.php/publications/reports/venezuelas-economic-recovery-is-it-sustainable>.

Entrevistas e conversas

CARACAS, JULHO DE 2014

BARROS, Pedro Silva. Chefe da missão do Instituto de Pesquisas Econômicas Avançadas (Ipea) na Venezuela.

CEREZAL, Manuel. Pesquisador francês e assessor do Banco Central Venezuelano.

DERLI. Militante do MST em missão de cooperação na Venezuela.

MICILENE. Militante do MST em missão de cooperação na Venezuela.

RAMOS, Felippe. Pesquisador da missão do Ipea na Venezuela.

TOLEDO, Alexis. Vice-ministro do Poder Popular para as Comunas e os Movimentos Sociais.

CARACAS, NOVEMBRO DE 2015

CEREZAL, Manuel. Pesquisador francês e assessor do Banco Central Venezuelano.

CONSTANT ROSALES, Hector. Diplomata e professor da Universidade Central da Venezuela.

FIGUEROA, Amílcar. Dirigente histórico da esquerda venezuelana, quadro do PSUV.

LIRA, Bárbara. Pesquisadora e coautora do livro *Gestión en rojo*.

RAMÍREZ, Kenneth. Diretor do Consejo Venezolano de Relaciones Internacionales (COVRI).

RAMOS, Felippe. Pesquisador da missão do Ipea na Venezuela.

MEDELLÍN, NOVEMBRO DE 2015

LANDER, Edgardo. Sociólogo.

MONTEVIDÉU, DEZEMBRO DE 2015

URBINA, Elvis. Coordenador nacional da Venezuela no Conselho Sul-Americano de Infraestrutura e Planejamento (Cosiplan) da Unasul.

LA PAZ, JULHO DE 2016

VILLEGAS, Pablo. Pesquisador do Centro de Documentación e Información Bolivia (Cedib).

2. Conciliação e ordem sob o lulismo no Brasil

O PT manterá a natureza de uma necessidade histórica dos trabalhadores e dos movimentos sociais radicais se preferir a "ocupação do poder" à ótica revolucionária marxista?
— Florestan Fernandes, 1991

Nunca fiz concessão política. Faço acordo. Se Jesus viesse para cá e Judas tivesse a votação num partido qualquer, Jesus teria que chamar Judas para fazer coalizão.
— Lula, 2009

Introdução

A eleição de Luiz Inácio Lula da Silva à presidência do Brasil, em 2002, acendeu expectativas de mudança na região e no mundo. Surgido no final da ditadura (1964-1985), o Partido dos Trabalhadores (PT) consolidou-se na luta pela democratização nos anos 1980 e, no decênio seguinte, comandou a resistência ao neoliberalismo. Alcançada a presidência, o PT adotou um discurso e uma prática conciliatórios. Durante uma década, que coincidiu com a expansão econômica, obteve notável êxito em pacificar o país e venceu outros três pleitos presidenciais. Em 2016, porém, a presidenta Dilma Rousseff sofreu um controverso *impeachment*, e dois anos depois Lula foi encarcerado. As expectativas progressistas cederam lugar a uma ofensiva reacionária, impensável anos antes. A opção petista de enfrentar os males a partir dos sintomas, evitando as raízes, revelou limites e contradições. A defenestração do partido do poder Executivo marcou o refluxo do progressismo com o qual foi identificado: os sinos que dobram pelo Brasil, dobram por toda a região.

Preâmbulo

Último país a abolir a monarquia e a escravidão nas Américas, o Brasil foi uma referência conservadora no continente desde a sua emancipação. No século XX, no bojo de uma acelerada industrialização, tornou-se a principal economia latino-americana. Assim como a Argentina e o México, atravessou uma experiência descrita como populista, revelando fissuras no padrão oligárquico de dominação no entreguerras. Entretanto, o golpe militar de 1964, primeiro de uma sequência repressiva no Cone Sul, referendou a opção burguesa de dissociar desenvolvimento e integração nacional. A despeito do progresso industrial e das riquezas naturais, o país é, ainda hoje, um dos mais desiguais do mundo.

O PT surgiu nos estertores da ditadura (1964–1985) com o compromisso de modificar esta realidade. Convergiram em sua origem o movimento sindical, os movimentos populares, as comunidades eclesiais de base e a intelectualidade progressista brasileira, conformando um instrumento político original. Criado como um partido de massas e não de vanguarda, o PT pretendia superar os principais veículos históricos da política popular no país até então: de um lado, a demagogia populista associada ao trabalhismo e a Getúlio Vargas, que supunha uma integração tutelada à sociedade de massas; de outro, o comunismo, flagelado pelo dogmatismo e por disputas fraticidas, que obstavam seu enraizamento popular. Ao mesmo tempo, o PT surgia à sombra dos grupos guerrilheiros dizimados pela ditadura, enquanto o eurocomunismo se afirmava na Europa. Neste contexto, embora o socialismo e o anti-imperialismo não estivessem ausentes, prevaleceram formulações estratégicas referenciadas à "democracia como valor universal" (Coutinho, 2005), cristalizadas no que ficou conhecido como "projeto democrático popular". Em outras palavras, o PT despontou como um partido da reforma, não da revolução.

Rapidamente, a nova organização aglutinou aqueles que se identificavam com a mudança social. O PT engajou-se nos últimos anos da luta contra a ditadura e cumpriu um importante papel em ampliar o debate em torno da transição, pressionando por eleições diretas e reformas sociais. Este papel se consolidou com o protagonismo, desproporcional à sua representação, exercido pelos parlamentares do partido na elaboração da Constituição ainda vigente no país, conhecida como "Constituição Cidadã", aprovada em 1988. Significativamente, a bancada petista votou contra o texto final por considerar insuficientes os avanços sociais do documento fundamental da "Nova República" que então desabrochava. Naquele momento, o PT já acumulara importantes êxitos eleitorais locais, e Lula despontava como um forte candidato à presidência.

Para muitos, a derrota eleitoral para Fernando Collor de Mello em 1989 por estreita margem foi um ponto de inflexão na trajetória do partido. Confrontado com uma sórdida campanha, em que o conservadorismo se uniu em torno de um político até então inexpressivo, mas que o *marketing* vendia como tábua de salvação da ordem, o partido derrotado se deparou com um dilema: preparar-se para enfrentar os que se opõem à mudança, ou resignar-se à política tolerada pela ordem. A opção pelo segundo caminho evidenciou-se nos anos seguintes. À medida que o partido vencia eleições país afora, sua originalidade política esvaziava-se. Práticas identificadas com o "modo petista de governar", como os mutirões autogeridos ou o orçamento participativo, cediam lugar à ideologia da gestão eficiente, que colonizava a esfera pública. Nas campanhas eleitorais, a empolgação militante foi substituída pelo *marketing* e pelas doações corporativas. Em suma, o partido se converteu aos meios e fins da política convencional.

A despeito desta inflexão conservadora comandada pela direção petista, o triunfo da candidatura presidencial de Lula, em 2002, após três derrotas consecutivas, despertou esperanças de mudança. O líder operário reelegeu-se em 2006, e em 2010 foi sucedido por sua correligionária Dilma Rousseff, também reeleita em 2014. Em 2016, o segundo mandato de Dilma foi abreviado por um controverso processo de *impeachment*, e dois anos depois Lula foi encarcerado. As expectativas progressistas cederam lugar a uma ofensiva reacionária, que parecia inconcebível poucos anos antes.

Para entender este movimento, analisaremos os governos federais petistas em seu conjunto, como premissa para compreender os críticos eventos recentes. Inicialmente, abordaremos as estratégias de acumulação promovidas pelas presidências petistas, para então analisar as formas de legitimação política que adotaram. Minha hipótese é que o *impeachment* de Dilma Rousseff está referido à crise do chamado "modo lulista de regulação do conflito social", esvaziando a funcionalidade dos governos petistas do ponto de vista da ordem. Este esvaziamento, evidente desde as jornadas de junho de 2013, aguçou-se nos anos seguintes diante da conjunção entre crise econômica e escândalos de corrupção.

1. Estratégias de acumulação: neodesenvolvimentismo ou neoliberalismo?

a. Conciliação e ordem

As presidências petistas apostaram na conciliação de classes como método para reformar o capitalismo brasileiro. Partiu-se da premissa — razoável, por sinal — de que, face à desigualdade aguda que caracteriza o país, muito poderia ser feito para dirimi-la sem enfrentar as estruturas que a reproduzem. O programa Fome Zero, cujo comando foi inicialmente entregue a um frade católico, sintetizou esta abordagem: afinal, quem seria contrário a acabar com a fome?

Mas se o pão apaziguaria os pobres, a conciliação com os ricos exigia o compromisso com a chamada estabilidade econômica. No caso brasileiro, seu marco fundador é o Plano Real, implementado pelo então ministro da Fazenda Fernando Henrique Cardoso em 1994 — que, em seguida, elegeu-se presidente. As linhas mestras do plano remetem a programas de estabilização monetária em curso no mundo neoliberal, prevendo abertura comercial e financeira, redução do Estado via privatizações, política monetária e fiscal rígidas e taxas elevadas de juros real. Como em outras situações, teve êxito em conter a inflação, mas agravou desequilíbrios estruturais nas contas nacionais, ao mesmo tempo que reduziu irreparavelmente a margem de manobra do Estado para enfrentá-los.

A apreciação cambial (paridade do real com o dólar) e a abertura comercial estimularam importações, que auxiliaram a conter os preços, mas comprometeram a indústria nacional, provocando déficits comerciais crescentes. Inicialmente, este desequilíbrio foi mitigado por privatizações e investimento estrangeiro, principalmente para adquirir ativos nacionais, enquanto aumentava-se a pressão e os incentivos para exportar. Entretanto, o mecanismo principal para compensar os desequilíbrios comerciais foi a atração de capital especulativo, o que exigiu uma série de medidas que antecederam o Plano Real, visando converter o Brasil em um destino atraente para as finanças internacionais. Em particular, a abertura do mercado brasileiro de títulos públicos lançados e cotados no exterior converteu o país em emissor de capital fictício (Paulani, 2008).

O outro lado desta engrenagem foi o disciplinamento do Estado como instrumento de transferência de riqueza nacional para os circuitos financeiros internacionais. Impôs-se a lógica do ajuste estrutural, que teve expressão acabada na lei de responsabilidade fiscal negociada junto ao FMI no contexto da crise que antecedeu a desvalorização do real, em 1999, quando FHC iniciava seu segundo mandato. Esta lei, cujo caráter antissocial foi então denunciado pelo PT, estabelece uma hierarquia no gasto orçamentário, consagrando prioridade máxima aos credores financeiros em detrimento de políticas sociais e investimentos públicos.

Em suma, a adoção do Plano Real em 1994 culminou um processo que converteu o Brasil em plataforma de valorização do capital financeiro internacional. Isso significa que, ao mesmo tempo que o país se consolidou como um destino de capitais especulativos, o fluxo destes capitais se tornou indispensável do ponto de vista da ortodoxia ora implementada.

Ajuste fiscal permanente, altas taxas de juros, política monetária contracionista, câmbio flutuante e livre movimentação de capitais foram os pilares desta macroeconomia.

É este compromisso que o então candidato Lula afiançou quando lançou a *Carta ao povo brasileiro* durante a campanha de 2002. Tratava-se, na realidade, de uma carta ao capital, visando conjurar o espectro da fuga de capitais que se assomava na iminência da eleição do presidente operário.

Uma vez empossado, o governo petista revelou-se fiel ao compromisso assumido, esposando todos os aspectos do ajuste neoliberal consolidado nas gestões anteriores: processos de liberalização, desregulamentação e privatização, estabilidade da moeda, Lei de Responsabilidade Fiscal, superávits primários, limite ao endividamento do setor público, flexibilização das relações de trabalho, redução e cortes de direitos adquiridos, entre outros. Este compromisso com a credibilidade internacional exigiu aprofundar as reformas antissociais, como a nova Lei de Falências, que colocou os trabalhadores em igualdade de condições com os demais credores, contrariando a premissa de que os riscos do negócio recaem sobre o empregador.

Mas o principal nó desatado no primeiro mandato de Lula foi a reforma da previdência do serviço público. A passagem do modelo da previdência social para as previdências privadas rompeu com a ideia de solidariedade geracional, em que a contribuição dos jovens assegura a pensão dos idosos, em nome de um modelo no qual cada trabalhador tem uma conta individual, gerida como um fundo de investimento. A solidariedade geracional e de classe cedeu lugar a uma coparticipação nos mecanismos e riscos associados ao capital financeiro.

Esta reforma foi emblemática por dois motivos. Em primeiro lugar, porque revelou a funcionalidade petista do ponto de vista da ordem: o prestígio do presidente diante dos trabalhadores foi fundamental para viabilizar, no primeiro ano do seu mandato, uma reforma que seu antecessor não conseguira emplacar, em função da oposição com que se defrontou. Em segundo lugar, porque obedece a uma lógica individual e mercantil, transformando um direito social em um produto financeiro. Mais além das opções macroeconômicas que levaram Leda Paulani (2008, p. 10) a descrever o primeiro governo Lula como "a mais completa encarnação" do neoliberalismo, revela-se que o horizonte civilizatório do partido estava em perfeita sintonia com a razão de mundo neoliberal (Laval & Dardot, 2016).

b. Neodesenvolvimentismo

Entretanto, a política petista nunca se assumiu como neoliberal. Ao contrário, no segundo mandato de Lula, quando houve um surto de crescimento puxado pelo aumento do preço das *commodities* face à expansão chinesa, ganhou curso entre os sequazes do governo a proposição de que estava em andamento um projeto "neodesenvolvimentista". Após décadas de estagnação, a lenta recuperação do poder aquisitivo do salário, a diminuição do desemprego, uma ligeira melhoria na distribuição da renda, a redução da pobreza extrema por meio de políticas focalizadas, a expansão do consumo que acompanhou a abundância do crédito, além da percepção de que o país atravessava incólume a crise econômica mundial, lastrearam o discurso de que o Brasil mergulhava em um período de desenvolvimento — e o paralelo com o nacional--desenvolvimentismo do pós-guerra justificava o neologismo.

O denominador comum entre as diferentes formulações neodesenvolvimentistas é o diagnóstico de que o país deveria buscar uma via alternativa entre a financeirização, que caracteriza o neoliberalismo, e o nacionalismo, associado ao desenvolvimentismo. Propôs-se recuperar a ênfase nas atividades produtivas em detrimento do rentismo, mas sem incorrer em inflação, populismo fiscal, nacionalismo e outros elementos que remetem ao nacional-desenvolvimentismo. Plínio de Arruda Sampaio Jr. (2012) descreveu a ambição neodesenvolvimentista nos seguintes termos:

> O desafio do neodesenvolvimentismo consiste, portanto, em conciliar os aspectos "positivos" do neoliberalismo — compromisso incondicional com a estabilidade da moeda, austeridade fiscal, busca de competitividade internacional, ausência de qualquer tipo de discriminação contra o capital internacional — com os aspectos "positivos" do velho desenvolvimentismo — comprometimento com o crescimento econômico, industrialização, papel regulador do Estado, sensibilidade social.

O ensejo de conciliar "um elemento externo, o liberalismo, a outro interno, o desenvolvimentismo brasileiro" (Cervo, 2003), concretizou-se no apoio à internacionalização de grandes empresas de capital nacional ou sediadas no país, entendidas como vetores do desenvolvimento capitalista nacional: foi a política das "campeãs nacionais", que examinaremos com mais detalhes em capítulo posterior. Seus veículos principais foram a diplomacia empresarial praticada pelo Itamaraty, sobretudo na América do Sul, e a política de crédito do Banco Nacional de Desenvolvimento Econômico e Social (BNDES). Em seu auge, em 2010, os empréstimos do banco com esta finalidade superaram em duas vezes e meia a soma dos recursos movimentado pelo Banco Mundial e pelo Banco Interamericano de Desenvolvimento (BID).

A ação do BNDES intensificou a concentração de capitais em setores da economia brasileira considerados internacionalmente competitivos, notavelmente no campo da exportação primária e da construção civil. Para dar alguns exemplos:

o banco proporcionou 6 bilhões de reais ao grupo JBS para aquisições no Brasil e no exterior, montante que o converteu no maior produtor de carne do mundo; 2,4 bilhões de reais para a Votorantim Celulose adquirir a Aracruz Celulose, resultando em uma das maiores produtoras mundiais de celulose, a Fibria; mais de 1,5 bilhão para a fusão da Sadia com a Perdigão, tornando o grupo Brasil Foods o maior exportador mundial de frango (Garcia, 2012).

Entretanto, o protagonista da expansão mercantil brasileira foi a construção civil, setor que espalhou negócios por todos os países da América Latina, de Colômbia a Cuba, bem como em outras partes do mundo, com destaque para a África lusófona. A Odebrecht, corporação que simboliza este movimento, presenteou a cidade de Lima com uma réplica do Cristo Redentor carioca no momento em que se autoproclamava "a construtora da integração regional".[1] O setor também foi beneficiado no plano doméstico pelo Programa de Aceleração do Crescimento (PAC), prevendo uma agenda de obras de infraestrutura, e pelo programa Minha Casa Minha Vida, que estendeu crédito habitacional a camadas populares.

No conjunto, este movimento de internacionalização de corporações brasileiras correspondeu a um projeto político de liderança regional. A estratégia previa que a expansão econômica dos negócios brasileiros serviria de alicerce à projeção política do país no cenário mundial, conforme analisaremos em outro capítulo.

É possível dizer que, durante o ciclo de expansão econômica que se estendeu até o primeiro mandato de Dilma Rousseff, esta proposta avançou com relativo êxito. O avanço dos negócios brasileiros correspondeu a um reconhecimento

---

1. Em 2017, quando escândalos de corrupção atingiam a Odebrecht no Peru e o ex-presidente Alan García, que idealizara o monumento, a estátua foi alcunhada como *Cristo de lo robado*.

do protagonismo do país, personificado na figura do presidente Lula, que em 2009 foi considerado pelo presidente dos Estados Unidos, Barack Obama, como o político mais popular do mundo (*Newsweek*, 2009). Neste momento, a capa da conservadora *The Economist* mostra o Cristo Redentor carioca levantando voo como um foguete, com a legenda: "O Brasil decola".

Entretanto, a conjunção entre desaceleração econômica e escândalos de corrupção, que escalou a partir de 2014, colocou este projeto na defensiva. Enquanto a economia brasileira entrava em recessão, numerosas denúncias explicitaram esquemas de corrupção envolvendo empreiteiras e outras "campeãs nacionais", no país e no exterior. Estas revelações minaram a confiabilidade do governo e do partido que o comandava, e comprometeram os alicerces do projeto neodesenvolvimentista com que se identificavam. Mesmo antes da crise se agudizar, o BNDES se mostrava mais preocupado com as investigações do que com os investimentos, inclusive porque os cortes orçamentários, somados à queda das receitas oriundas do Fundo de Amparo ao Trabalhador (FAT),[2] diminuíram os capitais disponíveis para investimento de longo prazo.

Por outro lado, diversos indícios questionaram a eficácia da estratégia das "campeãs nacionais". Em primeiro lugar, algumas empresas que receberam vultuosos aportes do BNDES passaram, pouco depois, para o controle internacional. Foi este o caso do conglomerado de bebidas Ambev, que se fundiu com uma corporação belga e teve sua sede transferida para este país; da usina de etanol Santa Elisa, adquirida pela francesa LDC Dreyfuss depois de ser apoiada pelo BNDES; da EBX, que se

---

2. FAT é um fundo especial, de natureza contábil-financeira, vinculado ao Ministério do Trabalho para custear o Programa do Seguro-Desemprego, do Abono Salarial e o financiamento de programas de desenvolvimento econômico. [N.E.]

associou a empresas de capital chinês e coreano após aprovar grandes volumes de crédito público para seus projetos; da Alunorte e da Alumar, empresas vendidas pela Vale para a norueguesa Norsk Hydro, entre outros casos (Tautz et al., 2010). Também houve situações como a operação da Odebrecht no Peru, que se autonomizaram: registrada legalmente como uma empresa local, já não tem projetos apoiados pelo BNDES, mas tampouco colabora para a exportação de serviços e produtos brasileiros. No conjunto, há escassa evidência de que o apoio prestado pelo BNDES a estes negócios correspondeu às expectativas neodesenvolvimentistas. Ao mesmo tempo, há indícios de que as "campeãs nacionais" acessaram créditos de longo prazo para reduzir custos de capital, ou mesmo para lucrar por meio da manipulação das taxas de juros: investiam o dinheiro emprestado na compra de títulos do governo, que pagavam juros mais altos (Bonomo et al., 2014).

Se a estratégia das "campeãs nacionais" rendeu frutos duvidosos, a associação esperada entre neodesenvolvimentismo e industrialização não vingou. Ao contrário, durante as gestões petistas, acentuou-se a desarticulação da indústria brasileira, fenômeno que lhe antecede. Desde 1985, a participação industrial no PIB decresceu, passando de 35,88% naquele ano para 13,13% em 2013. Naquele momento, o Brasil respondia por 2,8% da produção industrial mundial, cifra que se reduziu a 1,7% nos anos 2000, estabilizando-se neste patamar até 2010 (Unido, 2011).

A desarticulação do tecido industrial é sugerida por indícios diversos, como o aumento da participação dos componentes primários na produção industrial, a elevação dos insumos importados utilizados na fabricação dos bens industriais e uma maior concentração do valor adicionado em poucos segmentos, elementos que denotam uma fragilização dos elos que permitem à indústria funcionar como um todo orgânico (Carneiro, 2008). Neste contexto, a parcela do consumo atendido pelas importações elevou-se em 6% desde 1996, atingindo 21,7% em 2014, enquanto as exportações não industriais tiveram participação dobrada na pauta exportadora. Em 2010, relatório do Ministério da Fazenda classificava como *commodities* 64,6% das exportações brasileiras, cifra que em 1994 estava em torno de 50% (Esposito, 2017). Cumpre lembrar que parte substantiva das exportações industriais do Brasil são realizadas por multinacionais, como é o caso das montadoras de automóvel instaladas no país.

A despeito destas tendências regressivas, o primeiro mandato de Lula beneficiou-se de uma rara sequência de cinco anos de saldos positivos em transações correntes, o que inflou a ilusão neodesenvolvimentista. Entretanto, a partir de 2008 o saldo tornou-se crescentemente negativo, ultrapassando os 100 bilhões de dólares em 2014 — ou 4,3% do PIB, pior resultado da série histórica. No frigir dos ovos, a exigência perene de aumentar as exportações resultou em apoio incondicional ao agronegócio e à mineração, alimentando numerosos conflitos e desastres socioambientais, como em Belo Monte e em Mariana.

O percentual das importações e exportações em relação ao PIB aumentou durante as gestões petistas, traduzindo um maior grau de abertura da economia e, neste caso, de dependência. Igualmente significativo, a média de mobilidade dos capitais subiu de 5% entre 1986 e 1990 para 37% entre 2006 e 2010, período em que o passivo externo também se multiplicou, indicando um aumento da vulnerabilidade do país a crises provocadas pela fuga de capitais (Machado & Sampaio Jr., 2012). Em suma, a convergência entre a desarticulação do sistema industrial, o deslocamento do eixo dinâmico da economia para o exterior e a erosão dos centros internos de decisão face às finanças internacionais apontam para uma desindustrialização do país.

Estas constatações explicitam o caráter ideológico da proposição neodesenvolvimentista. Ao sugerir uma associação contraditória entre os supostos aspectos salutares do neoliberalismo com aqueles saudosos do velho desenvolvimentismo, o "pastiche neodesenvolvimentista" (Fiori, 2011) ignorou os nexos entre as diferentes dimensões inerentes a ambos ideários — por exemplo, a relação antitética entre política monetária restritiva e crescimento econômico que caracteriza o neoliberalismo, ou a proteção ao capital nacional que condiciona a industrialização na perspectiva desenvolvimentista. Ainda, abstrai as condições históricas que concederam lastro à utopia nacional-desenvolvimentista como via para a humanização do capitalismo periférico, uma vez que, na atualidade, as possibilidades de um horizonte nacional para o desenvolvimento são constrangidas, em um mundo pautado por um regime de acumulação global.

Debaixo deste verniz retórico, remetendo a um ideário que outrora pretendeu conciliar capitalismo e nação na periferia, observou-se uma política econômica conservadora, que aceitou os parâmetros do neoliberalismo. Na prática, a economia brasileira continuou a operar como plataforma de valorização do capital financeiro internacional, em um contexto em que os bancos ganharam dinheiro como nunca, segundo repetia Lula; exportadora de matérias-primas, incluindo setores que internacionalizaram suas operações, entre frigoríficos, mineradoras e agronegócio; e arrimo de corporações multinacionais, que exploram o mercado interno mas também exportam, embora cada vez menos, manufaturas. As tendências econômicas prevalentes intensificaram-se: desnacionalização, desindustrialização, devastação ambiental e superexploração do trabalho, assim como abertura comercial e financeira, aumentando, com isso, a vulnerabilidade a crises e sua contraparte: a sujeição às finanças internacionais.

Descolada do movimento da realidade, a ideologia neodesenvolvimentista se prestaria, segundo Sampaio Jr., a uma dupla função: "Diferencia o governo Lula do governo FHC, lançando sobre este último a pecha de 'neoliberal', e reforça o mito do crescimento como solução para os problemas do país, iludindo as massas" (Sampaio, 2012). A retórica neodesenvolvimentista cumpriu um papel ideológico regressivo ao estreitar o debate econômico, restrito à microeconomia, e encurtar o alcance da discussão política, limitado à conjuntura. Ao reduzir o horizonte da mudança social aos parâmetros aceitos pelo neoliberalismo, a política confinou-se a uma discussão sobre o ritmo e a intensidade do ajuste estrutural, distinguindo-se somente em aspectos acessórios, como a intensidade das políticas de transferência monetária emanadas do Banco Mundial; a estratégia para lidar com as pressões sociais; o papel que se atribui ao entorno regional; e o *marketing* para consumo interno e externo, entre outros. A estratégia petista, nos parâmetros da ordem que endossou, esteve referida ao que chamaremos "modo lulista de regulação do conflito social".

II. O modo lulista de regulação do conflito social

a. Articulação de dois consensos

O modo lulista de regulação do conflito social pode ser resumido como uma combinação entre modestos ganhos para os extremos inferiores da pirâmide social brasileira — seja pela extensão de políticas de renda condicionada difundidas pelo Banco Mundial, seja por uma discreta evolução do salário mínimo, atrelada ao crescimento da economia brasileira — associada à intocabilidade do país como um negócio para os bancos e para o capital internacional. A conjunção entre pequenos ganhos para os de baixo, com os lucros de sempre — e ainda maiores — para os de cima, lastreou uma relativa pacificação social do país por mais de uma década.

Segundo Ruy Braga (2014; 2016), a hegemonia lulista apoiou-se sobre a articulação de duas formas distintas, porém complementares, de consentimento. Em primeiro lugar, o *consentimento passivo* das classes subalternas ao projeto de governo abraçado por uma burocracia sindical que, durante o período de crescimento econômico, soube garantir modestas, mas efetivas, concessões aos trabalhadores. De maneira geral, o *subproletariado semirrural* nos rincões do país foi beneficiado pelo Programa Bolsa Família, passando da extrema pobreza para a pobreza oficial. O *precariado urbano* beneficiou-se de aumentos do salário mínimo acima da inflação e da criação de empregos formais. Por fim, no contexto de um mercado de trabalho aquecido, o *proletariado sindicalmente organiza*do alcançou negociações coletivas vantajosas, tanto em termos salariais quanto em termos de benefícios trabalhistas. Em um país reputado por desigualdades abissais, estes discretos avanços foram suficientes para sedimentar o consentimento dos subalternos à regulação lulista.

Ao mesmo tempo, o governo articulou concretamente os interesses da burocracia sindical, de lideranças dos movimentos sociais e de setores médios intelectualizados, criando as bases para um *consentimento ativ*o ao lulismo cujo lócus foi o aparelho de Estado.[3] Por meio da ocupação de postos nos conselhos dos fundos de pensão e dos bancos públicos, a alta burocracia sindical "financeirizou-se", isto é, fundiu seus interesses ao capital financeiro. Chico de Oliveira (2003) denunciou a simbiose entre "técnicos e economistas *doublés* de banqueiros, que formavam o núcleo duro do PSDB, e trabalhadores transformados em operadores de fundos de previdência, núcleo duro do PT", que controlam o acesso aos fundos públicos. Significativamente, a rentabilidade de tais fundos está muitas vezes vinculada a processos de reestruturação produtiva que geram desemprego: chegou-se à situação em que um estrato privilegiado de trabalhadores faz dinheiro com a precarização dos demais.

A adesão da Central Única dos Trabalhadores (CUT) a este projeto revelou a pedra filosofal do lulismo: as principais organizações sociais que outrora resistiram ao avanço do neoliberalismo apoiavam agora um governo comprome-

---

3. Sobre lulismo e suas contradições, ver Singer (2012) e Loureiro & Singer (2016).

tido com o aprofundamento destas políticas. A relação de confiança construída ao longo dos anos entre o partido e as organizações sociais foi instrumentalizada para neutralizá-las, facilitando a faca neoliberal. O carisma pessoal de Lula foi igualmente manipulado para este fim. Como parte desta regulação, pululam políticas públicas e instâncias participativas, inócuas para modificar as estruturas sociais, mas eficazes para divergir o ativismo social. Militantes foram convertidos em gestores de projetos governamentais, quando não se tornaram simplesmente funcionários do governo. No conjunto, este arsenal de práticas e estratégias consolidou um consenso ativo ao projeto petista, fragilizando a autonomia do campo popular.

Inicialmente, lideranças e organizações justificaram seu apoio tácito com o argumento de que o governo estava em disputa. Entretanto, a noção de que era possível disputar o governo e trazê-lo para a esquerda nascera morta. Desde a primeira vitória de Lula, em 2002, o partido jamais cogitou construir uma correlação de forças para modificar as estruturas do Estado brasileiro. Ao contrário, embarcou de modo consciente nas práticas da política profissional, caracterizada pela venalidade e pelo oportunismo. Se havia uma ilusão de que os petistas manejavam o Estado por meios escusos para fins legítimos, o que ocorreu foi o inverso e a máquina petista foi absorvida pela política convencional, da qual se tornou parte integrante.

Recorrendo a uma figura de linguagem, os movimentos se casaram com o governo acreditando que o mudariam, mas foram eles que acabaram mudando. Por sua vez, o governo descobriu neste casamento que, apesar de numerosas traições públicas, o divórcio estava fora do ecúmeno do parceiro. Assim, o recurso a alianças sórdidas e práticas imorais não teve limite. Vulgarizando a analogia, enquanto o governo sentia que não precisava cultivar o cônjuge, que tudo podia entender, se desdobrava para agradar os amantes, entre os quais o voluptuoso

PMDB, atual MDB, partido fisiológico ao qual pertence o então vice-presidente Michel Temer, articulador do golpe.

As crises políticas acentuaram o descolamento entre a fidelidade dos movimentos e a venalidade do governo. Desde a primeira grave crise em torno do mensalão,[4] em 2005, a base petista brandiu a ameaça de golpe, apesar de haver um consenso contra o *impeachment* entre a burguesia naquele momento. Em lugar de considerar a possibilidade de que o PT, que praticava uma política conservadora em todas as esferas, também manobrasse o parlamento de maneira convencional, recorrendo ao suborno, o campo popular cerrou filas com o governo: 43 organizações assinaram uma *Carta ao povo brasileiro* homônima ao documento de 2002, taxando as denúncias como manobras golpistas. Enquanto isso, o Planalto respondia reforçando a participação do MDB no governo, os compromissos com o capital financeiro e as políticas assistencialistas focalizadas.

Dez anos depois, a operação Lava Jato, que expôs a promiscuidade entre empresas e políticos, também seria reduzida a uma perseguição política, apesar da prisão de empresários em cuja inocência poucos acreditam. Nestes dias, ainda se escutavam ecos da retórica do "governo em disputa", o que implicava que o campo popular tinha sido derrotado em todas as batalhas ao longo daquele período. Entre alguns dirigentes, o discurso foi enriquecido com a ideia de que se armava um cerco contra a esquerda. A hipótese que poucos aventaram é que, a estas alturas, o PT fazia parte do cerco, não da esquerda.

Em suma, a convergência entre as estratégias petistas de neutralização da crítica e a incapacidade de parte da militância em se desprender do partido provocou uma espécie de sequestro da esquerda. Paradoxalmente, o principal legado do

---

4. Denúncia de compra de voto de parlamentares por meio de depósitos mensais.

consenso ativo à hegemonia petista foi o imobilismo, o que teve consequências devastadoras desde que a paz lulista foi à pique.

b. Modernização conservadora

O "modo lulista de regulação do conflito social" se impôs com êxito notável durante o ciclo expansivo da economia, que abrangeu as presidências de Lula e o primeiro mandato de Dilma. Para compreender seu esvaziamento posterior e a reação que se seguiu, é preciso analisar as dinâmicas em que se assentaram o consenso passivo das massas. Concretamente, examinaremos a criação de emprego, a elevação do salário mínimo e a expansão do ensino universitário, três elementos no universo dos protagonistas das jornadas de junho de 2013 — momento em que vieram à tona as contradições do lulismo. O malogro da reforma urbana alentada pelas primeiras gestões petistas nos anos 1980, que então difundiam um "modo petista de governar", e o retrocesso da reforma agrária, questão que mobilizou o mais poderoso movimento social brasileiro sob o neoliberalismo, complementam o panorama da modernização conservadora avançada por estas administrações.

O esvaziamento do consenso passivo ao pacto lulista se tornou evidente a partir das jornadas de junho de 2013, maior ciclo de mobilizações populares da história do país desde o fim da ditadura, em 1985. Pesquisas de campo indicam que os protestos foram protagonizados por jovens estudantes que trabalham — ou jovens trabalhadores que estudam. Este segmento foi duplamente afetado pelo projeto petista, uma vez que mais de 60% dos empregos criados durante estas gestões foram ocupados por jovens entre 18 e 24 anos, que constituem também os principais clientes da expansão do ensino superior no país (Braga, 2014b).

Ao contrário da mitologia em torno de uma "nova classe média", estudos mostram que o que houve sob as gestões petistas foi uma ampliação da base da pirâmide social brasileira. De cada dez novos empregos gerados durante os anos 2000, nove pagavam menos de 1,5 salário mínimo. Em 2014, quando se acentuavam os efeitos da desaceleração econômica, cerca de 97,5% do emprego criado situava-se nesta faixa de remuneração. O motor da expansão foi o setor de serviços, como o *telemarketing*, abarcando segmentos da sociedade que historicamente recebem remuneração mais baixa e são mais discriminados no mercado de trabalho: mulheres, negros e jovens (Braga, 2014a; Braga, 2014b; Pochmann, 2012).

Do ponto de vista do dinamismo econômico, Marcio Pochmann (2012) indica que "esse movimento de expansão dos empregos de baixa remuneração se mostrou compatível com a absorção do enorme excedente de força de trabalho gerado anteriormente pelo neoliberalismo". Refletindo sobre o impacto deste movimento na estrutura social, o economista constata que, "seja pelo nível de rendimento, seja pelo tipo de ocupação, seja pelo perfil e atributos pessoais, o grosso da população emergente não se encaixa em critérios sérios e objetivos que possam ser claramente identificados como classe média". Ao contrário, revelam um perfil característico dos setores populares, que, diante de uma elevação da renda, não fazem poupança, mas ampliam imediatamente o consumo.

Para este grupo social, a recuperação do valor do salário mínimo é crucial. Em que pese uma discreta evolução na participação do trabalho sobre a renda durante os governos Lula, o alcance da política de recuperação do valor do salário mínimo deve ser matizado. Em primeiro lugar, é preciso reconhecer que esta tendência é anterior ao ciclo petista: durante os oito anos de FHC, entre 1994 e 2002, houve uma recuperação de 42% no valor real do salário mínimo, enquanto entre 2003 e 2014 a valorização registrada foi de 76,5%. A propalada política de valorização do salário mínimo, em vigor desde

2008, atrelou os aumentos salariais à inflação e à variação do PIB em um momento de crescimento econômico. Esta política teve algum efeito durante a alta das *commodities*, mas se torna nula sob recessão (Krein, Santos & Manzano, 2015).

Em segundo lugar, é necessário contextualizar os resultados alcançados em relação a períodos anteriores. A recente ampliação do emprego tem como referência um patamar rebaixado: o desemprego de massas dos anos 1990. De modo correspondente, a elevação do salário médio real do trabalhador apenas o recolocou, em 2013, em um patamar similar ao início do Plano Real. Porém, seu poder aquisitivo permanecia inferior ao verificado no início dos anos 1980, que por sua vez refletia o arrocho resultante de duas décadas de ditadura.

De modo similar, o aumento da participação do trabalho sobre a renda entre 2002 e 2009, quando passou de 42,4% para 43,6%, segundo dados do Instituto de Pesquisas Econômicas Aplicadas (Ipea), ainda estava em um patamar inferior a 1994, quando alcançava 48% — e muito inferior ao biênio 1959–1960, quando chegou a 57%. Acima de tudo, perpetua-se a aviltante distância entre o salário mínimo estabelecido na Constituição e o salário mínimo efetivamente pago. Segundo cálculos do Departamento Intersindical de Estatísticas e Estudos Socioeconômicos (Dieese), o salário mínimo ideal em junho de 2013 deveria ser superior a quatro vezes o salário mínimo real para cobrir os gastos elementares de uma reprodução digna da existência (Dieese, 2016).

Se os avanços quantitativos são pífios, os dados qualitativos indicam um retrocesso nas condições de trabalho. Constata-se uma elevação da taxa de terceirização das empresas, o aprofundamento da flexibilidade da jornada de trabalho, um aumento na taxa de rotatividade do emprego e um crescimento dos acidentes e mortes no trabalho — todos indícios de uma deterioração da qualidade do emprego criado. Quando consideramos que as forças motrizes da economia no período foram a construção civil, o agronegócio e o setor de serviços, dificilmente se poderia esperar outro resultado. Evidencia-se que o crescimento econômico esteve assentado na superexploração do trabalho, explicitando a contradição entre o interesse mercantil e os anseios populares.

Em suma, o mundo do trabalho sob o PT avançou, a passos rápidos, em consonância com o movimento global de precarização do trabalho. Ruy Braga se refere a este sujeito histórico como "precariado", "aquela massa formada por trabalhadores desqualificados e semiqualificados que entram e saem muito rapidamente do mercado de trabalho, por jovens à procura do primeiro emprego, por trabalhadores recém-saídos da informalidade e por trabalhadores sub-remunerados" (Braga, 2014a). Trata-se de um grupo social despojado de garantias trabalhistas, submetido a rendimentos incertos e carentes de uma identidade coletiva enraizada no mundo do trabalho.

Muitos destes jovens cursam o ensino superior na expectativa de disputar os empregos acima de 1,5 salário mínimo com a classe média, deixando para trás o mundo incerto e mal remunerado do precariado. Tornam-se, assim, os principais clientes da expansão das universidades privadas que ofertam cursos de péssima qualidade a preços baixos. Se é verdade que sob o Programa de Apoio a Planos de Reestruturação e Expansão das Universidades Federais (Reuni), vigente de 2003 a 2012, houve a criação de catorze novas universidades federais e cem novos *campi*, propiciando um aumento em torno de 60% nas matrículas em cursos presenciais de graduação, é notória a precariedade com que se deu esta expansão. A degradação das condições de trabalho e da carreira de técnicos e docentes, agravada por violentos cortes nas verbas para a educação, resultou em duas extensas greves em 2012 e 2015.

O braço principal da expansão do ensino superior não foi público, mas privado. Entre 2003 e 2014, a oferta de cursos de graduação no país espraiou-se de 282 para 792 municípios e, neste ano, 78,5% das vagas ofertadas no ensino superior eram novas. Porém, do total de 8 milhões de vagas, 90,2% pertenciam às universidades particulares. A rigor, trata-se de uma expansão subsidiada, pois o governo federal operou vultuosas transferências de recursos públicos para a educação privada por meio do Fundo de Financiamento Estudantil (Fies) e do Programa Universidade para Todos (Prouni). Em 2013, o Ministério da Educação desembolsou 5,8 bilhões de reais para o Fies e, em 2014, 12,3 bilhões de reais. Quando, em 2015, os cortes de orçamento tolheram 12 bilhões de reais da Educação, o governo federal liberou 17,7 bilhões de reais para o Fies e renunciou à arrecadação de 970 milhões de reais para o Prouni (Zagni, 2016). A lógica subjacente é que é mais barato para o Estado subsidiar o estudante na faculdade privada do que manter uma instituição pública.

Ocorre que, ao final do estudo universitário, muitos descobrem que o caminho para a ascensão social é mais estreito que o prometido. O trabalho precário, originalmente vislumbrado como um engajamento provisório, torna-se permanente. A precariedade deixa de ser um degrau e se torna uma parede: paredes cada vez mais estreitas, em um cômodo cada vez mais baixo. A vida se torna angustiante, no sentido etimológico do termo: comprimido, estreito, estressado. Os que alcançam algum êxito percebem que o mercado de trabalho exige o sacrifício cotidiano da ética para assegurar um lugar em um mundo marcado pela concorrência, pelo despotismo e pelo medo. E mesmo assim não há certeza sobre o futuro, pois são todos prescindíveis. Enfim, descobre-se que ser menos pobre não torna a existência mais estável.

Para a maior parte, essa angustiada e instável existência transcorre na cidade, entre a casa, o estudo e o trabalho. A locomoção está no centro da vida. E as cidades brasileiras entraram em colapso enquanto experiência de vida social e lugar de civilização.

Para traçar as raízes do fracasso em deter este processo, Pedro Arantes (2014) analisa a trajetória da luta por reforma urbana no Brasil e sua conexão com as políticas urbanas federais. Fazendo uma analogia com o movimento sindical brasileiro, que pouco questionou a propriedade privada dos meios de produção, Arantes aponta que os movimentos de moradia nunca transcenderam o umbral da propriedade privada do solo. Assim, à medida que declinou o urbanismo "democrático-popular" praticado por gestões municipais petistas nos anos 1980, envolvendo a urbanização de favelas, a produção de moradias por mutirão e a autogestão, além de práticas como o orçamento participativo, emergiram as condições para um consenso em torno de uma saída mercantil para a questão, tendo como horizonte a ideologia da casa própria.

Encarando as cidades como marca ou como negócio, as gestões petistas recorreram cada vez mais a consultores urbanos internacionais, ao tempo que defendiam e introduziam mecanismos pós-modernos de privatização das cidades, como as operações urbanas, as vendas de certificado de potencial construtivo adicional, os grandes projetos urbanos e os megaeventos. Esvaziadas de seu potencial transformador original, as práticas que caracterizaram o "modo petista de governar" se converteram em tecnologias de gestão de massas urbanas empobrecidas.

Em consonância com a inflexão política e ideológica sofrida pelo PT, a reforma urbana deixou de ser vista como uma totalidade até se confundir com "as práticas do setor imobiliário, dos governos de direita e do Banco Mundial", como aponta Arantes. Neste percurso, abriu-se mão de um pensamento substantivo sobre a cidade, que seria o próprio fim da reforma urbana. A mobilidade entendida como um direito urbano fundamental, porque é meio de acesso a outros direitos, foi uma das dimensões sepultadas com esta problemática. Assim como não se questionou a propriedade do solo, não se problematizou a catraca.

Alcançada a presidência, a forma principal da concertação petista entre capital e trabalho no plano da habitação popular foi o programa Minha Casa Minha Vida. Do ponto de vista da racionalidade governamental, o desafio foi convencer o capital imobiliário a atender os mais pobres, o que significava converter o sem-teto em um consumidor de moradia, e a moradia popular, em um negócio rentável. A era da autoconstrução e dos mutirões deu lugar a uma aliança entre trabalhadores e capital imobiliário, que tem como fiador os fundos públicos. Neste arranjo, todas as dimensões do processo construtivo são controladas pelo setor privado: desde a política de terras até o padrão de urbanização, passando pelo local e a tecnologia construtiva. É consumada a identificação entre direito à moradia e direito à propriedade, em um processo que Arantes (2014) interpreta como uma "solução compensatória da reforma urbana que não ocorreu".

A questão agrária sob as presidências petistas foi encaminhada de modo análogo, com resultados igualmente frustrantes. Segundo Ariovaldo Umbelino de Oliveira (2013), foi evidente desde o início que a reforma agrária sob Lula estaria marcada por dois princípios: "Não fazê-la nas áreas de domínio do agronegócio e fazê-la apenas nas áreas onde ela possa 'ajudar' o agronegócio. Ou seja, a reforma agrária está definitivamente acoplada à expansão do agronegócio no Brasil". Um conjunto de medidas ao longo das gestões petistas sedimentou esta orientação antipopular, como a Lei de Biossegurança, que regularizou a produção e comercialização de sementes transgênicas; o Programa Terra Legal, que legalizou a grilagem de terras na Amazônia; a renegociação das dívidas dos ruralistas; o desmanche do Código Florestal; e as obras de infraestrutura voltadas a potencializar o agronegócio referidas ao PAC e à IIRSA.

Esta realidade confrontou organizações do campo, como o MST, com uma difícil situação. O apoio ao governo contradizia a defesa da reforma agrária, que dava ao movimento sua razão de ser. Por outro lado, a gestão federal acenou com múltiplos vínculos possíveis, desde a nomeação de militantes para cargos de baixo escalão até a difusão de políticas assistencialistas na base do movimento, como o Bolsa Família. Era um contraste notável com a repressão da gestão anterior.

No plano produtivo, o governo multiplicou os recursos do Programa Nacional de Fortalecimento da Agricultura Familiar (Pronaf), emulado pelo Banco Mundial e implementado no país durante a gestão FHC. Mais do que uma linha de crédito, a concepção do programa supõe uma engenharia social orientada a transformar a agricultura familiar em uma peça na engrenagem da agroindústria transnacional. Do ponto de vista político, este incentivo contemplava uma das bases do movimento: as famílias já assentadas. Porém, isso se realizava às expensas das famílias sem-terra acampadas, dos agricultores pauperizados e do trabalhador agrícola em geral.

Via de regra, os incentivos à agricultura familiar tendem a dispensar a mediação de movimentos sociais e quase sempre fomentam a monocultura: metade dos créditos liberados entre 2003 e 2011 foi destinado a plantios de milho e soja. Como resultado, tanto no Nordeste como no Sul do país, segundo Alex Hilsenbeck (2013), havia assentamentos do MST dedicando-se à monocultura da mamona ou do girassol, em iniciativas mediadas por convênios com a Petrobras, em detrimento da policultura de gêneros alimentícios.

O modo como as presidências petistas lidaram com a reforma agrária e a questão urbana, questões que mobilizaram os movimentos populares mais combativos no Brasil desde o fim da ditadura, é revelador da economia política que se propôs. No campo, diluiu-se a contradição entre agricultura familiar e monocultura de exportação, às custas da reforma agrária.

Na cidade, dirimiu-se a contradição entre o direito à moradia e a cidade como negócio, às expensas da reforma urbana. Atravessando campo e cidade, pretendeu-se aliviar a contradição entre integração social e superexploração do trabalho, substituindo a luta por direitos pela capitalização dos pobres. A expansão do Bolsa Família e de empregos baratos articulou-se à expansão do crédito popular e do ensino superior privado para tecer um horizonte de inserção individual, mediado pelo consumo. O sonho da mobilidade social alentou o precariado como uma condição passageira, que teve como piso o Bolsa Família e, como pé direito, o ensino superior privado. O crédito popular alimentou sonhos de consumo e de ascensão profissional, bem como a casa própria (Minha Casa Minha Vida) e a lavoura mercantil (Pronaf). Enquanto algumas famílias comeram mais, outras tiveram um filho na universidade pela primeira vez. Todas sonharam em deixar a senzala, embora não juntas.

Em seu empenho por aliviar os males que afligem a sociedade brasileira desde a origem colonial, o petismo mitigou provisoriamente alguns de seus sintomas. Porém, suas causas se agravaram. Avanços modestos corresponderam a um aprofundamento de problemas estruturais, evidenciados na deterioração das condições de trabalho e no retrocesso das questões urbana e agrária, sobre o pano de fundo da reprimarização da economia. No plano político, a aposta na conciliação de classes nutriu negócios e interesses conservadores — entre o capital financeiro, o agronegócio, a mídia corporativa, o neopentecostalismo e os partidos fisiológicos —, ao mesmo tempo que se acomodaram, por meio de concessões e privilégios, muitos dos que pressionaram por mudança no passado.

Entretanto, este esforço em contornar as contradições que tensionam a sociedade brasileira, como se fosse possível erradicar os males sem mexer nas raízes, revelou-se uma quimera, que começou a se desmanchar em junho de 2013.

III. Lulismo em crise

a. Das jornadas de junho às mobilizações pelo *impeachment*

As contradições da modernização conservadora associada ao "modo lulista de regulação do conflito social" afloraram nas mobilizações multitudinárias de junho de 2013 — embora o próprio governo não tenha interpretado os eventos desta maneira.

Para quem via o Brasil com os óculos do lulismo, a revolta popular surgiu como um raio em céu azul. Acreditava-se que o país era infenso à crise mundial e se reencontrara com o crescimento econômico após três décadas de estagnação. O salário mínimo real crescera e o consumo aumentara, dando origem a uma nova classe média. Estimulava-se a formalização do trabalho e a empregada doméstica se tornara portadora de direitos. A pobreza absoluta diminuíra, em consonância com abrangentes políticas de transferência de renda condicionada. O país quebrava recordes na exportação mineral e agropecuária, enquanto a descoberta de petróleo no pré-sal acenava com uma prosperidade ainda maior. O Brasil passara de devedor a credor do FMI, de aluno a exemplo do Banco Mundial. Em torno da liderança brasileira, se conformavam novos espaços de articulação dos países sul-americanos, como a Unasul. Este protagonismo internacional era reconhecido com a presidência da Organização Mundial do Comércio (OMC) e da Organização das Nações Unidas para a Alimentação e a Agricultura (FAO) e com a liderança militar da Missão das Nações Unidas para a Estabilização no Haiti (Minustah), e legitimava o pleito a um assento permanente no Conselho de Segurança da ONU. Como cereja no bolo, o país sediaria a Copa do Mundo em 2014 e os Jogos Olímpicos em 2016, um reconhecimento tácito de sua competência e modernidade.

As jornadas de junho foram um movimento multifacetado, que gerou leituras variadas. Houve lulistas argumentando que as conquistas dos anos anteriores elevaram as expectativas sociais, que então transbordaram nas ruas. Na medida em que palavras de ordem reacionárias começaram a projetar-se em cartazes e megafones, sugeriu-se que as manifestações eram a expressão de uma classe média incomodada com a elevação do custo dos serviços, o que encarecia os empregados domésticos, e com o acirramento da concorrência no mercado de trabalho, decorrência da elevação do número de universitários entre as classes inferiores. Tratava-se, em suma, de uma reação contra a democratização do Brasil.

Embora o segundo ponto seja relevante para as manifestações antipetistas que ganharam corpo em 2015 e 2016, sua participação em junho de 2013 foi tardia e minoritária, assim como a das centrais sindicais e de outras organizações parceiras do governo, incluindo a esquerda do PT. Quem esteve nas ruas desde um primeiro momento foram movimentos e partidos à esquerda do espectro político.[5] A partir de sua

---

5. A Juventude Petista (JPT) de São Paulo foi a única organização ligada à constelação petista que esteve nas ruas desde os primeiros protestos de junho de 2013 na cidade, endossando a pauta pela redução da tarifa do transporte público impulsionada pelo Movimento Passe Livre (MPL). [N.E.]

iniciativa, mobilizou-se uma juventude incomodada e disposta, mas com escassa experiência política. E foram eles que deram o tom das jornadas de junho. O sentido das consignas gravitava em torno a três questões fundamentais: democratização das cidades, políticas públicas universais e uma reação ao cretinismo parlamentar — a ilusão de que o parlamento representa nação. Fazendo as contas, ainda que não tivesse como alvo um governo em particular, a rebelião contestava a modernização conservadora aprofundada pelo PT.

Inicialmente, as manifestações que reuniram em torno de seis mil pessoas em São Paulo no dia 6 de junho de 2013 protestavam contra o aumento das tarifas do transporte público. A repressão policial levou os manifestantes a dobrarem em número nos dias seguintes. Naquela semana, o prefeito de São Paulo, Fernando Haddad, quadro ascendente do PT, defendia em Paris a candidatura da cidade à Expo 2020 em companhia do governador Geraldo Alckmin, uma das principais lideranças nacionais do PSDB. Em sintonia com o colega tucano, Haddad condenou os protestos e enalteceu o comportamento da Polícia Militar.[6]

Porém, os protestos continuaram. E quando a PM embruteceu a repressão na cidade em 13 de junho, prendendo mais de duzentas pessoas e ferindo centenas de manifestantes, além de duas dezenas de jornalistas — um deles acabou perdendo um olho ao ser atingido por uma bala de borracha[7] —, as manifestações escalaram. Logo alcançaram amplitude nacional e já não mais podiam ser reprimidas pela polícia. Ao longo daquele mês, durante aproximadamente três sema-

---

6. Haddad e Alckmin se enfrentariam nas eleições à presidência do Brasil em 2018 — no caso de Haddad, em função da impugnação da candidatura de Lula.

7. Para mais detalhes, ver SILVA, Sérgio & BREDA, Tadeu. *Memória ocular: cenas de um Estado que cega* (São Paulo: Elefante, 2018). [N.E.]

nas, um terremoto social chacoalhou a cena política brasileira. Em seu apogeu, estima-se que dois milhões de pessoas foram às ruas, em mais de 120 cidades. Então, cerca de 80% dos brasileiros apoiavam os protestos. A pauta de reivindicações transcendeu o tema do transporte coletivo, incluindo outros serviços públicos, notadamente saúde e educação. A ampliação do escopo original dos protestos foi sintetizada no slogan: "Não é por centavos, é por direitos!".

Coincidindo com a Copa das Confederações, evento teste para as instalações da Copa do Mundo, as jornadas de junho captaram nas relações da Fifa com o país uma síntese da modernização conservadora petista. A paródia "era um país muito engraçado, não tinha escolas, só tinha estádios" sintetizava esse mal-estar, em que sofisticados padrões de consumo convivem com a primitiva reprodução social da existência. Erguidos com dinheiro público às custas da remoção de populações e da superexploração do trabalho, como parte de negócios internacionais espúrios que enriqueceram políticos e empreiteiras, além de divertirem uns poucos frequentadores que puderam pagar pelos ingressos, os estádios da Copa do Mundo emergiam como autênticos monumentos ao subdesenvolvimento.

Em suma, se é certo que as manifestações não tiveram como objeto os governos petistas em particular, também é fato que a contestação da ordem o incluía. Só é possível defender que o mal-estar nas ruas não se dirigia também ao governo federal e ao PT se considerarmos que, dez anos depois de chegar à presidência, ambos não tinham nada a ver com a situação do país. O mais provável é o contrário: que as manifestações traduzissem, ainda que de maneira difusa, uma enorme frustração.

Entretanto, a reação do governo revelou que a frustração continuaria. Se as manifestações tiveram êxito em suspender reajustes da tarifa em todo o Brasil, a agenda política nacional não se modificou. Conquistaram-se centavos, mas não direitos. O governo Dilma Rousseff protagonizou jogos de cena e compromissos retóricos, mas logo anunciou uma nova rodada de privatizações, elevou a taxa de juros e apertou ainda mais o ajuste fiscal, cortando gastos públicos e aumentando o superávit primário. Em lugar de ressoar as demandas das ruas, agilizou uma lei antiterrorismo para intimidá-las, visando manter as massas longe da Copa do Mundo em 2014 e dos Jogos Olímpicos do Rio de Janeiro em 2016.

Também nas eleições presidenciais de outubro de 2014, a agenda pública colocada nas ruas no ano anterior foi ignorada. As prioridades do governo são ilustradas por dados da Auditoria Cidadã da Dívida, indicando que, naquele ano, 45,11% de todo o orçamento executado foi comprometido com juros e amortizações da dívida pública — ou doze vezes o montante investido em educação, onze vezes o investimento em saúde e mais que o dobro dos gastos com a previdência social (Fatorelli & Avila, 2015).

O pleito, contudo, testemunhou uma polarização política sem correspondência com o que efetivamente estava em disputa: a gestão da crise que se assomava. Um clima de hostilidade visceral intoxicou o eleitorado, e o povo brasileiro assistiu a uma radicalização reacionária. Neste contexto, muitos de seus melhores quadros acudiram a uma defesa apaixonada do petismo, esvaziada de qualquer potencial de mudança. No outro polo, uma classe dominante sempre avessa ao protagonismo popular sentiu que o *momentum* lulista passava, e retomou a ofensiva. Sem alternativas programáticas a apresentar, sua crítica deslizou rapidamente a preconceitos, revelando a intolerância com a existência de um partido de trabalhadores, mesmo que desprovido de autonomia de classe.

Reeleita por escassa margem, Dilma deparou-se com um cenário diferente em seu segundo mandato. A reversão da conjuntura internacional favorável às *commodities*, as pressões inflacionárias, o avanço do desemprego, as altas taxas de juros, a queda nas exportações, uma indústria soçobrando, tudo isso em meio a uma sucessão de escândalos de corrupção, acentuaram a fragilidade do Executivo, explorada ardilosamente por um Congresso cujo perfil refletia a degradação do tecido social brasileiro. Neste contexto, a presidenta imediatamente abandonou o seu programa de campanha e adotou a agenda do candidato derrotado, implementando um draconiano ajuste fiscal que implicou cortes em todos os ministérios de atuação social. Assombrado pelo espectro do *impeachment*, o governo seria pressionado a ceder cada vez mais, na expectativa de aplacar a voracidade do MDB e do grande capital.

No entanto, a desaceleração econômica — que derivou em taxas negativas de crescimento em 2015 e 2016 — comprometeu o esteio burguês do governo. Por sua vez, os cortes nos gastos federais agravaram os efeitos da recessão sobre o emprego, prejudicando os trabalhadores. Segundo a Pesquisa Mensal de Amostras por Domicílio Contínua do IBGE, a taxa de desocupação do trimestre encerrado em novembro de 2016 atingia 12,1 milhões de trabalhadores, contra 9,1 milhões no ano anterior. Ao mesmo tempo, recrudesceu a hostilidade de setores médios tradicionais, incomodados com o encarecimento do trabalho doméstico, o afluxo popular em shoppings e aeroportos e a concorrência por empregos com remuneração maior que 1,5 salário mínimo.

No momento em que denúncias de corrupção em torno da Petrobras passaram a monopolizar o noticiário, a insatisfação desta classe média explodiu em uma onda de manifestações favoráveis ao *impeachment* de Dilma, que tomaram as ruas das principais cidades brasileiras em março e abril de 2015. Marcelo Badaró (2015) salienta a diferença da base social de manifestantes em relação a junho de 2013. Em lugar dos trabalhadores que estudam, nos protestos de 2015 predominou a população adulta, concentrada entre 30 e 50 anos, branca e que recebe mais de 5 salários mínimos. Os manifestantes oriundos de famílias ganhando até três salários mínimos não passaram de 20%. Além disso, os protestos contaram com apoio midiático, foram dirigidos e financiados por organizações com vínculos classistas, algumas ligadas a *think tanks* estadunidenses. Portanto, houve uma reviravolta, e não uma continuidade linear entre os ciclos de manifestações de 2013 e 2015.

No entanto, existe ao menos uma relação importante entre as duas ondas de protesto. Junho abriu uma nova conjuntura política, marcada pelo esvaziamento do modo lulista de regulação do conflito social. Para dizer em termos gráficos: o PT emergiu para a política nos anos 1980 colocando o povo nas ruas; alcançou o poder nos decênios seguintes, tirando o povo das ruas; as jornadas de junho evidenciaram que o partido não tinha mais poder para colocar nem para tirar o povo das ruas, o que colocou em xeque o seu papel político aos olhos da ordem. A crise econômica, então, estreitou a margem para a conciliação de classes, ensejando uma atualização do regime de acumulação. A versão petista de um neoliberalismo inclusivo cedia lugar à espoliação social, enquanto a era da conciliação deslizava para a guerra de classes. Embora iniciada no governo Dilma, esta inflexão consumou-se com o processo de *impeachment*.

b. Impeachment

Enquadrada nesta perspectiva, a deposição de Dilma Rousseff em 2016 não refletiu uma disputa substantiva de projeto de país, mas um realinhamento de forças políticas e de estratégias de acumulação, no contexto de exaustão da pacificação social lulista. Inicialmente, a estratégia da direita antipetista não contemplava o golpe, e sim, como se dizia abertamente, "fazer o governo sangrar". Entretanto, como acontece muitas vezes na história, a política adquiriu um dinamismo próprio e os tempos se aceleraram. Quando o PT lançou um candidato à presidência do Congresso, a base parlamentar do governo fissurou-se. Primeiro acusado da operação Lava Jato, que investigava a corrupção associada à Petrobras, o diabólico presidente da casa, Eduardo Cunha, logo converteu-se em implacável inimigo do Executivo, instigando a conspiração açulada por seu correligionário, o vice-presidente Michel Temer.

Em abril de 2016, Dilma foi afastada do cargo e, quando se encerraram os Jogos Olímpicos, em agosto, consumou-se a deposição. O pretexto foram as chamadas "pedaladas fiscais", prática de adiar o repasse a bancos públicos de recursos a serem distribuídos em programas governamentais, como o Bolsa Família, com o objetivo de minimizar desequilíbrios no orçamento estatal. Para não atrasar os programas, os bancos recorrem a recursos próprios, que posteriormente são restituídos pela União. Segundo parecer do Tribunal de Contas da União, esta prática configura um empréstimo, o que é proibido pela Lei de Responsabilidade Fiscal. Entretanto, trata-se de prática corrente na gestão pública brasileira, à qual recorreram os presidentes anteriores — FHC e Lula —, além de dezessete governadores da federação naquele mesmo ano. Configurou-se, portanto, um julgamento político travestido como processo judicial: um golpe de Estado operado pelo parlamento, em conluio com o Judiciário e a grande imprensa.

Entretanto, este golpe não foi motivado por contradições programáticas fundamentais. Ameaçado pela conspiração, o governo acolhia as pautas da direita, como a reforma da previdência, o congelamento dos gastos públicos e a desnacionalização do pré-sal. O processo se circunscreveu a uma disputa no seio do que Marx descreveu como o "partido da ordem", avesso ao protagonismo popular. Neste diapasão, o governo tentou negociar sua salvação até o último momento com o próprio Cunha, sempre nos termos vis da política antirrepublicana da barganha de interesses.

A perda do comando sobre a pequena política — que o PT manejara exitosamente durante treze anos — refletiu o esvaziamento do modo lulista de regulação do conflito social. Quando o partido assumiu a presidência, em 2003, seu prestígio diante dos trabalhadores foi fundamental para viabilizar a reforma da previdência que FHC não conseguira fazer. Em 2016, porém, a militância estava apassivada, entre a dispersão e a resignação. Por outro lado, a redução no consumo das famílias, que se antevia pela primeira vez desde 2004, sugeria que a base popular do lulismo estava em risco, enquanto a recessão econômica — queda de -3,8% do PIB em 2015 e de -3,5% em 2016 — comprometia a sua base burguesa. A funcionalidade política do lulismo se esgotara. O braço direito da ordem retomava a iniciativa e não tinha por que ser complacente com seus rivais. A prisão de Lula em abril de 2018, num processo marcadamente persecutório e sem nenhuma prova consistente de corrupção, foi uma demonstração cabal desta ofensiva.

Reflexões finais

Concebido no pecado original da traição, o governo Temer reflete o abandono da estratégia conciliatória da burguesia brasileira em nome do enfrentamento aberto com a classe trabalhadora. A combinação entre congelamento do gasto público por vinte anos, reforma trabalhista e a projetada reforma da previdência aponta para uma regressão das condições de vida do trabalhador ao século XIX. Profundamente antipopular, este processo é acompanhado pela agudização da repressão e da criminalização da luta social; por ataques à organização sindical e ao direito à greve; pela lei da mordaça; pelo avanço da lei da "escola sem partido" em muitos municípios; e pela reforma do ensino médio; entre outras medidas que visam coagir a insurgência de setores populares, particularmente entre os mais jovens. É o réquiem da "Nova República", fundada na "Constituição Cidadã".

Diferentemente do golpe militar de 1964, porém, esta investida não traduz uma inflexão no sentido da história brasileira. Pelo contrário, aponta para uma aceleração no ritmo e no tempo da política prevalente. Por exemplo: a emenda constitucional que congela os gastos públicos por vinte anos radicalizou a lógica do ajuste estrutural praticada regiamente pelas gestões petistas. Um mês antes de ser afastada, Dilma surpreendera os servidores públicos com o Projeto de Lei 257, de alcance mais modesto, mas de racionalidade similar. A mudança no regime de exploração do petróleo na camada pré-sal, aprofundada por Temer, também havia sido iniciada pelo governo deposto, enquanto a perseguição popular em curso se escora na lei antiterrorista sancionada pela presidenta às vésperas de seu afastamento. As continuidades são sintetizadas pela figura de Henrique Meirelles: o ministro da Fazenda do governo golpista comandou o Banco Central durante os dois mandatos de Lula, entre 2003 e 2010 — para atender o convite do presidente operário, desfiliou-se do PSDB, pelo qual havia sido eleito deputado federal pelo estado de Goiás.

Deste ponto de vista, o governo Temer pode ser visto como uma metástase das administrações petistas, uma vez que os interesses antipopulares que o PT no poder jamais enfrentou agora se espalham desimpedidos. Do mesmo modo, os corruptos profissionais que afiançaram a governabilidade petista deixaram de ser comensais, assumindo o comando do Estado. Em suma, o esgotamento do lulismo esvaziou as mediações entre as aspirações predatórias da burguesia brasileira e os direitos e anseios dos trabalhadores. Entretanto, ao defenestrar o PT e encarcerar Lula — em uma espécie de golpe preventivo, dado seu grande favoritismo na disputa presidencial de 2018 —, os de cima mostraram uma autoconfiança que pode lhes custar caro no futuro, pois rifam sua principal carta na manga para tourear as massas, por ora adormecidas.

Este assalto às instituições do país e aos direitos dos trabalhadores levanta a questão: por que o campo popular não tem reagido à altura? Este problema exige examinar sucintamente o legado do lulismo no plano da mobilização popular, e a política petista depois do golpe.

Antes de mais nada, faz-se necessário dizer que o PT no poder corroborou para confundir, apassivar e alienar o campo popular. Ao implementar um programa da direita, mas apresentando-se como esquerda, o petismo colaborou para confundir as percepções populares. A indiferenciação entre esquerda e direita alimentou a apatia, uma modalidade de despolitização. Porém, ao preservar sua identificação com a esquerda, o partido aprofundou a descrença em relação à política em geral — e à esquerda em particular. É sob este prisma que se compreende os altíssimos índices de abstenção nas eleições municipais de outubro de 2016, que nas duas maiores cidades do país superou a votação do eleito quando somada aos votos nulos e em branco.[8]

O outro lado da política que integrou o PT à ordem foi distanciá-lo de suas bases populares. Como vimos, ao contrário de negligenciar as organizações que historicamente o apoiaram, as gestões petistas procuraram envolvê-las na gestão pública, mas não para realizar suas demandas históricas, e sim para neutralizá-las. Evidentemente, esta é uma via de mão dupla: setores organizados dos trabalhadores brasileiros se identificaram com esta política, seja por acreditarem nos avanços possíveis, seja pelos benefícios materiais e simbólicos que acessaram no processo.

A disjuntiva entre ser sócio minoritário do poder ou fazer oposição provocou fraturas no movimento sindical e em organizações populares. A defesa de um governo antipopular, porém identificado com a esquerda, gerou situações ambíguas para a militância, em todos os níveis. No limite, as contradições distanciaram as organizações e as bases. Apenas os mais comprometidos política ou emocionalmente com o PT foram capazes de fazer vistas grossas ao que ocorria.

---

8. No caso de São Paulo, o único candidato que não era associado à política profissional superou três ex-prefeitos eleitos pelo PT ainda no primeiro turno — inclusive o que buscava a reeleição. No Rio de Janeiro, um ex-ministro do governo Dilma e bispo da Igreja Universal derrotou no segundo turno um candidato de esquerda até mesmo nas periferias, acenando com o encantamento da fé como um substitutivo para o desencantamento com a política.

Ainda que estas tensões não tenham convergido em uma oposição de esquerda, a desilusão reforçou o apassivamento e a fragmentação.

Por fim, a política petista contribuiu para alienar o povo em lugar de politizá-lo, porque promoveu o consumo popular como solução para os problemas sociais — uma via individual e não coletiva, que mercantiliza direitos como saúde, educação e previdência. Em lugar de fomentar saídas de classe para os problemas brasileiros, o partido na presidência cultivou variantes da ideologia e da prática liberal: políticas focalizadas, conciliação de classes e inclusão pelo consumo.

É sob o prisma da confusão, da domesticação e da alienação que se entende a pífia reação popular aos críticos eventos recentes: o *impeachment*, o assalto antipopular liderado por Temer e a prisão de Lula. Ao longo destes momentos, a posição petista foi ambígua, uma vez que a convocação popular esteve subordinada a cálculos eleitorais, projetando o retorno de seu líder máximo. Neste contexto, é difícil dizer se o partido não recorreu às massas por receio de abrir uma caixa de Pandora, ou porque avaliou que colheria um fiasco. O fato é que, no momento em que o ex-presidente foi levado à prisão, sua eterna liderança nas sondagens presidenciais não se converteu em solidariedade nas ruas.

Entre o golpe de agosto de 2016 e a prisão de Lula, em abril de 2018, frustrara-se qualquer expectativa de autocrítica petista. Ao contrário, o hiato entre a indignação das bases e a prática partidária seguiu abismal: dois meses após o *impeachment*, o PT coligou-se com partidos da base golpista em cerca de 1.500 candidaturas a prefeito Brasil afora, em muitos casos com o PSDB e o DEM, seus antípodas no Congresso. O sindicalista e ex-ministro Luiz Marinho justificava tais aproximações com o argumento de que "a maioria do povo também apoiou o *impeachment* e nós queremos recuperar a maioria do povo", enquanto Lula falava em "perdoar os golpistas que fizeram essa desgraça no país". Nas eleições municipais, candidatos do partido evitaram tocar no *impeachment*, como o então prefeito de São Paulo, Fernando Haddad, que considerou a palavra "golpe" um "pouco dura", preferindo qualificar o processo que resultou na destituição de Dilma como um "casuísmo". A timidez incidiu nos protestos populares. Nas greves gerais ensaiadas no ano seguinte, muitos gritaram "fora Temer", mas evitou-se a crítica à ditadura do ajuste estrutural, com a qual um Lula reeleito jamais romperia.

Entre a esquerda, a noção de que era preciso atrair o petismo limitou o alcance da crítica, aspirando-se a uma frente com aqueles que durante treze anos estiveram ao lado do capital. Em linhas gerais, este é o dilema que pautava a esquerda nas eleições presidenciais em 2018, que tem sua principal expressão política no Partido Socialismo e Liberdade (PSOL): uma candidatura de frente ampla, arriscando-se a um petismo moralizado, ou a superação deste horizonte político em nome de um projeto revolucionário, que pode ter pouca ressonância imediata. Na disputa interna, a candidatura do líder sem-teto Guilherme Boulos apontou para o primeiro caminho, enquanto o outro polo foi encarnado pelo economista Plínio de Arruda Sampaio Jr., derrotado.

Reeditava-se, assim, o dilema de uma esquerda que peleja para libertar-se da lâmpada mágica do lulismo: em 2016, o desafio foi opor-se ao *impeachment* sem endossar o governo Dilma; em 2017, construir um "fora Temer" que não fosse um "volta PT"; nas eleições de 2018, uma campanha que não faça da libertação de Lula o seu eixo, embora condene esta injustiça. Em resumo, a esquerda brasileira ainda tem contas a acertar com o PT, premissa necessária para uma política que o supere. Enquanto isso, o país submerge na onda reacionária que caracteriza a política mundial.

Post-scriptum
A eleição de Bolsonaro
Junho de 2019

Essa turma, se quiser ficar aqui, vai ter que se colocar sob a lei de todos nós. Ou vão para fora ou vão para a cadeia. Esses marginais vermelhos serão banidos de nossa pátria!
— Jair Bolsonaro, 2018

Aí chega um sujeito completamente tosco, bruto e consegue voto como o Lula conseguiu. A elite brasileira, em vez de entender e falar assim, pô, nós temos a oportunidade de mudar a política brasileira para melhor [...] Amansa o cara! [...] [Bolsonaro] já é outro animal.
— Paulo Guedes, ministro da Economia do governo Bolsonaro, 2018

As páginas anteriores permitem compreender que a eleição à presidência do ex-capitão Jair Messias Bolsonaro, em outubro de 2018, não veio do nada. Não obstante, o cenário que se configurou no pleito foi surpreendente: apesar do golpe e da prisão de Lula, o PT foi ao segundo turno e enfrentou uma temível cria da ditadura. Como explicar essa situação? O que esteve em disputa? Como a candidatura Bolsonaro triunfou? Por que não se desenhou uma frente democrática de oposição? Qual foi a estratégia petista e a como se deu posição de esquerda? E, finalmente, o que esperar deste governo?

O que estava em jogo nas eleições?

Para a burguesia brasileira, a economia não esteve em disputa nas eleições: o vencedor enfrentaria os problemas do neoliberalismo, com mais neoliberalismo. Seja pela via utópica de um "neoliberalismo inclusivo" pregado pelo PT, seja pelo ultraneoliberalismo dos tucanos ou de Paulo Guedes, o encarregado da economia sob Bolsonaro. O que a burguesia disputa é a forma política de gestão da crise brasileira, ou seja, a cara que terá o arranjo institucional, jurídico e cultural a substituir a Nova República, definitivamente condenada.

No segundo turno, duas vias estavam colocadas. De acordo com suas próprias palavras, Lula oferecia credibilidade e estabilidade. Na longa entrevista que concedeu pouco antes de ser preso, lhe perguntaram qual seria sua prioridade caso vencesse as eleições: "Alguém que for eleito presidente da República hoje, para governar este país, tem que ter alguns compromissos que não sejam econômicos. Primeiro é preciso recuperar a credibilidade das instituições e dar estabilidade à democracia. O Congresso Nacional tem que recuperar a credibilidade. [...] É preciso conquistar essa credibilidade primeiro".

Mas Lula e o PT já não gozavam de grande credibilidade entre os donos do poder. Portanto, Lula estava falando de credibilidade junto ao povo: "Tem um componente que é a base central do sucesso na economia: você tem que ter uma pessoa com credibilidade aos olhos da sociedade e que, com essa credibilidade, *aquilo que ela falar possa ser aceito pela sociedade*" (Lula da Silva, 2018, grifo meu). Lembremos da reforma da previdência que FHC não conseguiu aprovar, mas que, com sua credibilidade, Lula emplacou.

Em outras palavras, o lulismo oferecia, como via da ordem, sua capacidade de convencimento e neutralização do descontentamento popular. Se Dilma Rousseff foi a sombra de Lula, Fernando Haddad projetou-se como o avatar dessa política.

No polo oposto complementar, estava Bolsonaro. Como entendê-lo? Bolsonaro é a resposta assustadora de uma sociedade assustada. Quem está sem trabalho tem medo da fome, e quem trabalha tem medo do desemprego. Todos têm medo da violência, e também tem medo da polícia. Em um contexto de desprestígio das formas coletivas de luta, Bolsonaro promete a ordem pela truculência, assim como Trump nos Estados Unidos, Erdogan na Turquia, Modi na Índia, o uribismo na Colômbia e o fascismo na Itália — todos então no poder. Bolsonaro não está sozinho: é uma tendência, não uma aberração.

Em síntese, vislumbravam-se vias distintas para gerir a colossal crise brasileira: o PT oferecia a ordem na conversa; Bolsonaro propunha a ordem na porrada.

Qual a movimentação da classe dominante?

Nenhum dos dois era o candidato do capital, que apresentou três nomes próprios na eleição: Geraldo Alckmin, então governador de São Paulo, que saiu novamente pelo PSDB; Henrique Meirelles, que assumiu a ingrata candidatura do MDB, partido de Temer; e João Amoêdo, representando um novo partido de ricos brasileiros, que adotou esse mesmo nome: Partido Novo. Os três somados, entretanto, não alcançaram um décimo dos votos válidos no primeiro turno. Na impossibilidade de Alckmin, Meirelles ou Amoêdo, qual via seria preferível para o capital?

Se vencesse Haddad, governar se tornaria um grande problema. Seria preciso, antes, entocar de volta a cobra do antipetismo. Mas, como convencer aqueles que embarcaram na correria do *impeachment* e da prisão de Lula a aceitar que tudo isso desembocasse em Haddad? Vencendo Bolsonaro, haveria um problema para os governados. Sua base entre os poderosos é frágil, sua rejeição popular é alta e sua índole, imprevisível.

Quem disciplinaria o disciplinador? Em suma, tanto Haddad como Bolsonaro despontaram como respostas provisórias e necessariamente instáveis de uma burguesia que se reorganiza. Nenhum dos dois ameaça seus interesses de classe, mas tampouco têm a confiança incondicional daqueles que sempre preferem ter um dos seus no Planalto.

Porém, para além do imediato, o sentido da movimentação burguesa é na direção de Bolsonaro, pois o fim da Nova República também compromete os tucanos. É isso o que explica o Partido Novo, expressão de uma burguesia intuindo que novos tempos exigem novas respostas: é o Bolsonaro que ainda não saiu do armário. Porque o que a classe dominante idealiza é um bolsonarismo sem Bolsonaro. Na França, Marine Le Pen se queixa daqueles que se uniram para derrotá-la no segundo turno, uma vez que, afinal, diz uma Le Pen inconformada, elegeram alguém que implementa suas políticas, mas sem fazer alarde.

Por baixo da poeira das eleições, a burguesia brasileira forja seu Macron.[9] O cruzamento de Bolsonaro e Amoedo pode ser João Dória. Em sua meteórica trajetória política, o milionário apresentador de televisão rachou o PSDB para se candidatar à prefeitura de São Paulo em 2016, quando derrotou três ex-prefeitos petistas no primeiro turno. Para eleger-se governador, em 2018, colou em Bolsonaro, reproduzindo de forma sincera a retórica e as táticas dessa campanha — o que aliás, fizeram candidatos em todo o centro-sul do país. Mas também

---

9. Em entrevista ao canal *France* 2 em 11 de outubro de 2018, Marine Le Pen foi obrigada a se distanciar de Bolsonaro. Questionada sobre declarações do candidato brasileiro dizendo que prefere um filho morto do que homossexual, ou que a gravidez é um fardo para os empregadores, Le Pen questionou a leitura de que Bolsonaro é alguém da direita e concedeu que o militar sustenta "propostas eminentemente desagradáveis". Seu pai, Jean-Marie Le Pen, comemorou o triunfo de Bolsonaro no Twitter. Nos Estados Unidos, Francis Fukuyama descreveu Bolsonaro como uma "ameaça à democracia".

pode ser Sérgio Moro, que depois de comandar a prisão de Lula em meio a uma inédita espetacularização da justiça, que transformou magistrados em estrelas midiáticas, renunciou à magistratura para assumir o Ministério da Justiça no governo Bolsonaro, com a função precípua de confundir a luta contra a corrupção com anticomunismo.

O certo é que, entre a derrocada do lulismo, que se configurou na rebelião de junho de 2013, e um bolsonarismo confiável, a burguesia brasileira se repagina. Esse reordenamento se expressou na dispersão de candidatos à presidência em 2018. A última vez que isso aconteceu foi em 1989.[10] Naquela ocasião, o PT também enfrentou no segundo turno um político ordinário pintado como *outsider*, Fernando Collor de Mello — que, depois de vencer Lula por uma estreita margem de votos, sofreria um *impeachment* em 1992. Desde então, PT e PSDB polarizaram todos os pleitos. Como em 1989, quando começava a Nova República, a burguesia busca um caminho, mas agora para enterrá-la.

Nesse contexto, os tucanos fizeram uma autocrítica: teria sido melhor deixar Dilma "sangrar" a conspirar pelo golpe e compor com Temer. Foram com muita sede ao pote, e agora estão condenados à paciência. Passado o bonde da presidência, a burguesia e os tucanos esperam que Bolsonaro, assim como Temer, lhes abra a ferro e fogo novas fronteiras de negócio e de controle social, na expectativa de fundar, sobre essa terra arrasada, uma nova ordem à sua semelhança.[11]

Entretanto, o futuro sob Bolsonaro é imponderável. Mui-

---

10. Nas eleições de 1989, apresentaram-se 22 candidatos, cinco dos quais considerados competitivos.
11. Como disse o antropólogo Eduardo Viveiros de Casto a propósito do incêndio que consumiu o Museu Nacional do Rio de Janeiro em setembro de 2018, principal acervo histórico do país, no Brasil "governar é criar desertos".

tos o apoiaram para se livrar do PT, mas, agora, quem livrará o Brasil do ex-capitão? Os democratas cristãos apoiaram o golpe de Augusto Pinochet contra Salvador Allende, no Chile, em 1973, achando que estariam pegando um atalho para voltar à presidência — o que de fato aconteceu, só que dezessete anos depois.

A candidatura Bolsonaro

Como outros brasileiros de origem modesta, Bolsonaro ingressou no Exército em busca de ascensão social. Em 1986, aos 31 anos, assinou um artigo na revista *Veja* reivindicando melhores salários para os militares, e tornou-se fonte do semanário dentro da instituição. Contudo, no ano seguinte, abriu a uma repórter planos para explodir bombas visando abalar a credibilidade do ministro do Exército da época, Leônidas Pires — mas sem fazer vítimas, esclareceu.

Eram os primeiros anos após o fim da ditadura. Além da questão salarial, era evidente a frustração entre os jovens militares com a diminuição do seu poder. A revista divulgou o plano, Bolsonaro declarou de próprio punho que *Veja* mentia, e Leônidas Pires o defendeu. Então a revista publicou provas, incluindo croquis do próprio Bolsonaro mapeando as explosões.[12] O capitão foi investigado, esteve alguns dias preso e, ao fim do episódio, passou para a reserva. Graças a fama que acarreou entre os seus, elegeu-se vereador no Rio de Janeiro e, em seguida, deputado federal, cargo que ocupava desde 1990.

Após sete mandatos como parlamentar em Brasília ao

---

12. As reportagens da revista, que anos mais tarde se converteria em um bastião reacionário no país, podem ser vistas em "ReVEJA Jair Bolsonaro: explosivo desde 1986", em *ReVEJA*, 22 jun. 2018. Disponível em: <https://veja.abril.com.br/blog/reveja/reveja-jair-bolsonaro-explosivo-desde-1986/>. Acesso em 18/1/2019.

longo de 28 anos, passando por nove partidos, Bolsonaro se mostrava cansado da política. Na intimidade, se dizia pronto para a aposentadoria. Mas, antes, disputaria o pleito presidencial para dar uma força aos três filhos que se candidatavam — todos agora eleitos. Inicialmente, ninguém esperava a vitória de Bolsonaro, nem ele próprio.

O candidato do PSL teve dificuldades para conseguir um vice.[13] Há quem diga que o general Hamilton Mourão,[14] que finalmente se impôs como companheiro de chapa de Bolsonaro, foi parte do arranjo para garantir o apoio do Exército à candidatura do ex-capitão — um apoio que literalmente lhe dá força para governar, mas não traz votos. Para conseguir o apoio do capital, ou ao menos a sua bênção, Bolsonaro procurou outra mão para beijar. E também não foi fácil encontrá-la.

Durante meses, o candidato simplesmente desprezava perguntas sobre economia, o que gerava simpatia entre parte do eleitorado, cativado por sua franqueza. Porém, na medida em que sua candidatura se revelava competitiva, ficou claro que precisaria de reforço nesse campo. Foi então que procurou Paulo Guedes.

O homem que se tornaria ministro da Economia de Bolsonaro doutorou-se em Chicago nos anos 1970. De volta ao Brasil, não emplacou uma carreira universitária, acumulando rancores e ressentimentos no processo. Dali em diante, criticou todos os planos econômicos aplicados no país, diversos deles concebidos por seus ex-colegas da Pontifícia Universida-

---

13. O general Augusto Heleno, o senador evangélico Magno Malta, a advogada Janaína Pascoal — coautora da ação que resultou no *impeachment* de Dilma — e o príncipe herdeiro da "família real brasileira", Luiz Philippe de Orléans e Bragança estão entre os que recusaram o convite.
14. O deputado Eduardo Bolsonaro explicou a escolha do vice: "Tem que ser alguém que não compense correr atrás de um *impeachment*". Ou seja, a perspectiva de que Mourão assuma a presidência desencorajaria a manobra, como esclareceu o próprio general.

de Católica do Rio de Janeiro (PUC-RJ). Guedes resume seu viés político-econômico da seguinte maneira: "A 'direita' hegemônica governou por duas décadas, e a 'esquerda' hegemônica por três, ambas com um modelo econômico dirigista, desastroso para o desenvolvimento social e político do país" (Guedes, 2017).

Depois de se deparar com as portas fechadas no Brasil, o economista encontrou trabalho na Universidade do Chile. O país se encontrava sob a ditadura de Pinochet, e a instituição era dirigida por um militar. É na realidade chilena daquela época que Paulo Guedes se inspira para a radical liberalização econômica que pretende impulsionar no Brasil. A abertura indiscriminada do mercado, a privatização de "todas as estatais", a financeirização completa do sistema previdenciário e a mercantilização da educação em todos os níveis sob a égide do sistema de *vouchers* são algumas de suas referências chilenas.

Inicialmente, Bolsonaro ficou reticente com essa agenda. Sua formação militar associa Estado à segurança nacional. Como deputado, votou contra o fim do monopólio estatal do petróleo e das telecomunicações, contra o teto salarial para servidores públicos, contra várias privatizações e tentativas de reforma da previdência. É certo que suas posições muitas vezes resultavam de barganhas corporativas: o então deputado, por exemplo, votou contra o Plano Real porque o governo recusou-se a corrigir o salário dos militares à época.

Paulo Guedes também não casou com Bolsonaro de imediato. Depois do Chile, o economista fez dinheiro no mercado financeiro, onde também circulou como palestrante e consultor. Ironicamente, foi o convite da presidente Dilma Rousseff para uma conversa em Brasília, no momento em que ela demitia o ministro da Fazenda Joaquim Levy, que lhe acendeu uma luz: sua hora na política havia chegado. Quando sua filha, que trabalha com processamento de dados e seleção de pessoal, fez alguns cruzamentos de informações na internet e lhe convenceu de que o próximo presidente seria um *outsider* com forte presença em redes sociais, o economista procurou o apresentador de televisão Luciano Huck para oferecer seus serviços (Gaspar, 2018).

Guedes só fechou com Bolsonaro quando Huck desistiu da candidatura. Desde então, o capitão deixou de lado qualquer veleidade nacionalista. Dois meses antes da eleição, compareceu ao programa *Roda Viva*, da TV Cultura, uma das poucas entrevistas genuínas a que se submeteu. De cara, lhe perguntaram como esperava que seu eventual governo fosse lembrado no futuro. Inicialmente, respondeu generalidades antiesquerdistas e anticorrupção. Mas, quando o entrevistador insistiu, cravou: "Que a nossa economia realmente passasse a ser liberal. Esse é o nosso sonho".

É irrelevante saber se o ex-capitão foi convencido por Guedes ou não; ou se o arranjo será duradouro, uma vez que ambos têm fama de irascíveis. O serviço que o economista lhe prestou foi outro: o de fiador do militar diante do mercado. Como disse um gestor financeiro à época, "muito empresário queria votar nele, mas tinha receio ou vergonha. O Paulo Guedes deu a desculpa que o pessoal precisava" (Gaspar, 2018).

As propostas concretas do economista de Chicago são secundárias diante da mensagem passada pelo candidato durante o pleito: a de que Bolsonaro deixará a economia nas mãos do capital. Quando o ex-capitão reenviou toda pergunta sobre economia na campanha para Guedes, nas entrelinhas estava dizendo que não vai amolá-lo com ideias próprias, que provavelmente ele nem tem. Guedes foi a "carta aos brasileiros" de Bolsonaro.

A campanha do mito

Se Mourão assegurou o apoio militar, Guedes garantiu o beneplácito do mercado. Mas nada disso traz voto. Como explicar o triunfo eleitoral de Bolsonaro?

Não há novidade na adesão dos de cima à sua candidatura. Embora xucro e vulgar, a violência que encarna é, em primeiro lugar, uma violência de classe. O próprio Guedes explicou o raciocínio dos ricos, quando justificou sua adesão: "Todo mundo aí trabalhou para o Aécio, ladrão, maconheiro. Trabalhou para o Temer, ladrão. Trabalhou pro Sarney, ladrão e mau-caráter que aparelhou o Brasil inteiro. Aí chega um sujeito completamente tosco, bruto, e consegue voto como o Lula conseguiu. A elite brasileira, em vez de entender e falar assim, pô, nós temos a oportunidade de mudar a política brasileira para melhor [...]. Ah, mas ele xinga isso, xinga aquilo... Amansa o cara!". Perguntado se era possível amansar Bolsonaro, sentenciou: "Acho que sim, já é outro animal" (Gaspar, 2018). Domesticar a fera em prol de seus interesses de classe, eis a aposta dos de cima.

O drama é a adesão popular. Na ausência do líder carismático, o subproletariado que sustentou o lulismo pendeu para Bolsonaro, exceto no Nordeste. Todo brasileiro conhece quem já votou em Lula e agora, elegeu o capitão. Lula estava preso, mas quem votou não estava. O que aconteceu?

Descartando-se a hipótese de que todos que nele votaram são fascistas ou foram manipulados contra o PT, esse deslizamento sugere a incômoda hipótese de que o bolsonarismo é o oposto do lulismo — seu lado B —, e não o seu contrário. É certo que o antipetismo envenenou o debate, mas diversos candidatos empunharam essa bandeira. Homem da velha política, Bolsonaro vendeu-se como o novo. O segredo pode ter sido a forma, não o conteúdo: o ex-capitão maneja a linguagem da brutalidade, que um povo brutalizado conhece e entende. De um modo perverso, ele fala com o povo, como Lula. No processo, diferenciou-se dos candidatos almofadinhas e dos candidatos de sempre.

Se Lula despontava como um messias, Bolsonaro virou um mito. Principalmente entre a juventude. Pesquisando as motivações da adesão de jovens da periferia a Bolsonaro, Esther Solano conta que, para iniciar conversa, passou um vídeo com algumas declarações atrozes do candidato. Os jovens riem e aplaudem. Por quê? "Porque ele é legal, porque ele é um mito, porque ele é engraçado, porque ele fala o que pensa e não está nem aí." Solano conclui: "Com mais de cinco milhões de seguidores no Facebook, o fato é que Bolsonaro representa uma direita que se comunica com os jovens, uma direita que alguns jovens identificam como rebelde, como contraponto ao sistema, como uma proposta diferente" (Solano, 2018, p. 22).

A constatação que se impõe é que a candidatura Bolsonaro perverteu a rebeldia. Para além dos votos reacionários, que não foram poucos, muitos outros tiveram um teor de protesto — especialmente entre os jovens, para quem o PT, desde 2003, é a ordem. Trata-se de uma dupla perversão: porque vendeu o conservadorismo por mudança, mas também porque foi uma candidatura identificada com a disciplina e a ordem, invertendo o sentido comum da rebeldia, que é a insubordinação e a ruptura da ordem. Nesse sentido, há certa afinidade com o fascismo.

Esse voto "de protesto" poderia ser motivo de alento para a esquerda — um sinal de que a rebeldia, embora pervertida, ainda bate nos corações populares. Porém, a ressonância de uma mensagem que agride a esquerda, a mulher, os negros e os homossexuais, e elogia a ditadura, a tortura, as armas e a violência de modo geral, veiculadas principalmente por meio de *memes*, vídeos curtos e mensagens de celular, aponta uma preocupante "banalização do ódio". Atrocidades são ditas em linguagem lúdica, colorida e jovem, ao contrário do que fazia a antiga direita séria e carrancuda.¹⁵

Esse é um dos elementos que explica um fenômeno surpreendente, palpável no segundo turno das eleições: ao contrário das expectativas, votar em Bolsonaro virou "modinha", enquanto o voto em Haddad raramente era motivo de orgulho, exceto entre os mais politizados. Embora muita gente rechaçasse a violência do militar e tivesse consciência do engodo que encarnava, é forçoso constatar que o antipetismo se impôs como um valor.

Isso explica os entraves para constituir uma frente republicana *à la* francesa no segundo turno: para além dos equívocos da campanha petista e do oportunismo de políticos ordinários,¹⁶ o cidadão médio tinha mais vergonha de votar no PT do que em Bolsonaro. A identificação entre PT e corrupção, martelada nos últimos anos pela mídia, foi o outro lado da banalização do ódio. Aos olhos de muitos, os corruptos pareceram mais detestáveis do que aqueles que matam.

Ainda mais surpreendente do que essa inversão de valores foi constatar que, após a gigantesca manifestação liderada por mulheres duas semanas antes do primeiro turno em todo o Brasil com o slogan "Ele não!", Bolsonaro cresceu. Naquele momento, para quem participou daquela que certamente foi uma das mais comoventes manifestações de massas desde o fim da ditadura, parecia certo que ele não passaria. Pois foi nesse momento que se intensificou o uso criminoso das redes sociais pela campanha do candidato militar (Venturini, 2019). Ainda

---

15. Na reta final da eleição, uma empresa lançou o videojogo "Bolsomito2k18", em que o personagem do ex-capitão ganha pontos ao matar pessoas pertencentes a minorias e integrantes de movimentos sociais.
16. Candidato pelo PDT do finado nacionalista Leonel Brizola, muitos viram em Ciro Gomes uma alternativa sensata entre Bolsonaro e o PT. Terceiro colocado, Gomes se omitiu no segundo turno. Embora antes tenha convidado Haddad para ser vice em sua chapa, sua campanha sucumbiu à retórica antipetista.

há muito o que investigar sobre o tema, bem como sobre a facada que Bolsonaro sofreu a quarenta dias da eleição.

No início de agosto, um dos filhos de Bolsonaro encontrou-se com Steve Bannon nos Estados Unidos. Capa da revista *Time* em fevereiro de 2017 com a legenda "o grande manipulador", Bannon é considerado a eminência parda do magnata reacionário Robert Mercer, com quem trabalhou nas campanhas de Trump e do Brexit — o plebiscito que decidiu pela saída da Grã-Bretanha da União Europeia. Como se sabe, quase noventa milhões de contas do Facebook nos Estados Unidos alimentaram sofisticados programas da empresa Cambridge Analytica, que assim produziu perfis detalhados dos eleitores, tornados então alvo de publicidade específica e direcionada (*behavior microtargeting*). Em resumo, empregou-se inteligência artificial para analisar dados roubados (ou recolhidos sem a ciência dos usuários) para desenhar estratégias de manipulação emocional com finalidades eleitorais. Posteriormente, o CEO do Facebook, Mark Zuckerberg, desculpou-se e a Cambridge Analytica fechou as portas, mas Trump está na Casa Branca e os mentores da sua campanha estão por aí — ao que parece, repletos de propostas de trabalho.

No Brasil, no final de setembro, o Facebook reconheceu que ao menos trinta milhões de contas de usuários no país tinham sido invadidas. Já em julho, o grupo descredenciara 197 páginas e 87 perfis falsos, que foram assumidos pelo Movimento Brasil Livre (MBL), um dos expoentes das manifestações pelo *impeachment*, e que podem ter sido usadas para recolher dados.

Mas o que alimenta essa rede? Afinal, é notória a inocuidade política e o despreparo intelectual de Bolsonaro. Quando entrevistado, revela dificuldades em articular um raciocínio coeso. Na realidade, muitas vezes é difícil entender a conexão entre a pergunta e a resposta, porque, frequentemente, não há. Entretanto, o estilo caótico e fragmentado de comunicação de Bolsonaro, baseado em inversões rápidas, cortes secos e slogans, é talhado para outro meio: os vídeos curtos da internet, onde ele reina. Seus seguidores editam os melhores momentos de suas intervenções na grande mídia, para circulá-lo nas redes digitais — do *broadcast* para o *multicast* (Lago, 2018). Se Lula aconselhava Dilma a falar para o povo, e não para os repórteres, Bolsonaro fala para os (seus) internautas. Por isso, eles foram os primeiros a quem agradeceu em seu discurso de posse: o novo presidente não se apoia em militantes, mas em seguidores.

Porém o meio em que a campanha de Bolsonaro foi mais agressiva foi o WhatsApp. Empresários compraram pacotes de disparo de mensagens, em violação flagrante à lei eleitoral, como denunciou uma reportagem da *Folha de S. Paulo* em 18 de outubro de 2018. Ao mesmo tempo, mais de 1,5 mil grupos foram criados, nos quais somente o administrador divulgava mensagens, frequentemente com números de fora do país.[17] Esses grupos iniciaram cadeias de compartilhamento em progressão geométrica, circulando mensagens mentirosas ou deturpadas sobre a candidatura petista — mas não só. Na sequência da manifestação das mulheres contra Bolsonaro, em 29 de setembro, circulou uma enxurrada de imagens com mulheres na rua com os seios à mostra e casais do mesmo sexo se beijando, com agressivos textos defendendo a família e a moral. Em resumo, uma poderosa rede de *fake news*, que recebeu uma nebulosa assessoria internacional, atuou na campanha de Bolsonaro.

Entretanto, se é certo que houve uma utilização criminosa das redes sociais, também é forçoso constatar um caldo de cultura propício aos valores em que se apoiou a calúnia. Porque, se é uma deturpação retratar uma mulher com os seios à mostra como se todas se manifestassem assim, reduzindo o protesto ao que se considera um exemplo da "obscenidade" que

---

17. Com códigos de outros países, escapa-se dos filtros de *spam* e de restrições impostas ao WhatsApp no Brasil, como a limitação do número de participantes e a quantidade de repasses automáticos.

tomaria conta do país com a vitória de Haddad, isso só será visto como uma ameaça aos valores da família cristã por quem sustenta esses valores. O esteio popular dessa notável reação no campo comportamental são as igrejas neopentecostais, cujo poder não para de crescer: em 2018, a chamada bancada evangélica, segmento que apoiou em massa a candidatura de Bolsonaro, elegeu 84 deputados federais (de um total de 513) e sete senadores (entre 81).

Contudo, nem sempre foi assim: como muitos outros líderes evangélicos, o bispo Edir Macedo, dono da Record TV e da Igreja Universal do Reino de Deus, vinha apoiando as candidaturas petistas desde 2002. Neste ínterim, seu sobrinho e também pastor, Marcelo Crivella, foi ministro de Dilma. Nas eleições para a prefeitura do Rio de Janeiro, em 2016, Crivella derrotou um dos únicos candidatos da esquerda a chegar ao segundo turno em uma capital, Marcelo Freixo, do PSOL. O próprio Bolsonaro votou em Lula no segundo turno das eleições em 2002.

Além de bloquear qualquer discussão em favor da descriminalização do aborto ou da igualdade de gênero, a bancada evangélica pressiona para que a homossexualidade seja tratada como doença (a "cura gay"), entre outras pautas reacionárias. Em função da pressão evangélica, em 2012 Dilma cancelou a produção de um material escolar intitulado "Escola sem homofobia". Mesmo assim, a acusação de que Haddad, ministro da Educação à época, defende um "kit gay" para as escolas foi largamente explorada em campanha.

A força do neopentecostalismo e da reação conservadora é um fenômeno complexo. Seu pano de fundo é a busca de referências de estabilidade em meio a uma existência cada vez mais precária e instável, face à degradação do mundo do trabalho e a escalada da violência, que dilaceram o tecido social brasileiro. É importante salientar que há uma tensão latente: o protagonismo das mulheres, que dificilmente liderariam marcha similar há vinte ou dez anos, assim como avanços nos direitos homoafetivos e dos negros, convivem com a ideia de que isso provoca uma desordem de valores.

E foi na desordem que Bolsonaro reinou. Requentando o simplismo da Guerra Fria, sua campanha associou petistas a comunistas e comunistas a ateus — portanto, uma ameaça à família e aos costumes. Ao mesmo tempo, o candidato projetou-se, ainda que de forma postiça, do lado de quem, como ele, não articula bem as ideias, nem entende muito das coisas. Em suma, defendeu valores, e não um programa. Daí o diálogo fluido com os evangélicos.

Não poderia ter sido de outro modo. Ao contrário do que se pode imaginar, a agenda neoliberal do candidato não tem a adesão de sua base. Pesquisas de opinião realizadas em manifestações da direita revelaram que três em cada quatro participantes eram contrários à reforma da previdência apresentada por Temer em 2017. Levantamento anterior, feito na manifestação pelo *impeachment* de Dilma em agosto de 2015, mostrou que 88,6% dos entrevistados concordavam totalmente que o Estado deve prover serviços de saúde para todos os brasileiros, 92,3% opinaram o mesmo sobre educação e 72,1%, sobre transporte coletivo, rejeitando, portanto, a ideia do Estado mínimo. O que unia os presentes era o punitivismo, ou seja, a noção de que é preciso aumentar a punição aos infratores da lei; o rechaço a políticas sociais como Bolsa Família e cotas, interpretadas como antimeritocráticas; e o antipetismo (Solano, 2018). O deslocamento do debate para o campo dos valores ocultou a agenda antipopular de Bolsonaro da sua própria base.

Elemento central da retórica do candidato militar foi associar esquerda a desordem. Venezuela e Cuba foram fartamente evocadas, e embora o *imbróglio* bolivariano favorecesse essa associação, a comparação com os governos petistas não tinha qualquer lastro na realidade. À maneira colombiana, as mentiras da direita intoxicaram a campanha, travaram o debate e acuaram a esquerda — mentiras porque, antes de mais nada, acusavam pela esquerda quem há muito se empenha na direção contrária. Foi por iniciativa própria que o PT tirou o vermelho da campanha, muitos anos atrás.

Para mostrar aos brasileiros o que é direita, foi preciso inventar uma esquerda. Se a luta de classes não foi superada é por culpa deles, não do Lula.

Para além da corrupção e das mentiras, qual o substrato do antipetismo?

O antipetismo dos de cima não teve como alvo o que o partido é, mas o que ele representa: o PT surgiu como o primeiro instrumento político autônomo dos trabalhadores brasileiros — um momento em que a senzala levantou a cabeça, e se organizou. Já o antipetismo dos de baixo é uma mistura complicada, que inclui uma enorme frustração com o PT, transmutada em raiva. Como acontece com os de cima, a raiva dos de baixo não se direciona tanto ao que o partido se tornou — o braço esquerdo de uma ordem corrupta, mas com a promessa não cumprida que um dia ele se fez portador.

Afinal, o PT não é um factoide, mas uma construção histórica coletiva. Foram muitos anos conversando com o povo, insistindo em que havia um caminho diferente e que valia à pena. De um jeito ou de outro, os de baixo investiram sua esperança, e acreditaram em uma política de esquerda. Afinal, descobrem que a esperança não venceu o medo, porque nunca o enfrentou. Então, o medo sequestrou a esperança, desprestigiada após treze anos de presidência petista.

A campanha petista

E a candidatura petista, que estratégia adotou?

A campanha petista foi modelada pelo lulismo até os quarenta minutos do segundo tempo. Ou seja: apostou nos laços de fidelidade entre seu líder carismático e a massa de despossuídos, acenando com a volta aos bons tempos do crescimento econômico, embalado nos braços de um "Lulinha paz e amor".

Essa opção correspondeu à dominação incontestável que Lula exercia até então sobre o partido. Mas foi uma via de mão dupla, pois a direção do PT também identificava o seu futuro com o prestígio do seu líder. Entre a megalomania do ex-presidente e o cálculo mesquinho dos caciques, a campanha petista terminou se confundindo com a sorte do seu líder máximo.

Assim como Dilma tentou evitar o *impeachment* negociando com o inimigo até o fim, Lula apostou em recursos jurídicos para livrá-lo da prisão, mostrando uma comovente fé no Judiciário brasileiro, que contrastava com a denúncia do caráter político do processo.[18] Quando a prisão se consumou em abril de 2018, culminando um processo persecutório e sem nenhuma prova consistente de corrupção,[19] a campanha petista apostou então, na vitimização do ex-presidente: em uma palavra, Lula pretendeu transformar as eleições em um plebiscito sobre si mesmo.

18. O caráter político do processo se escancarou em junho de 2019 após o vazamento das conversas privadas entre o então juiz federal Sérgio Moro, algoz do ex-presidente, e o procurador da República Deltan Dallagnol, autor da denúncia que ensejou a condenação, demonstrando que magistratura e Ministério Público trabalharam em conjunto para encarcerá-lo, ferindo o devido processo legal. [N.E.]

19. A acusação é que Lula recebeu em 2009 um apartamento tríplex na praia do Guarujá (corrupção passiva), que, no entanto, foi mantido em nome da construtora OAS para ocultar patrimônio (lavagem de dinheiro), em troca de contratos com a Petrobras. Lula e sua esposa tinham interesse em comprar o imóvel, o que não se concretizou. O ex-presidente visitou duas vezes o tríplex, sem nunca ter dormido no local. O favorecimento diante da Petrobras não foi demonstrado. Com escassas provas materiais, a sentença que o condenou a nove anos e quatro meses de prisão se baseia no testemunho do ex-presidente da OAS, Leo Pinheiro, que estava preso e teve sua pena de 26 anos reduzida para três anos e seis meses ao longo de diversas delações premiadas. Lula responde por outras sete ações.

Isso significa que a campanha não discutiu os problemas do país nem criticou o governo Temer. Tampouco atacou Bolsonaro antes de outubro (Maringoni, 2018). No fim das contas, a estratégia lulista implicou que também o PT deslocou a campanha para o plano moral: enquanto Bolsonaro defendia a ordem, os petistas se centraram na justiça.

Embora repudiada por muitos correligionários, principalmente quando Bolsonaro cresceu e os demais estancaram, a estratégia foi coerente com a política do partido, que não se abalou com os reveses. Se a base viveu o *impeachment* com a genuína angústia de uma derrota popular, a cúpula o encarou como uma dificuldade provisória no tabuleiro de Brasília, onde os dados continuavam a rolar. Aos olhos da direção partidária, a noção de "golpe" foi um meio de valorizar, entre os fiéis, uma rendição sem luta.

A timidez incidiu nos protestos populares. Nas greves gerais ensaiadas no ano seguinte, muitos gritaram "fora Temer", mas evitou-se a crítica à ditadura do ajuste estrutural, com a qual um Lula reeleito não romperia. Entre o *impeachment*, o assalto antipopular liderado por Temer e a prisão de Lula, a ambiguidade da posição petista contribuiu para a pífia reação nas ruas, uma vez que a convocação popular sempre esteve subordinada a cálculos eleitorais, que projetavam o retorno do seu líder máximo. Ao PT só interessava um "fora Temer" que pudesse chamar de seu.

Na prática, a estratégia era "fazer o governo Temer sangrar", na expectativa do retorno do presidente operário. O plano parecia infalível, mas não contava com a prisão de Lula, denunciada acertadamente como um "golpe preventivo". A manobra melou o cálculo do partido, que demora a aceitar a nova realidade.

O que a realidade escondida por baixo da prisão de Lula mostra, é que o tempo do lulismo passou. Só o que poderia ressuscitar essa política como alternativa burguesa, que navega nas águas da ordem, seria a ascensão das massas. O paradoxo é que isso só acontecerá se rompidas as amarras do lulismo — como em junho de 2013. Mas, quando isso ocorrer, será que os revoltosos se contentarão com uma volta à "Era Lula"?

Se a cobra do antipetismo é difícil de guardar, o além-petismo será muito mais. Por isso não interessa, nem a Lula, o povo na rua.

Afinal, o que esse líder tem a oferecer, tanto para os de cima como para os de baixo, é conciliação — a antítese do confronto. Assim, o partido não recorreu às massas por receio de abrir uma caixa de Pandora, mas também pode ter avaliado que seria um fiasco. O fato é que, no momento em que o ex-presidente foi levado à prisão, sua eterna liderança nas sondagens presidenciais não se converteu em solidariedade nas ruas. Até porque o próprio Lula não acredita nessa via.

Dado que a ambição petista é voltar a fazer o meio campo entre os negócios dos de cima e as necessidades dos de baixo, a campanha centrada na vitimização de Lula cumpriu uma segunda função: elidir os temas que conformariam uma agenda popular. A reversão das reformas de Temer, o arquivamento da reforma da previdência, a reforma urbana, a reforma agrária, entre outros temas, colocam o partido em uma posição delicada, pois é obrigado a assumi-los em linhas miúdas em seu programa, quando não tem compromisso em realizá-los. Seus militantes racionalizam esse desfalque dizendo que a concretização do programa depende da "correlação de forças" — que, em 2018, era pior do que nunca.

A constatação que se impõe é que, por caminhos diversos, a campanha petista, assim como a de Bolsonaro, contribuiu para despolitizar o debate eleitoral. Também corroborou para o insulamento da economia, que jamais foi discutida, uma vez que o partido não questiona, sequer retoricamente, a macroeconomia neoliberal.

Entretanto, a estratégia petista sofreu um revés inesperado quando Bolsonaro foi esfaqueado, no começo de setembro: o militar passou a disputar o papel de vítima com o próprio Lula.

Também escapou de incômodos debates televisivos, onde o seu despreparo se escancararia ainda mais.[20]

Somente nesse momento, faltando menos de um mês para as eleições, Haddad foi confirmado como candidato do PT. Ainda assim, a estratégia inicial foi fazer de Lula o candidato por trás do candidato: "Haddad no governo, Lula no poder", em uma reedição do slogan de Héctor Cámpora na Argentina em 1973, no pleito que antecedeu o retorno de Juan Domingo Perón. De um jeito ou de outro, a campanha foi modelada pelo lulismo até o final do primeiro turno, sem discutir os problemas do país nem enfrentar Bolsonaro de forma consistente.

Naquele momento, porém, estava claro que, independentemente do resultado, o vencedor da eleição seria Bolsonaro. Porque era ele quem pautava o debate: jubilosos ou assombrados, todos discutiam o ex-capitão. O eixo da discussão deslizara para a direita, blindando ainda mais o debate estrutural. Por outro lado, era evidente que essa eleição a esquerda já perdera, porque sequer entrou no jogo.

Às vésperas do pleito, difundiu-se o receio de que Bolsonaro venceria já no primeiro turno, o que até então não tinha sido cogitado. Do seu lado, o militar ainda falava em fraude eleitoral, um discurso revelador de que nem ele acreditava na própria vitória. Afinal, obteve 46,03% dos votos válidos — uma votação espantosa, mas que não evitou o segundo turno. Daquele momento em diante, poucos acreditavam que Haddad viraria o jogo. Sua campanha assumiu um tom de confrontação, inevitável diante das táticas do rival. Recebeu alguns apoios

---

20. Essa conduta antidemocrática persistiu quando o candidato recobrou a saúde. Durante o debate da Rede Globo às vésperas do primeiro turno, a Record TV veiculou uma entrevista gravada com Bolsonaro, enquanto os demais candidatos debatiam na emissora rival. A estratégia de se ausentar de debates quando se lidera as sondagens foi inaugurada no Brasil por FHC.

valiosos, enquanto muitos outros se omitiram. No conjunto, a ideia de uma frente democrática patinou. Como no *impeachment*, poucos aderiram a Haddad pela causa democrática, enquanto o antipetismo mobilizava paixões.

Nas circunstâncias, os 44,87% dos votos obtidos no segundo turno por Haddad não foram de todo mal. Ao menos, evitou-se uma vitória esmagadora de Bolsonaro.

Bolsonaro no poder

Então, Bolsonaro venceu. O que esperar?

Sem um programa, o militar defendeu valores. O principal deles é a ordem, que para ele significa concluir a obra inacabada da ditadura. É isso o que se depreende quando diz que é preciso fazer "um trabalho que o regime militar não fez, matando uns trinta mil" — cifra de mortos e desaparecidos da última ditadura argentina, a que mais matou no Cone Sul. Talvez esse seja, afinal, o seu programa.

Mas o que significa concluir a obra da ditadura na atualidade?

Paulo Arantes sugere a seguinte hipótese: no passado, os militares associaram seu poder à industrialização do país, que arrancou e se consolidou entre duas ditaduras, o Estado Novo (1937-1946) e o golpe de 1964. Segundo essa leitura, os governos petistas foram o último suspiro da utopia de um "Brasil potência", atualizando a ideologia desenvolvimentista e a pretensão de fazer da América do Sul sua esfera de influência, em consonância com um desígnio acalentado pelos militares.

Entretanto, confrontados com a regressão industrial e a degradação social do país, a caserna agora jogou a toalha, desistindo da ideia de um "Brasil potência". Então, os militares arregaçam as mangas para uma gestão armada da vida social, visando segurar em pé um país que se desmancha. Apostam suas fichas em uma relação privilegiada com os Estados Unidos, em um contexto de salve-se quem puder global.[21]

Há uma ironia nessa relação entre as gestões petistas e o retorno dos militares sob Bolsonaro, mas com uma agenda inversa. Lula enviou o general Augusto Heleno para comandar a Missão das Nações Unidas para a Estabilização no Haiti (Minustah), em 2004. Essa polêmica participação foi concebida nos marcos da ideia de fazer do Brasil um *global player*.

No entanto, o general e sua tropa voltaram pensando em outra direção: como evitar que o Brasil se faça um Haiti. Não é segredo que os militares brasileiros enxergaram na ilha uma oportunidade de treinamento e experimentação. De volta para casa, muitos se convenceram de que o Exército deve se engajar em missões similares às da ONU, mas no plano doméstico. Por outro lado, cresce a demanda de missões de Garantia da Lei e da Ordem por políticos ansiosos em mostrar serviço ou distrair a população, como fez Temer diante do fracasso em aprovar a reforma da previdência.[22] Isso fortalece o poder de barganha dos militares, que exigem modificações no marco regulatório das intervenções para que medidas de exceção, como buscas sem mandato e uso letal da força, sejam permitidas, como nas "missões de paz" da ONU (Harig, 2018).

---

21. As ideias do ministro das Relações Exteriores, Ernesto Araújo, são sintetizadas em seu artigo "Trump e o Ocidente", em que diz: "Somente um Deus poderia ainda salvar o Ocidente, um Deus operando pela nação – inclusive, e talvez principalmente, a nação americana." E conclui: "Trump pode ainda salvar o Ocidente" (Fraga Araújo, 2017, p. 356).

22. Realizadas exclusivamente por ordem da Presidência da República, as operações de Garantia da Lei e da Ordem são previstas constitucionalmente em casos de grave perturbação da ordem, em que há o esgotamento das forças tradicionais de segurança pública. Então, é facultado provisoriamente aos militares atuar com poder de polícia. Na prática, seu uso se trivializou (Copa do Mundo, visita do papa, greves policiais nos estados) e se estendeu no tempo, problematizando seu caráter provisório.

Barrado como vice de Bolsonaro por seu partido, Heleno se servirá desse repertório para comandar o Gabinete de Segurança Institucional da Presidência da República, órgão diretamente vinculado ao presidente e responsável pelos serviços de inteligência. Outro veterano do Haiti, o general Fernando Azevedo e Silva, assumiu o ministério da Defesa. Transformada em um "ministério da violência", a pasta foi criada em 1999 com a intenção de reforçar o controle civil sobre as Forças Armadas — e, até Temer, nunca tinha sido ocupada por um militar. Em 2013, o general Azevedo e Silva foi nomeado por Dilma para comandar a Autoridade Pública Olímpica.

Em suma, a missão que os militares se arrogam no século XXI implica o controle e a gestão territorial das massas empobrecidas, em uma sociedade que se distancia de qualquer coesão tecida a partir do trabalho, e que abandonou seus sonhos de grandeza internacional. Bolsonaro oferece a forma de gestão da barbárie — o Estado policialesco. O conteúdo ele não tem; na realidade, lhe é indiferente e por isso o terceiriza. O que lhe importa é o poder. Assim como delegou as finanças a Paulo Guedes, faz o mesmo com o agronegócio, a indústria, o Banco Central e assim por diante. Está subentendida uma divisão de tarefas, em que Bolsonaro disciplina a sociedade, e o capital toca a economia.

Entretanto, não se tratam de duas retas paralelas, mas de linhas que convergem no horizonte. Porque o outro lado da militarização que se pretende é uma formatação da sociedade brasileira comparável àquela produzida pelo neoliberalismo chileno sob Pinochet. Ambiciona-se uma reorganização completa das relações sociais que esvazie toda possibilidade de organização coletiva e, em última análise, de resistência. Em outras palavras, a ideia não é simplesmente proibir a organização política, mas tirar o próprio chão em que ela se assenta: secar a água em que navega o peixe vermelho do comunismo. Por exemplo: mais eficaz do que proibir sindicatos é individualizar ao extremo as relações de trabalho, de modo a transformar os trabalhadores em concorrentes, minando as possibilidades de resistência organizada; ou desestruturar a universidade pública de forma a que deixe de ser atrativa para o estudante e para o docente, exceto quando capta dinheiro privado — e aí já não é exatamente pública.

A mercantilização absoluta das relações sociais é o mecanismo central dessa investida, onde o fundamentalismo neoliberal de Guedes se casa com o reacionarismo de Bolsonaro. É provável que, para além da economia, o militar tenha sido seduzido pelas implicações políticas do receituário chileno, analisadas em outro capítulo deste livro.

No Chile, quando o partido de Salvador Allende voltou ao poder, em 2000, estava tão desfigurado que se rendeu a uma gestão ativa do neoliberalismo. Nenhum aspecto legado por essa singular ditadura no Cone Sul, que implementou uma modalidade pioneira de fundamentalismo neoliberal, foi confrontado. Pelo contrário, as gestões socialistas prosseguiram a obra, construindo sobre a mesma fundação. Ao mesmo tempo, foi congelada a política de esquerda: nos marcos do "duopólio" chileno, até hoje, muitos se referem aos socialistas como "a esquerda" em oposição a seus rivais. Essa "esquerda" é emulada internacionalmente pelos liberais, e foi premiada com um lugar na Organização para a Cooperação e Desenvolvimento Econômico (OCDE). A mensagem é clara: com uma esquerda assim, nem é preciso direita.

As (poucas) pesquisas sobre a visão de mundo dos eleitores de Bolsonaro sugerem uma ambiguidade em relação a esse projeto. De um lado, existe a percepção de que o Estado tem uma responsabilidade em prover saúde e educação aos cidadãos, e a reforma da previdência é impopular. Por outro lado, o rechaço ao Bolsa Família, bem como às políticas de cotas, que coroam o antipetismo, está alicerçado em uma ideologia meritocrática. Alega-se que o programa de redistribuição de renda desestimula o trabalho, e que o negro não pode ser discriminado, mas tem que mostrar sua competência como qualquer outro (Pinheiro-Machado & Scalco, 2018; Solano, 2018).

Esse discurso revela uma penetração profunda da "razão de mundo neoliberal", em que o indivíduo é visto como empreendedor de si mesmo, em concorrência com os demais (Dardot & Laval, 2010). Portanto, se no Chile de Allende a reorganização neoliberal se tingiu de sangue e silêncio, no Brasil atual há uma adesão tácita a valores afins, reforçada por uma reação comportamental que se alimenta de difamações: o "kit gay" nas escolas, ou a universidade pública como antro de maconheiros e perversão sexual. Neste quadro, a escola, a universidade, a saúde, a previdência, a segurança — em suma, a sociedade brasileira, tal como a conhecemos hoje, está ameaçada.

Evidentemente, há uma distância entre o que Bolsonaro quer, e o que conseguirá fazer. Muitos falam do seu temperamento autoritário, um óbice para costurar as alianças necessárias para governar. Entretanto, o militar é "macaco velho": se em sete mandatos como deputado federal aprovou somente dois projetos de lei, alguma experiência em toma-lá-dá-cá ele certamente acumulou.

Também se fala que a sanha de enxugar o Estado resultará em cabeçadas e tiros no pé. A primeira Medida Provisória do presidente extinguiu o Ministério do Trabalho, criado em 1930 por Getúlio Vargas a serviço da conciliação de classes, e foi imediatamente contestada no Supremo Tribunal Federal. Os ministérios da Cultura e do Esporte estão entre os desativados, tendo as funções incorporadas por outras pastas.

O presidente comprou brigas com a Rede Globo e com a *Folha de S. Paulo*. Mas Trump, cujos métodos Bolsonaro visivelmente copia, também fez isso. Não devemos esperar que fictícios liberais democráticos escorados em uma imprensa burguesa brequem o mito. Tampouco se deve esperar muito da oposição parlamentar. Em meio ao luto geral, alguns petistas comemoravam o crescimento da bancada do partido, o que o coloca em posição de força para liderar a oposição. Afora o cinismo dessa leitura — o país acaba, mas o PT sobrevive —, acreditar que a saída virá de Brasília é como esperar que os peixes salvem os náufragos. A oposição em Brasília pode até se fortalecer em meio a tsunamis, mas, enquanto isso, o povo se afoga.

Em última análise, muitos apostam ou torcem para que o despreparo e o primitivismo do presidente façam com que tropece nas próprias pernas, acreditando que, logo, o país despertará do pesadelo — assim como aconteceu com Collor nos anos 1990, que afinal caiu. Isso pode até acontecer, mas o jogo não vai virar para o povo: há muitos bolsonaros sem farda, que conhecem os modos à mesa e falam português correto, esperando a sua hora.

Só o que pode reverter a marcha em direção à barbárie é a reação popular. Porque a pretensão de Bolsonaro de enfrentar os problemas do neoliberalismo com mais neoliberalismo certamente os agravará, assim como o combate à violência com mais violência vai piorá-la.

Em um primeiro momento, Bolsonaro pode oferecer sangue petista — provavelmente por via judicial, apesar das numerosas declarações de que vai "fuzilar a petralhada" — para aplacar a turba iludida que o elegeu. Talvez o maior perigo da sua língua é o que ela autoriza seus seguidores a fazer. Indígenas e sem-terra, longe dos holofotes, certamente estarão entre as primeiras e principais vítimas.

Mas em seguida, a realidade cobrará a fatura, e o campo popular responderá. Então, será necessário superar o lulismo, que não é um antídoto ao fascismo, mas um entorpecente que dificulta a compreensão do que se passa. Só com luta os brasileiros escaparão da barbárie, não com morfina.

Referências bibliográficas

ARANTES, Pedro. "Da (anti) reforma urbana brasileira a um novo ciclo de lutas nas cidades", em SAMPAIO JR., Plínio de Arruda. *Jornadas de junho: a revolta popular em debate*. São Paulo: ICP, 2014.

ARAÚJO FRAGA, Ernesto. "Trump e a história", em Cadernos de Política Exterior, v. 3, n. 6, dez. 2017. Brasília: funag, 323-58.

BADARÓ MATTOS, Marcelo. "Junho e nós: das jornadas de 2013 ao quadro atual", em *Blog Junho*, 2 jul. 2015. Disponível em <http://blogjunho.com.br/junho-e-nos-das-jornadas-de-2013-ao-quadro-atual/>.

BONOMO, M.; BRITO, R. & MARTINS, B. "Macroeconomic and financial consequences of the after crisis government-driven credit expansion in Brazil". Working paper 378. Rio de Janeiro: Banco Central do Brasil, 2014.

BRAGA, Ruy. "Precariado e sindicalismo no Brasil contemporâneo: Um olhar a partir da indústria do call center", em *Revista Crítica de Ciências Sociais*, n. 103, pp. 25-52, mai. 2014a. Disponível em <http://www.scielo.mec.pt/scielo.php?script=sci_arttext&pid=S2182-74352014000100003&lng=pt&nrm=iso>. Acesso em 15 jul. 2016.

____. "As jornadas de junho no Brasil: crônica de um mês inesquecível", em SAMPAIO JR., Plínio de Arruda. *Jornadas de junho: a revolta popular em debate*. São Paulo: ICP, 2014b.

____. "Contornos do pós-lulismo", em *Cult*, ed. 206. São Paulo, 2015.

CARNEIRO, Ricardo de Medeiros. "Impasses do desenvolvimento brasileiro: a questão produtiva". Textos para discussão, n. 153, IE/Unicamp, 2008.

CERVO, Amado Luiz. "Política exterior e relações internacionais do Brasil: enfoque paradigmático", em *Revista Brasileira de Política Internacional*, v. 46, n. 2. Brasília, 2003.

COUTINHO, Carlos Nelson. *A democracia como valor universal e outros ensaios*. São Paulo: Salamandra, 1984.

DARDOT, Pierre & LAVAL, Christian. La nouvelle raison du monde. Essai sur la societé neoliberal. Paris: La Découverte, 2010 [Ed. bras.: A nova razão do mundo: ensaio sobre a sociedade neoliberal. São Paulo: Boitempo, 2016.]

DIEESE. "Salário mínimo nominal e necessário". Disponível em: <http://www.dieese.org.br/analisecestabasica/salarioMinimo.html>.

ESPOSITO, Maurício. "Desindustrialização do Brasil: uma análise a partir da perspectiva da formação nacional", em *Revista da Sociedade Brasileira de Economia Política*, n. 46, 2017.

FATORELLI, Maria Lucia & AVILA, Rodrigo. "Gastos com a dívida pública em 2014 superam 45% do orçamento federal executado", em Auditoria Cidadã, 5 fev. 2015. Disponível em <http://www.auditoriacidada.org.br/blog/2015/02/24/gastos-com-a-divida-publica-em-2014-superaram-45-do-orcamento-federal-executado/>.

FIORI, José Luís. "A miséria do 'novo desenvolvimentismo'", em *Carta Maior*, 30 nov. 2011. Disponível em <https://www.cartamaior.com.br/?/Coluna/A-miseria-do-novo-desenvolvimentismo-/20887>.

FOLHA DE S. PAULO. "Empresários bancam campanha contra o PT por WhatsApp", 18 out. 2018. Disponível em <https://www1.folha.uol.com.br/poder/2018/10/empresarios-bancam-campanha-contra-o-pt-pelo-whatsapp.shtml>.

GARCIA, A. E. S. *A internacionalização de empresas brasileiras durante o governo Lula: uma análise crítica da relação entre capital e Estado no Brasil contemporâneo*. Tese de Doutorado. Rio de Janeiro: Pontifícia Universidade Católica, 2012.

GASPAR, Malu. "O fiador", em *Piauí*, set. 2018.

GUEDES, Paulo. "Atolados no pântano", em *O Globo*, 1º mai. 2017.

HARIG, Christop. "Re-Importing the 'Robust Turn' in UN Peacekeeping: Internal Public Security Missions of Brazil's Military International Peacekeeping", em *International Peacekeeping*, v. 26, n. 2, pp. 137-64, 3 dez. 2018. doi: 10.1080/13533312.2018.1554442

HILSENBECK, Alex. *O MST no fio da navalha: dilemas, desafios e potencialidades da luta de classes*. Tese de Doutorado. Campinas: Universidade Estadual de Campinas, 2013.

KREIN, José Dari; MANZANO, Marcelo & SANTOS, Anselmo Luis dos. "A recente política de valorização do salário mínimo no Brasil". No prelo, nov. 2015.

LAGO, Miguel. "Bolsonaro fala outra língua", em *Piauí*, 13 ago. 2018. Disponível em <https://piaui.folha.uol.com.br/bolsonaro-fala-outra-lingua/>.

LAVAL, Christian & DARDOT, Pierre. *A nova razão do mundo: ensaio sobre a sociedade neoliberal*. São Paulo: Boitempo, 2016.

LOUREIRO, Isabel & SINGER, André. *As contradições do lulismo: a que ponto chegamos?* São Paulo: Boitempo, 2016.

LULA DA SILVA, Luis Inácio. *A verdade vencerá*. Entrevista concedida a Ivana Jinkings, Gilberto Maringoni, Juca Kfouri & Maria Inês Nassif. São Paulo: Boitempo, 2018.

MACHADO, Fernando D'Angelo & SAMPAIO JR., Plínio de Arruda. "Capital internacional e vulnerabilidade externa: os bancos e a sociedade brasileira", em *Jornal dos economistas*, n. 275. Rio de Janeiro, jun. 2012.

MARINGONI, Gilberto. "Anotações sobre o grande desastre", em *Outras Palavras*, 29 out. 2018. Disponível em <https://outraspalavras.net/crise-brasileira/anotacoes-sobre-grande-desastre/>.

MERCADANTE, Aloísio. *As bases do novo desenvolvimentismo: análise do governo Lula*. Tese de Doutorado. Campinas: Universidade Estadual de Campinas, 2010.

NEWSWEEK. "Brazil's Lula: the most popular politician on Earth", em *Newsweek*, 21 set. 2009. Disponível em <https://www.newsweek.com/brazils-lula-most-popular-politician-earth-79355>.

OLIVEIRA, Ariovaldo Umbelino de. "A questão agrária no Brasil: não reforma e contrarreforma agrária no governo Lula", em SADER, Emir (org.). *10 anos de governos pós-neoliberais no Brasil: Lula e Dilma*. São Paulo: Boitempo & Flacso, 2013, pp. 287-328.

OLIVEIRA, Francisco de. *Crítica à razão dualista. O ornitorrinco*. São Paulo: Boitempo, 2003.

PAULANI, Leda. *Brasil Delivery*. São Paulo: Boitempo, 2008.

PINHEIRO-MACHADO, Rosana & SCALCO, Lucia Mury. "Da esperança ao ódio: juventude, política e pobreza, do lulismo ao bolsonarismo no Brasil", em *IHU Unisinos*, out. 2018. Disponível em: <http://www.ihu.unisinos.br/78-noticias/583354-da--esperanca-ao-odio-juventude-politica-e-pobreza-do-lulismo-ao-bolsonarismo>.

POCHMANN, Marcio. *Nova classe média? O trabalho na base da pirâmide social brasileira*. São Paulo: Boitempo, 2012.

RODRIGUES, E. "Brasil faz obras nos vizinhos temendo a China", em *Folha de S. Paulo*, 27 set. 2009. Disponível em <http://www1.folha.uol.com.br/fsp/dinheiro/fi2709200910.htm>.

SAMPAIO JR., Plínio de Arruda. "Desenvolvimentismo e neodesenvolvimentismo: tragédia e farsa", em *Serviço Social & Sociedade*, n. 112. São Paulo, 2012. Disponível em <http://www.scielo.br/scielo.php?script=sci_arttext&pid=S0101-66282012000400004&lng=en&nrm=iso>.

SICSÚ, J.; PAULA, L. F. & MICHEL, R. *Novo desenvolvimentismo: um projeto nacional de crescimento com equidade social*. São Paulo: Manole, 2005.

SINGER, André. *Os sentidos do lulismo*. São Paulo: Cia. das Letras, 2012.

SOLANO, Esther. "Crise da democracia e extremismos da direita", em *Análise*, n. 42. São Paulo: Friederich Ebert Stiftung, 2018.

SOUZA, Josias de. "Ibope: 75% dos brasileiros apoiam os protestos", em *UOL Notícias*, 22 jun. 2013. Disponível em <http://josiasdesouza.blogosfera.uol.com.br/2013/06/22/ibope-75-dos-brasileiros-apoiam-os-protestos/>.

TAUTZ, C.; SISTON, F.; PINTO, J. R. L. & BADIN, L. "O BNDES e a reorganização do capitalismo brasileiro: um debate necessário", em *Os anos Lula: contribuições para um balanço crítico, 2003-2010*. Rio de Janeiro: Garamond, 2010, pp. 249-86.

UNIDO. Industrial and Development Report. Viena: Unido, 2011.

VENTURINI, Fabio. "Movimento #elenão pode ter transferido 'teto' de Bolsonaro para Haddad", em *Amplitudes*, 3 jan. 2019. Disponível em: <https://revistaamplitudes.net/2019/01/03/movimento-elenao-pode-ter-transferido-teto-de-bolsonaro-para-haddad/>.

ZAGNI, Rodrigo Medina. "Carta aos calouros ou bem-vindo à pátria educadora", em *Boletim Adunifesp*. São Paulo, 2016. Disponível em <http://www.adunifesp.org.br/artigo/carta-aos-calouros-ou-bem-vindos-patria-educadora--por-rodrigo-medina-zagni>.

3. Kirchnerismo e os impasses da via burguesa na Argentina

Para nós, o peronismo foi a mais importante e única tentativa de realização da revolução democrático-burguesa na Argentina, cujo fracasso se deve à incapacidade da burguesia nacional de cumprir esta tarefa.
— Silvio Frondizi, 1955

É impossível consolidar um projeto de país se não consolidamos uma burguesia nacional.
— Néstor Kirchner, 29 de setembro de 2003

Introdução

A rigor, a eleição de Néstor Kirchner poucos meses após o triunfo de Lula no Brasil marca o início da onda progressista sul-americana, quando, em 2003, presidentes identificados com a esquerda assumiram o comando dos dois maiores países da região, somando-se ao venezuelano Hugo Chávez. Principal economia da América do Sul até a Segunda Guerra Mundial, a Argentina passou por uma prolongada inflexão que empobreceu, desindustrializou e desnacionalizou o país a partir da ditadura que controlou o país entre 1976 e 1983. Depois, o fundamentalismo neoliberal de Carlos Menem aprofundou os condicionantes de uma crise que explodiria no começo do século XXI. Embora Kirchner tivesse uma trajetória convencional nas filas peronistas, foi eleito no contexto da extraordinária mobilização popular que, em dezembro de 2001, derrubou seguidos presidentes e impôs a mudança.

Beneficiando-se da moratória e do fim da convertibilidade peso-dólar decretadas em meio à crise, o governo de Kirchner ensaiou uma retomada desenvolvimentista que, no entanto, se confrontou com obstáculos de natureza diversa. Na medida em que a conjuntura internacional favorável às exportações primárias arrefeceu, sua sucessora e esposa, Cristina Kirchner, adotou medidas controversas, respondendo às dificuldades econômicas com uma política orientada a reforçar sua autoridade sobre o Estado e os setores que apoiavam o governo. Processo mais ousado do que o seu correlato brasileiro, o kirchnerismo sofreu as ambiguidades inerentes à crença em uma burguesia nacional combinada à tutela sobre o movimento popular, que ressoam ao peronismo com o qual a esquerda argentina ainda tem contas a acertar.

1. Perón e peronismo

Projetado na política nacional como ministro do Trabalho durante a Segunda Guerra Mundial, o coronel Juan Domingo Perón (1895-1974), que se tornou general, presidiu a Argentina em três ocasiões, tendo sido eleito em todas elas. Exerceu dois mandatos consecutivos entre 1946 e 1955, quando foi deposto por um golpe, e retornou à presidência em 1973, após um longo exílio. Dentre os períodos em que governou, foi em seu primeiro mandato que cativou os trabalhadores argentinos, semeando os fundamentos do peronismo. Este fenômeno político transcendeu o período de vida e as posições do coronel, imprimindo uma marca indelével na cultura política do país, cujas reverberações são sentidas até hoje (Murmis & Portantiero, 1973).

No plano econômico, o primeiro governo peronista praticou uma política de desenvolvimento da indústria nacional, sobretudo da indústria leve, ao mesmo tempo que impulsionou a presença estatal nos setores de base, embora sem o mesmo sucesso. Naqueles anos, a Argentina viveu uma prosperidade ímpar, amparada por uma conjuntura internacional favorável, marcada pelas altas exportações de cereais e carne no pós-guerra. Sob o peronismo, a economia argentina continuou sendo comparável à brasileira.

Por outro lado, o governo favoreceu a intervenção do Estado em prol dos trabalhadores em diversas ocasiões e promoveu uma distribuição de renda sem precedentes na história do país. A participação dos salários no PIB argentino alcançou 50%, nível que se manteve nos anos seguintes. Ao êxito econômico somaram-se avanços políticos, como a legislação trabalhista, o direito à organização sindical — embora tutelada pelo Estado — e o voto universal, entre outros (Kaplan, 1984; Romero, 2001). Na memória de muitos trabalhadores argentinos, os anos de Perón representaram o momento em que se tornaram cidadãos.

Em termos ideológicos, o peronismo ou justicialismo esteve associado a três ideias: a "justiça social", entendida como uma elevação do padrão de vida dos trabalhadores, mas que rechaçava a contradição entre capital e trabalho e a noção da luta de classes; a "independência econômica", identificada com a autonomia do país diante dos monopólios estrangeiros; e a "terceira posição" no âmbito internacional, supondo a neutralidade em relação aos dois blocos da Guerra Fria (Bobbio & Matteucci *et al.*, 1983, p. 923).

A pretensão de conciliar capital e trabalho, indústria e exportação primária, desenvolvimento nacional e capital internacional prosperou enquanto a conjuntura internacional foi favorável. Porém, a retração das exportações primárias coincidiu com a ascendente pressão do capital transnacional, sobretudo de origem estadunidense, na direção da liberalização econômica. Confrontado com problemas financeiros, o Estado perdeu a capacidade de subsidiar o mercado interno e segurou os salários, recorrendo à Confederación General del Trabajo (CGT) e a métodos coercitivos para conter as demandas populares. A face repressiva do governo se evidenciou no controle da imprensa, da atividade partidária e do movimento sindical. Neste contexto, as concessões em favor do capital internacional foram insuficientes para reverter o crescente mal-estar, uma vez que, para a oposição, qualquer solução política excluía necessariamente a permanência do peronismo no poder (Ayerbe, 2002; Kaplan, 1984).

O impasse resolveu-se em 1955 com um golpe militar.

Na avaliação de Silvio Frondizi (1955), a queda de Perón atestou a impossibilidade de consolidar a nação argentina em marcos burgueses: "Para nós, o peronismo foi a mais importante e única tentativa de realização da revolução democrático-burguesa na Argentina, cujo fracasso se deve à incapacidade da burguesia nacional de cumprir esta tarefa".

O período entre a deposição de Perón em 1955 e a ditadura militar iniciada em 1976 foi marcado por instabilidade política e enfrentamentos sociais. Embora proscrito, o peronismo teve mais votos que seus concorrentes nas eleições da época, quando convocou o voto em branco. Expressão da instabilidade prevalente, os dois presidentes radicais eleitos,[1] Arturo Frondizi (1958-1962) e Arturo Illia (1963-1966), não concluíram seus mandatos.

O governo de Illia foi derrubado em 1966 por um golpe militar que pretendeu estabilizar a situação por meio de uma "revolução argentina". Entretanto, o regime liderado por Juan Carlos Onganía se defrontou com um acirramento dos enfrentamentos sociais, expressos pelas lutas universitárias, sindicais e também por uma combinação das duas, cuja expressão maior foi o *Cordobazo*, em 1969, quando a cidade de Córdoba foi brevemente tomada por trabalhadores. A insurreição foi violentamente suprimida, mas o regime caiu em desprestígio e diversos grupos pegaram em armas para enfrentar a repressão. Os Montoneros peronistas, o Ejército Revolucionario del Pueblo (ERP) e as Fuerzas Armadas Revolucionarias (FAR), de referencial marxista, surgiram neste contexto. Contestado por setores de baixo e também por seus pares, Onganía convocou eleições em

---

1. Referência à União Cívica Radical, partido que se originou como uma cisão intraoligárquica na política argentina no final do século XIX e alcançou a presidência pela primeira vez em 1916, atraindo o voto da classe média. Por décadas, polarizou a política institucional no país em oposição o peronismo.

1973, vencidas por uma liderança da esquerda peronista, Héctor Cámpora, que criou as condições para o retorno de Perón, que assumiria a presidência meses depois.

A esta altura, o peronismo ganhara vida própria. Grupos que assumiam posições políticas opostas reivindicavam-se peronistas, enquanto o próprio líder manipulava a todos, conforme sua conveniência. Ao incitar a esquerda armada ao mesmo tempo em que açulava os setores reacionários, Perón contribuiu para um clima de confrontação e desordem que, aparentemente, somente ele próprio poderia aplacar. A funcionalidade do peronismo para o reestabelecimento da ordem foi o passaporte para o retorno do general.

De volta ao poder, Perón desautorizou o peronismo de esquerda, ao mesmo tempo em que o paramilitarismo anticomunista recebeu cobertura do governo para atuar. Quando faleceu, foi sucedido por sua esposa, María Estela Martínez Perón, conhecida como Isabelita, que governou entre 1974 e 1976, intensificou as ações repressivas e mostrou escassa aptidão para a presidência. Em 1975, um pacote de medidas econômicas impopulares conhecido como *Rodrigazo* disparou o custo de vida e a inflação, desencadeando a primeira greve geral contra um governo peronista na história do país (Sartelli, 2007). A insubordinação operária era indício de que a função política do peronismo se esvaziava.

Ao mesmo tempo, a violência política se tornava cotidiana. Enquanto a Alianza Anticomunista Argentina, conhecida como Triple A — articulada pelo secretário pessoal e ministro de Perón, José López Rega —, fazia vítimas selecionadas, as ações guerrilheiras se multiplicavam. Diante deste clima de guerra civil, um capelão militar pontificou, no início de 1976, que "o povo argentino cometeu pecados que só podem ser redimidos com sangue" (Novaro & Palermo, 2007, p. 87). Foi esta a missão assumida pelas Forças Armadas nos anos seguintes.

11. Do Processo de Reorganização Nacional à democracia neoliberal

A ditadura inaugurada em 1976 unificou a classe dominante do país em torno do restabelecimento da ordem, processo que contou com a benevolência ou indiferença de parte da população. "Silêncio é saúde", diziam cartazes espalhados pelo regime. Para alcançar este objetivo, o autodenominado Processo de Reorganização Nacional pretendeu reconfigurar as relações sociais no país, em uma reação à esquerda marxista e também ao peronismo. Foi um projeto mais ambicioso e radical do que todas as ditaduras anteriores, inclusive a "Revolução Argentina" de 1966, que, na avaliação dos que assumiram o comando, fracassara por sua moderação e fraqueza (Novaro & Palermo, 2007, p. 30).

Assentada no extermínio de uma geração de militantes, esta "reorganização nacional" modificou o padrão de acumulação prevalente, que tinha a indústria como núcleo dinâmico, criando as condições para a implementação do neoliberalismo que o próprio regime começou a executar (Basualdo, 2001). As relações sociais de produção, a função do Estado e a inserção internacional do país se modificaram substancialmente, em paralelo a uma degradação contínua do padrão de vida da população, que se estendeu por décadas. Embora este processo não tenha se completado sob a égide militar, o regime estabeleceu as bases para a regressão econômica e social que seria consumada mais tarde.

A estratégia para restabelecer a ordem foi expandir o terror, encadeando sequestros, detenções clandestinas e desaparecimentos de modo sistemático e maciço. As trinta mil vítimas fatais da ditura, entre assassinados e desaparecidos, denotam uma escala inédita da repressão, que se fez qualitativamente diferente (Hourcade & Tufró, 2017). Ao mesmo tempo, o regime pretendeu eximir-se de toda responsabilidade pelas execuções, evitando as pressões internacionais sofridas pela experiência chilena. O desaparecimento como método cumpriu este duplo papel de estender o manto de suspeita e de incerteza, ao mesmo tempo que preservava o regime da opinião pública, uma vez que não tinha que justificar o que afirmava desconhecer.

No plano econômico, a ditadura desestruturou os dois pilares da economia política peronista: o desenvolvimento industrial e a classe operária. A regulação estatal que protegia a indústria frente à exportação agropecuária e ao capital financeiro foi desmantelada em favor destes últimos, e seu peso na economia declinou desde então. Ao mesmo tempo, a combinação entre reformas estatais e repressão devastou a resistência operária.

Há quem defenda que a meta fundamental do regime foi antes política do que econômica, induzindo uma mudança nas relações de poder destinada a ter efeitos estruturais sobre a morfologia social: a ditadura se afirmou contra uma classe operária "indisciplinada", assim como contra um empresariado "ineficiente". Em função deste objetivo, o regime misturou receitas neoliberais, conservadoras e desenvolvimentistas (Novaro & Palermo, 2007, p. 56, p. 79). Porém, o sentido geral do movimento foi determinado pela reforma financeira de 1977, aprofundada em 1979, quando se adotou um enfoque monetário à balança de pagamentos, invertendo a subordinação do sistema financeiro à economia real prevalente até então (Basualdo, 2009, p. 329).

A abertura do mercado de bens e de capitais elevou desequilíbrios comerciais e financeiros, resolvidos com crescente endividamento, até que o país sucumbiu a uma crise similar à chilena no começo dos anos 1980. No caso argentino, a ditadura pretendeu contornar os problemas com uma saída política, e atacou as Ilhas Malvinas, ocupadas pelos ingleses desde 1833. Planejava-se um triunfo nacional que sustentaria a candidatura do general Leopoldo Galtieri, pavimentando um retorno às eleições que coroaria a gestão militar.

De fato, a questão das Malvinas é uma injustiça reconhecida pela ONU ao menos desde 1965, e que mobiliza o nacionalismo argentino como nenhuma outra bandeira.

O saldo da campanha, porém, foi desastroso. A primeira-ministra britânica Margaret Thatcher também enfrentava um momento doméstico crítico e agarrou esta oportunidade para se fazer popular, engendrando um massivo contra-ataque inglês. Ao presumir o apoio dos Estados Unidos por assessorarem a contrainsurgência na América Central, os militares argentinos revelaram profunda ignorância sobre as relações internacionais contemporâneas. A efêmera popularidade da aventura se esfumou com a derrota e as muitas vidas perdidas, precipitando o fim do regime.

O balanço socioeconômico da ditadura é desalentador. Em 1982, o PIB *per capita* era 15% menor do que em 1975; o PIB industrial decrescera 25% desde 1970; os salários reais caíram 40% e a participação do salário no PIB decaiu de 45% em 1974 para 34% em 1983. Estima-se que o gasto social encolheu pela metade (Novarro & Palermo, 2007). A convergência entre a brutalidade da repressão, o desastre das Malvinas e o fracasso econômico desmoralizou os militares e o próprio regime, que poucos defenderiam em um momento posterior. A ditadura argentina foi a primeira no Cone Sul a deixar o poder, e os militares sofreram pressões por justiça e reparação incomparáveis no continente.

A despeito destas particularidades, a transição argentina também envolveu negociações entre a dirigência civil e militar da ditadura e as lideranças políticas da oposição, que aceitaram descartar o recurso à mobilização popular. Nas eleições que seguiram, o peronismo foi derrotado nas urnas pela primeira vez. Venceu o radical Raúl Alfonsín, identificado com a centro-esquerda e com a defesa dos direitos humanos. Do ponto de vista da ordem, sua principal tarefa no governo, entre 1983 e 1989, foi recompor o sistema político, recolocando a Argentina nos trilhos da normalidade burguesa.

A ousadia com que inicialmente enfrentou os militares cedeu à moderação — e logo resultou em capitulação, expressa na Lei de Ponto Final e na Lei de Obediência Devida, que, como seus nomes descrevem, objetivavam encerrar o debate sobre a reparação das violações cometidas pela ditadura absolvendo quem cumpriu ordens. A mesma dinâmica foi constatada no plano econômico, em que um ensaio desenvolvimentista desaguou na submissão ao FMI e em ajustes para pagar a dívida. Premido entre a expectativa de mudança alimentada por ele e o conservadorismo que endossou, entre a desilusão civil e o revanchismo militar, entre o peronismo e os *carapintadas*, entre o FMI e a hiperinflação, Alfonsín renunciou antes de terminar o mandato, e os peronistas retornaram à Casa Rosada.

Em 1989, quando Carlos Menem assumiu a presidência, a inflação beirava os 5.000%. A "revolução produtiva" que prometeu em campanha, mas não foi cumprida, transformou-se em um programa de ajuste estrutural radical, consolidando a trilha neoliberal inaugurada pela ditadura. Se os militares colocaram o país na via da desindustrialização, o "menemato" aprofundou a desnacionalização. Visto em seu conjunto, este movimento corroeu as bases da nação, resultando na degradação do tecido social argentino e no empobrecimento da população.

Como em outras situações sul-americanas, a drástica redução da inflação concedeu lastro popular para implementar o receituário do ajuste estrutural. Com o apoio da totalidade de justicialistas e radicais, o Congresso concedeu poder ao Executivo para decretar a Lei de Emergência Econômica e a subsequente Lei de Reforma do Estado. "Diminuir o Estado para engrandecer a nação" foi o mote da reforma que privatizou telecomunicações, aviação comercial (Aerolíneas Argentinas), eletricidade, sistema previdenciário, transporte e distribuição de gás, linhas de metrô, um terço da rede rodoviária, portos, ferrovias, aeroportos, imóveis, siderúrgicas, petróleo e gás — Yacimientos Petrolíferos Fiscales (YPF) —, empresas petroquímicas, empresas sanitárias, hipódromo, correios, centrais nucleares, entre outros. O processo de privatização implicou o maior resgate da dívida externa da região, uma vez que o Estado aceitou títulos da dívida como pagamento, que responderam por cerca de um terço do valor arrecadado (Azpiazu & Basualdo, 2002, p. 24; Cano, 1999).

Na esfera monetária, o ministro Domingo Cavallo executou em 1991 um plano de convertibilidade que, na prática, dolarizou a economia argentina. As "relações carnais com os Estados Unidos" emuladas pelo chanceler Guido di Tella foram levadas ao paroxismo. Somadas à abertura comercial e à liberalização de parte significativa da produção de bens e provisão de serviços, o curso seguido conteve a inflação exponenciando a dependência de fluxos de capital estrangeiro.

Como no caso brasileiro, esta política desequilibrou a balança comercial. O superávit de 4,6 bilhões de dólares registrado em 1990 se transformou em um déficit de 12,2 bilhões de dólares em 1998, rombo coberto pelo ingresso de capital estrangeiro — o que, por sua vez, repercutiu na dívida externa, que dobrou no período (Cano, 1999, pp. 140-2). Esta arquitetura parou em pé enquanto as privatizações engrossaram os fluxos de capital externo, facilitados pelo aumento da oferta de crédito internacional e pela alta conjuntural nos preços de exportação (Kosacoff, 2010, p. 29). Porém, quando estes aspectos favoráveis se dissiparam, o país se deparou com uma crise monumental, dispondo de escassos meios para enfrentá-la. No final do segundo mandato de Menem, em 1999, o país mergulhou na recessão.

Seu sucessor, Fernando de la Rúa, manteve o compromisso com a convertibilidade, o que vetava a possibilidade de manejar a moeda para mitigar os crescentes déficits comerciais. A situação se agravava pela fuga de capitais, em um país onde os ricos poupavam em dólares guardados no exterior, contribuindo para a escassez de divisas em um Estado que se endividara em dólar. Esta engrenagem constrangeu o governo a sucessivas renegociações da dívida para acessar novos créditos, às expensas de medidas antipopulares que sugavam recursos do Estado e da economia em geral para remunerar os credores. A situação chegou a um ponto crítico em novembro de 2001, quando acelerou-se a fuga de capitais, desencadeando uma corrida aos bancos. Então, o ex-ministro da Economia do menemato, de volta ao posto, decretou o congelamento dos depósitos bancários, em uma medida que ficou conhecida como *corralito*.

O que acontecia no mundo do trabalho argentino neste contexto? O desemprego, que apresentava níveis elevados em 1998 (14,8%), saltou para 22,5% em 2001, enquanto 48% da força de trabalho estava na informalidade. A pobreza mais do que dobrou no período, pulando de 25,9% para 52%, até atingir 57,5% da população em 2002 — ano em que se registrou uma queda de 11% no PIB. Nestes cinco anos, o PIB foi reduzido em um quinto, enquanto a produção de bens industriais em relação ao conjunto da economia caiu 135% entre 1995 e 2001. A participação do trabalho no PIB também decresceu, até atingir o nível mais baixo da história argentina, em 2005, quando ficou em 20% (Basualdo, 2009, p. 355; El Descamisado, 2015).

Mais além das estatísticas, a pobreza e a fome assombraram multidões em um país com escassa experiência destes fenômenos no século XX. Há numerosos testemunhos de escolas que se transformaram em *comedores populares*, onde mulheres se associavam para alimentar as crianças do bairro (Isacovich, 2017; Movimiento Territorial Liberácion, 2017; MOI, 2017). Desempregados engrossaram as filas dos movimentos *piqueteros*, que, afastados da produção, cortavam a circulação de mercadorias bloqueando ruas e estradas. Por outro lado, a classe média se proletarizou, enquanto servidores públicos e pensionistas sofreram cortes em seus rendimentos para contemplar as exigências do FMI. Adicionalmente, servidores eram pagos com títulos públicos, como os famosos *patacones*,[2] redundando em ulterior redução salarial e confusão monetária. Ainda assim, o FMI anunciou, em dezembro de 2001, que não socorreria mais o país, já que os compromissos assumidos pelo governo estavam sendo cumpridos de forma insuficiente.

Neste cenário, o *corralito* provocou forte reação também entre a classe média, pois compreendeu-se que a convertibilidade naufragava, prenunciando a desvalorização das poupanças bloqueadas. Uma onda de mobilizações, saques e greves sacudiu o país. De modo inédito, *piqueteros* eram bem recebidos pela classe média que batia panelas, ambos exigindo *que se vayan todos*, ou "fora todos". O presidente Fernando de la Rúa enfrentou a situação decretando estado de sítio, medida que teve o efeito oposto e incendiou o protesto popular. A repressão às jornadas de dezembro cobrou 39 mortos, o presidente renunciou e escapou do palácio presidencial

---

2. Nomeada em referência a uma moeda de prata do século XIX, essa "moeda" foi emitida pelo governo de Buenos Aires em 2001 como um título de dívida pública de Buenos Aires, que o governador Carlos Ruckauf utilizou para pagar os salários de seus funcionários. [N.E.]

de helicóptero, enquanto quatro sucessores tombaram sob a fúria popular na semana seguinte.

Naqueles dias, a Argentina experienciou níveis inéditos de mobilização popular, que caracterizam uma conjuntura revolucionária. Centenas de assembleias de bairro realizavam-se cotidianamente em todo o país, com adesão massiva. Nestas reuniões de iniciativa popular discutiam-se os problemas da nação e encaminhavam-se ações concretas. Na capital, representantes dos assembleístas se reuniam aos domingos no Parque Centenário na tentativa de articular ações conjuntas. Organizações da esquerda argentina se somaram ao processo, mas não os lideraram. Pode-se argumentar que esta foi uma força do movimento, que transcendeu amarras burocráticas, disputas interstícias e cálculos mesquinhos. Tal característica, porém, também foi sua fraqueza, uma vez que a ausência de direção dificultou sua organicidade.

As manobras sucessivas para restabelecer a ordem resultaram em um arranjo parlamentar que conduziu à presidência o peronista Eduardo Duhalde, ex-vice de Menem, incumbido de completar o mandato do presidente deposto. Embora concebido como um governo tampão, houve neste período ao menos três acontecimentos determinantes para os rumos do país. Em primeiro lugar, foi decretada a moratória da dívida, dando início a um processo de renegociação que seria mantido pelo governo seguinte. Em janeiro de 2002, a convertibilidade foi abolida, o que implicou em uma depreciação significativa da moeda argentina. Estas duas medidas foram fundamentais para o crescimento econômico que veio em seguida, uma vez que a desvalorização do peso favoreceu a produção nacional e as exportações, enquanto a moratória disponibilizou vultuosos fundos públicos para outros fins que não o serviço da dívida. Neste contexto, dois milhões de

Plan Jefes y Jefas de Hogar Desocupados[3] foram distribuídos para mitigar o desemprego e a pobreza, respondendo a uma demanda *piquetera* (Gambina, 2017; Sartelli, 2007).

O terceiro elemento determinante foi de natureza política. O assassinato de dois jovens militantes — Maximiliano Kosteki e Darío Santillán — em junho de 2002 durante uma manifestação nas proximidades da ponte Pueyrredón, em Avellaneda, cidade da província de Buenos Aires, foi um ponto de inflexão na extraordinária mobilização popular argentina. A comoção determinou a antecipação das eleições presidenciais, nas quais Duhalde desistiu de concorrer para apoiar seu correligionário Néstor Kirchner. Entre a repressão e a desordem, intensificaram-se as pressões de cima e de baixo pela volta à normalidade, traduzida como a ordem burguesa.

Novamente, o peronismo cumpriria este papel.

---

[3]. Programa do governo argentino de transição que distribuía benefícios assistenciais, seguindo a normativa de um "direito familiar à inclusão social". [N.E.]

III. Governos Kirchner

Próspero advogado, ex-governador da longínqua província petroleira de Santa Cruz, no sul da Argentina, Néstor Kirchner teve uma carreira política convencional nas filas peronistas. Apoiado por Duhalde em 2003, confrontou nas eleições presidenciais outros dois peronistas, dentre os quais o velho Carlos Menem, que venceu o primeiro turno. O ex-presidente, porém, retirou-se do pleito na segunda rodada, legando à Argentina um líder que recebeu apenas 22% dos votos.

A modesta legitimidade inicial de Kirchner cresceu nos anos seguintes, e sua esposa, Cristina, se tornou presidenta duas vezes com uma adesão eleitoral sempre maior: 45% dos votos em 2007 e 54% em 2011. Ao longo dos doze anos à frente do país, os Kirchner mobilizaram uma retórica que remetia ao peronismo histórico, mas que, aos poucos, ganhou vida própria. O "kirchnerismo" renovou seu impulso político após a morte de Néstor, em 2010, intensificando-se no segundo mandato de Cristina. Fracassada a tentativa de concorrer a um terceiro mandato consecutivo e derrotado nas urnas em 2015, o kirchnerismo circula desde então o slogan "*Volveremos*" [Voltaremos], de óbvia ressonância peronista.

Mas, qual o lastro material desta remissão ao peronismo, associado à industrialização nacional, à integração dos trabalhadores e à soberania? O sentido dos governos Kirchner é motivo de disputa: há quem interprete o *Argentinazo* de 2001 como uma inflexão histórica que modificou o padrão de acumulação em uma direção nacional-desenvolvimentista — ou neodesenvolvimentista —, perseguida pelo governo (Basualdo, 2009; Varesi, 2012; Schincariol, 2013). Outros enfatizam aspectos conjunturais que permitiram uma recuperação parcial da economia, nos marcos de continuidades estruturais que não foram enfrentadas (Gambina, 2017; Gallo Mendoza, 2017).

Esta disputa tem consequências políticas, uma vez que a postura em relação ao governo fraturou movimentos populares e sindicatos, além de dividir a intelectualidade progressista. A divisão da esquerda argentina não é inédita, mas foi aprofundada pelo kirchnerismo, sobretudo quando pretendeu monopolizar a identidade progressista em anos recentes. Como em outros países do subcontinente, o governo cativou parte do movimento social e foi intolerante com quem preservou a autonomia. No caso argentino, a diferenciação em relação ao kirchnerismo é complicada pelas disputas de sentido em torno do peronismo que, embora inconclusivas, parecem longe de se esgotar (CTEP, 2017; Movimento Emancipador Peronista, 2017).

Embora os aspectos descritos indiquem semelhanças formais com as presidências petistas, os governos Kirchner compraram brigas que seus homólogos brasileiros jamais cogitaram: a renegociação da dívida externa, encarando um relativo isolamento das finanças internacionais; a revogação de leis que absolviam os militares, que voltaram a ser julgados e presos pelos crimes da ditadura; a proposta de uma lei de meios de comunicação, que hostilizou o Clarín, maior grupo midiático do país; e a tentativa de aumentar o imposto sobre a soja, causando uma rebelião do agronegócio. Além disso, privatizações foram revertidas, houve mudanças na Suprema Corte de Justiça, o matrimônio igualitário foi aprovado — a Argentina foi o primeiro país da região em fazê-lo — e a tevê passou a transmitir gratuitamente todos os jogos do campeonato argentino de futebol, considerado patrimônio cultural do país.

Porém, este mesmo governo continuou participando das reuniões do FMI, promulgou uma lei antiterrorismo modelada pelo Departamento de Estado dos Estados Unidos, difamou e reprimiu os dissidentes, congelou licenças a meios comunitários de comunicação, não realizou a reforma tributária nem conseguiu reduzir a desigualdade, que permaneceu inabalada, enquanto se acentuou a concentração e a desnacionalização da economia.

Eleito em meio a uma conjuntura revolucionária, o caráter dos governos Kirchner está referido ao alcance e aos limites da rebelião que veio antes. Do ponto de vista da ordem, o peronismo reemergiu como um recurso político eficaz para tirar a política das ruas e devolvê-la às instituições. Por outro lado, o *Argentinazo* deu um basta ao sentido antipopular da política imposta desde a ditadura, pavimentada pelo terrorismo de Estado. A mobilização popular não logrou *que se vayan todos*, como cantava, mas abalou o neoliberalismo como ideologia incontestada no país (Sartelli, 2007, p. 171). Nesta conjuntura, o kirchnerismo pode ser interpretado como o mínimo denominador comum possível entre a fúria popular e as exigências da ordem.

A margem de manobra dos Kirchner esteve condicionada pelo movimento da economia. Inicialmente, o acelerado crescimento econômico popularizou a gestão de Néstor. No período seguinte, entre 2007 e 2013, houve oscilações que se anularam. Neste contexto, pressões fiscais levaram Cristina a medidas controversas, que fizeram com que perdesse apoio em setores da burguesia e da classe média, enquanto o reforçava entre outros segmentos da classe média e as camadas populares. A partir de 2014, constatou-se uma estagnação econômica, que persistiu nos primeiros anos da gestão de Mauricio Macri.

A retomada do crescimento da economia antecedeu a eleição de Néstor. Conforme observado, resultou da convergência entre a desvalorização do peso, a moratória da dívida e o *boom* das *commodities*, na qual se assentou a prosperidade que lastreou a popularidade do governo. A moratória da dívida assumida em 2002 foi fundamental para recuperar a capacidade financeira do Estado. Naquele ano, suas despesas com juros reduziram-se em 8,5 bilhões de dólares, passando de 12 bilhões de dólares em 2001 para 3,5 bilhões no ano seguinte (Gambina, 2017).

Porém, nem toda a dívida deixou de ser paga. Dos 140 bilhões de dólares que o país devia, 40 bilhões continuaram a ser remunerados junto aos organismos financeiros internacionais. O restante foi reestruturado pelo governo Kirchner segundo os parâmetros do sistema financeiro internacional. A negociação concluída em maio de 2005 pode ser considerada exitosa deste ponto de vista, pois alcançou um desconto de 75% — mas que efetivamente terminou ficando na faixa de 15% a 20%. Por outro lado, frustrou-se a pressão para denunciar como "dívida odiosa" os empréstimos negociados pela ditadura, o que os tornaria ilegítimos, como alegou-se no caso iraquiano após a queda de Saddam Hussein (El Descamisado, 2015). Os credores que não aceitaram os termos da troca de títulos oferecida por Néstor tiveram uma segunda oportunidade em 2010, no governo Cristina. Cerca de 7,5% destes permaneceram irredutíveis, constituindo o que os jornalistas argentinos apelidaram como "fundos abutres". A pendenga com estes credores obstou o acesso ao mercado financeiro internacional pelos governos Kirchner, que contaram com empréstimos da Venezuela em um primeiro momento e, depois, da China.

A segunda medida importante que antecedeu o governo Néstor foi o fim da convertibilidade. Sua consequência imediata foi um aumento dos preços e a ruptura do sistema de contratos (Kosacoff, 2010, p. 33). Mas, nos anos seguintes, a competitividade da manufatura local aumentou e as importações se encareceram, impulsionando uma retomada industrial que se somou à valorização das exportações primárias para arrancar o país da recessão. Entre 2002 e 2007, a indústria cresceu 73,5%, e o PIB subiu mais do que 50%, em uma média anual de 8,5%. Os níveis de emprego se elevaram, a miséria declinou e o consumo se aqueceu. A população vivendo abaixo do nível de pobreza, que atingiu 52% na crise, recuou em 2007 para 20,6%. Lideranças populares recordam que, entre 2005 e 2006, os *comedores populares* deixaram de ser necessários e as escolas voltaram a ser apenas escolas (Movimiento Territorial Liberácion, 2017).

A retórica kirchnerista, esposando a reconstrução de um capitalismo nacional, encontrava lastro neste processo. Em contraposição à farra especulativa protagonizada pelo capital estrangeiro desde o menemato, que conduziu o país ao desastre, o presidente pregava um capitalismo *en serio*, projetando o desenvolvimento de uma indústria nacional e de seu correlato social, a burguesia nacional: "O plano é construir em nossa pátria um capitalismo *en serio*, com regras claras em que o Estado desempenhe seu papel inteligentemente para regular, para controlar, para se fazer presente onde faça falta mitigar os males que o mercado não repara, pondo um equilíbrio na sociedade que permita o funcionamento normal do país" (Kirchner, 2003).

A discreta evolução da participação da indústria no PIB ao longo dos governos Kirchner não justificou o entusiasmo do projeto original. Os dados indicam uma elevação de 14% para 17% no período, restituindo a situação prevalente em 1994, mas em um nível bastante inferior aos 25% registrados em 1973 (Basualdo, 2009, p. 337). A indústria esteve distante de retomar a centralidade produtiva dos anos anteriores à ditadura, em uma realidade na qual "não houve estratégia de desenvolvimento produtivo em geral, nem industrial em particular" (Schorr & Azpiazu, 2015, p. 101).

Uma detalhada investigação sobre o poder econômico durante o kirchnerismo joga por terra a ideologia do neodesenvolvimentismo argentino, segundo a qual a burguesia nacional recuperou uma posição dominante com amparo do Estado — argumento repetido por Cristina até o final do seu mandato. A pesquisa constata um alto nível de concentração e desnacionalização da economia doméstica, concluindo: "Há uma notável confluência de interesses no projeto de país do empresariado estrangeiro e dos diferentes setores do grande capital local. O resultado é o aprofundamento de um perfil de especialização internacional regressivo e de um tipo de inserção passiva e subordinada no mercado mundial" (Gaggero & Schorr et al., 2014, p. 7). Em suma, a existência de grupos capitalistas argentinos que lucram com o modelo não se traduziu na esperada burguesia nacional (Varesi, 2012, p. 248).

É possível constatar uma dinâmica similar no mundo do trabalho. A recuperação da economia e do emprego colaborou para que o sindicalismo recobrasse certo protagonismo, favorecido pela generalização de convênios coletivos de trabalho avalizada pelo governo. Inicialmente, este favorecimento também envolveu um cálculo político, pois pretendeu-se debilitar o movimento *piquetero*. Ao mesmo tempo, o aumento da produtividade do trabalho no governo Néstor não correspondeu à evolução dos salários, o que denota um aumento da margem de exploração (Schorr & Azpiazu, 2015, p. 102).

Mais significativo do ponto de vista da centralidade do trabalho são relatos de quem prefere trabalhar sem registro para continuar a receber o auxílio governamental de cerca de 4 mil pesos, em lugar do salário mínimo que alcançava 9 mil pesos em 2017. Por exemplo, uma militante que trabalha como doméstica relata que não quis ser registrada pelo patrão, pois prefere somar às faxinas a Asignación Universal Por Hijo[4] e a

---

4. Implementada em 2009 pelo governo Cristina Kirchner, a Asignación Universal Por Hijo é fornecida a um dos pais por cada filho com menos de 18 anos (não há limite de idade se o filho tiver alguma deficiência) a

remuneração de uma cooperativa de que participa (MTL, 2017). Sintomático desta realidade é a ascensão da Confederación de Trabajadores de la Economía Popular (CTEP), um dos principais movimentos populares no final do governo Cristina, do qual se distanciou. A CTEP parte do diagnóstico de que, ainda que a economia cresça, não haverá trabalho para todos, e esta é uma situação permanente. "Somos o descarte da economia de mercado", diz sua principal liderança, que se refere aos desempregados como "trabalhadores da economia popular" (Gringo, 2017). Diante deste quadro, a pauta da CTEP inclui modalidades de renda básica similares àquelas que os *piqueteros* reivindicaram e conquistaram na crise de 2001. Mesmo uma dirigente sindical opina que, na Argentina, hoje, "a nova fábrica é o bairro" (Central de Trabajadores de Argentina Autónoma, 2017).

Em síntese, analisando o perfil da economia e das relações de trabalho durante os governos Kirchner, observa-se que o padrão de acumulação legado pelas reformas que remontam à ditadura se perpetuou, a despeito de melhoras que têm como referência comparativa a crise mais grave que o país já viveu. O outro lado desta marginalidade da indústria e da degradação do trabalho é o aprofundamento do "perfil de especialização internacional regressivo", acima referido. Sob o kirchnerismo, o motor da economia argentina foi a exportação primária, notadamente a soja, acompanhada por hidrocarbonetos e por um inédito crescimento na exploração de minérios.

Como em outros países da região, o plantio de soja na Argentina se expandiu vertiginosamente após a liberação da variedade transgênica, em 1996. Contata-se que, em 2002, a superfície cultivada atingiu o seu limite, a partir do qual a expansão ulterior envolveu a apropriação de terras já

---

famílias que não possuem cobertura social e estão em situação de vulnerabilidade — desemprego, por exemplo. [N.E.]

ocupadas, ensejando conflitos. Enquanto a soja decolava, a produção de bens industriais em relação ao conjunto da economia declinou 135% entre 1995 e 2001 (Basualdo, 2009, p. 355). No início do século XXI, o fim da convertibilidade barateou as *commodities* argentinas no mercado internacional, e a alta dos preços deu um impulso suplementar à expansão. No final da era Kirchner, o agronegócio ocupava 22 milhões de hectares sobre os 33 milhões de hectares cultiváveis no país, dos quais 90% estavam dedicados à soja. Neste momento, a oleaginosa e seus derivados respondiam por cerca de um terço das exportações argentinas (Palmisano, 2017; Petz, 2017).

Além da especialização regressiva, o processo produtivo associado à soja transgênica implica um sistema cultural, social, técnico e econômico que transforma a fisionomia do campo argentino. A dominação deste sistema produtivo, que foi descrito como uma "agricultura extrativista" ou uma "agricultura sem agricultores", provocou uma significativa perda de diversidade econômica, social e ecológica, transformando o país em "um laboratório onde se experimenta a eliminação da vida rural" (Grupo de Reflexión Rural; Lewkowicz, 2003, p. 40). O compromisso de Cristina Kirchner com este modelo foi reafirmado em 2010 no Plan Estratégico Agroalimentario 2020, prevendo um aumento de 60% na exportação de grãos transgênicos, principalmente soja e milho.

Ao mesmo tempo, a pressão sobre o meio ambiente e as populações rurais foi intensificada pela expansão da mineração, atividade que não tem tradição no país. A evolução técnica e a alta nos preços internacionais de minérios estimularam o investimento internacional nos últimos vinte anos. A primeira mina a céu aberto na Argentina entrou em atividade em 1997, e os governos Kirchner cultivaram uma política mineira estimulando a exploração de ouro, prata e cobre, entre outros. No início do século XXI, o setor cresceu 20.000% em dez anos, movimento que ocasionou numerosos conflitos socioambientais. Até 2017, a resistência popular expulsara seis multinacionais de mineração, provavelmente um recorde mundial (Vares, 2012, p. 152; Palmisano, 2017).

O país tem a segunda reserva mundial de gás de xisto e a quarta de petróleo não convencional. Há indícios de que a nacionalização parcial da YPF — maior empresa do país — em 2012 tem relação com este negócio. Privatizada sob Menem, a empresa era controlada desde 1999 pela espanhola Repsol. Os vultuosos lucros da operação argentina bancaram a expansão desta empresa na América Latina e na África, enquanto pouco foi reinvestido no país. Neste contexto, a Argentina deixou de ser autossuficiente em petróleo, as reservas caíram e os gastos com importação subiram. Em 2011, a Argentina importou mais gás e petróleo do que produziu — fato inédito desde a privatização. No ano seguinte, o Estado assumiu o controle de 51% da empresa, dividido entre as províncias e o Estado nacional, indenizando a Repsol em 5 bilhões de dólares. Ato contínuo, a YPF assinou um acordo secreto com a Chevron (ex-Standard Oil, vinculada à família Rockfeller) que abriu as portas para a exploração de hidrocarbonetos não convencionais no país, apoiada pelos Estados Unidos. Avalia-se que o acordo seria muito impopular se firmado com a espanhola Repsol (Marcos, 2017). Desde então, tais atividades — como o *fracking*[5] — crescem na Argentina.

Assim como o surto industrial não modificou as estruturas produtivas, as nacionalizações não significaram uma

---

5. "O faturamento hidráulico ou *fracking* é uma técnica experimental pela qual se consegue extrair o gás ou o petróleo aprisionado em rochas há milhões de anos. Consiste na injeção de água, areia e produtos químicos em alta pressão nas formações rochosas ricas em hidrocarbonetos a fim de aumentar sua permeabilidade e, com isso, possibilitar a extração destes recursos". Para mais informações, ver BERTINAT, Pablo *et al.* *20 mitos y realidades del fracking*. Buenos Aires: El Coletctivo, 2014. [N.E.]

reorientação do papel do Estado no país. As estatizações concentraram-se em empresas que apresentavam problemas, como as Aerolíneas Argentinas, os correios, a empresa de águas e a própria YPF. Enquanto isso, as mais lucrativas, como as empresas de telefonia e de energia, permaneceram sob comando privado recebendo subsídios milionários do Estado, parcialmente reduzidos por Macri.

IV. Cristina Kirchner

Quando Cristina Kirchner se elegeu, em 2007, a expansão econômica que beneficiou o mandato anterior se desacelerava, ao mesmo tempo que se intensificavam as pressões inflacionárias. Após três anos de carência, o país retomou em 2008 o pagamento da dívida renegociada em 2005 e, no final daquele ano, já apresentava um considerável déficit fiscal.

O governo reagiu de maneira diversa e controversa a este novo cenário. Por um lado, intensificou gastos sociais para sustentar os níveis de emprego e renda. O programa de renda básica Asignación Universal Por Hijo exemplifica este percurso, que, por sua vez, agravou os problemas fiscais. Em resposta, a gestão procurou elevar suas receitas, mas sem enfrentar uma reforma tributária. A iniciativa de elevar as retenções por exportações e a estatização do sistema previdenciário se inscrevem neste contexto. Mais controversa no campo da esquerda foi a intervenção no Instituto Nacional de Estadística y Censos (Indec), que desestruturou o referencial estatístico do país.

Um divisor de águas na presidência de Cristina foi a tentativa de estabelecer um sistema móvel para a tributação agroexportadora, aumentando a alíquota em situações de alta nos preços com o objetivo de taxar sobrelucros. A medida não era inédita na história argentina, embora o aumento proposto — de 35% para 44% — fosse relativamente alto (Palmisano, 2017). A proposta provocou uma reação em bloco do agronegócio argentino, em que grandes e pequenos proprietários se mobilizaram para parar o país. Ao longo de quatro meses, o patronato rural incitou diversas modalidades de ação direta, como o bloqueio de estradas e pontes, protestos e marchas. O tema dividiu o país, mas a polêmica se restringiu à dimensão distributiva: o padrão exportador primário raramente foi questionado. Ao final, aprovou-se o projeto no Congresso, mas a votação no Senado empatou. O voto de minerva coube ao vice-presidente da República, Julio Cobos, que se alinhou aos ruralistas, derrotando o governo que representava.

O conflito e a derrota incidiram no curso posterior do governo. A perda de aliados no interior da classe dominante levou o kirchnerismo a fortalecer seu apoio junto a outros segmentos sociais. Nesta perspectiva, intensificou-se a retórica de conflito que deu o tom ao *paro agrario*, frequentemente mobilizando motivos peronistas com o objetivo de solidificar, por oposição a seus detratores, uma identidade entre governo e interesse nacional.

A controvérsia em torno da lei de meios de comunicação aprovada em 2009 está referida a este cenário. As relações até então cordiais com o grupo Clarín, maior conglomerado midiático do país, azedaram durante o enfrentamento com o agronegócio, defendido pela grande mídia. Em retaliação, o governo aprovou uma lei limitando a concentração de concessões de rádio e TV, medida que atingia diretamente este grupo. O Clarín respondeu com ações judiciais que restringiram a aplicação da lei e com uma cobertura jornalística visceralmente hostil a seus propositores até o final do mandato. Recentemente, o governo Macri tem se encarregado de esvaziar a lei em seus aspectos mais democráticos.

Outras duas iniciativas importantes que sucederam o conflito agrário foram a estatização do sistema previdenciário, a Administradora de Fondos de Jubilaciones y Pensiones (AJFP), contra a qual nenhum banco protestou, e a Asignación

Universal Por Hijo, modalidade argentina do Bolsa Família implementada no ano seguinte. De certo modo, estas medidas se complementavam, uma vez que a estatização colocou à disposição do Estado receitas previdenciárias que foram utilizadas para pagar despesas correntes, inclusive programas sociais, em um contexto de aperto fiscal (Katz, 2014, p. 234).

Na realidade, a situação econômica do país se deteriorava. A política de mitigar os efeitos sociais da desaceleração econômica, elevando o gasto público já pressionado pelas subvenções aos serviços herdadas da crise de 2001, incrementou as pressões inflacionárias e o déficit fiscal. Nesta conjuntura, a intervenção do governo no organismo nacional de estatísticas, o Indec, foi interpretada como uma manobra para dissimular a inflação ascendente e impor uma espécie de imposto inflacionário, que diminuiria os gastos com serviço da dívida, mas que também afetou as poupanças (Altamira, 2009, p. 130). Desde então, as estatísticas argentinas perderam a confiabilidade e os problemas econômicos se agravaram.

Como vimos, a tentativa de elevar as retenções sobre a soja está ligada a este contexto, e o seu fracasso também teve efeitos políticos, levando o governo a intensificar o confronto com a oposição como estratégia para fortalecer a autoridade presidencial. Esta amplificação retórica do conflito visando fortalecer a identidade kirchnerista foi potencializada a partir da morte de Néstor Kirchner, em 2010. Segundo a leitura de Maristella Svampa (2017, p. 216, p. 230), este acontecimento imprevisto "abriu as comportas ao populismo de alta intensidade", sintetizado em três pontos: a reivindicação do Estado como construtor da nação, o exercício da política como contradição permanente entre dois blocos antagônicos e a centralidade do líder.

Inicialmente, a liderança de Cristina fortaleceu-se neste processo, vencendo as eleições presidenciais no ano seguinte com a maior votação recebida pelos Kirchner até então. Em contraste com o peronismo histórico, cultivou os setores médios como sua principal base de apoio, o que foi descrito como um "populismo de classe média" (Svampa, 2017, p. 232). Em 2012, o dirigente da CGT, Hugo Moyano, rompeu com o kirchnerismo, que perdeu seu principal ponto de apoio no movimento operário, reduzido então à fração da CTA integrada por servidores públicos e professores. A CTA, que surgiu como uma cisão da CGT dócil ao menemismo, se dividira entre uma central fiel e outra crítica ao kirchnerismo, clivagem que se repetiu em numerosos movimentos populares.

Mas a principal vulnerabilidade do governo era a economia. As oscilações que marcaram o primeiro mandato de Cristina cederam lugar à estagnação a partir de 2014. A conjunção de inflação, aumento do desemprego privado — compensado parcialmente com empregos públicos — e problemas fiscais e econômicos agravados pela fuga de capitais e pelo isolamento financeiro do país corroeu a popularidade kirchnerista.

Neste contexto, o governo empenhou-se em retornar aos circuitos financeiros internacionais. Saldou a dívida com o Clube de Paris e aprovou uma Ley de Pago Soberano visando uma melhor negociação com os "fundos abutres". O preâmbulo desta lei é uma orgulhosa afirmação da disciplina financeira do país, que pagou 190 bilhões de dólares entre 2005 e 2013, em contradição com o discurso de que a Argentina se "desendividou". Porém, o acesso a novas linhas de crédito só se consolidaria sob Macri, que rapidamente resolveu as pendências em favor dos abutres, e o país retomou o endividamento em ritmo galopante. Esta situação, em que o governo nem rompeu com as finanças internacionais nem retomou sua confiança, é ilustrativa dos impasses do capitalismo *en serio* que se pretendeu.

O kirchnerismo chegou às eleições de 2015 parcialmente desprestigiado por variados motivos: entre a classe média, incomodada com a inflação e os escândalos de corrupção; entre o empresariado, que reivindicava o fim do populismo e a confiança dos mercados; entre o povo, que sentia os efeitos da crise; e entre a esquerda, que ressentia a intolerância com o dissenso, além das contradições do governo. No entanto, o kirchnerismo era também parcialmente popular em todos estes setores, porque estava identificado com a recuperação da sociedade argentina após a crise: a classe média voltou a reinar; o capitalismo retomou o crescimento; o povo reencontrou comida e trabalho; a esquerda tinha conquistas concretas para mostrar: por exemplo, 2.489 quadros das Forças Armadas acusados por crimes de lesa-humanidade, além de 343 civis, dos quais 616 haviam sido condenados até 2015.

Este cenário prenunciava eleições apertadas, em que qualquer um dos principais contendentes poderia vencer — e foi o que aconteceu. A pretensão de reformar a Constituição, permitindo a Cristina disputar uma segunda reeleição, foi abortada pela derrota do governo nas eleições parlamentares de 2013. Então, as disputas internas no campo governista resultaram na candidatura de Daniel Scioli, um representante da direita peronista que se projetou na política com Menem durante os anos 1990. O voto ao kirchnerismo pela esquerda ficou mais difícil, mas não impossível. A oposição se aglutinou em torno da candidatura de Mauricio Macri. Filho de uma família que se enriqueceu sob a ditadura, Macri ficou famoso como presidente do Club Atlético Boca Juniors, despontando para a política nacional como prefeito de Buenos Aires, onde exerceu dois mandatos.

Scioli venceu o primeiro turno, mas Macri levou o segundo, com pouco mais da metade dos votos. Foi o primeiro presidente eleito em cem anos sem ser filiado ao radicalismo nem ao peronismo, em uma política protagonizada cada vez mais por nomes, como "Mauricio" e "Cristina", do que pela disputa de projetos nacionais. Poucos dias depois, o bolivarianismo sofreu uma contundente derrota parlamentar na Venezuela, sinalizando que a onda progressista sul-americana entrava em um período de ressaca.

Reflexões finais

No bojo do extraordinário dinamismo da economia argentina na virada do século XIX para o XX, consolidou-se um movimento operário combativo, com variadas expressões sindicais e partidárias, que pressionou pela democratização da sociedade desde então. No polo oposto da vitalidade operária, a história do país foi atravessada pela intervenção dos militares na política, inclusive quando pendeu para o reformismo burguês sob a liderança de Perón. Em sua trajetória pessoal, o general gravitou para posições antipopulares, ressonando os limites da ideologia que encarnou. Porém, a penetração do peronismo nos setores populares dotou este fenômeno político de longevidade singular, metamorfoseando-se em uma ideologia polifacética que esteve a serviço de múltiplas agendas, obstaculizando uma política autônoma da classe trabalhadora no país.

A instabilidade política argentina entre a presidência de Perón e a guerra suja esteve referida aos impasses da revolução burguesa no capitalismo dependente, com a qual o peronismo foi originalmente identificado. O golpe militar de 1976 sepultou esta possibilidade histórica e iniciou uma guinada na direção neoliberal. Mas, diferente do Chile, este trânsito na Argentina não foi imediato, a despeito dos efeitos devastadores do terrorismo de Estado sobre a resistência popular. A falta de coesão das classes dominantes em torno deste projeto, além de um Estado relativamente mais débil, limitou a reorientação da sociedade neste sentido.

Por outro lado, o fracasso econômico da ditadura levou o país à Guerra das Malvinas em uma tentativa de fuga para frente, cujo desastre precipitou o final do regime. Premido entre as mudanças que lhe elegeram e as continuidades que lhe sustentavam, o governo Alfonsín sucumbiu entre os ensaios golpistas e a hiperinflação. Coube então ao peronismo travestido em menemismo resolver as ambivalências que pairavam na política do país, implementando uma agenda neoliberal radical que culminou na dolarização da economia. Em um primeiro momento, com a inflação domada, a paridade com o dólar e o acesso ao crédito e às importações baratas popularizaram o governo. Mas, quando a conjuntura favorável se esvaiu, déficits comerciais e fiscais crescentes evidenciaram que o modelo era insustentável. A economia entrou em recessão e os indicadores sociais do país, em queda livre. O governo seguinte rapidamente se rendeu à lógica do ajuste estrutural, que só foi freado por uma rebelião popular que ameaçou arrebentar a institucionalidade vigente, mas se limitou a derrubar alguns presidentes.

Novamente, o peronismo encontrou um papel a cumprir, esfriando a política das ruas para reenquadrá-la nas instituições. O governo Néstor Kirchner esteve condicionado pela extraordinária mobilização popular, assim como por duas medidas cruciais que lhe antecederam: o fim da convertibilidade e a moratória da dívida. O Estado rapidamente recobrou capacidade fiscal, enquanto o *boom* das *commodities* recolocou a economia na trilha do crescimento.

Neste contexto, Kirchner flertou com o ideário de um capitalismo nacional, reciclando motivos do peronismo original. Entretanto, esta proposição encontrou escassas bases objetivas e subjetivas para concretizar-se, o que não impediu que setores do empresariado se aproximassem do governo, ganhando dinheiro no processo. A indústria, porém, não retomou a centralidade econômica que tivera, nem o capital nacional. Ao contrário, a intensificação do plantio de soja, somada à exploração de minérios e hidrocarbonetos — inclusive não convencionais, como no caso do *fracking* —, aprofundou a orientação primária prevalente desde a "guerra suja",[6] ao mesmo tempo que se acentuaram os conflitos socioambientais.

No plano político, setores do movimento social se enamoraram dos governos Kirchner, alguns porque os *comedores populares* se esvaziaram, outros porque militares foram presos (Movimiento Territorial Liberácion, 2017; Movimiento de Ocupantes e Inquilinos, 2017). Porém, aqueles que preservaram sua autonomia arriscaram a difamação e a repressão e, em muitos casos, se dividiram.

Quando as condições econômicas favoráveis arrefeceram, o governo tentou arrecadar mais sem mexer nas estruturas, ao mesmo tempo que gastava para preservar emprego e renda. Este curso tensionou os limites da estratégia adotada, evidenciados na derrota que sofreu na questão das retenções, decidida pelo próprio vice-presidente. A esta altura, a retórica do conflito acentuou-se como um recurso para enfrentar novos inimigos — como o Clarín —, fortalecer a autoridade de Cristina e intimidar a oposição de esquerda. O kirchnerismo consolidou adesões, mas também aprofundou desafetos e não resolveu a economia. Este projeto de poder foi derrotado nas urnas aos poucos e por pouco: primeiro, nas eleições legislativas de 2013, que inviabilizaram a reforma necessária para uma terceira candidatura consecutiva de Cristina; e, depois, com a derrota de Scioli para Macri.

No primeiro ano de governo, Macri desarmou a lei de

---

6. Medidas adotadas pelo governo argentino durante a ditadura civil-militar (1973-1983), caracterizadas pela violência indiscriminada contra opositores, como perseguições, sequestros, torturas, desaparecimentos forçados etc. [N.E.]

mídias, se entendeu com os "fundos abutres", retomou o endividamento, cortou subsídios e demitiu servidores por critérios políticos, entre outras medidas que contrastam com o governo anterior e agravam os problemas nacionais. Estima-se que o número de pobres aumentou em 1,5 milhão de pessoas. O fantasma do desemprego e da fome volta a assombrar as periferias de um país que só entendeu o que era o subdesenvolvimento latino-americano no final do século XX.

Por outro lado, o campo popular tem se mobilizado com tênue unidade e relativo êxito contra o novo governo, impondo limites à ofensiva antipopular. No plano propositivo, parece necessário um acerto de contas com o kirchnerismo, versão da utopia peronista de um reformismo burguês no século XXI. O kirchnerismo apostou em reconstruir o capitalismo argentino referido a uma burguesia nacional. Neste processo, foi mais longe do que Uruguai ou Brasil, protagonizando medidas concretas e embates genuínos, ainda que moderados. Porém, não construiu a correlação de forças para vencer os enfrentamentos que emergiram no âmbito das classes dominantes nem favoreceu o poder popular para sustentar os avanços que pretendeu. O resultado desta tíbia aposta em uma burguesia nacional no século XXI revela, mais uma vez, o estatuto insuficiente e provisório de toda mudança que não afeta as estruturas da dependência e da assimetria social na América Latina. Os avanços que a crise não desfez, o governo Macri se ocupa em desfazer.

Enquanto Cristina se desdobra para retornar ao poder, aqueles que ambicionam outra política estão desafiados a um acerto de contas não só com o passado recente, mas também com o mais distante. Um balanço do kirchnerismo implica ajustar as contas com o peronismo, que se traduz em uma crença no reformismo burguês e na conciliação de classes como via para a nação argentina. Esta utopia teve certo lastro na realidade nos anos nacional-desenvolvimentistas, quando a social-democracia parecia uma possibilidade histórica no país. Desde a guerra suja, porém, esta ideologia perdeu sua base material. Na atualidade, superá-la implica confrontar o legado da ditadura aprofundado pelo menemismo, porque é este o país forjado por esta burguesia, e retomar a agenda inconclusa dos rebeldes de 2001: *que se vayan todos*, para começar.

Referências bibliográficas

ALTAMIRA, Jorge. "Entrevista", em FIORETTI, Martín & SHINZATO, Federico. *Las izquierdas en la política argentina*. Buenos Aires: Divino Tesoro, 2009.

AYERBE, Luis Fernando. *Estados Unidos e América Latina: a construção da hegemonia*. São Paulo: Unesp, 2002.

AZPIAZU, Daniel & BASUALDO, Eduardo. *El proceso de privatización en Argentina*. Bernal: Universidad Nacional de Quilmes, 2002.

BASUALDO, Eduardo M. "Evolución de la economía argentina en el marco de las transformaciones de la economía internacional de las últimas décadas", em BASUALDO, Eduardo M. & ARCEO, Enrique (orgs.). *Los condicionantes de la crisis en América Latina. Inserción internacional y modalidades de acumulación*. Buenos Aires: Clacso, 2009.

____. *Sistema político y modelo de acumulación en la Argentina. Tres ensayos sobre la Argentina actual*. Bernal: Universidad Nacional de Quilmes; Flacso & Idep, 2001.

BOBBIO, Norberto; MATTEUCCI, Nicola & PASQUINO; Gianfranco. *Dicionário de política*. Brasília: Editora Universidade de Brasília, 1983.

CANO, Wilson. *Soberania e política econômica na América Latina*. São Paulo: Unesp, 1999.

CATELA, Ludmila da Silva. *Situação-limite e memória: a reconstrução do mundo dos familiares de desaparecidos na Argentina*. São Paulo: Hucitec & Anpocs, 2001.

CORTÉS CONDE, Roberto. "The growth of the Argentine economy, 1870–1914", em BETHELL, Leslie (org.). *The Cambridge History of Latin America*. Cambridge: Cambridge University Press, 1986.

EL DESCAMISADO. *Apuntes políticos 2001–2014*. Buenos Aires, 2015.

FIORETTI, Martín & SHINZATO, Federico. *Las izquierdas en la política argentina*. Buenos Aires: Divino Tesoro, 2009.

FRONDIZI, Silvio. *La realidad argentina. Ensayo de interpretación sociológica*. Buenos Aires: Praxis, 1955.

FURTADO, Celso. *Formação econômica da América Latina*. Rio de Janeiro: Lia, 1970.

GAGGERO, Alejandro; SCHORR, Martín & WAINER, Andrés. *Restricción eterna:*

el poder económico durante el kirchnerismo. Buenos Aires: Futuro Anterior, 2014.

GALLO, Ezequiel. *La Pampa Gringa*. Buenos Aires: Edhasa, 2004.

GERMANI, Gino. *Política y sociedad en una época de transición. De la sociedad tradicional a la sociedad de masas*. Buenos Aires: Paidós, 1965.

GRUPO DE REFLEXIÓN RURAL & LEWKOWICZ, Ignacio. *Estado en construcción*. Buenos Aires: Tierra Verde, 2003.

KAPLAN, Marcos. "50 años de historia argentina (1925-1975): el laberinto de la frustración", em GONZÁLEZ CASANOVA, Pablo. *América Latina: historia de medio siglo*. México: Siglo XXI, 1984.

KATZ, Claudio. "Contrasentidos del neodesarrollismo", em ESTRADA ÁLVAREZ, Jairo. *América Latina en medio de la crisis mundial. Trayectorias nacionales y tendencias regionales*. Buenos Aires: Clacso, 2014.

____. "Anatomía del kirchnerismo", em *Rebelión*, 17 jan. 2013.

____. "Entrevista", em FIORETTI, Martín & SHINZATO, Federico. *Las izquierdas en la política argentina*. Buenos Aires: Divino Tesoro, 2009.

KIRCHNER, Néstor. "Palabras del Presidente Néstor Kirchner en la Firma del Acta de Presentación del Programa de Asistencia Crediticia em Operaciones de Corto Plazo", 29 mar. 2003. Disponível em <http://www.casarosada.gob.ar/informacion/archivo/24456-blank-90565382>.

KOSACOFF, Bernardo. *Marchas y contramarchas de la indústria argentina (1958-2008)*. Santiago: Cepal, 2010.

LYNCH, John. "The River Plate Republics from Independence to the Paraguayan War", em BETHELL, Leslie (org.). *Spanish America after Independence*. Cambridge: Cambridge University Press, 1987.

MURMIS, Miguel & PORTANTIERO, Juan Carlos. *Estudos sobre as origens do peronismo*. São Paulo: Brasiliense, 1973.

NOVARO, Marcos & PALERMO, Vicente. *A ditadura militar argentina (1976-1983)*. São Paulo: Edusp, 2007.

O'DONNELL, Guillermo. *El Estado Burocrático Autoritario*. Buenos Aires: Belgrano, 1982.

REPETTO, Nicolás. *Mi paso por la política*. Buenos Aires: Santiago Rueda, 1956.

ROCK, David. *El Radicalismo Argentino, 1890-1930*. Buenos Aires: Amorrortu, 2001.

ROMERO, José Luis. *Breve historia de la Argentina*. Buenos Aires: Tierra Firme, 2001.

SARTELLI, Eduardo. *La plaza es nuestra. El Argentinazo a la luz de la lucha de la classe obrera en la Argentina del siglo XX*. Buenos Aires: RyR, 2007.

SCHINCARIOL, Vitor. "A recuperação da economia argentina nos anos 2000", em *Revista Galega de Economia*, v. 22, n. 2. Santiago de Compostela: 2013, pp. 1-26.

SCHORR, Martin & AZPIAZU, Daniel. "Industria y economía (1976–2007)", em EL DESCAMISADO. *Apuntes políticos 2001–2014*. Buenos Aires, 2015.

SVAMPA, Maristella. *Del cambio de época al fin de ciclo. Gobiernos progresistas, extractivismo y movimientos sociales en América Latina*. Buenos Aires: Edhasa, 2017.

VARESI, Gastón Ángel. "Crisis mundial, modelo de acumulación y lucha de clases en la Argentina actual", em ESTRADA ÁLVAREZ, Jairo (org.). *La crisis capitalista mundial y América Latina. Lecturas de economía política*. Buenos Aires: Clacso, 2012.

Conversas

BUENOS AIRES, EM JULHO DE 2017

CTA. Dirigentes da Central de Trabajadores de Argentina Autónoma.

CTEP. Dirigentes da Confederación de Trabajadores de la Economía Popular.

GALLO MENDOZA, Guillermo. Especialista em questão agrária.

GAMBINA, Julio. Economista e assessor sindical.

GRINGO. Dirigente da CTEP.

HOURCADE, Sol. Advogada da equipe Memória, Verdade e Justiça do Centro de Estudios Legales y Sociales (Cels).

ISACOVICH, Paula. Professora da Universidad Nacional de José Carlos Paz (Unipaz).

MARCOS, Daniel. Militante do Movimiento Emancipador Peronista.

MOI. Dirigentes do Movimiento de Ocupantes e Inquilinos.

Movimento Emancipador Peronista. Dirigentes.

MTL governista. Dirigentes do *comedor* e *merendero* La Colmena.

MTL. Dirigentes do Movimiento Territorial Liberácion.

PALMISANO, Tomás. Integrante do Grupo de Reflexión Rural do Instituto de Investigaciones Gino Germani.

PCCE. Dirigentes do Centro Cultura Roque Centurión.

PETZ, María Inéz. Integrante do Grupo de Reflexión Rural do Instituto de Investigaciones Gino Germani.

TUFRÓ, Manuel. Coordenador da equipe de Segurança Democrática e Violência Institucional do Cels.

4. O *proceso de cambio* na Bolívia: tensões criativas ou destruidoras?

Este proceso de cambio *não tem volta;
digam o que digam, façam o que façam.
Não voltará o neoliberalismo à Bolívia.*
— Evo Morales, ao referendar a nova
 Constituição, janeiro de 2009

Sua função [da etnicidade estratégica] *é fazer como se os indígenas governassem, como se o país fosse plurinacional* [...], *como se as Forças Armadas pudessem ser aliadas interculturais e democráticas das indígenas e dos indígenas. Este as if era atualizado através de um discurso e de uma identidade performática, que acabava encobrindo as continuidades (neo)coloniais do passado, sob o rótulo de* proceso de cambio.
— Silvia Rivera Cusicanqui, 2015

Introdução

A eleição de Evo Morales em 2005, na esteira de uma mobilização popular que derrogou medidas neoliberais e derrubou dois presidentes, prometeu novos horizontes à onda progressista. Diferentemente do contexto venezuelano, o líder *cocalero* se amparou em um poderoso movimento popular, temperado e radicalizado em sucessivas lutas. País com maior percentual de população indígena do subcontinente, a sociedade boliviana se constituiu como uma modalidade de *apartheid* da minoria branca em relação à massa indígena. Esta *sociedad abigarrada*[7] descrita por René Zavaleta Mercado produziu, em 1952, uma revolução nacionalista protagonizada por trabalhadores em reação a uma classe dominante que conduzira o país a guerras e perdas territoriais. Dobrada a revolução entre a pressão estadunidense e o receio da autonomia popular, o país atravessou uma sequência de regimes militares até se confrontar com a crise da dívida e a hiperinflação nos anos 1980. A espiral neoliberal e a degradação política que se seguiram só foram freadas pela revolta popular,

---

7. O dicionário da Real Academia Española de la Lengua define a palavra *abigarrado* como "de várias cores, especialmente se estão mal combinadas" ou "heterogêneo, reunido sem concerto". O termo carrega o sentido de amalgamado, sincrético, mesclado, misturado, multifacetado, composto por distintas partes, mas que mantém a singularidade ou especificidade de cada um dos componentes que se mescla. [N.E.]

resultando em uma situação com as características de uma conjuntura revolucionária no início do século XXI. Paradoxalmente, a eleição de Morales neste contexto devolveu a política à institucionalidade. Depois de superar a ameaça de secessão e guerra civil, o chamado *proceso de cambio* gravitou em uma direção conservadora em todas as dimensões, o que provocou a cisão de sua base popular. O governo respondeu ao dissenso com intolerância, enquanto a intensificação do evismo e do extrativismo questionam a natureza da mudança ambicionada: estaríamos diante de um neoliberalismo com rosto aimará?

1. A *sociedad abigarrada* entre revolução e ditaduras

Núcleo da empresa colonial castelhana, o território que compreende a atual Bolívia é majoritariamente povoado por descendentes de populações originárias, situação compartilhada por Peru e Equador. A despeito da independência boliviana, no século XIX, esta população continuou submetida à exploração, enquanto suas referências culturais foram discriminadas e marginalizadas, conformando um rígido padrão de segregação social que se assemelha à estratificação de castas. Subjacente a esta dominação, porém, subsistem formas econômicas, políticas e culturais que remetem a relações sociais diversas e, frequentemente, alimentam formas de resistência.

Este padrão de segregação foi conceitualizado por Zavaleta Mercado no caso boliviano como uma *sociedad abigarrada*, referindo-se a uma formação social em que se sobrepõem diferentes tempos históricos, correspondentes a distintas relações de produção que pouco se articulam nos níveis político e cultural, expressando-se em formas diversas de governo, justiça, línguas, entre outros fatores.[1] Diferencia-se

---

1. Luis Tapia (2011) retrabalhou esta noção referindo-se à Bolívia como um país "multissocietal", o que não é o mesmo que uma sociedade multicultural, onde "o povo pode ter diferentes identidades, mas não conta com uma forma de identificação do governo diferente e é parte das mesmas estruturas econômicas e políticas".

de uma formação socioeconômica porque é uma "*dominação parcial e aparente* do modo de produção dominante, e não a rearticulação do resto dos modos de produção ao novo princípio orgânico dominante" (Urquidi, 2007, p. 46).

Segundo Zavaleta Mercado (1988, p. 20), o Estado correspondente a esta formação histórica procura invisibilizar a diversidade em lugar de representá-la, agudizando contradições que emergem nos momentos de crise em toda a sua concretude: são momentos de *desgarramiento* (em oposição ao *abigarramiento*) e *universalidad*. É daí que o intelectual boliviano advoga o estudo da "crise nacional geral como método de conhecimento", entendendo que ela traduz o movimento da sociedade boliviana, que avança por espasmos, derivando na proposição metodológica dos "momentos constitutivos" como referência de análise (Zavaleta Mercado, 1988, p. 207).[2]

A revolução nacional de 1952 é um destes momentos constitutivos, referência fundamental na constituição da Bolívia contemporânea. Suas origens remetem à Guerra do Chaco (1932–1935), episódio que explicitou o descompromisso da classe dominante com o país, ao mesmo tempo que generalizou um horizonte nacional-popular em uma sociedade geográfica e culturalmente fragmentada. O levante popular de 1952 culminou em dois decênios de instabilidade política e conflito social, derrubando não somente o governo, mas o próprio Estado.

A trajetória desse acontecimento, um dos mais notáveis da região no século XX, ilustra a imbricação entre revolução nacional e revolução democrática na América Latina.

---

2. "Do ponto de vista metodológico, se trata de isolar determinados acontecimentos, por circunscrição no tempo, ou situações regionais, por circunscrição no espaço. Isso é uma resposta à escassez de informação e se trata, sem dúvida, de uma seleção simbólica. Em defesa do método, deve-se dizer que nenhuma ciência social é possível de outra maneira em um país com as características da Bolívia" (Zavaleta Mercado, 2007, p. 9).

O núcleo da questão é entender como um processo que se iniciou com a tomada do Estado sob uma insurreição popular, em uma circunstância em que até o Exército se dissolveu, capitulou diante da instauração de uma ditadura militar em 1964, mesmo ano do golpe no Brasil.

Alguns elementos são essenciais para compreender este percurso. O governo revolucionário viveu em permanente tensão entre o empuxo radicalizador dos trabalhadores, as pressões contrarrevolucionárias dos Estados Unidos e a própria natureza moderada da direção do Movimiento Nacionalista Revolucionario (MNR), que assumiu o Estado. Do ponto de vista dos trabalhadores, a relação estabelecida com o partido que subiu ao governo fortaleceu seu protagonismo político, expresso na nomeação de diversos ministros operários. Ao mesmo tempo, porém, a impossibilidade de uma política de classe autônoma condenou os trabalhadores a uma constante vulnerabilidade. Na síntese de Zavaleta Mercado, tratava-se de uma classe "tão vitoriosa quanto impotente".

No campo, a aceleração das lutas sociais obrigou o governo a decretar a reforma agrária com a intenção de controlar um processo que não podia conter. Pretendeu-se canalizar esse movimento politicamente por meio de sindicatos, que, a despeito de situações regionais diferenciadas, frequentemente estabeleceram uma relação clientelista com o Estado revolucionário (Rivera Cusicanqui, 1984). A difusão de escolas rurais e a universalização do voto — avanços importantes da revolução — também se prestaram à instrumentalização, com o objetivo de construir a hegemonia de um partido relutantemente revolucionário.

Também é possível analisar a evolução do processo sob o prisma da progressiva submissão aos Estados Unidos. O ponto de inflexão foi a adoção de um programa de estabilização econômica do FMI em 1956, congelando salários, cortando gastos públicos e inviabilizando qualquer industrialização em torno da mineração. Este movimento provocou um gradual alijamento do movimento operário, que, por sua vez, optou por uma política reformista sob a liderança de Juan Lechín, alienando o apoio de setores anti-imperialistas, como os trotskistas do Partido Obrero Revolucionario (POR).

Em relação aos negócios internacionais, a visão do presidente Víctor Paz Estenssoro foi sintetizada em uma declaração ao Congresso em que dizia ser prudente evitar o destino do Irã — em referência à deposição de Mohammed Mossadegh, tramada pela CIA alguns anos antes (Hylton & Thomson, 2007, p. 81). Confrontado com a suspensão de 70% das exportações de estanho, como decorrência da recusa do magnata Simón Patiño e dos Estados Unidos em refinar o minério em função das nacionalizações, o governo optou por indenizar os "barões do estanho", que de todo modo enfrentavam dificuldades com o esgotamento das reservas minerais. Enquanto isso, o capital internacional manteve o controle sobre as operações centrais, como a fundição e o transporte.

A docilidade do novo governo foi reconhecida pelos Estados Unidos, que dirigiram ao país a maior ajuda econômica dentre as nações latino-americanas na época. Em 1958, cerca de um terço do orçamento nacional era custeado deste modo, configurando o maior auxílio *per capita* do mundo. Ao mesmo tempo, a potência se recusava a financiar a estatal Yacimientos Petrolíferos Fiscales Bolivianos (YPFB). Por estes motivos, o presidente John F. Kennedy (1961-1963), que agonizou com a radicalização cubana, referiu-se ao processo boliviano com estas palavras: "Esta grande revolução abriu um caminho para outros seguirem" (Kennedy, 1961, p. 184). O país se converteu, ao lado da Venezuela de Rómulo Betancourt (1959-1964), em uma vitrine do que seria a "revolução democrática" abraçada então pela Aliança para o Progresso.[3]

Em paralelo, os Estados Unidos assessoraram a reconstrução do Exército boliviano. O novo Estado se defrontava com a necessidade de conter as massas em um país onde as milícias operárias mantiveram as armas e os mineiros manejavam dinamite. Quando Paz Estenssoro iniciou seu terceiro mandato, em 1964, ele enfrentava a crescente oposição do movimento operário, inclusive do setor moderado liderado por Lechín, ao mesmo tempo que era hostilizado pela direita. O golpe que abreviou seu mandato foi liderado por um oficial das Forças Aéreas, que mal existiam na época da Guerra do Chaco — portanto, foram constituídas integralmente sob o auspício estadunidense.

A ditadura que se seguiu apoiou-se na fidelidade camponesa ao Estado, construída pelo governo nacionalista, para alicerçar o chamado Pacto Militar-Camponês. Ao granjear a simpatia rural, o regime neutralizou a solidariedade entre os trabalhadores enquanto reprimia brutalmente os operários mineiros. A ingerência dos Estados Unidos no país atingiu níveis extremos, conforme se depreende das circunstâncias do assassinato de Ernesto Che Guevara, em 1967, e também do relato de um ex-agente da CIA, entre outras fontes (Gott, 1971; Agee, 1976).

A morte do ditador René Barrientos em um helicóptero presenteado por uma companhia de petróleo, em 1969, possibilitou a ascensão de um militar ainda referido ao nacionalismo, sucedido pouco depois pelo general Juan José Torres,

---

3. A Aliança para o Progresso foi um projeto político executado pelo governo dos Estados Unidos durante o mandato de John F. Kennedy. O objetivo era integrar os países do continente americano nos aspectos político, econômico, social e cultural contra a "ameaça" comunista da União Soviética sobre a região. [N.E.]

que abortou uma conspiração reacionária apoiado na mobilização dos trabalhadores. À diferença de 1952, nesta ocasião os operários recusaram participar do governo, conformando uma Assembleia Popular aceita pelo general, que, no entanto, pouco se empenhou em fortalecer laços com a esquerda. Na América do Sul, eram os dias do Governo Revolucionário das Forças Armadas no Peru, comandado por Juan Velasco Alvarado, e do triunfo da Unidad Popular (UP) no Chile, sob a presidência de Salvador Allende.

O espectro da dualidade de poderes precipitou um contragolpe militar apoiado pelo Brasil, liderado por outro quadro treinado nos Estados Unidos, o coronel Hugo Banzer (1971-1978). Banzer instaurou uma ditadura congênere dos regimes coevos do Cone Sul, enquanto o general Torres foi assassinado na Argentina nos marcos da Operação Condor (Dinges, 2004). No plano político, o novo regime se apoiou principalmente no agronegócio que prosperava na região oriental, de onde provinha Banzer, originando o que o atual vice-presidente Álvaro García Linera (2013c) descreveu como *poder empresarial-hacendal*, um bastião reacionário na Bolívia contemporânea.

Por outro lado, as políticas sociais e econômicas que sustentavam o Pacto Militar-Camponês foram abandonadas. O ponto de inflexão nesta relação foi o massacre de trabalhadores rurais nos vales de Cochabamba, em 1974, quando protestavam contra o aumento no preço de gêneros básicos. O ressurgimento de um movimento camponês autônomo nutriu-se de uma corrente política que recuperou o mártir aimará Tupac Katari como símbolo da reivindicação aborígene, e que tinha como referência intelectual a obra *La revolución india*, de Fausto Reinaga. O chamado katarismo foi alimentado no altiplano boliviano por uma subcultura urbana de traços indígenas, fermentada no bojo da migração a La Paz. Este novo sindicalismo — protagonizado por jovens que já tinham nascido sob a reforma agrária e tinham uma visão crítica em relação ao sindicalismo paraestatal — cumpriu um papel fundamental nas mobilizações pela democracia, convergindo na Confederación Sindical Única de Trabajadores Campesinos de Bolivia (CSUTCB), fundada em 1979 (Rivera Cusicanqui, 1984).

A derrubada de Banzer, em 1978, quando arrefecia a expansão econômica, gerou um período de instabilidade política em que nove governos se sucederam até o reestabelecimento das eleições, em outubro de 1982 (Mesa & Gisbert *et al.*, 1999, p. 671). Um movimento popular ascendente derrocou três ditaduras — Banzer, em 1978; Alberto Natusch, em 1979; e Luis García Meza e seus sucessores, a partir de 1981 —, a despeito da repressão inaudita praticada por este último, que assassinou mais de mil militantes em menos de um ano. García Meza defendia os interesses de outro setor econômico que prosperou no leste do país sob Banzer e cuja importância cresceu extraordinariamente nos anos 1980: o narcotráfico.[4]

---

4. Falecido em abril de 2018, García Meza foi condenado a trinta anos de prisão pelos assassinatos ocorridos durante o seu mandato e por prejuízos econômicos ao país. [N.E.]

11. Democracia e neoliberalismo

Os contornos gerais da história boliviana a partir de 1982 se assemelham à trajetória de diversos países sul-americanos no período, embora com intensidade singular. Após uma efêmera tentativa de enfrentar os problemas econômicos legados pela ditadura por um governo de centro-esquerda, o projeto neoliberal foi implementado no país. A partir daí, sucederam-se governantes ligados a distintos matizes da política pós-revolucionária, entre o caudilho do MNR e um ex-ditador. Observa-se uma corrosão progressiva do tecido socioeconômico nos marcos de um debilitamento das organizações de classe convencionais, o que acentuou a vulnerabilidade do campo popular, enquanto lentamente maturavam novos movimentos sociais. Este processo resultou no desgaste dos partidos identificados com a política convencional, incapazes de propor uma alternativa às receitas dos organismos multilaterais, que propõem enfrentar os problemas do neoliberalismo com mais neoliberalismo. Esta espiral de degradação, que culminou na eleição do ditador Hugo Banzer em 1997 como sucessor de Gonzalo Sánchez de Lozada — um milionário que falava castelhano com sotaque inglês —, só foi freada por uma contundente ascensão de novos movimentos sociais, abrindo outro capítulo na história do país, do qual faz parte a eleição de Evo Morales.

Em 1982, o fim da sequência de ditaduras militares foi precipitado por intensas mobilizações sociais no campo e na cidade. Em um pleito indireto, foi eleito um ex-presidente pós-

-revolucionário, Hernán Siles Zuazo — cujo primeiro governo durou de 1956 a 1960 —, que abandonou o MNR, dominado por Paz Estensoro, para aderir a uma coalizão de partidos de centro-esquerda, a Unidad Democrática y Popular (UDP). Encarando uma difícil conjuntura econômica herdada da ditadura, em que confluíam recessão, depreciação cambial, desequilíbrios na balança comercial, pressão inflacionária e explosão da dívida externa, como ocorria em outros países da região, Siles Zuazo (1982-1985) se defrontou com problemas característicos de uma administração centrista na América Latina. Confrontado nas ruas com o movimento sindical, ele recorreu à emissão monetária para saldar compromissos, exacerbando as pressões inflacionárias. No Congresso, sofreu inclemente oposição de seu ex-correligionário Paz Estenssoro, que se aliou à agremiação recém-fundada pelo ex-ditador Banzer, a Acción Democrática Nacionalista (ADN). Isolado em um contexto de hiperinflação e descontentamento social generalizado, Siles Zuazo antecipou o fim do seu mandato.

Significativamente, o quarto governo de Paz Estenssoro (1985-1989) desmontou a estrutura montada pelo nacionalismo e mantida pelas ditaduras, implementando o neoliberalismo nas antípodas do projeto encarnado pela revolução. O famigerado Decreto 21.060, desenhado pelo ministro Sánchez de Lozada com assessoria de Jeffrey Sachs, foi exitoso no controle inflacionário, às custas de uma notável deterioração do tecido social do país. Neste contexto, a demissão de 23 mil mineiros da estatal Corporación Minera de Bolivia (Comibol) provocou a Marcha por la Vida, que terminou derrotada pela repressão estatal, marcando um ponto de inflexão do poder sindical no país — que não se recuperaria. Muitos mineiros que perderam o emprego nestes anos migraram para a região do Chapare, onde florescia o cultivo de coca, levando sua experiência de luta para um dos poucos sindicatos que se fortaleceu sob o neoliberalismo (Vadillo, 2015).

O sucessor de Paz Estenssoro foi Jaime Paz Zamora (1989-1993), figura vinculada ao Movimiento de Izquierda Revolucionaria (MIR), agremiação que compôs a UP. Apesar de ter dito em outros tempos que "um rio de sangue" separava Banzer do MIR, Zamora governou em aliança com o ex-ditador e reafirmou o neoliberalismo, ao mesmo tempo que se intensificava a pressão estadunidense ao combate à coca, que o presidente não ousava implementar. Essa mesma política foi seguida por seu sucessor, Sánchez de Lozada (1993-1997), arquiteto do Decreto 21.060. "Goni", como este boliviano que cresceu nos Estados Unidos é conhecido, teve como vice-presidente um importante líder katarista, Víctor Hugo Cárdenas.

Para além do rechaço de um significativo setor do movimento indígena a esta composição, era sintomático que novas configurações sociais se delineassem naquele momento, quando a questão étnica assumiu um papel central. No plano político, pesquisa de Loayza Bueno (2011, pp. 104-5) constatou que a preferência por partidos ou candidatos com discursos étnicos aumentara notavelmente a partir de 1991. Assim, a radicalização das políticas neoliberais, que envolveu a privatização das estatais do país sob o eufemismo de uma "capitalização", avançou concomitantemente às políticas indigenistas de matriz multiculturalista. Este neoliberalismo multicultural foi plasmado na Constituição de 1994.

Mais importante do que a promoção da educação bilíngue e o reconhecimento constitucional do caráter multiétnico e plurinacional do país foi a regulamentação das Terras Comunitárias de Origem (TCO). Outra iniciativa que pretendia dar um verniz democrático à gestão foi a "lei de participação popular", que ampliou a possibilidade de participação sindical em nível municipal, gerando a expectativa de ocupar governos locais. Segundo Almaraz (2015), que participou da primeira direção do Movimiento al Socialismo-Instrumento Político (MAS-IP), o MAS se originou com este objetivo e não tinha um programa nacional. Também a organização do Consejo Nacional de Markas y Ayllus del Qullasuyu (Conamaq) está associada a este momento, embora em perspectiva distinta, já que privilegiou a lógica do *ayllu*[5] como forma de organização (Schavelzon, 2015). Enquanto isso, a radicalização do projeto privatista semeava a crise social. Por exemplo, a YPFB foi fatiada e leiloada, e as multinacionais que assumiram novos contratos pagaram *royalties* reduzidos de 50% para 18%. Os 350 milhões de dólares anuais que a empresa repassou ao Tesouro Nacional entre 1985 e 1996 não se repetiram, e, em alguns anos, o repasse foi sete vezes menor (Hylton & Thomson, 2007, p. 102). Assim, a escalada do desemprego era acompanhada de uma redução das receitas governamentais, o que diminuía a margem do Estado para políticas públicas e aumentava a dependência de empréstimos internacionais, que subiram de 3,3% para 8,6% do PIB entre 1997 e 2002, além da ajuda estadunidense, ambos condicionados ao aprofundamento do neoliberalismo e à política de erradicação da coca.

Esta engrenagem perversa só foi brecada pelo afluxo do protesto social a partir da Guerra da Água, em 2000, culminando com a Guerra do Gás, em 2003, a queda de dois presidentes e a eleição de Evo Morales. Não entrarei em detalhes sobre estes eventos (Crabtree, 2005; Hylton & Thomson, 2007; Dangl, 2009; Webber, 2013). Contudo, esboçarei uma visão de conjunto sustentando a hipótese de que a Bolívia atravessou uma conjuntura revolucionária, em que a insubordinação popular inviabilizou o comando das classes dominantes até a eleição de Morales, em 2005, e a instauração da Assembleia Constituinte, processos que contiveram as possibilidades de mudança neste extraordinário contexto.

---

5. *Ayllu* é o grupo familiar extenso com uma origem comum, detentor ou não de um território utilizado de modo comunitário para a subsistência de seus integrantes. [N.E.]

III. Conjuntura revolucionária

No plano político, a degringolada da Bolívia sob o neoliberalismo atingiu seu ponto mais baixo com a eleição do ditador Hugo Banzer, em 1997. Seu mandato foi marcado pela adesão à política estadunidense de erradicação da coca, que havia sido contemporizada pelos presidentes anteriores. A escalada do conflito com os *cocaleros* projetou nacionalmente o movimento liderado por Evo Morales, que associava a folha de coca a práticas ancestrais e ao nacionalismo boliviano, diante da evidente ingerência estrangeira no país. Esta dinâmica foi mantida e intensificada pelo vice-presidente Jorge "Tuto" Quiroga (2001-2002) quando Banzer faleceu, em 2001.

O ascenso do movimento de massas nesta conjuntura tem como referência inicial a Guerra da Água, que eclodiu em Cochabamba, em 2000. A semente do confronto foi o compromisso assumido pelo Banco Mundial, em 1997, de perdoar 600 milhões de dólares da dívida do país se o sistema de águas de Cochabamba fosse privatizado, o que aconteceu em 1999. Assim como ocorreria no Altiplano, onde eclodiu de forma autônoma um conflito similar, a ideia de pagar pelo uso da água feria os *usos y costumbres* associados ao modo de vida comunitário enraizado entre os camponeses do país. Em ambos os casos, a repressão estatal provocou uma escalada do conflito, e o campo popular se radicalizou. Em Cochabamba, assembleias populares (*cabildos*) reuniram mais de cinquenta mil pessoas contrárias ao controle multinacional sobre os recursos naturais, ventilando a proposta de uma Constituinte. O governo foi forçado a retroceder.

No Altiplano, os camponeses aimarás, liderados por Felipe Quispe à frente da CSUTBC, bloquearam as principais estradas do país, ressuscitando o fantasma do cerco indígena a La Paz realizado por Tupac Katari no século XVIII. O Estado empregou o Exército e a Aeronáutica na repressão, arrombando casas e torturando pessoas. Víveres eram levados por rotas aéreas à capital por ordem de Banzer, enquanto camponeses realizavam assembleias multitudinárias em Achacachi, marcando o ressurgimento do radicalismo aimará. Afinal, o governo se comprometeu com uma longa lista de demandas, que incluíam a suspensão do Decreto 21.060. Mas os protestos voltariam no ano seguinte.

Os novos protagonistas das lutas sociais na Bolívia foram descritos como "pouco estruturados, múltiplos em sua composição (vizinhos, sindicalistas, *cocaleros*, professores, camponeses, indígenas) e em suas demandas, mas todos parecidos por sua alta intensidade e emotividade, expressando as fraturas históricas do país" (Lazarte, 2015, p. 5). Praticavam formas radicais de ação direta, substituindo a greve tradicional, que freia a produção de mercadorias, pelo bloqueio, que impede sua circulação. Também cultivavam modalidades de democracia direta, como os multitudinários *cabildos* abertos, o que encorajou frações do movimento a radicalizar a crítica ao Estado nos anos seguintes.

Outros setores pressionavam por uma reforma do Estado. Em 2002, uma marcha por direitos políticos não teve êxito imediato, mas difundiu a proposta de uma Constituinte no imaginário popular. Esta manifestação contrariava os interesses de Morales, então focado nas eleições que ocorreriam em junho daquele ano. Neste pleito, "Goni" foi reeleito, mas com pequena margem em relação ao candidato do MAS: 22,5% contra 20,9%. A campanha de Sánchez de Lozada recebeu um empurrão do embaixador estadunidense, que havia declarado que a ajuda econômica dos Estados Unidos à Bolívia cessaria se Morales fosse eleito (Stefanoni & Alto, 2014, p. 56).

A Bolívia que "Goni" assumiu em 2002 era diferente daquela que encontrara como ministro em 1985. Um dos países com maior presença do Estado na economia era agora uma das economias mais abertas da América Latina. A força de trabalho na informalidade alcançava 68% e o desemprego triplicara desde 1990. A Bolívia era o país mais desigual da região, depois do Brasil. A pobreza histórica não diminuíra: 41,3% da população vivia em extrema pobreza, e a mortalidade infantil e a baixa expectativa de vida só não superavam os do Haiti. A economia enfrentava crescimento baixo ou negativo pelo quinto ano consecutivo, além de um alto déficit do balanço de pagamentos, enquanto dados do Ministério do Trabalho revelavam um aumento significativo das greves e dos protestos sociais.

A decisão de implementar um imposto de 12,5% em todos os salários acima de 110 dólares, requerido pelo FMI, detonou uma nova onda de protestos em fevereiro de 2003. Policiais de baixo escalão entraram em greve e a selvagem repressão do Exército desencadeou revoltas populares em setores distintos, que se espalharam a outras partes do país, obrigando o governo a recuar. Poucos meses depois, porém, foi divulgado um plano de exportar gás boliviano para a Califórnia por portos chilenos, que o presidente negociava sigilosamente desde seu mandato anterior. Esta proposta feria a sensibilidade nacional popular, porque remetia à histórica exploração estrangeira dos recursos naturais do país, além da delicada relação com o Chile desde a perda da saída para o mar na Guerra do Pacífico (1879–1883).

Nos meses seguintes, demandas de natureza diversa convergiram em torno desta bandeira nacionalista, engendrando uma extraordinária sequência de lutas sociais que tiveram como epicentro El Alto, município na periferia de La Paz que foi ocupado e controlado pela população organizada. Novamente, a repressão implacável do Estado, que resultou na morte de dezenas de pessoas, elevou o nível dos protestos. Os enfrentamentos atingiram proporções épicas, como na noite em que a multidão deslocou vagões de trem até a ponte que conecta La Paz a El Alto, fechando o fluxo e impedindo até mesmo a passagem de tanques. No plano político, as demandas se condensaram no que ficou conhecido como "agenda de outubro", propondo, fundamentalmente, a industrialização do gás em lugar de sua exportação pelo Chile; o fim de qualquer possibilidade de participar da Alca; a anulação da lei de "proteção e segurança ao cidadão", que legitimava a repressão; e a renúncia do presidente. O último ponto foi alcançado com a intensificação dos protestos naquele mês, reunindo mais de trezentas mil pessoas em La Paz.

O governo foi assumido pelo vice-presidente Carlos Mesa (2003-2005), um historiador e comunicador televisivo, filho de prestigiados intelectuais, que aparecia como figura ponderada em meio à crise. Foi um polêmico arranjo endossado pelo MAS, que em todos os momentos defendeu uma saída constitucional para a situação. Retrospectivamente, é evidente que o partido calculava um triunfo eleitoral no pleito seguinte e tinha interesse em aparecer como um fiador da ordem.

A breve presidência de Mesa testemunhou um aguçamento das contradições sociais, polarizadas entre o retorno do protesto popular diante da nacionalização frustrada e o recrudescimento da reivindicação autonomista da Media Luna, região composta pelos departamentos de Tarija, Santa Cruz, Beni e Pando, que concentra as reservas de hidrocarbonetos e o agronegócio e que tem em Santa Cruz de la Sierra seu centro. Parte significativa dos crucenhos, em particular, nutre sentimentos regionalistas ancorados em uma ideologia racista, contrapondo a população das Terras Baixas (*cambas*) aos indígenas do Altiplano (*kollas*), a despeito da existência de povos indígenas nas áreas do leste (Soruco, 2008). Portanto, uma clivagem regional se mesclava às tensões étnicas e de classe, explicitando na crise as contradições da própria formação do país, como assinalara Zavaleta Mercado.

No plano popular, o recrudescimento das mobilizações foi uma resposta à recusa do governo em considerar a nacionalização dos hidrocarbonetos. Com apoio do MAS, Mesa articulou um complexo plebiscito com cinco perguntas, mas que elidia a questão fundamental: a expropriação das multinacionais pelo Estado. Não obstante o boicote de expressivos setores populares, o resultado da votação abriu a possibilidade de modificar os termos da relação do Estado com as multinacionais do setor — o que, por sua vez, foi interpretado como uma ameaça à propriedade privada e aos investimentos externos, sobretudo pela elite crucenha. À medida que as mobilizações se intensificavam em ambos os polos, Mesa se alinhou a Santa Cruz e à sua "agenda de janeiro" em defesa da autonomia dos negócios, o que forçou um reticente MAS a distanciar-se de um governo de quem era aliado informal. As manifestações voltaram a adquirir proporções multitudinárias, reunindo meio milhão de pessoas em La Paz. Mesa não convocou os militares para reprimir os protestos e, acossado no Congresso e nas ruas, renunciou.

A despeito dos indícios de que a mobilização popular crescia, se radicalizava e fortalecia sua autonomia em relação às manifestações de 2003, novamente Morales intercedeu no sentido de limitar os desdobramentos da rebelião ao plano político. Foi assim que, em dezembro de 2005, tornou-se um dos raros presidentes da Bolívia a ser eleito com a maioria dos votos (54%). Iniciava-se o chamado *proceso de cambio*.

IV. O *proceso de cambio*

Desde o primeiro momento, o governo Morales foi interpretado internacionalmente como uma gestão progressista, somando-se à onda de presidentes eleitos na América do Sul em reação ao neoliberalismo. As credenciais eram fortes: a origem pobre e as feições indígenas em um país marcado pelo racismo; a associação à folha de coca, que se converteu em símbolo de autodeterminação cultural; o antagonismo aos Estados Unidos, por este mesmo motivo; a identificação com a Mãe Terra (Pacha Mama), o Bem Viver (*Suma Qamaña*) e outros valores de raiz indígena; a trajetória como liderança sindical rural; as circunstâncias da ascensão à presidência, colada a uma poderosa mobilização que reverteu medidas neoliberais e derrubou dois presidentes. A difusão desta imagem pode ser atestada por numerosos exemplos, dos quais citarei dois.

Em 2009, Morales propôs à ONU que o Dia da Terra, celebrado em 22 de abril, tivesse seu nome alterado para Dia da Mãe Terra, denominação que "enlaça concepções originárias que até há pouco eram consideradas primitivas a concepções sofisticadas e modernas, considerando a vida humana como um passo mais para dentro da vida de todo o cosmos". Em função desta proposição, o presidente da Assembleia Geral das Nações Unidas, Miguel d'Escoto, chamou Morales de "herói mundial da defesa da Mãe Terra" (Albo, 2014, p. 20). Mais recentemente, no exercício da presidência do Grupo 77 + China, em 2014, o líder boliviano convocou a Cúpula de

Chefes de Estado e de Governo "por uma nova ordem mundial para *vivir bien*", e incluiu em suas resoluções os temas da Mãe Terra e do Bem Viver, além dos princípios andinos de "*ama suwa* (não seja ladrão), *ama llulla* (não seja mentiroso) e *ama qhilla* (não seja preguiçoso)" (Guevara, 2015, p. 8).

O segundo exemplo é um artigo que circulou no Brasil no início de 2016, de autoria de Leonardo Boff, referência internacional da Teologia da Libertação. Trata-se de uma crítica ao Partido dos Trabalhadores (PT) brasileiro intitulada "Os equívocos do PT e o sonho de Lula". Neste texto, Boff evocou o governo Morales como um contraponto à trajetória do PT sob Lula:

> Na Bolívia, Evo Morales Ayma buscou apoio na vasta rede de movimentos sociais, de onde ele veio como forte líder. Conseguiu, lutando contra os partidos. Depois de anos, construiu uma base de sustentação popular, de indígenas, de mulheres e de jovens, a ponto de dar um rumo social ao Estado e lograr que mais da metade do Senado seja hoje composta por mulheres. Agora, os principais partidos o apoiam e a Bolívia goza do maior crescimento econômico do continente. (Boff, 2016)

Esta é a imagem difundida pelo próprio presidente, que anunciou que governaria segundo o princípio zapatista de "mandar obedecendo". A difusão internacional desta leitura também foi atestada pela escolha do país para sediar o 2º Encontro Mundial dos Movimentos Populares com o Papa Francisco, em julho de 2015.

A noção de que este é um "governo dos movimentos sociais" encontrou seu principal ideólogo no vice-presidente Álvaro García Linera, um respeitado intelectual com militância prévia no katarismo.[6] García Lineira cunhou o termo

---

6. Chamado por Silvia Rivera Cusicanqui de "o melhor aluno do pior

capitalismo andino-amazônico[7] para descrever as possibilidades e os limites do governo empossado em 2006, e que mais recentemente foram chamadas de "socialismo comunitário" (García Linera, 2015). Subjacente a estes conceitos está a proposição de que o fortalecimento de processos comunitários em um país com as características econômicas e culturais da Bolívia é o caminho para superar o capitalismo no longo prazo.[8] O vice-presidente referiu-se aos entraves enfrentados por este processo, principalmente no campo popular, como as tensões criativas da "nossa revolução", dentre as quais salienta "a contradição criativa entre a necessidade e a vontade de industrialização das matérias-primas, e a necessidade imprescindível do Bem Viver" (García Linera, 2011, p. 62).

Neste texto não será possível discutir a retórica que adorna o *proceso de cambio* difundida pela vice-presidência, inclusive para consumo interno.[9] Limito a indicar que, às vésperas do pleito por um quarto mandato de Morales, em 2016, as principais lideranças indígenas e ambientais do país, bem como numerosos intelectuais de esquerda e assessores

[Pierre] Bourdieu", García Linera, na realidade, estudou matemática e, recentemente, foi revelado que não chegou a concluir a graduação.
7. Definido como "a construção de um Estado forte, que regule a expansão da economia industrial, extraia seus excedentes e os transfira para o âmbito comunitário para potenciar formas de auto-organização e de desenvolvimento mercantil propriamente andino e amazônico" (García Linera, 2006a).
8. Esta leitura também emerge da noção de Estado Integral, entendida como o lugar onde o Estado "começa a se dissolver em um processo longo na própria sociedade, e de onde esta última começa a se apropiar, cada vez mais, dos processos de decisão do Estado" (García Linera, 2014, p. 29).
9. Chamou-me a atenção que Ramiro Saravia, que há anos realiza um notável trabalho de ensino aberto na praça central de Cochabamba à frente da Rede Tinku, repita em suas exposições diversos motivos difundidos pela vice-presidência. Uma crítica à visão de García Linera sobre a identidade boliviana está em Rivera Cusicanqui (2015, pp. 23-30).

de movimentos sociais, sustentavam uma visão bastante diferente sobre o governo. Para entender o ponto de vista crítico, delinearemos a evolução da administração de Evo Morales entre as disputas para aprovar uma nova Constituição, a afirmação do MAS no poder nas eleições de 2009 e a reivindicação de um quarto mandato para o presidente por referendo, em 2016.

O governo do MAS enfrentou em seus primeiros anos um desafio crucial. Em consonância com a reivindicação popular, Morales seguiu o caminho trilhado por Hugo Chávez e convocou uma Assembleia Constituinte. De antemão, a decisão de que a participação congressual seria canalizada por partidos, interditando a representação por movimentos ou nações indígenas, foi interpretada como um revés para o campo popular, praticamente obrigando os candidatos a se filiarem ao MAS. Porém, a eleição concedeu a esta agremiação apenas a maioria simples no Congresso (54%), aquém dos dois terços necessários para avançar sem que fosse preciso aliar-se com outras forças. As esperanças de mudança que confluíram para o plenário se defrontaram com uma oposição decidida a impedir a nova Constituição, a pretexto de uma demanda por descentralização e autonomia articulada a partir de Santa Cruz. A liderança deste bloco foi assumida pelo vice-presidente de Banzer, Jorge "Tuto" Quiroga, que achou por bem mudar o nome do partido do ditador falecido em 2002 para Poder Democrático Social (Podemos).

A intransigência oposicionista deflagrou um clima de tensão permanente, entre a ameaça separatista e a iminência de uma guerra civil, uma vez que a base masista do altiplano cogitava cercar seus inimigos. Foi neste contexto que ocorreu a expulsão do embaixador estadunidense Philip Goldberg, veterano da secessão no Kosovo e acusado de financiar os autonomistas, assim como da Drug Enforcement Administration (DEA), a agência antidrogas dos Estados Unidos. A resolução do impasse exigiu prolongadas negociações, nas quais o governo cedeu às demandas da oposição — que, não obstante, reescreveu 130 artigos do texto acordado. A nova Constituição só foi referendada em 2009, o que, naquelas circunstâncias, foi interpretado como uma vitória política do MAS.

De fato, nas eleições gerais que seguiram, Morales foi reeleito com 64% dos votos e o MAS conquistou maioria de dois terços do Congresso e do Senado. A oposição constitucional articulada em torno do Podemos dissolveu-se, em um cenário em que os partidos tradicionais estavam liquidados. Por outro lado, o MAS contava com uma sólida base popular em torno do Pacto de Unidad, selado em 2004 entre as principais organizações do país: CSTUCB, Confederación Nacional de Mujeres Campesinas Indígenas Originarias de Bolivia--Bartolina Sisa, Conamaq, *cocaleros* e indígenas das Terras Baixas, reunidos na Confederación de Pueblos Indígenas de Bolivia (Cidob). A situação que García Linera descreveu como "empate catastrófico", referindo-se ao período inaugurado em 2003, entrava na fase do desempate. E o MAS ganhava de goleada. Nestas circunstâncias, o risco era Morales sentir-se como o "monarca do país" (Ávila, 2015).

Ao contrário do que se poderia esperar, nos anos seguintes houve seguidas defecções no campo popular e importantes adesões da oligarquia. A primeira marcha contra Morales aconteceu em 2010, reivindicando autonomia territorial. Esta era uma demanda central dos povos indígenas, associada à plurinacionalidade consagrada no novo nome do país: Estado Plurinacional da Bolívia. Em contraste com as políticas multiculturalistas implementadas por Sánchez de Lozada, o controle territorial implicava soberania política, o que, por sua vez, sinalizava para uma justiça própria e relações econômicas distintas. No entanto, a regulação da lei impunha um conjunto de travas para realizar de forma efetiva este direito constitucional, resultando, na prática, em distritos e municípios indígenas como parte da estrutura do Estado que se pretendeu modificar. Salvador Schavelzon (2015, p. 53) sintetiza o paradoxo: "A autonomia nasceu como uma ordem para debilitar o Estado. Agora, o Estado se indianizou e a autonomia perde a força que teve antes".

Um segundo antagonismo entre o governo e sua base foram os protestos em resposta ao decreto promulgado na calada do Natal de 2010, instituindo um imposto que elevaria em mais de 70% o preço final dos combustíveis. Divulgada como medida necessária para frear o gasto público com subsídios, uma pesquisa munciosa revelou que, na realidade, a ação explicitava os limites da nacionalização dos hidrocarbonetos.

Anunciada em 1º de maio de 2006 em meio a uma intensa comoção, a nacionalização se traduziu, no frigir dos ovos, em um aprofundamento da reforma tributária iniciada em 2005 por Mesa, quando os impostos subiram de 18% para 50% no setor. A revisão dos contratos entre as multinacionais e o Estado elevou novamente os tributos, que totalizaram 62,5%, ao mesmo tempo que deu nova vida à YPFB por meio da compra, a preços altos, de metade mais uma das ações de cinco empresas que no passado haviam sido estatais (Arze Vargas & Gómez, 2013, p. 78). O Estado, porém, não comanda o setor, já que as multinacionais controlam as reservas e a extração, inclusive dos chamados megacampos, dos quais depende a produção de gás e petróleo do país. Apesar da taxa de lucro das empresas ter diminuído, a massa de lucro aumentou, uma vez que o valor da produção quase triplicou entre 2004 e 2010. Em 2010, as multinacionais controlavam mais de 80% da produção, percentual que tem crescido, com destaque para a participação da Petrobras, que aumentou sua participação de 56,7% em 2005 para 63,7% em 2010 (Arze Vargas & Espada *et al.*, 2011; Gandarillas & Rodríguez Cáceres, s/d).

Ao contrário de uma expropriação visando o monopólio

estatal, a medida respeitou integralmente os direitos das empresas estrangeiras, sob a lógica de que o investimento externo é imprescindível para desenvolver o setor. No entanto, o volume da produção de hidrocarbonetos não tem crescido, em um país onde o investimento privado tem sido inferior a 10% do PIB (Molina, 2015, p. 27). O aumento dos lucros e da arrecadação de impostos correspondeu à elevação dos preços internacionais destas matérias-primas, em uma economia cada vez mais dependente de hidrocarbonetos: entre 2001 e 2005, eles respondiam por 47% do total das exportações, percentual elevado para 69% no último quinquênio (Requena, 2015, p. 21). Por outro lado, a importação de gasolina subiu de 3% para 9% do total importado no período. Apesar da crescente receita fiscal, o governo central apresenta déficits recorrentes, motivados principalmente pelo aumento dos gastos relacionados ao incremento da burocracia estatal, cujo número de funcionários quintuplicou. Inclusive, são os resultados das empresas estatais que embasam os propalados superávits fiscais (Arze Vargas & Espada *et al*. 2011, p. 24).

Enfrentando um cenário de estancamento da produção de hidrocarbonetos, o Estado boliviano se viu forçado a gerar novos impostos ou recorrer ao endividamento externo. Impotente diante das multinacionais, o principal objetivo do novo imposto proposto em 2010 foi constituir um fundo que viabilizasse um adicional de 32 dólares por barril, elevando os lucros das empresas em cerca de 400% com o intuito de estimulá-las a aumentar a produção. Os protestos conhecidos como *gasolinazos* obrigaram o governo a reverter a medida. Porém, em abril de 2012, foi decretado um incentivo de 30 dólares por barril, o que constituiu uma subvenção duas vezes maior do que a renda obtida por meio do Imposto Direto sobre Hidrocarbonetos (IDH) e dos *royalties* sobre o preço de 27,11 dólares então vigente (Arze Vargas & Gómez, 2013, p. 84).

A determinação do governo em intensificar a exportação primária — que envolve hidrocarbonetos, minérios e o agronegócio — também está relacionada à pressão fiscal. Uma expressão deste movimento é o progressivo rebaixamento dos requisitos socioambientais para a expansão destas atividades no país, em contradição com os preceitos constitucionais e a imagem de protetor da Mãe Terra. O conflito em torno do Território Indígena e Parque Nacional Isiboro-Sécure (Tipnis), que aflorou em 2011, condensou estas tensões, além de ser considerado um ponto de inflexão na relação do governo com os movimentos indígenas.

Como seu próprio nome descreve, o Tipnis é simultaneamente um território indígena e uma área de proteção ambiental desde os anos 1960, duas figuras jurídicas que resguardaram este espaço do avanço do progresso. Contudo, o governo Morales iniciou a construção de uma rodovia atravessando o parque, em uma obra adjudicada à empreiteira brasileira OAS. De imediato, o projeto foi associado à controvertida IIRSA, que analisaremos em outro capítulo (Villegas, 2015). Mais além do negócio empreiteiro, foram salientadas como motivações subjacentes à obra a prospecção de petróleo e a expansão dos colonizadores *cocaleros*.

Embora a população indígena do Tipnis seja relativamente pequena, estimada em duas mil famílias, avaliou-se que a realização da obra colocaria em risco todos os territórios em situação similar (Paz, 2015). Por outro lado, a retórica governamental é de que não se pode arriscar o futuro do país por apenas uns poucos — e, conforme Morales sugeriu na abertura do 2º Encontro Mundial dos Movimentos Populares com o papa, quando a lei contradiz os "interesses do povo", é preciso mudar a lei (Morales, 2015).

Sob a liderança da Cidob e dos indígenas das Terras Baixas, organizaram-se diversas marchas de protesto, em uma tradição que remonta à mobilização original de 1990. Dentre estas, a oitava marcha, realizada em 2011, teve repercussão internacional. Nesta ocasião, o governo reprimiu brutalmente os manifestantes em Chaparina. Adultos foram sequestrados, famílias foram dispersadas na selva, crianças ficaram desaparecidas por dias e houve ao menos três mortos, inclusive crianças. Houve registro de grávidas que perderam seus filhos por espancamento. A repressão gerou solidariedade popular, e a queima de pneus impediu o embarque das lideranças presas em um aeroporto nas imediações. Ao final do percurso, os manifestantes foram recebidos por uma multidão em La Paz, enquanto a Cidob e o Conamaq se retiravam do Pacto de Unidad (Fundación Tierra, 2012; Rivera Cusicanqui, 2015, pp. 48-9; Ávila, 2015; Chávez, 2015; Paz, 2015). Nesta mesma conjuntura, um nutrido grupo de intelectuais, alguns dos quais haviam ocupado altos cargos no governo, fez circular um *Manifiesto por la recuperación del Proceso de Cambio para el pueblo y con el pueblo*. A base de apoio de Morales se fraturava.[10]

A reação do governo aos setores populares que gravitaram para a oposição tem sido implacável. A Cidob e o Conamaq foram divididos e suas sedes, ocupadas por setores aliados. O governo criou uma central alternativa, o Consejo Indígena del Sur (Conisur), para fazer uma contramarcha. Lideranças foram difamadas e criminalizadas.[11] Organizações

---

10. A posição de Osvaldo Peredo, ex-líder guerrilheiro cujos irmãos combateram e morreram com Che Guevara, é significativa: apoiador de um governo que dificilmente critica, reconheceu que a situação do Tipnis "me coloca em dissidência comigo mesmo" (Peredo, 2015).

11. Dois exemplos no Tipnis envolvem o líder da Cidob, Adolfo Chávez: acusado de ter furtado o motor da lancha de um deputado hostilizado por comunidades indígenas, respondeu a uma queixa por roubo agravado, embora Chávez nem estivesse no local na data do furto. O segundo caso envolveu o cacique do Conisur, Gumercindo Pradel, condenado pela justiça comunitária a doze chibatadas por seu envolvimento com o governo. Em reação, Chávez esteve sob ordem de prisão por três

que apoiam o governo recebem dinheiro, enquanto as opositoras são sufocadas. A sede da Central Obrera Departamental (COD) em Santa Cruz, onde está em construção um hotel, contrasta com a apertada garagem na periferia da cidade em que se reúne o setor autônomo da Cidob. Em Cochabamba, a ampliação e a reforma da sede das Seis Federações do Trópico de Cochabamba foram finalizadas no final de 2015, em festa que teve bolo como rosto do presidente.

A perseguição se estendeu àqueles que apoiam os grupos dissidentes: a Ibis, uma ONG dinamarquesa que financiava a organização de grupos originários, foi expulsa da Bolívia; do mesmo modo, outras enfrentam problemas para permanecerem no país, inclusive organizações nacionais. Em 2015, três reputados centros de investigação e de assessoria a movimentos populares — Centro de Documentación e Información Bolivia (Cedib), Centro de Estudios para el Desarollo Laboral y Agrario (Cedla) e Fundación Tierra — enfrentaram uma campanha difamatória liderada por García Linera, o que ameaçou a continuidade de suas atividades (Fides, 2013; 2015).[12]

O vice-presidente difamava todos os opositores com notável virulência. No folheto em que defendia a estrada cortando o Tipnis, acusou os movimentos que marcharam contra o projeto de "defender os interesses das forças conservadoras de direita, socavando seu próprio processo revolucionário"; disse que as ONGs "reproduzem mecanismos de cooptação clientelista e de subordinação ideológica para as agências de

meses, embora tenha fugido com sucesso. Em ambos os casos, também se vislumbram os conflitos entre a justiça comunitária, reconhecida constitucionalmente, e o Estado boliviano (Chávez, 2015). Em dezembro de 2015, Chávez teve outra ordem de prisão decretada enquanto participava da 21ª Conferência das Partes das Nações Unidas sobre as Mudanças Climáticas (COP21), acusado de desviar dinheiro do Fondo Indígena.
12. Também está sob a mira do governo a Fundação Milênio, alinhada ao neoliberalismo.

financiamento, sendo que a maior parte delas são europeias e norte-americanas", enquanto os críticos à esquerda são "intelectuais orgânicos da restauração da colonialidade" (García Linera, 2013a, p. 14, p. 26, p. 84). Os notáveis ex-dirigentes do governo que assinaram o manifesto pela "recuperação do *proceso de cambio*" foram taxados como "políticos ressentidos" pelo vice-presidente, de acordo com o panfleto intitulado El *"oenegismo", enfermedad infantil del derechismo* (García Linera, 2013a).[13] O simplismo das acusações é análogo à lógica da Guerra Fria, em que todo opositor é um direitista a serviço do imperialismo.

Portanto, a autoreferência como um "governo dos movimentos sociais" precisa ser, no mínimo, qualificada. Quem apoia Morales incondicionalmente são os *cocaleros*, que formam sua base de origem. Ao contrário do que se possa imaginar, não se trata de uma organização indígena do ponto de vista socioeconômico, mas camponesa. Porque, em um país como a Bolívia, em que a grande maioria da população tem fenótipo indígena, é necessário diferenciar três situações: os indígenas urbanos, que podem ser ricos, como a burguesia comercial aimará, ou pobres, como a maioria; os indígenas camponeses, que concebem a terra como uma mercadoria a ser explorada, como é o caso dos *cocaleros* e do próprio Morales; e os indígenas comunitários, cuja forma de vida está vinculada a uma relação orgânica com o território (Ávila, 2015; Vadillo, 2015; Ribera Arismendi, 2015). Daí as tensões entre os indígenas das Terras Baixas e os *cocaleros*, que, em

---

13. São citados: o ex-vice-ministro de Terras, Alejandro Almaraz; o ex-diretor-geral de Normas e Gestão Pública do Ministério de Economia e Finanças Públicas e ex-vice-ministro do Planejamento Estratégico, Raúl Prada; o ex-embaixador nos Estados Unidos, Gustavo Guzmán; e o ex-superintendente de Hidrocarbonetos, Hugo Sáinz. ["*Oenegismo*" pode ser traduzido como "onguismo", em referência às ONGS — N.E.]

sua expansão colonizadora, se converteram em "ponta de lança do projeto anticomunitário" (Ávila, 2015). Outra clivagem a ser levada em conta é que a maioria dos indígenas camponeses e urbanos é de origem quéchua ou aimará, enquanto dezenas de outros povos de pouca relevância demográfica não o são. É nesta perspectiva que o dirigente da Cidob, Adolfo Chávez, se queixou de que no governo do MAS a "descolonização seria nos fazer quéchuas ou aimarás" (Chávez, 2015).

A despeito da simpatia internacional que a descriminalização da folha de coca mobiliza ao ser identificada com os direitos indígenas (quando, na realidade, antagoniza com estes direitos na Bolívia), esta é uma atividade econômica nebulosa. Os bolivianos dizem que a coca para consumo interno é a folha macia produzida na região de Yungas, nas cercanias de La Paz. Daí a suspeita generalizada de que os *cocaleros* do Chapare, base original de Morales, estejam envolvidos com o narcotráfico, auferindo rendimentos por hectare muito superiores à soja. Há indícios de que o país atualmente não só planta a folha, mas processa cocaína peruana, metade da qual é vendida para o Brasil, segundo maior mercado mundial da droga. Os produtores da região são organizados e incondicionalmente fiéis ao "irmão" Evo e consideram um dever defendê-lo. Com certa ironia, há quem comente que o Chapare é o único território realmente autônomo no país (Vadillo, 2015).

Há poucas investigações a respeito, inclusive porque pesquisadores relatam medo de se envolver com o tema. Mas existe a percepção de que o papel desta atividade no desempenho econômico do país não é secundário, gerando recursos que não são contabilizados no PIB, mas que ingressam na economia por meio da construção civil e da importação.

Não menos importante, há diversos escândalos envolvendo funcionários do alto escalão do governo com o narcotráfico. Em 2011, a DEA, que foi expulsa da Bolívia por Morales, prendeu no Panamá René Sanabria, diretor da Fuerza Especial de Lucha Contra el Narcotráfico (FELCN) — em outras palavras, o tsar antidrogas do país. Extraditado e condenado a quinze anos de prisão, o general divulgou uma carta quando seu filho foi preso na Bolívia por enriquecimento ilícito, acusando o governo de acobertar diversos funcionários envolvidos com a corrupção e o narcotráfico. Neste diapasão, foi preso em 2013 o chefe da Dirección General de la Hoja de Coca e Industrialización (Digcoin), Luis Cutipa, acusado de revender cocaína apreendida. No entanto, ele foi solto após duas semanas, em uma situação que expôs outra vulnerabilidade democrática do governo: a falta de autonomia da justiça. A conjunção entre a expansão *cocalera* no Tipnis, escorada pelo Estado; os escândalos envolvendo autoridades do mais alto nível; os numerosos indícios de lavagem de dinheiro, como prédios que se multiplicam em Cochabamba pagos em espécie, entre outras características, levaram o reputado intelectual Alejandro Almaraz, vice-ministro de Terras até 2010, a descrever o governo sem peias como um "governo narcotraficante" — uma acusação forte, que também é sugerida em escritos recentes de Rivera Cusicanqui (Almaraz, 2015; Rivera Cusicanqui, 2015).

 A base camponesa do governo, que tem nos *cocaleros* um aliado incondicional, é reforçada por movimentos que integram o Pacto de Unidad, além das facções fiéis das organizações indígenas fraturadas. Muitas destas acessaram o chamado Fondo Indígena, constituído a partir de uma fração das receitas dos hidrocarbonetos, para financiar projetos de desenvolvimento. Porém, o fundo acabou se convertendo em uma fonte de denúncias de corrupção, afetando os movimentos e o governo, até ser extinto pelo presidente em agosto de 2015. No final deste ano, um relatório do *fiscal general* do país indicava 49 obras-fantasma, envolvendo o desvio de 6,8 milhões de dólares e resultando no indiciamento de 205 pessoas e na detenção de outras 24, incluindo a ex-ministra de Desenvolvimento Rural e de Terras e dirigente da organização camponesa Bartolina Sisa, Julia Ramos, além de dois senadores e outras lideranças sociais governistas, como a chefe da Cidob governista (Miranda, 2015).

Sindicatos mineiros também compõem a base do governo, embora o setor seja apenas uma sombra do que foi no passado (Campos & Tosito *et al.*, 2015). A Central Obrera Boliviana (COB) chegou a romper com o governo, mas reatou laços em 2013, depois de "derrotada a ultraesquerda no seio dos sindicatos mineiros" (Rada Vélez, 2015, p. 4). Na realidade, as cooperativas mineiras são dirigidas por pequenos e médios capitalistas conhecidos pela superexploração do trabalho, enquanto a grande mineração é comandada pelo capital internacional. Também neste setor, em que apenas duas minas são operadas pelo Estado, não houve qualquer intenção de afetar as empresas transnacionais. O governo limitou-se a instituir um imposto de 12,5% sobre os lucros extraordinários das empresas, e, embora a arrecadação tenha dobrado no decênio passado em função da alta nos preços, o poder político das cooperativas manteve a tributação muito abaixo dos hidrocarbonetos (Escóbar, 2015). No período, a contribuição fiscal do setor esteve em torno de um sétimo dos hidrocarbonetos, embora sua participação no PIB fosse 1,7 vez maior (Arze Vargas & Gómez, 2013, p. 105). A importância destes segmentos para os ingressos do país tem alienado a preocupação socioambiental. Em 2014, o governo decretou a Lei de Minerais e da Metalurgia, autorizando a exploração em áreas protegidas e glaciares, fontes críticas de fornecimento de água no Altiplano. Na sequência, o Decreto 2.366, de maio de 2015, autorizou a exploração de hidrocarbonetos em oito áreas protegidas. Em suma, não há motivo para que estes setores se oponham ao governo.

Outro grupo social que apoia Morales é a chamada burguesia aimará, migrantes de origem rural que ascenderam por meio do comércio de importação, lícito ou não. Muitos ostentam sua cultura e seu poder econômico, simbolizados nos edifícios de arquitetura peculiar que pululam em El Alto e são conhecidos como *cholets*, em alusão à sua origem chola. O paradoxo é que o sentido geral da política do governo, que se apoia neste orgulho aimará ao mesmo tempo que reprime o plurinacionalismo, tem incidido negativamente na autoidentificação do indígena, que atingiu 62% no censo de 2001 e caiu para 40% em 2011 (Cusicanqui, 2015, p. 38).

Trata-se de uma burguesia comercial porque, a despeito do discurso oficial, a industrialização não tem sido uma prioridade do governo. Em 2012, somente três das nove plantas manufatureiras estatais projetadas em 2007 estavam em operação. E, embora a Constituição fale em uma economia plural, prevendo quatro setores (comunitário, estatal, privado e social-cooperativo), a ênfase na exportação primária inibe a diversificação produtiva. Do ponto de vista das relações de trabalho, o próprio García Linera reconheceu que, ao estimular a economia comunitária, o objetivo não é competir com o setor privado, mas ajudar os produtores rurais, em uma modalidade de política assistencial (García Linera, 2013b, p. 46). Portanto, enquanto aumenta a dependência da exportação de *commodities*, a participação do chamado setor comunitário tem decrescido: de 7% em 2005, baixou a 6% em 2010, enquanto o setor social cresceu de 2% para 3% no período. A participação estatal, descontada a participação da administração pública, teria ascendido de 4% para 10% — número distante dos 34% divulgados pelo governo (Arze Vargas & Gómez, 2013, pp. 100-2).

O governo também tem importado produtos diversos, principalmente alimentares, como parte de uma política social que visa simultaneamente conter a inflação. Ancorada em uma moeda apreciada em relação ao dólar, esta política desestimula a produção local, fazendo com que as oportunidades de lucro gravitem em torno da renda extrativista, seja por meio do setor de serviços ou da importação. É uma economia cada vez mais consumista, e cada vez menos produtiva.

Talvez o maior impacto desta orientação econômica se dê no campo. O valor *per capita* da importação de alimentos triplicou na última década, passando de 24 para 70 dólares, além de um subsídio calculado em 800 bolivianos por família no preço de açúcar, pão, leite e frango (Urioste, 2015, p. 22). A Bolívia, hoje, importa do Peru hortaliças, frutas e até batatas, um patrimônio andino (Escóbar, 2015).

Em decorrência disso, o modo de vida camponês associado a uma relação orgânica com a terra, em contraste com a mentalidade mercantil do monoprodutor rural, está em acelerada decomposição. Calcula-se que 79% dos alimentos consumidos no campo sejam atualmente comprados da agroindústria. Em paralelo, prosperam atividades mais rentáveis orientadas à exportação, como é o caso da quinoa. Muitos deixam de ser agricultores e se engajam no pujante setor de transportes nas cidades ou vendem sua força de trabalho na construção civil ou emigram (Urioste, 2015, p. 22).

No início, parecia que seria diferente. Encampando o discurso de uma segunda revolução agrária, o primeiro governo do MAS (2006-2009) acelerou o processo de saneamento dos títulos fundiários iniciado em 1996, regularizando cerca de 20 milhões de hectares entre 2005 e 2010, embora uma mudança efetiva de propriedade só ocorresse em cerca de 4 milhões de hectares (Almaraz, 2015, p. 23; Arze Vargas & Gómez, 2013, p. 92). Porém, a maioria das terras distribuídas como Terras Comunitárias de Origem pertenciam ao próprio governo (*tierras fiscales*), onde apenas 821 mil hectares foram redistribuídos até 2011 por não cumprirem sua função econômica (Ormachea & Ramirez, 2013, p. 82). O ritmo e o sentido desse processo foram freados a partir de então, sendo saneadas, principalmente, as propriedades da oligarquia rural.

Na segunda gestão do MAS intensificou-se a aproximação entre o governo e o agronegócio crucenho, que foi notável em alguns movimentos. Em 2011, a Lei da Revolução Produtiva liberou o cultivo transgênico, que fora proibido em 2008. A seguir, o governo acatou duas demandas do setor. Embora o país desmate cerca de duzentos mil hectares por ano, situando-se entre os maiores emissores de gás carbônico *per capita* do mundo (Requena, 2015, p. 21), foi promulgada, em janeiro de 2013, a Lei de Apoio à Produção de Alimentos e Restituição de Florestas. Apelidada como *perdonazo*, esta lei anistiou mais de dois milhões de hectares de terras desmatadas que deveriam ser revertidas ao Estado. Simultaneamente, o governo acordou uma pausa de cinco anos na verificação do cumprimento da função social da terra prevista na Constituição, freando outro mecanismo de desapropriação fundiária.

Mas o indício mais claro do compromisso do governo com a oligarquia crucenha foi o anúncio, em 2014, da intenção de ampliar a fronteira agrária em dez milhões de hectares até 2025, a pretexto de assegurar a soberania alimentar. Pouco depois, a Asociación Nacional de Productores de Oleaginosas y Trigo (Anapo), organização do agronegócio oriental, assumiu a responsabilidade de delinear uma estratégia com este propósito, materializando um dos objetivos da Agenda Patriótica 2025 lançada por Morales (Condori, 2015) — que, como se nota, tem planos de longo prazo para o país. Em resumo, "o MAS, de maneira natural e vertiginosa, vai se transformando no partido que representa os interesses gerais do *poder empresarial-hacendal*" (Ormachea & Ramirez, 2013, p. 98).

Diante desta realidade, a principal causa do esvaziamento da oposição e do apaziguamento da agitação autonomista é que o governo roubou a agenda política e a base de apoio dos oposicionistas. Partidários de Hugo Banzer associaram-se ao MAS, enquanto os "cívicos"[14] de Santa Cruz colocaram candidatos no partido. Esta situação levou o histórico líder guerrilheiro Osvaldo Peredo, constrangido em relação às alianças realizadas pelo partido, a comentar que "os convidados devem ser recebidos na sala", e não no quarto de dormir (Peredo, 2015).

É certo que persiste uma oposição histriônica, motivada antes pelo alijamento do poder do que por disputa de projeto. Estes recalcitrantes também se arriscam a enfrentar o longo braço do MAS, que controla os órgãos eleitorais, o Judiciário e os meios de comunicação. Há um reconhecimento generalizado de que as eleições regionais foram manipuladas em Beni e Chuquisaca, em 2015. Em Beni, por exemplo, foram anuladas 228 candidaturas, todas da oposição. O detonante do processo foi a menção de uma pesquisa não oficial por um porta-voz da oposição, sendo que a lei eleitoral proíbe fazer qualquer referência a sondagens não oficiais, embora as duas sondagens que existam sejam patrocinadas pelo governo. Por causa disso, a personalidade jurídica do partido foi retirada (Almaraz, 2015).

Ajuizamentos políticos têm se naturalizado à esquerda e à direita do espectro político. Almaraz citou o caso do filho de um político reacionário de Santa Cruz que, em 2015, estava preso há sete anos, acusado de tramar um golpe, cuja principal prova era uma chamada telefônica de dezessete segundos (Almaraz, 2015). O objetivo político da prisão seria dobrar o pai, em um país onde a polícia tem liberdade de atuação. Há quem sugira que "se tem mais medo agora do que no tempo da ditadura" (Gandarillas, 2015).

No campo da imprensa, ao contrário do que se possa supor, tampouco circula uma oposição consistente. Um jornalista analisou a situação da seguinte maneira:

---

14. Alusão ao Comitê Cívico Pró-Santa Cruz, organização referente da reivindicação de autonomia da região.

Após uma onda de mudanças de proprietários, os novos donos arquivaram o assédio anterior (ao MAS). ATB [Asociación Teledifusora Boliviana], *La Razón*, PAT [Periodistas Asociados Televisión] e *Extra* mudaram de dono e de acionistas. Unitel [Universal de Televisión] e a rede UNO suavizaram radicalmente sua linha editorial. Em 2013, o presidente comentava ao jornal *El Deber* que apenas 10% dos meios enfrentavam a sua administração. (Archondo, 2015, p. 34)

Há suspeitas de que García Linera cumpriu um papel central na articulação que resultou nesta situação. O vice-presidente, porém, negou ter controle dos meios de comunicação e afirmou que só possui livros.

Mas o líder político indiscutível do governo é Evo Morales. Esta liderança se trasveste cada vez mais em personalismo, em um partido em que não há democracia interna e em um governo empenhado em não projetar sombras sobre sua estrela maior. Esta pode ser uma explicação para a nomeação de ministros que parecem atender a critérios de ressonância publicitária, como, por exemplo, a procura de uma indígena com formação em direito para assumir o Ministério da Justiça. Outra leitura possível é que a nomeação de jovens com escassa experiência política facilite o manejo da máquina pública à maneira de Morales. A ex-ministra da Saúde Ariana Campero tinha 29 anos quando assumiu o cargo, em 2015, e descreveu ligações do presidente em plena madrugada, solicitando sua intercessão em situações particulares. Em sua visão, isso ilustra a preocupação humanista do dirigente, mas também pode ser interpretado como clientelismo (Campero, 2015). O verniz ideológico deste personalismo, que se concretizou na tentativa de conduzir Morales a um quarto mandato, foi antecipado por García Linera na noção de "evismo, o nacional popular em ação" (García Linera, 2006b).

Para além da disputa ideológica e política, a orientação

macroeconômica do projeto comandado por Morales tem sido aumentar a arrecadação estatal por meio da intensificação da exportação primária, de modo a potencializar o investimento público, o que de fato tem ocorrido. Em contraste com o baixo nível do investimento privado, o empenho de recursos públicos se multiplicou por quatro nos últimos anos, destinado sobretudo à infraestrutura, basicamente em rodovias (Escóbar, 2015). Projetos produtivos orientados à diversificação econômica e à industrialização estão em segundo plano, de modo que o crescimento tem sido impulsionado pela exportação primária, a construção civil, a administração pública e a economia delitiva.

O aumento das receitas fiscais facilitou a difusão de políticas de transferência monetária condicionada com vistas à redução da pobreza, como ocorreu em muitos países da região. Na Bolívia, são três *bonos* [programas] fundamentais: o Bono Juancito Pinto beneficia crianças em idade escolar, que recebem 30 dólares por ano; o Bono Juana Azurduy é voltado para gestantes, intituladas a receber 7 dólares a cada vez que comparecem a uma consulta médica; e os idosos recebem cerca de 1 dólar por dia pelo programa Renta Dignidad, que movimenta mais recursos do que a soma dos dois primeiros somados. Trata-se do aperfeiçoamento de uma iniciativa lançada em 1996, sob o impacto de uma reforma previdenciária mais brutal do que a chilena. É difícil avaliar a incidência destes programas para o alívio da pobreza, mas os dados indicam que o volume das remessas de expatriados ao país é, no mínimo, três vezes maior (Arze Vargas & Gómez, 2013, p. 117).

As estatísticas oficiais indicam uma redução da pobreza, que chegou a cair quase 30% em 2008 em função de uma alteração na metodologia do Banco Mundial. Isso levou a Bolívia a ser considerada um país de "rendimentos médios", qualificando-se a empréstimos não concessionados a preços de mercado. Porém, não houve mudanças no mundo do trabalho que endossassem este ascenso. Metade da população urbana boliviana ainda vive em condição de subsistência (Escóbar, 2015). Considerando que os índices internacionais geralmente se referem à pobreza como uma renda inferior a 2 dólares por dia e à pobreza extrema como uma renda inferior a 1 dólar por dia, é preciso levar em conta a apreciação cambial, em que a cotação do boliviano se manteve estável apesar da inflação nos últimos anos. Os dados indicam que o aumento dos salários tem sido ineficaz para responder ao aumento do custo de vida, exceto no setor público. Em 2004, o salário mínimo comprava 99% de uma cesta básica familiar e, em 2010, alcançava 74%, o que revela uma perda de poder aquisitivo. Neste último ano, cerca de dois terços dos trabalhadores empregados tinham uma remuneração inferior à cesta básica familiar. A fatia da renda correspondente ao trabalho se reduziu de 36% em 2000 para 25% dez anos depois, enquanto a parcela do capital subiu de 47% para 55%, sugerindo uma economia que cresce com base na superexploração do trabalho (Arze Vargas & Gómez, 2013, pp. 133-42).

O outro lado da ênfase em programas de transferência de renda condicionada é que o gasto público social não foi priorizado. O gasto do Estado em saúde e educação é menor do que o gasto privado. Somente 35% dos assalariados são cobertos pelo sistema de saúde e 38%, pelo sistema de pensão, o que corresponde a entre 13% e 14% da população economicamente ativa. A precariedade do sistema de saúde, em um país onde uma criança morre a cada meia hora e uma mulher perde a vida no parto a cada três dias, contrasta com o altíssimo orçamento de defesa e os benefícios aos militares, como a aposentadoria integral, quando a contribuição previdenciária tripartite foi abolida e os bolivianos ficaram sujeitos a pensões baixíssimas (Saucedo, 2015). Em suma, o sentido da legislação neoliberal permanece vigente, apesar da derrogação simbólica e parcial do Decreto 21.060 em 2011.

Reflexões finais

Emergindo na crista da mobilização popular mais radical do início do século XXI no subcontinente, a eleição de Evo Morales em 2005 pretendeu devolver ao parlamento a política das ruas. Enquanto alguns anteciparam a frustração de um processo que, em seu momento, ameaçava as estruturas do Estado, prevaleceu o sentimento de que seria possível modificá-lo substantivamente pela via legislativa. Em outras palavras, a reforma se impôs sobre a revolução. A inauguração do processo constituinte aguçou as contradições sociais do país, expondo clivagens de classe, etnia e região. Confrontada com uma agenda emanada do bloco popular, a reação se articulou em torno da Media Luna, ameaçando a própria unidade do país. O desenlace do que García Linera descreveu como "empate catastrófico" implicou significativas concessões do campo popular, sinalizando o que estava por vir. Mas em 2009 muitos interpretaram a aprovação da nova Constituição como uma vitória.

    Naquele momento, a cerimônia de posse de Evo Morales em Tiwanaku, a defesa da Pacha Mama, o Estado Plurinacional, a reivindicação ancestral da folha de coca, a nacionalização dos hidrocarbonetos e a ressurreição da YPFB, a expulsão do embaixador estadunidense e da DEA, o alinhamento com Chávez e a Alba, a súbita projeção internacional do país, o saneamento de terras, a proibição dos transgênicos e os *bonos* sociais eram indícios de que estava em andamento um *proceso de cambio*. E por ele, Morales foi reeleito em 2009 com 64% dos votos, em um pleito que lhe assegurou maioria parlamentar absoluta.

Paradoxalmente, o desmanche da direita partidária correspondeu a uma guinada do governo nesta direção, intensificando as relações com o *poder hacendal-patrimonialista* ao mesmo tempo que aprofundava o compromisso com a exportação primária. Esta articulação revelou-se incompatível com as expectativas de plurinacionalidade, soberania e defesa do meio ambiente, que afloraram na marcha indígena de 2010, no *gasolinazo* e, sobretudo, no conflito em torno do Tipnis. Escorado nas alianças conservadoras que solidificou, o governo enfrentou a crescente dissidência popular com intolerância retórica e repressão política.

A partir de então, acumulam-se desilusões: o plurinacionalismo se trasveste de burguesia aimará, enquanto referências a Tupac Katari adornam os *cholets* e aviões da Latam; a justiça comunitária é criminalizada pela justiça comum; a autonomia territorial só acontece no Chapare; a reivindicação da coca é enturvecida pela suspeita de envolvimento da base social do governo e de autoridades com o narcotráfico; o "governo dos movimentos sociais" corrompe os fiéis, esmaga os dissidentes e estende sua dominação aos órgãos eleitorais, ao Judiciário e à imprensa; o *poder hacendal-patrimonial* compõe a base do governo, ao lado do partido de Banzer; a soja prospera, o campesinato fenece; a "nacionalização" é impotente para responder às necessidades nacionais básicas no setor de gás e petróleo; a oposição aos Estados Unidos convive com a defesa do capital internacional e a emulação ao Brasil; o engajamento na Alba é instrumental, atrás de recursos venezuelanos; o Bem Viver é massacrado pelo extrativismo. Em suma, não se pode olhar o MAS de 2016 com olhos de 2006.

Neste contexto, o projeto subjacente ao pleito por um quarto mandato de Morales esteve distante de "passar da revolução democrática e cultural para a revolução econômica e social, em um processo que permita iniciar a construção do socialismo comunitário sob o paradigma do Bem Viver" (Rada Vélez, 2015, p. 4). A análise mostra que, em um processo análogo às gestões petistas no Brasil, o MAS tem instrumentalizado o conhecimento e a confiança que possui das organizações sociais para superar obstáculos à exploração dos hidrocarbonetos e do agronegócio,[15] engajando-se na concorrência regional para oferecer as melhores garantias jurídicas ao capital internacional, rebaixando todas as obrigações socioambientais. Isso é exatamente o contrário do Bem Viver, a não ser que este seja identificado com o padrão das classes dominantes da América Latina, em que o mais sofisticado padrão de consumo se combina ao trabalho doméstico barato, assentado em uma obscena concentração da riqueza. Em resumo, trata-se da reprodução do subdesenvolvimento com rosto aimará.

É inegável que a Bolívia mudou nos últimos dez anos. Os viajantes já não encontram as tortuosas estradas esburacadas que atolavam sob chuva, e o país deixou de ser um destino turístico barato. A economia se monetarizou, há indígenas e mulheres no poder, e se nota mais consumo — mas também se percebe mais abandono e mais violência.

Mais "moderno", o país parece deixar de ser a *sociedad abigarrada* analisada por Zavaleta, mas não em prol de uma nação soberana integrada em torno de um mercado interno, como pretendeu o nacionalismo revolucionário, ou mediante a convivência equânime de diversas visões de mundo, como ensejou o plurinacionalismo. É o modo de produção capitalista subsumindo os modos de vida comunitários no bojo de um

---

15. Muitos ministros do governo provêm de movimentos sociais ou de assessorias do terceiro setor — aos quais agora criticam —, como o ministro Carlos Romero, que foi assessor da Cidob e agora a enfrenta na questão do Tipnis.

projeto que reedita o estilo político do velho MNR, em que o poder se tornou um fim em si.

O fato de que uma parcela significativa da esquerda internacional ainda identifique este governo como progressista enseja reflexão. Descartando a barreira da desinformação, que não é menor, há os reféns daquilo que em inglês se conhece como *wishful thinking* — acreditar no que se gostaria, não no que se vê. Porém, muitos apoiam o governo baseando-se em considerações geopolíticas que abstraem a dinâmica da luta de classes no país (Borón, 2016), ou em raciocínios binários, ponderando que as alternativas seriam piores, prática conivente com a ideologia do TINA — *There is no alternative* –, ou seja, de que não há alternativa.

É preciso ampliar o horizonte, rompendo com o imobilismo. O fato de que as relações da Bolívia com os Estados Unidos não sejam amistosas ou que predominem rostos indígenas no Congresso é inconclusivo. O internacionalismo deve superar a lógica de que o "inimigo do meu inimigo é meu amigo", o que levaria a esquerda a apoiar regimes repressivos na Síria e no Irã. Também precisa apurar os nexos entre classe e etnia, os "dois olhos" do katarismo. A chamada "razão de Estado", assim como a relação entre desenvolvimento e ecologia, ou a articulação da dimensão classista das questões raciais e de gênero, estão entre os desafios que a política revolucionária precisa equacionar de maneira original no século XXI. No *proceso de cambio* boliviano, o aspecto criativo destas tensões só sobrevive como ideologia.

Referências bibliográficas

AGEE, Philip. *O diário da CIA*. São Paulo: Círculo do Livro, 1976.

ALBO, Xavier. "Algunos de nuestros desafíos ambientales", em *Página Siete*, abr. 2015.

ALMARAZ, Alejandro. "La frustración agraria", em *Página Siete*, abr. 2015.

ARCHONDO, Rafael. "El periodismo en la era Evo Morales", em *Página Siete*, abr. 2015.

ARGUEDAS, Alcides. *Pueblo enfermo. Contribución a la psicología de los pueblos hispanoamericanos*. La Paz: Ercilla, 1937.

ARZE VARGAS, Carlos; ESPADA, Juan Luis; GUZMÁN, Juan Carlos & POVEDA, Pablo. *Gasolinazo: subvención popular al Estado y a las petroleras*. La Paz: CEDLA, 2011.

ARZE VARGAS, Carlos & GÓMEZ, Javier. "Las contradictorias nociones del Vivir Bien y las estrategias para alcanzarlo", em LANDER, Edgardo; ARZE VARGAS, Carlos; GÓMEZ, Javier; OSPINA, Pablo & ÁLVAREZ, Víctor. *Promesas en su laberinto. Cambios y continuidades en los gobiernos progresistas de América Latina*. La Paz: IEE; Cedla & CIM, 2013.

BARRIENTOS, René. *Teoría y programa de la Revolución Boliviana*. La Paz, 1966.

BOFF, Leonardo. "Os equívocos do PT e o sonho de Lula", 6 fev. 2016. Disponível em: <https://leonardoboff.wordpress.com/2016/02/06/os-equivocos-do-pt-e-o-sonho-de-lula/>.

BORÓN, Atilio. "Bolivia, el *No* nace en Washington", em *La Jornada*, 11 fev. 2016. Disponível em <http://www.jornada.unam.mx/2016/02/11/opinion/031a1mun#texto>.

COLQUE, Gonzalo. *Expansión de la frontera agrícola. Luchas por el control y apropiación de la tierra en el oriente boliviano*. La Paz: Fundación Tierra, 2014.

CONDORI, Iván. "La Cumbre Agropecuaria definirá lineamientos para la Agenda 2025", em *La Razón*, 5 abr. 2015. Disponível em <http://www.la-razon.com/economia/Cumbre-Agropecuaria-definira-lineamientos--Agenda_0_2246775352.html>.

COSTA NETO, Canrobert. *Políticas agrárias na Bolívia (1952–1979). Reforma ou revolução?* São Paulo: Expressão Popular, 2005.

CRABTREE, John. *Patterns of protest. Politics and social movements in Bolivia.* Londres: Latin American Bureau, 2005.

DANGL, Benjamin. *El precio del fuego. Las luchas por los recursos naturales y los movimientos sociales en Bolivia.* La Paz: Plural, 2009.

DINGES, John. *Os anos do Condor: uma década de terrorismo internacional no Cone Sul.* São Paulo: Cia. das Letras, 2004.

FIDES. "García Linera asegura que Fundación Tierra y Cedib mienten en favor de los extranjeros", 8 ago. 2015. Disponível em <https://www.noticiasfides.com/nacional/politica/garcia-linera-senala-que-la-fundacion-tierra-y-el-cedib-mienten-en-favor-de-los-extranjeros-355486-355440>.

____. Tipnis: "Morales exige enjuiciar a financiadores de VIII Marcha Indígena", 10 dez. 2013. Disponível em <https://www.noticiasfides.com/nacional/politica/tipnis-morales-exige-enjuiciar-a-financiadores-de-viii-marcha-indigena-337443-337430>. Acesso em 8 out. 2015.

FUNDACIÓN TIERRA. *Marcha indígena por el Tipnis. La lucha en defensa de los territorios.* La Paz: Fundación Tierra, 2012.

GANDARILLAS, Marco & RODRÍGUEZ CÁCERES, Gustavo. *Mitos de la inversión extranjera. El caso de los hidrocarburos en Bolivia.* Cochabamba: Cedib, s/d.

GARCÍA LINERA, Álvaro. *Geopolítica de la Amazonía. Poder hacendal-patrimonial y acumulación capitalista.* La Paz: Vicepresidencia del Estado, Presidencia de la Asamblea Legislativa Plurinacional, 2013c.

____. El "capitalismo andino-amazónico", em *Le monde diplomatique*, jan. 2006a. Disponível em <http://www.lemondediplomatique.cl/El-capitalismo-andino-amazonico.html>.

____. "El evismo: lo nacional popular en acción", em *Observatorio Social de América Latina*, Buenos Aires, ano VI, n. 19, jul., pp. 25-32, 2006b.

____. El *"oenegismo", enfermedad infantil del derechismo.* La Paz: Vicepresidencia del Estado, Presidencia de la Asamblea Legislativa Plurinacional, 2013a.

____. *Las empresas del Estado. Patrimonio colectivo del pueblo boliviano.* La Paz: Vicepresidencia del Estado, Presidencia de la Asamblea Legislativa Plurinacional, 2013b.

____. *Las tensiones creativas de la revolución*. La Paz: Vicepresidencia del Estado, Presidencia de la Asamblea Legislativa Plurinacional, 2014.

____. *Socialismo Comunitario. Un horizonte de época*. La Paz: Vicepresidencia del Estado, Presidencia de la Asamblea Legislativa Plurinacional, 2015.

GOTT, Richard. *Guerrilla movements in Latin America*. Nova York: Doubleday, 1971.

GUEVARA, Jean Paul. "Política exterior del Estado Plurinacional", em *Página Siete*, abr. 2015.

HALPERIN DONGHI, Tulio. *Hispanoamerica despues de la Independencia. Consecuencias sociales y económicas de la emancipación*. Buenos Aires: Paidos, 1972.

HYLTON, Forrest & THOMSON, Sinclair. *Revolutionary horizons. Past and present in Bolivian politics*. Londres: Verso, 2007.

KENNEDY, John. *Public Papers of the Presidents of the United States*. Washington: United States Government Printing Office, 1961.

KLEIN, Herbert. *Bolivia: the evolution of a multi-ethnic society*. Nova York: Oxford University Press, 1982.

LAZARTE, Jorge. "Los movimientos sociales en el proceso de cambio", em *Página Siete*, abr. 2015.

LOAYZA BUENO, Rafael. *Eje del mas. Ideología, representación social y mediación en Evo Morales Ayma*. La Paz: Konrad Adenauer, 2011.

MESA, José de; GISBERT, Teresa & MESA GISBERT, Carlos D. *Historia de Bolivia*. La Paz: Gisbert, 1999.

MIRANDA, Boris. "Bolivia: el millonario caso de corrupción que involucra a exministros, parlamentarios y dirigentes del partido de Evo Morales", em BBC, 6 dez. 2015. Disponível em <http://www.bbc.com/mundo/noticias/2015/12/151205_millonario_escandalo_corrupcion_partido_evo_morales_bm>.

MOLINA, Fernado. "Donde el 'proceso de cambio' choca con el subdesarollo", em *Página Siete*, abr. 2015.

MORALES, Evo. "Discurso de abertura no encontro dos movimentos sociais com o Papa Francisco". Cochabamba, 7 de julho de 2015.

ORMACHEA, Enrique S. & RAMIREZ, Nilton. *Políticas agrarias del Gobierno del mas o la agenda del "poder empresarial-hacendal"*. La Paz: Cedla, 2013.

RADA VÉLEZ, Alfredo. "En defensa de los movimientos sociales", em *Página Siete*, abr. 2015.

REINAGA, Fausto. *La revolución india*. El Alto: Fundación Amautica Fausto Reinaga, 2001.

REQUENA, Cecília. "El Vivir Bien y sus malestares", em *Página Siete*, abr. 2015.

RIVERA CUSICANQUI, Silvia. *Oprimidos pero no vencidos. Luchas del campesinado aymara y qhechwa de Bolivia, 1900-1980*. La Paz: Hisbol-CSUT-CB, 1984.

___. "Luchas campesinas en Bolivia", em GONZÁLEZ CASANOVA, Pablo. *Historia política de los campesinos latinoamericanos*. México: Siglo XXI, 1985.

___. *Mito y desarrollo en Bolivia. El giro colonial del gobierno del MAS*. La Paz: Plural, 2015.

SCHAVELZON, Salvador. *Plurinacionalidad y Vivir Bien/Buen Vivir. Dos conceptos leídos desde Bolivia y Ecuador post-constituyentes*. Quito: Abya-Yala & Clacso, 2015.

SILVA, Fabrício Pereira da. "Equilíbrios precários: a trajetória do movimento ao socialismo e seus dilemas", em DOMINGUES, José Maurício *et al.* (orgs.). *A Bolívia no espelho do futuro*. Belo Horizonte: UFMG, 2009.

SORUCO, Ximena (org.). *Los barones del Oriente. El poder en Santa Cruz ayer y hoy*. Santa Cruz: Fundación Tierra, 2008.

STEFANONI, Pablo & ALTO, Hervé do. *Evo Morales, de la coca al Palacio. Una oportunidad para la izquierda indígena*. La Paz: Malatesta, 2014.

STERN, Steve J. (org.). *Resistencia, rebelión y conciencia campesina en los Andes (siglos XVIII al XX)*. Lima: Instituto de Estudios Peruanos, 1990.

TAMAYO, Franz. *Obra escogida*. Caracas: Ayacucho, 1986.

TAPIA, Luis. "Sociedad abigarrada. Repensando la democracia multicultural en Bolivia", em *Revista Estudiantil Latinoamericana de Ciencias Sociales*, 2011. Disponível em <http://relacso.flacso.edu.mx/repensando-la-democracia-multicultural-en-bolivia>.

URIOSTE, Miguel. "La marginalización de la agricultura campesina e indígena", em *Página Siete*, abr. 2015.

URQUIDI, Vivian. *Movimento cocaleiro na Bolívia*. São Paulo: Hucitec, 2007.

WEBBER, Jeffery. "From Left-Indigenous Insurrection to Reconstituted

Neoliberalism in Bolivia: Political Economy, Indigenous Liberation, and Class Struggle, 2000-2011", em WEBBER, Jeffery & CARR, Barry. *The new Latin American left. Cracks in the Empire.* Lanham: Rowman & Littlefield, 2013.

ZAVALETA MERCADO, René. *Lo nacional-popular en Bolivia.* La Paz: Plural, 2008.

___. "Consideraciones generales sobre la historia de Bolivia", em GONZÁLEZ CASANOVA, Pablo (org.). *América Latina: Historia de medio siglo.* México: FCE, 1984.

___. *Clases sociales y conocimiento.* La Paz: Amigos del Libro, 1988.

___. *El poder dual en América Latina.* México: Siglo XXI, 1973.

Conversas

SANTA CRUZ, COCHABAMBA E LA PAZ, JULHO DE 2015

ALMARAZ, Alejandro. Ex-vice-ministro de Terras do governo Evo Morales.

ÁVILA, Hernán. Diretor do Centro de Estudios Jurídicos e Investigación Social (Cejis).

CAMPERO, Ariana. Médica, ex-ministra da Saúde.

CAMPOS, Isau; TOSITO, Franklin & ROMERO, Zolando. Dirigentes da COD.

CHÁVEZ, Adolfo. Dirigente da Cidob.

ESCÓBAR, Sílvia. Economista e pesquisadora do Cedla.

GANDARILLAS, Marco. Diretor do Cedib.

MÉNDEZ, Fernando. Coordenador da Casa da Alba, em Cochabamba.

PAZ, Sarela. Pesquisadora, referência em assuntos relacionados ao Tipnis.

PEREDO, Osvaldo "Chato". Ex-líder guerrilheiro e ex-vereador pelo MAS em Santa Cruz.

PEREZ PEÑA, Miguel Angel. Analista de relações institucionais da Petrobras Bolívia S.A.

RIBERA ARISMENDI, Marco Antonio. Diretor da Liga de Defensa del Medio Ambiente (Lidema).

SALLARI, Andrés & VÁZQUEZ, Mariano. Jornalistas do canal estatal Abya Yala.

SARAVIA, Ramiro. Fundador da Rede Tinku.

SAUCEDO, Erwin. Deputado federal por duas legislaturas, ministro da Saúde do governo de transição e professor de Saúde Pública.

VADILLO, Alcides. Advogado e diretor da Fundación Tierra, trabalhou no Instituto Nacional de Reforma Agrária.

VILLANUEVA, Amaru. Diretor do Centro de Investigaciones Sociales de la Vicepresidencia (CIS).

VILLEGAS, Pablo. Pesquisador do Cedib.

5. Ecologia *versus* capitalismo: dilemas da Revolução Cidadã no Equador

O maior perigo para o nosso projeto de país é o esquerdismo e o ecologismo infantil. Temo que não tenha me equivocado, ainda que talvez tenha faltado acrescentar o indigenismo infantil.
— Rafael Correa na Assembleia Nacional Constituinte, 2008

Não há outra conclusão possível: esta é uma revolução cidadã sem cidadania.
— Ospina Peralta, 2013

Introdução

A eleição de Rafael Correa para a presidência do Equador poucos meses depois da vitória de Evo Morales na Bolívia, em 2006, sinalizou o apogeu da onda progressista, que ainda elegeria Fernando Lugo no Paraguai em 2008. Nos países andinos, o triunfo eleitoral culminava anos de insubordinação popular que derrubara diversos presidentes, abrindo caminho para processos constituintes que prometiam refundar estas nações. Dez anos depois, Morales e Correa continuavam na presidência, mas à frente de projetos de poder distanciados das expectativas de mudança com as quais originalmente foram identificados. Pequena síntese dos dilemas do progressismo, no Equador convergem o desafio venezuelano de superação da dependência petroleira e a necessidade boliviana de integração da população indígena. De um lado, os constrangimentos enfrentados por uma acanhada economia exportadora primária baseada na exploração de petróleo para superar a dependência são agravados pela ausência de moeda nacional desde a dolarização, em 2000. De outro, o degradante legado social e ambiental da efêmera riqueza petroleira dos anos 1970 está na raiz de uma aguda sensibilidade para a renovada exploração de recursos naturais no presente, quando a resistência indígena e camponesa se soma ao argumento ambientalista na pressão por um padrão de desenvolvimento alternativo. Assim como na Bolívia, este ideário confluiu, ainda que de forma difusa, na noção do *Sumak Kawsay* ou

Bem Viver, consagrada na Constituição de 2008. Os conflitos entre a afirmação deste princípio e o simultâneo aprofundamento da exportação primária estão na raiz das contradições vividas pela autoproclamada Revolução Cidadã, que, em 2017, ganhou uma sobrevida eleitoral.

1. A formação equatoriana

As propagandas do Equador como destino turístico realçam a impressionante diversidade de paisagens deste pequeno país. Um território menor do que a Polônia é atravessado pela Cordilheira dos Andes, pontuando a paisagem de picos nevados e vulcões que separam a Amazônia da costa do Pacífico, onde se localiza o santuário ecológico de Galápagos, atrativo turístico de apelo mundial. Se no plano geográfico salienta-se a diversidade de paisagens reunidas em um espaço diminuto, os impasses da conjuntura recente ensejam uma analogia no plano político, em que o desígnio de conciliar soberania, desenvolvimento econômico e ecologia milita na direção de um padrão civilizatório alternativo, explicitando dilemas subjacentes à política continental no século XXI.

Vista em perspectiva histórica, esta geografia acidentada contribuiu para obstar a integração nacional do país, que desde a independência enfrentou obstáculos internos e externos para se consolidar. No plano internacional, as fronteiras equatorianas sofreram recorrente assédio de seus vizinhos maiores, Peru e Colômbia, que se materializou em diversos confrontos armados, principalmente com os peruanos, resultando em significativa perda territorial. No plano doméstico, a inserção do Equador no mercado mundial como exportador primário — sobretudo de cacau, a partir de meados do século XIX — aguçou as disparidades regionais. A oposição entre os interesses de uma burguesia comercial e financeira apoiada no dinamismo exportador da costa, sediada em Guayaquil, e de uma oligarquia serrana assentada na propriedade fundiária e na exploração da mão de obra indígena, baseada em Quito, expressou-se em conflitos de matiz regionalista, que por vezes deram o colorido ideológico a meras disputas de poder (Quintero, 1991).

A vulnerabilidade aos fluxos do mercado mundial e uma correspondente instabilidade política caracterizaram a história equatoriana no século XX. A queda nos preços internacionais do cacau diante da concorrência africana, somada a pragas que afetaram a produção local e aos efeitos da crise de 1929, mergulhou o país em um período de estagnação econômica e alternância política: entre a Revolução Juliana, em 1925, e a presidência de Galo Plaza, em 1952, houve 26 variações de mandatários e regimes. A ascensão da exportação de banana a partir dos anos 1950 arrancou o país da letargia econômica, favorecendo um apaziguamento político. Porém, a inédita sucessão de três presidentes constitucionais foi rompida com a derrubada de José Velasco Ibarra e de seu sucessor por meio de um golpe militar apoiado pelos Estados Unidos, no contexto do triunfo da Revolução Cubana. Cinco vezes presidente da república, Velasco Ibarra foi eleito pela última vez em 1968 e novamente não concluiu seu mandato, interrompido por outro golpe militar em 1972, no momento em que se iniciava a exploração petroleira em grande escala no país (Cueva, 1984; Hurtado, 1988; Maiguashca & Maiguashca, 1991).

A extração de petróleo no Equador recebeu um impulso decisivo a partir da alta dos preços internacionais desencadeada pela Guerra do Yom Kippur no Oriente Médio, em 1973, que fez com que investir nas reservas equatorianas se tornasse uma alternativa atrativa. Embora o Equador nunca tenha sido um grande produtor mundial, a dimensão relativa do negócio petroleiro teve um impacto extraordinário na economia nacional: a exportação total do país cresceu de menos de 190 milhões de dólares em 1970 para 2,5 bilhões de dólares em 1981, um aumento de mais de treze vezes, enquanto o PIB neste período cresceu a uma taxa média anual de 8% (Acosta, 2006, p. 117).

No entanto, a afluência dos recursos petroleiros foi efêmera e deixou um passivo ambiental e financeiro devastador. O petróleo equatoriano concentra-se na região amazônica, e sua exploração causou danos ecológicos irreparáveis. Em 1993, nativos e colonos da Amazônia entraram com uma demanda judicial contra a Chevron, ex-Texaco, multinacional que atuou na área entre 1964 e 1992. O processo ficou conhecido como "o julgamento do século". A indenização estimada pelo perito nomeado pela justiça equatoriana alcançou 27 bilhões de dólares (Acosta, 2009a). Em julho de 2018, a Corte Constitucional do Equador ratificou a sentença de que a empresa deverá pagar 9,5 bilhões de dólares apenas para reparar os danos ambientais causados — não haverá compensações pessoais. As feridas abertas pela ação predatória da transnacional e pelas idas e vindas judiciais repercutem na projeção política singular que a questão ecológica tem no país.

No plano econômico, as veleidades nacionalistas dos militares se traduziram em investimentos em infraestrutura e desenvolvimento industrial, referidos ao planejamento estatal. Nesta perspectiva, objetivou-se nacionalizar o petróleo. De modo similar ao que ocorreu na Venezuela no mesmo período, foi criada uma companhia estatal: a Corporación Estatal Petrolera Ecuatoriana (Cepe). Durante as ditaduras (1973–1979), a taxa média de expansão da indústria foi de 10%, e o peso deste setor na economia passou de 14,3% para 20% do PIB, enquanto o investimento medido como formação de capital fixo cresceu em média 21,8% ao ano (Dávalos, 2016, p. 70). Ao mesmo tempo, manteve-se intocado um padrão de concentração de renda que alimentou o consumo suntuário baseado em importações, aprofundando as determinações características do subdesenvolvimento:

A bonança motivada pelo petróleo, trazendo a maior quantidade de divisas já recebida pelo país até aquele momento, surgida de forma maciça e relativamente inesperada, acumulou-se sobre as estruturas existentes e reproduziu, em maior escala, grande parte das antigas diferenças sociais e econômicas. O salto quantitativo levou o Equador a outro nível de crescimento econômico, mas, como não houve uma transformação qualitativa correspondente, em pouco tempo se cristalizou no "mito do desenvolvimento". (Acosta, 2006, p. 117)

Em um contexto internacional de disponibilidade de capitais, a renda petroleira afiançou uma escalada do endividamento externo, também análoga ao que ocorreu na Venezuela: o valor da dívida equatoriana cresceu quase 22 vezes entre 1971 e 1981, passando de 206,8 milhões de dólares a 5,86 milhões de dólares, e de 16% do PIB para 42%. Visto de outro ângulo, o serviço da dívida que comprometia 15 de cada 100 dólares exportados em 1971 passou para a proporção de 71% dez anos depois (Acosta, 2006; Correa, 2009).

A eclosão da crise da dívida a partir do calote mexicano em 1982, somada à drástica queda no preço do petróleo nos anos seguintes, evidenciou a vulnerabilidade da economia do país. Neste contexto, o Estado equatoriano foi constrangido a ceder progressivamente sua participação no negócio petroleiro face à implementação de políticas neoliberais, cujos efeitos sociais provocaram uma intensa resposta popular.

11. Da redemocratização ao Alianza País

A economia equatoriana entre a crise da dívida e a dolarização, ocorrida em 2000, é marcada pela estagnação, em um contexto em que a mudança nos fluxos do crédito internacional agravou as dificuldades decorrentes da queda nos preços do petróleo. A posição débil do país frente ao capital financeiro forçou a adoção progressiva de políticas neoliberais, a despeito da filiação política diversa dos presidentes eleitos. A estreita margem de manobra para gerenciar a crise diante das restrições impostas pelos organismos internacionais está na raiz do desgaste sofrido pelos sucessivos governantes, evidenciada pela constatação de que, desde a saída dos militares, em 1979, até a reeleição de Correa, em 2009, nenhum presidente elegeu o seu sucessor.

O marco inicial desta inflexão é a assinatura da carta de intenção junto ao FMI, em 1983, sinalizando o abandono da orientação nacional-desenvolvimentista, prevalente inclusive sob os militares. Nos anos seguintes, o país assinaria outras cinco cartas de intenção, até adotar, nos anos 1990, as políticas de ajuste estrutural características do neoliberalismo. A decorrência política deste processo foi o descrédito massivo dos partidos convencionais, agravado por escândalos de corrupção que se abateram sobre mais de um governo, gerando um ambiente favorável para a afirmação da candidatura de Correa, em 2006, contra aquilo que alcunhou de "partidocracia".

Nos anos 1980, as expectativas de mudança trazidas pelo

fim da ditadura foram frustradas pelo imperativo de gerir a crise nos marcos da ordem legada. As respostas antipopulares à estagnação econômica tiveram consequências sociais devastadoras, principalmente quando contrastadas à prosperidade do período anterior. Embalado pela bonança petroleira, o PIB por habitante ascendeu de 375 dólares em 1973 para 1.668 dólares em 1981. Às vésperas da crise da dívida, o salário mínimo superou pela primeira e única vez na história recente do país o custo estimado da cesta básica (Dávalos, 2016).

Nos anos seguintes, porém, a renda bruta por habitante caiu quase pela metade, atingindo 951 dólares em 1989. A taxa de emprego formal, que estava em 65% no começo da década, decresceu para 40%, proporção que se manteve nos decênios seguintes. A participação dos salários na renda nacional declinou vertiginosamente, reduzindo-se de 35% no final da ditadura para 12% em 2007. O serviço da dívida externa abocanhou uma parcela extraordinária do gasto público, alcançando 28% do PIB em 1986 e 25% em 1988, enquanto o gasto social com saúde e educação atingia em média 4% do PIB. Entre a redemocratização e a ascensão de Correa, a pobreza sempre atingiu ao menos 60% da população, enquanto indicadores sociais de desnutrição infantil, evasão escolar, mortalidade materna-infantil e doenças associadas à pobreza, entre outros, registraram um aumento substancial (Dávalos, 2016, pp. 72-4).

A degradação das condições de vida dos trabalhadores que fermentou a ascensão do protesto social pode ser sintetizada em dois dados: o poder de compra do salário real foi reduzido a quase um quarto entre 1980 e 2000, enquanto no mesmo período o montante da remessa de emigrantes trabalhando no exterior, que era inferior a 1% do PIB, saltou para 7,8%, convertendo-se na principal fonte de divisas do país depois do petróleo (Acosta, 2009a, pp. 286-9).

O impacto desta formidável regressão social sobre as forças populares foi heterogêneo. O movimento operário enfrentou um severo descenso no número de filiados, o que incidiu em sua combatividade, reflexo da precarização das relações de trabalho e do desemprego. Neste cenário, as organizações indígenas que confluíram na formação da Confederación de Nacionalidades Indígenas del Ecuador (Conaie), em 1986, assumiram o protagonismo das lutas populares: em 1990, lideraram um levante de impacto nacional e, cinco anos depois, organizaram um partido político próprio, o Movimiento de Unidad Plurinacional Pachakutik. Em 1997, elas tiveram um papel central na derrubada do presidente Abdalá Bucaram (1996-1997) menos de seis meses após sua posse. Figura carismática e corrupta, Bucaram iniciara um radical programa de ajuste estrutural assessorado pelo argentino Domingo Cavallo, ex-ministro de Carlos Menem, indício de que a dolarização já era cogitada como resposta à crise.

As dificuldades econômicas do país foram agravadas por um novo conflito militar com o Peru, em 1995 — Guerra do Cenepa, último enfrentamento armado entre nações sul-americanas —, e pela devastação natural trazida pelo El Niño em 1997 e 1999. Após quase dois decênios de estagnação, a crise chegou ao ápice em 1999, quando o PIB do país caiu 7,3%, contabilizado em sucres constantes, e o PIB *per capita* em dólares reduziu-se em quase 32%. Nestes anos o país sofreu o empobrecimento mais acelerado da história da América Latina, segundo o Fundo das Nações Unidas para a Infância (Unicef): o número de pobres aumentou de 3,9 milhões para 9,1 milhões, saltando de 34% para 71% da população, enquanto o número dos atingidos pela pobreza extrema dobrou, passando de 2,1 milhões a 4,5 milhões, ou seja, de 12% a 31% da população. Este processo foi acompanhado de uma maior concentração de renda, já que os 20% mais ricos aumentaram sua participação na riqueza de 52% para mais de 61%, enquanto os 20% mais pobres tiveram sua participação reduzida de 4,6% para 2,5% (Acosta, 2006; Correa, 2009).

Nesta conjuntura recessiva, o governo do presidente Jamil Mahuad (1998-2000) decretou abruptamente a dolarização da economia, extinguindo o sucre como moeda nacional em janeiro de 2000, em um processo marcado pela imprevidência, a falta de transparência e a promiscuidade na relação com o setor financeiro (Correa, 2009). De imediato, a macrodesvalorização reduziu o salário mínimo a 4 dólares, enquanto a renda nacional caiu cerca de 30% em termos nominais. A medida também afetou o poder de compra da classe média, fraturando a confiança no Estado e em suas instituições.

No conjunto, longe de conjurar a crise, a medida acentuou o problema social, provocando uma elevação no custo de vida em uma situação de desemprego crescente, ao mesmo tempo que exponenciava a vulnerabilidade do país à dinâmica do capital internacional.

A reação popular à dolarização apontou para dois sentidos diversos. Por um lado, a emigração foi intensificada, expressando a busca por melhores condições de vida às custas de vínculos afetivos e culturais. Calcula-se que mais de um milhão de pessoas deixou o país naquela conjuntura, elevando o total de emigrados a cerca de três milhões, sobre uma população de aproximadamente 14 milhões de habitantes (Acosta & Olivares *et al.*, 2006; Eguez, 2001).

Por outro lado, a dolarização detonou uma vigorosa rebelião popular liderada pelo movimento indígena, que granjeou a simpatia de setores militares. A pressão das massas precipitou a queda de Jamil Mahuad ainda em janeiro de 2000. Porém, a aliança ensaiada com os militares dissolveu-se quando o comandante das Forças Armadas traiu o compromisso assumido com as lideranças populares e entregou o governo ao vice-presidente, que ratificou a dolarização.

Nas eleições seguintes, entretanto, o conjunto do movimento social encabeçado pelas organizações indígenas apoiou a candidatura do coronel Lucio Gutiérrez, que despontara como uma liderança nacionalista radical no levante. A vitória de Gutiérrez no final de 2002, ao mesmo tempo que Lula triunfava nas eleições brasileiras, empolgou os progressistas sul-americanos, que aplaudiram ambos os candidatos no Fórum Social Mundial de Porto Alegre em janeiro de 2003.

Mas o novo presidente equatoriano rapidamente desfez qualquer expectativa de mudança, comprometendo-se com a austeridade neoliberal e com os Estados Unidos, o que deixou em situação embaraçosa seus apoiadores indígenas, que então ocupavam diversos ministérios. Assolado por denúncias de corrupção e entreguismo que rapidamente o colocaram em oposição ao campo popular e às classes médias, o mandato de Gutiérrez foi funesto para o movimento indígena, que saiu desmoralizado e dividido de sua breve participação em um governo cujo mandato não chegou até o fim, acossado pela rebelião dos *forajidos*. Se Domingo Cavallo mostrou o caminho para a dolarização, os gritos de *que se vayan todos* [fora todos] das ruas argentinas, em 2001, alcançariam o Equador quatro anos depois.

É neste contexto que emergiu ao cenário político o economista Rafael Correa, ministro da Fazenda no mandato cumprido pelo vice de Gutiérrez, Alfredo Palacio (2005–2007), após a fuga do presidente — que se exilou no Brasil. Exibindo um discurso crítico ao neoliberalismo e à política convencional, alcunhada de "partidocracia", sua candidatura foi apoiada por partidos considerados de centro-esquerda, como a Izquierda Democrática (ID) e o Movimiento Popular Democrático (MPD), e também pelos partidos Socialista e Comunista, além do movimento Pachacutik, braço eleitoral da Conaie.

Entretanto, é equivocado enxergar uma solução de continuidade entre o ascenso das organizações indígenas e sociais do Equador e o mandato de Correa. Em um momento em que a combatividade e a legitimidade do movimento indígena diminuíra, o economista Pablo Dávalos (2016, p. 246) considera decisivo o modo como a classe média foi incorporada ao Movimiento Alianza País, veículo partidário da política correísta. A proposta da *ciudadanización de la política* implicou "não somente estabelecer uma distância radical dos partidos políticos existentes, mas também a cooptação e o confisco da história de resistência e mobilização social que teve na classe operária e no movimento indígena seus sujeitos históricos mais importantes".

O rechaço aos partidos políticos é parte desta ideologia de "cidadanização da política", que se desdobraria na Revolução Cidadã. Fiel a esta perspectiva, o jovem professor universitário de Guayaquil triunfou nas urnas sem pertencer a um partido tradicional nem apoiar candidatos ao parlamento. No entanto, o compromisso antipartidarista colocou um problema concreto: o novo governo não tinha representantes no Congresso, e o Congresso tinha escassa legitimidade social. Para superar este dilema, o Alianza País apostou suas fichas na convocação de uma Assembleia Constituinte, que só foi viabilizada quando os 27 deputados do Partido Sociedad Patriótica (PSP), liderado pelo ex-presidente Lucio Gutiérrez, aderiram de modo surpreendente à proposta, após longas negociações (Muñoz Jaramillo, 2014, p. 185).

Inspirando-se no caminho aberto por Hugo Chávez na Venezuela e seguido por Evo Morales na Bolívia, Correa instaurou uma assembleia que escreveu a vigésima Constituição da história do país, recorrendo a uma combinação de manejo da mídia e das urnas para decolar, em apenas 28 meses, a autodenominada Revolução Cidadã. Como nos países vizinhos, o percurso foi turbulento desde o início. No mesmo dia em que foi inaugurada a Constituinte na cidade de Montecristi, o novo governo reprimiu com brutalidade um protesto em Dayuma, na província amazônica de Orellana, quando a população fechou as vias de acesso ao campo petroleiro de Auca, operado pela estatal Petroecuador. Foi um prenúncio significativo dos enfrentamentos que estavam por vir, na assembleia e nas ruas.

Em Montecristi, a tensão entre a aspiração a uma Constituição referida ao Bem Viver, como esperava o campo popular, e o imperativo da exploração primária, imposto pelo capital, provocou a renúncia do presidente da Assembleia Constituinte, Alberto Acosta, a pedido de Correa. Além de diferenças quanto ao sentido da Constituição, Acosta defendia uma discussão mais aprofundada de temas sensíveis à sociedade equatoriana, incorporando a participação popular, em oposição às exigências políticas imediatistas e ao verticalismo da presidência.

A despeito dos recuos e das contradições, prevaleceu a percepção de que o texto aprovado distanciava-se do liberalismo constitucional em aspectos importantes, ao incorporar noções como a plurinacionalidade, a Pacha Mama, o *Sumak Kawsay*, a democracia comunitária, a justiça indígena e a interculturalidade, além dos direitos da natureza (Ávila Santamaría, 2013, p. 70). A constatação de que esta Constituição sofreria 23 mudanças até 2017 é um indício do caminho trilhado pelo Alianza País desde então.

III. Economia política da Revolução Cidadã

Apesar da contundente crítica à ingerência de organismos multilaterais como o FMI e o Banco Mundial nos países sul-americanos, bem como à dolarização equatoriana, Rafael Correa não se propôs a reverter a medida. Em termos concretos, seu nacionalismo avalizou uma auditoria da dívida externa que encaminhou a revisão de parte dos contratos firmados pelo governo, e não renovou a cessão da base militar de Manta para os Estados Unidos, cumprindo uma promessa de campanha. De maneira similar a Evo Morales, o presidente equatoriano renegociou contratos com as empresas petroleiras, objetivando investir em programas de transferência de renda condicionada e obras de infraestrutura. Esta política foi beneficiada pela alta nos preços internacionais do petróleo, de modo que Correa dispôs de recursos maiores do que todos os seus predecessores. Existe consenso entre os críticos da dolarização de que este é o principal de uma série de fatores conjunturais que sustentou a arquitetura herdada:

> A dolarização se sustentou por fatores exógenos e não por méritos próprios. Recordemos o aporte das remessas, dos crescentes preços do petróleo, da bonança para muitas exportações e do acesso a créditos externos baratos por parte dos agentes econômicos privados. Ao anterior teria que se acrescentar a entrada de dólares provenientes do *narcolavado* [lavagem de dinheiro do narcotráfico] ou de outras atividades delitivas,

alentadas pela própria dolarização. (Acosta & Olivares *et al.*, 2006, p. 117)

Esta situação colocou o governo diante de um dilema: os recursos decorrentes da exportação primária, sobretudo do petróleo, facilitavam os gastos sociais sem enfrentar os constrangimentos estruturais da sociedade equatoriana. Este benefício imediato ensejou um investimento ulterior na extração do produto, no momento em que estimativas indicavam que as reservas do país já atingiram seu pico e decresciam irreversivelmente, explicitando o caráter provisório do arranjo atual. Como decorrência, afluiu uma contradição entre a orientação extrativista da economia e sua projetada superação, nos marcos do preceito constitucional do *Sumak Kawsay* ou Bem Viver (Benalcázar, 2008).

A contradição entre a pressão sobre os recursos naturais mediada pelo Estado e o preceito constitucional do *Sumak Kawsay* colocou-se de modo paradigmático na negociação da Iniciativa Yasuní-ITT, que propunha manter inexplorado um potencial de 850 milhões de barris de petróleo que ocupa cerca de 200 mil hectares no subsolo do Parque Nacional Yasuní, em troca de um aporte estimado em 350 milhões de dólares anuais a ser realizado pela comunidade internacional ao longo de dez anos. Este dinheiro seria administrado por uma comissão fiscalizada pelo Programa das Nações Unidas para o Desenvolvimento (PNUD), e investido em programas sociais, de energia renovável, reflorestamento ou eficiência energética.

Para além das ambiguidades de uma proposta apoiada na boa vontade da "comunidade internacional", a iniciativa foi tratada de modo contraditório por Correa desde o seu lançamento. Mesmo quando o governo assinou um protocolo com o PNUD, em 2010, defensores da proposta intuíam que se tratava de um jogo de cena: acreditavam que o governo não investiria esforços em captar recursos, e então arquivaria a iniciativa, considerada inviável (Acosta, 2010). Quando este cenário se concretizou, em 2013, o coletivo Yasunidos propôs um referendo nacional para decidir a questão. O presidente retrucou: "Se querem um referendo, não sejam vagabundos, coletem as assinaturas se têm tanto apoio" (El Universo, 2013). Meses depois, os contrários à exploração petroleira no Yasuní entregaram um número de assinaturas superior ao necessário. O referendo, porém, nunca foi realizado, sob o pretexto de que havia irregularidades nas rubricas.

Isso não surpreendeu ninguém no Equador. Há muito tempo estava claro que o Alianza País resolveria a contradição entre extrativismo e Bem Viver apoiando o primeiro e enfrentando o segundo.

Desde a aprovação da Constituição por referendo, em outubro de 2008, figuras de esquerda integradas ao Alianza País foram escanteadas. Inviabilizou-se, por exemplo, as candidaturas dos ex-ministros Alberto Acosta e Gustavo Larrea nas eleições parlamentares de fevereiro de 2009. Este alijamento do setor permeável às pressões populares correspondeu a um fortalecimento do estilo de Correa, cujo temperamento muitos equatorianos descreveriam como "autoritário, intolerante e personalista" (Ospina Peralta, 2013b, p. 27).

Ao mesmo tempo, o governo avançou, ainda em 2008, um projeto de Lei de Mineração antagônico ao espírito e à norma da Constituição. O texto da lei contradiz a afirmação dos direitos coletivos e o direito à propriedade territorial, à consulta prévia e à consulta pré-legislativa das nacionalidades indígenas, o que desencadeou protestos do movimento indígena — que se depararia, então, com um governo fechado ao diálogo. No ano seguinte, projetos de lei sobre águas e terras motivaram a retomada das mobilizações pela Conaie, que anunciava: "Não caímos no conto da revolução cidadã, retomamos nosso projeto político" (Observatorio Social de América Latina,

2008). Em 2010, a Confederación Nacional de Organizaciones Campesinas, Indígenas y Negras (Fenocin), aliada ao governo, surpreendentemente somou-se à luta envolvendo a Lei dos Recursos Hídricos, sublinhando o descolamento entre o Alianza País e os movimentos sociais.

O padrão da relação de Correa com o campo popular articula cooptação, principalmente por meio da Secretaria de Povos, Movimentos Sociais e Participação Cidadã, e repressão. Segundo um estudo conjunto realizado entre 2008 e 2010 pela Comisión Ecuménica de Derechos Humanos (CEDHU), a Fundación Regional de Asesoría en Derechos Humanos (INREDH) e a ONG ambientalista Acción Ecológica — que chegou a ter sua personalidade jurídica provisoriamente cassada —, o governo moveu 41 processos judiciais com motivação política, inclusive 31 processos penais, atingindo 199 pessoas, número que cresceu nos anos seguintes. Em 2011, a prisão de lideranças shuar, acusadas de sabotagem e terrorismo, provocou indignação generalizada. Naquele momento, organizações como a Conaie, o Congreso de la Confederación de Pueblos de la Nacionalidad Kichwa del Ecuador (Ecuarunari), a Confederación de Nacionalidades Indígenas de la Amazonía Ecuatoriana (Confeniae) e a Confederación de Nacionalidades y Pueblos Indígenas de la Costa Ecuatoriana (Conaice) reivindicavam a anistia de quase duzentos perseguidos políticos, processados, diziam, por "defender a vida e a Pacha Mama" (Batista, 2011). Os protestos não se restringiram ao movimento indígena: o governo propôs uma Lei Orgânica de Educação Superior que foi interpretada como atentatória à autonomia das universidades, provocando manifestações e conflitos nas principais cidades do país.

Em resposta à intolerância do governo, o Alianza País passou a se defrontar com altos níveis de conflituosidade social. Em 2010, registraram-se cerca de novecentos conflitos; em 2011, houve em torno de oitocentos; em 2012, estimaram-se setecentos eventos desse tipo, entre os quais se inclui a Marcha por el Agua, la Vida y la Dignidad, mobilização popular mais importante sob a administração de Rafael Correa até então. Como referência de comparação, no ápice da crise econômica equatoriana, em 1999, foram registrados 750 conflitos. Face a estes dados, observadores anotaram que "a Revolução Cidadã é o período de maior conflito social desde a volta da democracia, em 1979" (Ramírez Gallegos, 2013).

Estes conflitos contrastam com a forma dialogada como o governo apara as arestas com a burguesia, evidenciada nas negociações em torno do Código Produtivo mediadas em 2010 pela ministra Nathalie Cely, que posteriormente seria nomeada embaixadora nos Estados Unidos. O apoio de classe ao Alianza País evidenciou-se em um polêmico episódio neste mesmo ano, qualificado pelo presidente como uma tentativa de magnicídio e golpe de Estado. No dia 30 de setembro, policiais rebelaram-se contra a incorporação da sua carreira à recém-aprovada Lei do Serviço Público. Correa dirigiu-se pessoalmente ao principal foco do protesto — um quartel de Quito — e logo desentendeu-se com os revoltosos. Os ânimos se acirraram e o presidente, que estava se recuperando de uma cirurgia no joelho, foi evacuado às pressas, sendo transladado a um hospital militar. As instalações médicas acabaram cercadas por policiais revoltosos, que se enfrentaram com esquadrões de elite das Forças Armadas incumbidos de proteger e resgatar o presidente. O episódio deixou um saldo de cinco mortes na capital: um civil, dois militares e dois policiais.

Neste contexto, o empresariado manifestou-se de forma unânime por meio de suas instituições representativas em favor da estabilidade política e da ordem, em notável contraste com a atuação da Federación de Cámaras y Asociaciones de Comercio y Producción de Venezuela (Fedecámaras) em 2002, liderada por Pedro Carmona. No Equador, explicitou-se que não havia qualquer articulação de classe sustentando um suposto golpe, mas justamente o contrário. Diante dos fatos, uma investigação consistente concluiu: "Entre os policiais atuantes no evento não houve uma vontade de concretizar um golpe de Estado, isto é, a queda de Rafael Correa e a conformação de um governo de fato, mediante a conformação de alianças de partidos, movimentos ou grupos específicos com os policiais rebeldes e, necessariamente, com forças militares. O Equador tem uma longa e ilustrativa história de golpes de Estado, à luz da qual o 30-S [referência à data do protesto, em 30 de setembro de 2010, como ficou conhecido] não se encaixa senão como uma revolta policial" (Muñoz Jaramillo, 2014, p. 232)

O apoio burguês ao Alianza País fora tecido ao menos desde a Constituinte, quando diferenças relacionadas às relações trabalhistas, ao regime de desenvolvimento e à exigência de consentimento prévio para projetos extrativistas forçaram a saída de Alberto Acosta. O compromisso do governo com o novo código de mineração, que resultou em enfrentamentos com o campo popular, fortaleceu esta afinidade, sobretudo com os segmentos da burguesia vinculados à globalização, como é o caso da exportação primária.

No contexto do levante policial de 2010, esta cumplicidade tinha sido selada pela reação relativamente exitosa do governo aos efeitos da crise mundial. Com a queda no preço do petróleo em 2008, a balança comercial do país passou a registrar saldos negativos desde 2009, que persistiram mesmo quando o barril subiu a quase 100 dólares, entre 2011 e 2013. Entre 2009 e 2015, o déficit comercial somou 7,329 bilhões de dólares, enquanto as remessas dos migrantes reduziram-se de 3,335 bilhões de dólares em 2007 para 2,378 bilhões de dólares em 2015. As exportações de banana dobraram no período (de 1,303 bilhão a 2,808 bilhões de dólares), mas foram insuficientes para cobrir a diferença. Para mitigar o desequilíbrio comercial, o governo recorreu ao endividamento externo. Em 2009, a dívida externa pública atingiu o nível histórico mínimo de 7,015 bilhões de dólares (12% do PIB). Em 2016, a dívida externa triplicara, alcançando 22,572 bilhões de dólares (22% do PIB). As relações com a China foram intensificadas, negociando-se inclusive petróleo futuro com este país (Ospina Peralta, 2013a; Acosta & Guijarro, 2016).

De modo geral, os dados indicam que a política econômica correísta favoreceu grandes conglomerados que concentram a riqueza do país e endossam o governo. Em 2015, a receita dos vinte grupos econômicos principais equivalia a 24,48% do PIB, enquanto o setor extrativista, de construção e grupos financeiros registraram os níveis de rentabilidade mais elevados. A despeito da retórica da "mudança da matriz produtiva", intensificada a partir da decisão de explorar o petróleo no Yasuní, a estrutura produtiva e o padrão de inserção internacional do país permaneceram inalterados. A participação da manufatura no PIB entre 2007 e 2015 esteve ao redor de 12,5%, enquanto o peso das exportações primárias subiu de 74% para 79% do total. Em lugar de favorecer a industrialização, a queda no peso das exportações de petróleo, que se reduziram de 52% para 35% no período, acentuou a pressão pela exportação de outros gêneros primários (Ospina Peralta, 2013a; Acosta & Guijarro, 2016). A intensificação do agronegócio e da mineração, até então uma atividade marginal, estão entre os fatores que impulsionaram o conflito social na Revolução Cidadã.

No plano do trabalho, a taxa de ocupação da população economicamente ativa esteve em torno de 40% entre 2007 e 2015. Houve uma modesta melhora nos salários, enquanto o PIB e o consumo cresceram, seguindo uma tendência que remonta ao início da década, quando a crise se reverteu. Esta tendência não foi exclusiva do Equador, uma vez que em todo subcontinente inverteu-se o quadro recessivo prevalente nos anos 1990. Neste país, o ritmo da recuperação decresceu na segunda metade da década, e a recuperação conjuntural não se atrelou a qualquer mudança estrutural (Ospina Peralta, 2013a, p. 226).

Os ganhos salariais da minoria na formalidade foram corroídos pelo custo da cesta básica, que ascendeu de 427,7 dólares em 2007 para 683,16 dólares em 2016, enquanto o salário mínimo cobriu, em média, 51,7% deste custo. Em um país onde não há auxílio-desemprego, os programas de renda condicionada cumpriram um papel social fundamental, além de sedimentarem o apoio de setores empobrecidos ao governo. O mais importante destes programas é o Bono de Desarrollo Humano, elevado de 35 para 50 dólares em meio à campanha presidencial de 2013 (Acosta & Guijarro, 2016; Muñoz Jaramillo, 2014). Entretanto, Pablo Dávalos (2016) considera equivocado estabelecer nexos diretos entre o aumento das exportações primárias e os programas sociais. O economista equatoriano indica que a arquitetura institucional que baliza o gasto público do país, acordada com organismos multilaterais, impede que as exportações financiem programas sociais. "A renda extrativista pode permitir a construção de hospitais e escolas, mas proíbe a contratação de pessoal necessário na saúde ou na educação para estes novos hospitais e escolas".

Estas despesas são custeadas por impostos, cuja arrecadação aumentou sob o Alianza País em função do crescimento econômico, da modernização do aparato estatal e do aumento de tributos, inclusive sobre a renda. Esta receita, que responde por três quartos da arrecadação do Estado, custeia os programas sociais, enquanto as exportações financiam subsídios aos combustíveis, investimentos em infraestrutura e reservas internacionais depositadas em bancos estrangeiros (Dávalos, 2016, p. 146). Ilustrativo desta tendência, enquanto mais de 50% do investimento público entre 2008 e 2013 concentrou-se em transportes e estradas que beneficiam o setor exportador, o investimento em irrigação e manejo de águas — fundamental para a economia camponesa — reduziu-se de 7,5% para menos de 2,5% (Muñoz Jaramillo, 2014, p. 61).

Assim como acontece na Bolívia, o acossamento aos modos de vida tradicionais e à agricultura camponesa correspondem a uma maior mercantilização da economia. O Alianza País reforçou este movimento também no plano subjetivo, ao difundir o consumo como um valor em um contexto de crescimento econômico e de popularização do crédito doméstico, o que elevou os níveis de endividamento familiar. Desde o início da dolarização, registra-se um aumento no consumo das famílias, tendência aprofundada sob o Alianza País: desde 2000, o consumo dos lares passou de 11,83 milhões de dólares para 33,2 milhões de dólares em 2007, ascendendo a 61,51 milhões de dólares em 2015. Embora as estatísticas indiquem uma redução da pobreza, que atingia 57% da população em meio à crise de 1999 para diminuir a 26% em 2013, a precarização do mundo do trabalho é sugerida pela centralidade das remessas de emigrantes: entre 2000 e 2015, calcula-se que foram enviados 35,27 milhões de dólares ao país, montante três vezes superior ao investimento externo direto nestes anos, que alcançou 11,33 milhões de dólares (Dávalos, 2016, p. 126, p. 151).

O Alianza País empenhou-se em recuperar o protagonismo do Estado na economia e na política. Em seus governos, registrou-se uma notável expansão da participação do setor público não financeiro no PIB, que passou de menos de 25% em 2006 para quase 50% cinco anos depois, enquanto a folha de pagamento mais do que triplicou entre 2005 e 2015 — de 2,9 milhões de dólares para 9,9 milhões de dólares (Ospina, 2013a, p. 199). Simpatizantes do correísmo apontam que o emprego público foi um importante indutor do consumo, enquanto seus críticos alegam que a máquina estatal foi instrumentalizada pelo partido: "Os servidores públicos mimetizam a militância do movimento oficialista, e vice-versa" (Machado, 2013, p. 17).

Há uma percepção consensual de que o Alianza País operou uma modernização exitosa do Estado equatoriano. Entretanto, o caráter conservador desta modernização foi reconhecido pelo próprio presidente: "Basicamente estamos fazendo melhor as coisas com o mesmo modelo de acumulação, antes do que mudá-lo, porque não é nosso desejo prejudicar os ricos, mas nossa inteção é sim ter uma sociedade mais justa e equânime" (Correa, 2012).

Porém, no processo de fazer "melhor as coisas com o mesmo modelo de acumulação", o governo revestiu-se de um caráter antidemocrático que tem sido denunciado por movimentos e personalidades de esquerda no país. De modo similar ao que ocorre na Bolívia, há indícios de que instituições como a Corte Constitucional, a Procuradoria do Estado, a Fiscalía General de la Nación [equivalente ao Ministério Público], a Controladoria do Estado, as Cortes de Justiça, a Defensoria do Povo, os tribunais eleitorais, entre outras, atuam com independência limitada. No conjunto, opositores constatam que a única crítica aceita pelo Alianza País é aquela proveniente da direita tradicional, pois ela contribui para legitimar o partido no poder (Dávalos, 2016, p. 65).

Rendida ao "mesmo modelo de acumulação", a Revolução Cidadã viu minguar seu potencial criativo original. O desafio de conciliar desenvolvimento, ecologia e soberania cedeu lugar às políticas da moda. A intensificação do extrativismo alienou o apoio de setores populares organizados, que se pretendeu compensar com a extensão de políticas assistencialistas aos empobrecidos inorgânicos, estimulados pelo crescimento econômico, a expansão do crédito e a promessa do consumo, em meio à propaganda massiva. No campo da ecologia, o esvaziamento de propostas pioneiras, como a Iniciativa Yasuní-ITT ou a figura constitucional dos direitos da natureza, correspondeu à adoção dos programas Socio Bosque e Socio Páramo, inscritos na lógica do mercado de carbono e de financeirização da natureza emulada pelo Banco Mundial (Houtart, 2014, p. 167). No plano da integração regional, o país que abriga a sede da Unasul e faz parte da Alba selou, em 2014, um tratado comercial com a União Europeia nos marcos do que fora previamente negociado com Peru e Colômbia, governos reconhecidamente favoráveis à abertura multilateral.

Em suma, o projeto do Alianza País implicou um fortalecimento do Estado eficaz para os negócios extrativistas e para a política correísta, mas que se distanciou das expectativas democráticas que impulsionaram seu ascenso. A dinâmica é resumida nas seguintes palavras:

> Na disjuntiva de ter que escolher entre democracia e eficácia, o governo escolheu a segunda. Sua prioridade não é democratizar o Estado, mas sim fortalecê-lo, e isso significa fortalecer o Executivo; [...] Nesse sentido, os sindicatos públicos, as organizações indígenas e ecológicas e as organizações locais são antes de tudo obstáculos para um Estado eficiente e uma sociedade disciplinada. (Ospina Peralta, 2013a, p. 265)

Ao renegar a utopia de conciliar desenvolvimento, ecologia e soberania — que lhe havia impulsionado em sua origem —, o Alianza País resignou-se a uma modernização conservadora do Estado e dos negócios no Equador. Neste processo, "esquerdismo", "ecologismo infantil" e "indigenismo infantil" converteram-se em inimigos de um regime que replica a intolerância característica da burguesia latino-americana, ainda que "disfarçado na pele de socialismo", consumando, na melhor das hipóteses, "uma revolução cidadã sem cidadania" (Acosta & Guijarro, 2016; Ospina Peralta, 2013a, p. 263).

Reflexões finais

Emergindo em um contexto de crise e rebelião em que diversos presidentes foram depostos graças à pressão popular, a consolidação do Alianza País sob a liderança de Rafael Correa abriu uma nova etapa na política equatoriana. Inicialmente concebida para disputar a presidência em 2006 em uma candidatura solo, a vitória transformou a convocação da Assembleia Constituinte — uma promessa de campanha — em um imperativo político, visando assentar as bases de sustentação do novo governo. Neste processo, as frações do partido permeáveis às aspirações populares foram alijadas das posições de comando, enquanto a relação com setores burgueses estreitou-se. A intolerância com o protesto popular contrastava com o diálogo fluido com o capital.

O núcleo da discórdia sintetizou-se na visão de mundo em torno do Bem Viver. As características da formação socioeconômica equatoriana, somadas a uma história recente de depredação ambiental, forjaram uma sensibilidade singular para a temática ecológica, em que indígenas, camponeses e ambientalistas convergiram em torno de uma visão de modernidade alternativa, em oposição aos interesses do capital internacional e à racionalidade do Estado burguês.

Se a Constituição redigida em Montecristi contemplou aspectos destas aspirações, incorporadas retoricamente pelo Alianza País, sua prática comprometeu-se na direção contrária. A repressão em Dayuma e a imposição do código de mineração imprimiram o tom inicial da gestão. Desde então, as ambiguidades insinuadas na negociação da Iniciativa Yasuní-ITT evaporaram em meio a jogos de cena e ao desprezo agressivo aos defensores do projeto, enquanto o governo embarcou em políticas de mercado de carbono afinadas com o "capitalismo verde" que retoricamente renega. Dispositivos constitucionais que obstavam o extrativismo foram alterados ou ignorados, como é o caso da proibição da agricultura transgênica.

Modificada 23 vezes em sete anos, a Constituição de 2008 nos recorda de que a arena parlamentar frequentemente serve para a contrarrevolução tourear a mudança. Em uma situação que sintetiza o movimento do período, a comunidade indígena amazônica de Sarayaku outorgou asilo a três perseguidos políticos do Alianza País em 2014, inclusive um deputado do Pachakutik: a Constituição amparava, por meio da plurinacionalidade, a liberdade de quem era impotente para defender a própria Constituição.

É indisputável que o Alianza País conduziu uma refundação da política e uma modernização do Estado nacional equatoriano. Esvaziaram-se os partidos que se alternaram no poder desde o final da ditadura, como o Partido Social Cristiano (PSC), Izquierda Democrática (ID), Democracia Popular (DP) e Partido Roldosista Ecuatoriano (PRE). Em contraste com a retórica neoliberal do Estado mínimo, recuperou-se a centralidade estatal para a economia e a política. Entretanto, o sentido desta refundação contradiz as aspirações populares que lhe impulsionaram inicialmente. O Alianza País avançou uma modernização funcional à reprodução capitalista, que combina novos e velhos negócios, todos condizentes com a inserção internacional periférica: a renda petroleira, a mineração em grande escala, o agronegócio — inclusive dos transgênicos —, grandes obras de infraestrutura e o consumo importado.

Esta política econômica convencional correspondeu a

uma economia política convencional. O Alianza País empenhou o poder estatal para reprimir o dissenso e fidelizar as massas, em meio a um estado de propaganda permanente que adulava seu líder. O crescimento econômico, o aumento do consumo, as políticas assistencialistas e as obras de infraestrutura lastrearam a popularidade do governo, que triunfou em dez eleições consecutivas.

Em 2014, o Alianza País foi derrotado nos pleitos municipais e provinciais, e a oposição assumiu dezenove dentre as vinte principais cidades do país — inclusive a capital, Quito. A queda nos preços do petróleo a partir deste ano desafiou a economia política do regime. A direita tradicional recobrou iniciativa, inclusive nas ruas, obrigando Correa a retroceder na proposta de um imposto sobre heranças, fato inédito até então.

Embora terminasse o mandato encurralado, Rafael Correa elegeu seu sucessor em um pleito apertado em 2017, na contramão de sucessivas derrotas dos governos progressistas na região. Mas logo se desentendeu com o novo presidente, Lenín Moreno, seu vice nos dois primeiros mandatos, enquanto Jorge Glas, vice em seu terceiro mandato, acabou preso por corrupção. No afã de "descorreizar" o país, Moreno inclinou-se à direita, visando fortalecer sua posição em uma disputa intestina que seccionou o Alianza País, prenunciando a melancólica degradação de uma revolução que nunca houve.[1]

---

1. Rafael Correa saiu do Alianza País em janeiro de 2018 para criar um novo partido, o Movimiento Acuerdo Nacional por la Revolución Ciudadana. Em julho de 2018, um juiz decretou sua prisão preventiva devido a suspeitas de que o ex-presidente tenha sido mentor intelectual do sequestro do ex-deputado opositor Fernando Balda, em 2012, na Colômbia. Contudo, a detenção de Correa, que atualmente mora na Bélgica, não se efetivou. [N.E.]

Referências bibliográficas

ACCIÓN ECOLÓGICA, Comisión Ecuménica de Derechos Humanos; Fundación Regional de Asesoría en Derechos Humanos. "Criminalización a Defensores de Derechos Humanos y de la Naturaleza en Ecuador", em CHÉRREZ, Cecilia; PADILLA, César; OTTEN, Sander & YUMBLA, María Rosa (orgs.). *Cuando tiemblan los derechos: extractivismo y criminalización en América Latina*. Quito: Observatorio de Conflictos Mineros de América Latina; Acción Ecológica & Broederlijk Denle, 2011.

ACOSTA, Alberto. *Breve história econômica do Equador*. Brasília: Funag, 2006.

____. *La maldición de la abundancia*. Quito: Abya Yala, 2009a.

____ (org.). Análisis de coyuntura política, económica y social del Ecuador: Una lectura de los principales componentes económicos, políticos y sociales de Ecuador durante el año 2009. Quito: Flacso, Friedrich Ebert Stiftung & Ildis, 2009b. Disponível em <http://www.fes-ecuador.org/fileadmin/user_upload/pdf/393%20ANACOY2010_0509.pdf >.

____. "La firma del fideicomiso para la Iniciativa Yasuní-ITT", em *Viento Sur*, 3 ago. 2010. Disponível em <http://www.vientosur.info/documentos/Alberto%20Acosta.pdf>.

ACOSTA, Alberto & GUIJARRO, John Cajas. "Ocaso y muerte de una revolución que al parecer nunca nació", em *Rebelión*, 2016. Disponível em <http://www.rebelion.org/docs/216525.pdf>.

ACOSTA, Alberto; OLIVARES, Susana López & VILLAMAR, David. "El aporte de las remesas a la economía ecuatoriana", em *La Insignia*, set. 2006.

ÁVILA SANTAMARÍA, Ramiro. "De la utopía de Montecristi a la distopía de la revolución ciudadana", em MACHADO, Decio et al. *El correísmo al desnudo*. Quito: Montecristi Vive, 2013.

BÁEZ, René et al. *Ecuador, pasado y presente*. Quito: Libresa, 1995.

BATISTA, Genaro. "Represión a los shuar", em *Revista Memoria*, 2011. Disponível em <http://www.revistamemoria.com/noticia.php?id=79>.

BREDA, Tadeu. *O Equador é verde: Rafael Correa e os paradigmas do desenvolvimento*. São Paulo: Elefante, 2011. Disponível em < http://www.editoraelefante.com.br/wp-content/uploads/2015/09/o_equador_e_verde_TB2.pdf>.

CARPIO BENALCÁZAR, Patrício. "El buen vivir más allá del desarrollo: la nueva perspectiva constitucional", em ALAI, 11 jun. 2008. Disponível em <https://www.alainet.org/es/active/24609>.

CORREA, Rafael. *Ecuador: de Banana Republic a la no republica*. Bogotá: Random House Mondadori, 2009.

____. "El desafío de Rafael Correa", em *El Telégrafo*, 15 jan. 2012. Disponível em <http://www.eltelegrafo.com.ec/noticias/especial-desafio-rafael-correa/1/el-desafio-de-rafael-correa>.

CUEVA, Agustín. "Ecuador: 1925–1975", em CASANOVA, Pablo González. *América Latina: Historia de medio siglo*. México: Siglo XXI, 1984.

CUVI, Juan (org.). *La restauración conservadora del correísmo*. Quito: Montecristi Vive, 2014.

DÁVALOS, Pablo. "Reflexiones sobre el sumak kawsay (el buen vivir) y las teorías del desarrollo", em ALAI, 5 ago. 2008. Disponível em <http://alainet.org/active/25617&lang=es>.

____. *Alianza País o la reinvención del poder. Siete ensayos sobre el posneoliberalismo em el Ecuador*. 1ª ed. Bogotá: Ediciones Desde Abajo, 2014.

____. ____. 2ª ed. Bogotá: Ediciones Desde Abajo, 2016.

EGUEZ, Alejandro. "Las remesas de emigrantes en Ecuador tras la dolarización", em *Observatorio de la Economía Latinoamericana*, 2001. Disponível em <http://www.eumed.net/cursecon/ecolat/ec/Eguez-remesas-A.htm>.

EL UNIVERSO. "Presidente Rafael Correa reta a grupos opositores a reunir firmas para consulta sobre Yasuní", em *El Universo*, 17 ago. 2013. Disponível em <https://www.eluniverso.com/noticias/2013/08/17/nota/1302246/presidente-rafael-correa-reta-grupos-opositores-reunir-firmas>.

HOUTART, François. "El desafío de la agricultura campesina para el Ecuador", em CUVI, Juan (org.). *La restauración conservadora del correísmo*. Quito: Montecristi Vive, 2014.

HURTADO, Osvaldo. *El poder politico en el Ecuador*. Quito: Letraviva, 1988.

MACHADO, Decio *et al*. *El correísmo al desnudo*. Quito: Montecristi Vive, 2013.

MAIGUASHCA, Juan & MAIGUASHCA, Liisa North. "Orígenes y significado del Velasquismo: lucha de clases y participación política en el Ecuador, 1920–1972", em QUINTERO, Rafael (org.). *La questión regional y el poder*. Quito: Corporación Editora Nacional, 1991.

MUÑOZ JARAMILLO, Francisco (org.). *Balance crítico del gobierno de Rafael Correa*. Quito: Universidad Central de Ecuador, 2014.

OBSERVATORIO SOCIAL DE AMÉRICA LATINA. *Cronología del conflicto social*, 2008.

OSPINA PERALTA, Pablo. "Estamos haciendo mejor las cosas con el mismo modelo antes que cambiarlo", em OSPINA PERALTA, Pablo *et al. Promesas en su laberinto. Cambios y continuidades en los gobiernos progresistas de América Latina*. La Paz: IEE, Cedla & CIM, 2013a.

____. "La revolución ciudadana en Ecuador: conflicto social, régimen disciplinario y proyecto de Estado", em MACHADO, Decio *et al. El correísmo al desnudo*. Quito: Montecristi Vive, 2013b.

QUINTERO, Rafael (org.). *La cuestión regional y el poder*. Quito: Corporación Editora Nacional, 1991.

RAMÍREZ GALLEGOS, Franklin (org.). *Democracia, participación y conflictos. Ecuador 2009-2012*. Quito: FES, Ildis & Flacso, 2013.

6. A deposição de Fernando Lugo no Paraguai e a questão brasiguaia

Na entrevista que concedeu à Folha [de S. Paulo], no QG de seu grupo empresarial em Assunção, esse catarinense nascido na pequena cidade de Videira chamou os camponeses que cercam sua fazenda de delinquentes; elogiou o governo do ditador Alfredo Stroessner ("Naquela época você podia dormir com a janela aberta e ninguém te roubava. Só estamos piorando desde então"); e disse que é inútil lidar com os sem-terra na base da diplomacia, que eles têm de ser tratados "como mulher de malandro, que só obedece na base do pau".
— Entrevista com Tranquilo Favero, maior plantador de soja do Paraguai, 2012

Quero que vocês se sintam em casa; para além do protocolo, vou repetir o que já havia falado: usem e abusem do Paraguai... Tudo com o Brasil, nada contra o Brasil.
— Horacio Cartes a empresários brasileiros, 2014

Introdução

O oprimido Paraguai foi brevemente tocado pela maré progressista, e também sofreu com as contradições deste processo. A eleição de Fernando Lugo em 2008 foi a primeira alternância política no país após seis décadas de domínio colorado, incluindo a ditadura mais longa da região, encabeçada por Alfredo Stroessner (1954-1989). Identificado como um aliado progressista, a principal promessa eleitoral de Lugo foi a reforma agrária. Entretanto, o governo se deparou com rígidos obstáculos para avançar nesse sentido, que foram endurecidos pela prosperidade recente do agronegócio da soja, protagonizado por proprietários de origem brasileira, conhecidos como brasiguaios.

Embora a presença de brasileiros no país não seja recente, seu papel central na expansão da soja redimensiou esta problemática. Durante as gestões petistas, o Estado brasileiro incentivou a projeção brasiguaia por meio de linhas de crédito e apoio político. Deste modo, porém, contribuiu para enrijecer os óbices enfrentados por Lugo para avançar ações mínimas de democratização do acesso à terra. Isso enfraqueceu a posição do governo paraguaio diante dos interesses que desencadearam o processo de *impeachment* em 2012 — que a diplomacia brasileira foi, então, impotente para frear. Constata-se uma situação paradoxal, em que o apoio a setores econômicos que se opõem à mudança política termina finalmente por revertê-la. Visto pelo prisma da problemática brasiguaia, o *impeachment* no Paraguai explicita as contradições da política regional brasileira e do próprio progressismo sul-americano, inerentes à pretensão de articular mudança política e conservadorismo econômico.

1. Questão agrária e presença brasileira no Paraguai

A problemática brasiguaia está enraizada na confluência de dois vetores da história do Paraguai independente: a questão agrária e a influência do Brasil. Ambos fenômenos estão relacionados ao desenlace da Guerra da Tríplice Aliança (1864-1870), episódio decisivo na formação do Paraguai contemporâneo, e que incidiu tanto nas relações sociais no campo como na inserção internacional do país. Em sua expressão presente, a constituição do poder brasiguaio remete à convergência de interesses econômicos e geopolíticos entre a ditadura comandada por Alfredo Stroessner e a política externa brasileira no período.

Embora a natureza das relações de produção predominantes no Paraguai antes da Guerra da Tríplice Aliança seja um tema polêmico tanto no país quanto no exterior (Pastore, 1972; Rivarola, D., 1986; Rivarola, M., 2010; White, 1984), prevalece entre os estudiosos da questão agrária uma leitura segundo a qual o conflito armado com Brasil, Argentina e Uruguai alterou drasticamente as relações de produção vigentes, assentadas em modos de vida de orientação camponesa, em que predominava a propriedade estatal da terra e não existia uma oligarquia vinculada ao latifúndio — um caso singular no continente. Segundo este enfoque, o desenlace da guerra abortou o percurso relativamente autônomo da formação do Estado paraguaio, que foi então incorporado à esfera de influência de seus vizinhos, principalmente da Argentina, por meio de uma conversão de sentido mercantil do uso da terra que lastreou a formação de uma classe dirigente análoga à de outros países da região, além da massiva aquisição de terras por estrangeiros.

Do ponto de vista das relações com o Brasil, há um consenso historiográfico assinalando uma mudança na orientação da política externa paraguaia a partir do regime instalado por Stroessner, que se acercaria progressivamente dos brasileiros em detrimento dos argentinos (Moraes, 2001; Mello, 2002). Indica-se uma ingerência estadunidense no golpe operado em 1954, visando prevenir uma indesejada aproximação entre o presidente paraguaio Federico Chaves e seu colega argentino Juan Domigo Perón. Nos anos seguintes, observa-se uma reorientação da política externa paraguaia, que encontrou eco nos interesses do Estado brasileiro naquele momento. Esta aproximação se expressou no estabelecimento de uma rota comercial ligando o Paraguai ao Atlântico por meio do porto de Paranaguá — elidindo assim a dependência secular em relação a Buenos Aires; na construção da Ponte da Amizade entre Foz do Iguaçu e a nova cidade de Puerto Stroessner, atual Ciudad del Este, iniciada em 1956; e no estabelecimento desta nova cidade como polo comercial orientado fundamentalmente ao mercado brasileiro.

Estes vínculos estreitaram-se com o golpe militar de 1964 no Brasil, quando preocupações geopolíticas e econômicas aliaram-se a projetos de interesse comum, como a colonização da região fronteiriça (a "marcha para o oeste", no caso brasileiro, e para leste, no caso paraguaio), a construção da Usina Hidrelétrica de Itaipu e a cumplicidade em torno da repressão social, avalizada pela Operação Condor (Albuquerque, 2005; Menezes, 1987; Laino, 1979).

No que tange especificamente à questão agrária, em 1963 a ditadura paraguaia criou o Instituto de Bienestar Rural

(IBR) e promulgou um Estatuto Agrário, sinalizando a intenção de expandir a fronteira agrícola, promovendo a colonização de áreas principalmente no oriente do país, com o duplo propósito de aliviar a pressão social na região central e prevenir o enraizamento de grupos guerrilheiros em áreas fronteiriças. Projetada como uma estratégia de desenvolvimento mercantil da agricultura paraguaia, a colonização promovida pelo IBR descaracterizou-se de seu propósito oficial de enraizar trabalhadores no campo, distribuindo áreas a favorecidos do regime e praticando um próspero comércio de terras originalmente destinadas à reforma agrária.

Ao longo dos anos 1970, esta política de colonização do leste paraguaio convergiu com a expansão da fronteira agrícola brasileira, movimento intensificado na região fronteiriça no contexto da construção da hidrelétrica de Itaipu. Motivado pelo baixo preço relativo das terras paraguaias, por uma pressão fiscal inócua e pela permissividade do Estado em relação a temas legais, trabalhistas e ambientais, produziu-se um significativo fluxo de brasileiros através da fronteira. Os imigrantes encontravam condições favoráveis de crédito no país, onde o Banco Nacional de Fomento facilitava recursos oriundos do Banco Mundial e do Banco Interamericano de Desenvolvimento (BID), emprestando-os a juros de 13% com prazo de reembolso de oito anos, concedendo-se três anos para começar a pagar — enquanto no Brasil as taxas vigentes oscilavam entre 22% e 24%, com prazo de cinco anos para reembolso e apenas um ano de carência.

Andrew Nickson aponta que estes empréstimos beneficiaram sobretudo os brasileiros, que compraram terras à vista, uma vez que a exigência de titulação definitiva da propriedade excluía do acesso ao crédito a maioria dos paraguaios, que parcelavam a aquisição dos lotes. Diante destes fatos, o pesquisador inglês sintetizou no começo dos anos 1980 o resultado da atuação do IBR:

> Concluindo, existem muitas evidências que sugerem que, desde a sua formação, em 1963, o IBR funcionou de uma maneira que facilita a penetração da agricultura capitalista no Paraguai sob o controle brasileiro. Sua política de não expropriação dos latifúndios existentes e sua decisão de vender as terras do Estado virgens na região contribuíram para a transferência posterior da maior parte da região fronteiriça oriental para mãos brasileiras, dentro de um período pouco maior do que uma década. (Nickson, 1981, p. 240)

Assim, a migração de proprietários e trabalhadores rurais brasileiros, em um contexto de expansão da fronteira agrícola e das remoções causadas pelas obras de Itaipu, convergiu com a política de colonização do oriente paraguaio impulsionada pelo regime de Stroessner. Este movimento socioeconômico respondia aos interesses geopolíticos de ambas as ditaduras. Stroessner alinhou-se decididamente ao Brasil, estabelecendo a posição paraguaia como beneficiária subalterna do crescimento econômico do país vizinho, ao mesmo tempo em que comungava com as ideias de povoamento e desenvolvimento territorial como política antissubversiva nos marcos da Guerra Fria. A ditadura brasileira, por sua vez, incentivava a ocupação da região limítrofe referenciada na noção de "fronteira viva" manejada pelo general Golbery do Couto e Silva, entendendo que a área de influência do Estado estendia-se ao território ocupado por seus cidadãos (Couto e Silva, 1967). Ao mesmo tempo, acordos oficiais envolvendo a hidrelétrica de Itaipu, ou arranjos tácitos estimulando a colonização do oriente paraguaio, favoreciam não somente esta estratégia geopolítica, mas também interesses econômicos representados pelo Estado brasileiro.

A massiva penetração de produtores rurais brasileiros atraídos pelas oportunidades que vislumbraram no outro lado da fronteira foi um dos resultados desta confluência de interesses. É este movimento migratório que está na raiz do que o geógrafo francês Sylvain Souchaud (2001) chamou de "espaço brasiguaio" — um território caracterizado pela predominância da língua, da cultura e do poder político e econômico brasileiros em território paraguaio. Este é um fenômeno singular na medida em que os imigrantes discriminam os trabalhadores nativos, ecoando estereótipos veiculados pela própria classe dominante nacional: "A regra universal costuma ser que aquele que chega é discriminado, e em alguns lugares essa discriminação chega a limites incríveis. Mas no Paraguai acontece o contrário: o que chega se apropria do que temos e nós somos discriminados por ele. Isso é único" (Fogel, 2011).

Embora a maioria dos migrantes fosse composta de trabalhadores rurais e a massa brasiguaia atual compreenda todas as classes sociais, os conflitos envolvendo proprietários de origem brasileira popularizaram em anos recentes uma sinédoque, na qual o neologismo "brasiguaio" tornou-se sinônimo de empresário da soja. No plano político, a força econômica dos brasileiros conforma uma espécie de poder paralelo ao débil Estado paraguaio, que, por sua vez, revela-se desinteressado ou incapaz de integrar estes imigrantes à sociedade nacional. A dominância brasiguaia é reforçada pela eleição de vereadores e prefeitos em municípios nas áreas em que a sua presença é dominante. Em uma situação em que a maioria dos trabalhadores brasileiros continua indocumentada, fala português e assiste à Rede Globo, a impermeabilidade do poder brasiguaio à institucionalidade local é, na visão de alguns analistas, uma realidade reconhecida e endossada pela diplomacia brasileira (Albuquerque, 2009; Fogel & Riquelme, 2005, p. 95).

Uma dimensão central da problemática brasiguaia é que a ocupação do solo paraguaio protagonizada por brasileiros nos últimos decênios apoiou-se em práticas irregulares de distribuição de terras — que ocorrem desde a ditadura e que estão na origem das chamadas *tierras mal habidas*. O clientelismo e a corrupção na gestão do patrimônio fundiário do país prosseguiram após a queda de Stroessner em 1989, no contexto da singular abertura democrática paraguaia, conduzida pelo mesmo partido que gerenciou a ditadura.

Ao longo destes decênios, os brasileiros envolveram-se com estas práticas irregulares por dois caminhos principais: negociando as terras apropriadas pelos favorecidos da ditadura e adquirindo lotes distribuídos aos que seriam os genuínos beneficiários da colonização. Estas terras são denominadas *derecheras*, pois consistem na cessão do direito (*derecho*) de ocupação de um pedaço de terra concedido pelo Estado e que, portanto, não pode ser vendido. Como um agravante: brasileiros adquiriram terras na região fronteiriça, situação que o governo procurou regulamentar por meio de uma lei vigente desde 2005, que criou uma zona de segurança em que é proibida a propriedade de estrangeiros em uma faixa de cinquenta quilômetros da divisa internacional. Por fim, face à precariedade da situação cadastral em uma realidade em que o Estado não dispõe de registros confiáveis sobre a titulação e a metragem das propriedades, existem as chamadas *tierras excedentes*, em que a extensão das áreas efetivamente apropriadas é maior do que a registrada em títulos, cuja legitimidade original é muitas vezes questionável por si mesmo.

11. A soja e os brasiguaios

Embora a massiva presença brasileira em território paraguaio não seja um fenômeno recente, os conflitos envolvendo brasiguaios têm se multiplicado com a expansão do cultivo da soja no século XXI. Estima-se que em 1973 a oleaginosa ocupava quarenta mil hectares no país. Em 1996 a superfície plantada aproximava-se de 1 milhão de hectares. Com a introdução de sementes transgênicas no final do século, a fronteira da soja avançou em média 125 mil hectares por ano nas safras seguintes, alcançando 2,8 milhões de hectares no ciclo agrícola de 2010–2011 (Palau, T., 2012, p. 33, p. 347). Neste período, o país manteve altas taxas de crescimento, rompendo com a letargia prevalente desde a construção de Itaipu: em 2010, por exemplo, o ritmo da expansão da economia paraguaia só ficou atrás do Catar. O Paraguai se tornou o quarto maior exportador mundial de soja e o oitavo de carne bovina.

A expansão da soja, que se converteu na principal exportação do país, implica a adoção de um modelo de negócio associado a um pacote tecnológico promovido pelas corporações transnacionais, que determina a forma como se produz a *commodity*. Como no Brasil, o mercado é dominado pela semente transgênica resistente ao herbicida Roundup (glifosato) — sendo que tanto a semente quanto o herbicida são patenteados pela Monsanto. Este pacote tecnológico está atrelado à técnica do plantio direto, em que os processos de arar e limpar o solo são substituídos pela aplicação de produtos químicos, cuja eficácia está vinculada ao aumento crescente do uso desse tipo de substância. O plantio direto permite reduzir a mão de obra, calculada em duas pessoas por cada mil hectares por ano, em um modelo produtivo viável somente para o cultivo em grande escala. Esta intensificação da agricultura é comparada por alguns autores a "uma agricultura extrativista, uma mineração no solo agrícola", em uma realidade na qual "o pacote da soja implica a 'descamponesação' absoluta, tratando-se de uma agricultura sem agricultores" (Rulli, 2007, pp. 18-20). No outro polo do processo, transnacionais como Cargill, Archer Daniels Midland (ADM) e Bunge açambarcam e exportam a soja produzida, o que levou um autor a concluir que, "na prática, os produtores são apenas uma engrenagem entre o processo de fornecimento e armazenamento da produção" (Rojas, 2009, p. 73).

Os impactos socioambientais da expansão da soja no Paraguai são documentados e denunciados regularmente por organizações vinculadas aos movimentos camponeses e indígenas. As consequências incluem expropriação de pequenos produtores por meio de múltiplos mecanismos; graves danos à saúde e ao meio ambiente em função das fumigações de agrotóxicos; aumento do desemprego, do êxodo rural e da emigração; maior concentração da terra; ameaça à soberania alimentar; avanço direto e indireto sobre áreas virgens, como consequência do deslocamento da fronteira agrícola; potencial desertificação do solo em função do plantio direto; e contaminação do Aquífero Guarani. Neste contexto, a expansão da soja enfrenta a resistência dos atores sociais identificados com a democratização das relações de produção no campo e a preservação do meio ambiente (Palau *et al.*, 2007; Fogel, 2008; ONG Repórter Brasil & Base Investigaciones Sociales, 2010; Benítez Leite *et al.*, 2011).

É notório o protagonismo de empresários rurais brasileiros na expansão do agronegócio no Paraguai. Embora não haja estatísticas precisas, Marcos Glauser cruzou dados oficiais do Instituto Nacional de Desarrollo Rural y de la Tierra (Indert) para estimar o número e o tamanho das propriedades estrangeiras no país. Seu trabalho revela que cerca de um quinto das terras nacionais estão em mãos estrangeiras, dentre as quais cerca de dois terços pertencem a brasileiros, o que equivale a 4.792.528 hectares (Glauser, 2009). Uma vez que a área agricultável do país é calculada em 24 milhões de hectares, estima-se que os brasileiros possuem em torno de um quinto das melhores terras, dentre as quais se incluem cerca de 40% da área dedicada à soja. A apropriação de terras por estrangeiros em larga escala também foi denunciada recentemente na Argentina e na Bolívia, para citar outros exemplos na região (Klipphan & Enz, 2006; Urioste, 2011), mas o papel singular que a reivindicação dos derrotados na Guerra da Tríplice Aliança teve para a afirmação do nacionalismo paraguaio torna a preponderância brasiguaia um tema particularmente sensível.

Segundo analistas paraguaios, a especificidade da situação do país baseia-se na ínfima integração do agronegócio às demais cadeias produtivas nacionais, fenômeno acentuado pelas características da inserção brasiguaia. De um modo geral, a baixa pressão fiscal sobre o agronegócio, que ainda se beneficia de um subsídio ao combustível utilizado na lavoura, minimiza as possibilidades de intervenção estatal em um sentido redistributivo (Fogel & Riquelme, 2005, p. 69). A exportação de um alto percentual de soja em grão, inclusive para o Brasil, reduz o potencial dinamismo econômico derivado do processamento da *commodity* no país.[1] Como um agravante, admite-se que a produção de soja comandada por brasiguaios

---

1. O Paraguai é um dos raros países que reconhecem Taiwan, o que impede que exporte diretamente para a China. Esta situação intensifica o escoamento de soja paraguaia pelo Brasil.

envolve operações de contrabando em grande escala, principalmente através da fronteira seca — onde sua presença é dominante —, impactando negativamente a arrecadação tributária e a balança comercial do país.

Nesta dinâmica que poderia ser qualificada como clandestina, os empresários do Brasil vêm com suas próprias máquinas, seus próprios tratores que depois, eventualmente, voltam a levar para o Brasil, de modo que, tecnicamente, não há investimento. Os tributos irrisórios da exportação também são evadidos, em parte, pelos sojeiros, sendo que algumas fontes estimam que um milhão de toneladas de soja tenha saído pela via do contrabando na última colheita agrícola (Fogel & Riquelme, 2005, p. 68).

Os vínculos que unem o espaço econômico brasiguaio à dinâmica do agronegócio no Brasil são atestados pela pesquisa intitulada *Los actores del agronegocio en Paraguay*, em que Luis Rojas analisou uma amostra das principais empresas do setor. Enfatizando que "a coluna vertebral do agronegócio no país é constituída pelas corporações transnacionais [...] que determinam em última instância *o quê e como vai ser produzido*", Rojas descreveu a atuação de nove empresas estrangeiras, dentre as quais três brasileiras — além de analisar outras 28 firmas consideradas nacionais —, sobre as quais conclui: "Das 28 empresas nomeadas, ao menos catorze pertencem, total ou parcialmente, a brasileiros (ou brasiguaios), o que representa 50% da amostra de empresas locais" (Rojas, 2009, p. 52-3).

Considerando a natureza dos nexos estabelecidos entre os grandes proprietários brasiguaios com o espaço econômico paraguaio, analistas avaliam que a produção da soja constitui uma modalidade de economia de enclave (Fogel & Riquelme, 2005). Neste sentido, Fogel indicou que "se deve ressaltar na análise da expansão dos sojeiros brasileiros a dinâmica do espaço fronteiriço centrada no brasiguaio, que responde mais a relações e pautas do Brasil, do qual depende, que de relações internas ao nosso Estado-nação [Paraguai]" (Fogel & Riquelme, 2005, p. 97).

Nesta perspectiva, a evolução do agronegócio brasiguaio está relacionada à dinâmica dos governos brasileiros correspondentes. No caso das gestões petistas, houve notório empenho em apoiar e defender seus negócios não somente no Paraguai, mas também em outros países da região. Na realidade, a expansão da soja protagonizada por brasileiros no Paraguai está inscrita no movimento de expansão da oleaginosa em uma vasta região transnacional, que inclui territórios de Paraguai, Bolívia, Brasil, Argentina e Uruguai. Esta região foi descrita por uma peça publicitária da transnacional Syngenta como uma "República Unida da Soja". O anúncio nos recorda que, se os brasiguaios constituem um encrave econômico no Paraguai, o negócio global segue comandado pelas transnacionais.

Assim como ocorreu com a construção civil, a soja foi impulsionada pela política de crédito do BNDES e defendida pela diplomacia empresarial do Itamaraty.[2] Esta atuação é constatada nos dois polos da questão: os empresários do agronegócio e os que lutam pela reforma agrária. Nilson Medina, considerado o maior empresário rural brasileiro na Bolívia, falou sobre este apoio em uma entrevista:

2. Segundo o relatório *Los impactos socioambientales de la soya en Paraguay*, "em maio de 2007, a visita do presidente Lula no contexto do Seminário de Agrocombustíveis Brasil-Paraguai foi concluída com a assinatura do memorando de entendimento. O presidente brasileiro esteve acompanhado de trinta empresários e os encorajou a investir no Paraguai. O BNDES do Brasil anunciou no seminário que disponibilizaria uma linha de crédito específica para financiar empresários brasileiros que decidissem investir em agronegócios no Paraguai." (ong Repórter Brasil & Base Investigaciones Sociales, 2010, p. 10).

Agora, nós [...] temos a garantia do governo brasileiro, sabe, eu acho que, assim como os "brasiguaios" têm a garantia do governo brasileiro, quando acontece alguma coisa lá existe uma intervenção, eu acredito que nós vamos ter a mesma atenção. O governo, o Celso Amorim, ele veio exclusivamente pra falar com a gente; o Celso Amorim, que eu acho um espetáculo o Celso Amorim, então, eu acho que, se acontecer alguma coisa aqui na Bolívia, o governo imediatamente vai intervir, e aí o Lula chama o Evo e fala: "Olha, a propriedade do Nilson M. foi invadida, ele tem tudo certo, ele cumpre a função social e tudo...". (Gimenez, 2010, p. 166)

Uma vez que o mais importante plantador de soja brasileiro na Bolívia evoca o exemplo dos brasiguaios como um precedente que afiança sua situação sob o governo de Evo Morales — uma conjuntura certamente mais conflituosa do que o governo Lugo naquele momento —, infere-se que a atuação da diplomacia brasileira em defesa dos interesses do empresariado é vista como um dado da realidade pelos empresários do setor.[3] O mesmo Medina relata um episódio em que, durante a campanha presidencial de Morales, expressou ao então ministro da Agricultura do governo Lula, Roberto Rodrigues, preocupação em relação à possibilidade de desapropriação de brasileiros. Poucos dias depois, o embaixador brasileiro no país teria telefonado para tranquilizar Medina, que mais tarde receberia garantias pessoais do próprio Morales (Gimenez, 2010, pp. 165-6).

paraguai

3. Nesta mesma entrevista, "no governo Fernando Henrique, nós fomos um pouco esquecidos na Bolívia; no governo Lula, o Lula nos deu uma assistência espetacular, né? Eu, sinceramente, sou fã, particularmente, do governo Lula, porque foi um governo que sempre nos auxiliou. Foi no governo Lula que nós tivemos a preocupação da embaixada brasileira com os brasileiros produtores na Bolívia" (Gimenez, 2010, anexo).

No outro lado do espectro político, ex-diretores dos órgãos encarregados de proceder à reforma agrária na Bolívia e no Paraguai relatam pressões exercidas pela diplomacia brasileira em defesa do empresariado rural brasileiro.[4] Observadores da questão agrária no Paraguai também registraram a intercessão brasileira no conflito de terras em Ñacunday, episódio que explicitou os impasses enfrentados pelo governo Lugo em seu último ano, e que agora será analisado.

---

4. Para o relato de Alcides Vadillo, ex-diretor do Instituto Nacional da Reforma Agraria (Inra), consultar o anexo da dissertação de Heloísa Gimenez (2010). Alberto Alderete, ex-diretor do Indert no Paraguai, afirmou que sofreu pressões do governo brasileiro durante sua gestão em entrevista ao autor em agosto de 2012.

III. A presidência de Lugo (2008-2012)

A eleição de Fernando Lugo como presidente paraguaio em 2008 representou a primeira alternância à dominação colorada na política paraguaia desde a ascensão de Alfredo Stroessner, em 1954. A ditadura comandada pelo general chegou a termo em 1989 por meio de um golpe militar liderado por um subordinado seu, o general Andrés Rodríguez. Eventos dramáticos que animaram a política nacional nos anos seguintes, como o assassinato do vice-presidente Luis María Argaña em 1999 e a subsequente renúncia de Raúl Cubas Grau face à pressão popular (o chamado *marzo paraguayo*), as desventuras que levaram o general Lino Oviedo ao exílio e à prisão (e à dissidência intracolorada liderada por ele), entre outros, não transbordaram os marcos da dominação colorada. Embora a gestão do Estado após a ditadura envolvesse, em alguma medida, o compartilhamento do aparelho estatal com a oposição conservadora, a transição paraguaia foi operada pelo mesmo partido que sustentou a ditadura — caso singular no continente. Neste contexto, os liberais, rivais dos colorados na política conservadora desde o final do século XIX, enxergaram na adesão à candidatura de Lugo nada mais do que um caminho para se reaproximarem do Executivo.

Por outro lado, o campo popular identificou nesta novidade política uma oportunidade para avançar demandas há muito represadas. País pouco industrializado, apresentando o IDH mais baixo da América do Sul aliado a uma das maiores concentrações de riqueza do continente, o Paraguai tem na questão agrária o foco principal de suas tensões sociais desde o final da ditadura. Relata-se, por exemplo, que no dia seguinte à deposição de Stroessner registraram-se três ocupações de terra (Riquelme, 2003).

As tensões no campo paraguaio acentuaram-se a partir dos anos 1990. A expansão da soja e da pecuária, em um contexto em que se esgotava a disponibilidade de terras do Estado (as chamadas *tierras fiscales*) acirrou as contradições entre o agronegócio e os modos de vida de orientação camponesa, além de causar devastação ambiental no oriente do país e no Chaco, onde, por exemplo, encontra-se ameaçado um dos últimos grupos indígenas que vive em isolamento voluntário no continente, os Ayoreo. Como uma resposta a este movimento, recrudesceu a resistência de camponeses e indígenas no único país oficialmente bilíngue do Cone Sul, que se expressou em uma dinâmica de luta pela terra e de repressão estatal familiar aos países latino-americanos.

Embora não tivesse uma militância reconhecida no campo da esquerda, Fernando Lugo projetou-se como figura política por meio de uma atuação episcopal afinada com a sensibilidade social característica da Teologia da Libertação, exercida no interior do país neste contexto de aguçamento das tensões no campo. Como candidato, fez da reforma agrária sua principal promessa de campanha, arrebanhando o apoio daqueles que se inclinavam por mudanças sociais.

Sustentada pelos setores populares, mas lastreada na estrutura partidária liberal, a candidatura de Lugo consumou um casamento de conveniência, em que ensejos díspares convergiram sob o desígnio comum de derrotar os colorados. Em decorrência disso, seu triunfo eleitoral pode ser interpretado antes como uma rejeição à situação prevalente do que como um triunfo da esquerda, em um país onde as forças populares estiveram asfixiadas sob a dominação colorada durante meio século — a maior parte sob ditadura — e, por isso, encontram dificuldades em solidificar instrumentos de política autônoma. Neste sentido, a eleição de Lugo encontra paralelo em outros casos no continente, nos quais figuras desconhecidas foram alçadas à presidência por meio de arranjos políticos *ad hoc*, em uma conjuntura de desprestígio dos partidos e dos políticos convencionais, desgastados diante da impopularidade do receituário neoliberal. Questionado sobre as convicções políticas do novo presidente, um futuro integrante do governo resumiu o espírito prevalente: não me perguntem sobre quem entra, mas sim sobre quem sai.

Dentre aqueles que simpatizaram com a vitória de Lugo, há dúvidas sobre a vontade política que o governo demonstrou em transformar a realidade, mas há consenso sobre os obstáculos que enfrentou. Eleito com 40,9% dos votos em uma aliança com os liberais, que indicaram o vice-presidente, as agremiações no campo da esquerda que integraram a coligação elegeram três dentre os oitenta deputados e um igual número de senadores de um total de 45. Para constituir maioria nas câmaras, o Executivo precisou compor não somente com os liberais, que elegeram 29 deputados e catorze senadores, mas também com a dissidência colorada comandada por Lino Oviedo sob a Unión Nacional de Ciudadanos Éticos (Unace). A frágil autonomia do presidente foi realçada pela Constituição em vigor, oriunda da transição, e que acentuava a dependência do governo em relação ao parlamento. Nesta circunstância, são evidentes os constrangimentos para propor mudanças por meio dos canais legais vigentes, dominados por parlamentares cujo perfil foi descrito nestas palavras por um estudioso anglo-saxão:

> A coisa mais óbvia a ser percebida é que quase todos são latifundiários, que possuem títulos de propriedade diretamente em seus nomes ou em nomes de amigos e familiares. Em 2008,

um antigo diretor do Banco Mundial no Paraguai mostrou-se chocado ao descobrir que todos os membros do Congresso que ele conheceu se enquadravam nessa descrição. Muitos eram beneficiários de transferências ilegais de grandes pedaços de terras estatais (em geral, de dois mil hectares para cima), que eram passadas para apoiadores civis e militares da ditadura de Alfredo Stroessner, e esse processo continuou ao longo das duas décadas seguintes de governos colorados. (Nickson, 2012)

Diferente de outros casos no subcontinente, Lugo não cogitou convocar uma Assembleia Constituinte — o que exigiria uma força política que não tinha para comandar o processo. Em todo caso, não era esta a sua proposta, e analistas paraguaios consideram esta analogia equivocada à luz do que o governo efetivamente se propôs a fazer.

Em um arranjo que lembra o primeiro governo Lula, os ministérios mais importantes — Fazenda, Obras Públicas e Agricultura e Pecuária — foram alocados a pessoas de confiança do capital, enquanto setores populares ficaram com a Saúde e organismos menores — como o Ministério da Cultura, a Secretaria de Assuntos Indígenas, a Secretaria Ambiental e o Indert, espécie de Instituto Nacional de Colonização e Reforma Agrária paraguaio. Programas sociais de caráter assistencial foram implementados e se abriram múltiplos espaços de participação cidadã — que, no entanto, não significaram qualquer mudança estrutural.

Em que pese a inocuidade das políticas sociais avançadas, os principais movimentos do campo adotaram uma espécie de "trégua" em relação ao governo — o que significou uma moderação, mas não o fim, das ocupações e das marchas. Entendia-se que a pressão social poderia desestabilizar um mandato que, apesar de suas debilidades, abria pela primeira vez as portas da presidência a esses grupos. Em certa medida, considerando-se os eventos subsequentes, não era uma leitura equivocada.

A boa vontade expressa pelos movimentos populares em relação ao governo não foi recíproca. Pelo contrário, houve uma aproximação com a Colômbia em assuntos relacionados à segurança nacional, comandada pelo Ministério do Interior, resultando em treinamentos e assessorias associadas ao famigerado Plan Colombia. Lugo também aprovou uma lei antiterrorista nos moldes difundidos pelos Estados Unidos, além de permitir o estabelecimento da Iniciativa Zona Norte, prevendo a instalação e o exercício de tropas estadunidenses na região oriental do país (Méndez, 2012).

Neste cenário, a repressão aos movimentos sociais no campo não abrandou, registrando-se dezenas de casos de violência, inclusive o assassinato de militantes, em consonância com o padrão prevalente em governos anteriores. Segundo observadores dos direitos humanos, o momento culminante desta política de segurança ocorreu em meados de 2010, quando o governo declarou estado de sítio em cinco departamentos do país. A pretexto de erradicar um suposto movimento guerrilheiro denominado Ejército del Pueblo Paraguayo (EPP), inúmeras infrações aos direitos civis de militantes camponeses foram cometidas. Muitos fazem a leitura de que o EPP, uma obscura organização constituída por poucos membros que realizavam atos esporádicos de banditismo social, cumpre papel funcional a um discurso que, modulado na ideologia do combate ao terrorismo, avaliza políticas de policiamento social como ocorre na Colômbia (Palau, M., 2009). De todo modo, a oposição a Lugo sistematicamente buscou vincular o presidente ao EPP, o que levanta a suspeita de nexos entre esta organização e a dimensão mafiosa da política nacional.

iv. A questão agrária no governo Lugo

É neste contexto que se inscreveu a política agrária do governo Lugo. De modo geral, os militantes da reforma agrária diagnosticaram cedo as ambivalências do governo, criticando uma dispersão de esforços interpretada como falta de vontade política para transcender a retórica:

> Pode-se apreciar facilmente que esta grande quantidade de planos, programas, projetos e iniciativas de diferentes repartições governamentais, muitos dos quais elaborados de maneira paralela (no melhor dos casos) ou de maneira antagônica, quando os interesses em disputa eram ou são politicamente distintos, não pode se não oferecer um panorama desolador: *é a expressão mais clara de que nada será feito*. (Riquelme; Rojas; Palau, 2010, p. 31)

De acordo com especialistas da questão agrária, há três maneiras legais para distribuir a propriedade rural no Paraguai: através da compra, da expropriação ou da recuperação de terras. Aparentemente menos conflituosa, a compra de terras torna-se impraticável na medida em que a legislação a enquadra como a aquisição de uma propriedade qualquer, que deve ser submetida à licitação pública. Apenas terras imprestáveis ao cultivo ou de remoto acesso são ofertadas. Na prática, a ação do Estado resume-se a comprar terras já ocupadas, onde não há perspectiva de recuperação da posse. A expropriação também é descartada em função dos baixíssimos níveis de produtividade requeridos pelo Estatuto Agrario, além da falta de recursos próprios que permitiriam ao Indert comprar terras a preço de mercado. Por fim, existe a possibilidade de recuperar lotes irregularmente adquiridos — as chamadas *tierras mal habidas*, cuja origem, como vimos, está intimamente vinculada à ditadura de Stroessner e à problemática brasiguaia.

O primeiro diretor do Indert no governo Lugo, Alberto Alderete, trabalhara em uma extensa investigação com o objetivo de mapear as *tierras mal habidas*, impulsionado pela Comisión de Verdad y Justicia, cujo intuito foi apurar o legado da ditadura stronista em diferentes esferas. O resultado apontou que, de um total de 12.229.594 hectares distribuídos ao longo da ditadura, 64,1% foram apropriados ilegalmente, o que constitui cerca de um quinto da área do país. Em outras palavras, haveria 7,8 milhões de hectares ilegalmente apropriados e, portanto, passíveis de expropriação pelo governo. Divulgou-se, então, uma lista com 3.336 nomes associados a 4.232 propriedades, encabeçada pelo próprio Stroessner e por Andrés Rodríguez, o militar que o derrubou. Segundo o sociólogo Ramón Fogel, outro dos responsáveis pela investigação, 90% das *tierras mal habidas* estariam em posse de brasiguaios na atualidade (Programa Democratización y Construcción de la Paz, 2012, p. 24).

Apesar da difusão pública do informe e do conhecimento de causa de Alderete, sua breve gestão frente ao pequeno e corrompido Indert — entre agosto de 2008 e março de 2010 — foi incapaz de produzir qualquer resultado significativo, uma vez que se chocou com o bloqueio jurídico à recuperação de terras, a sabotagem orçamentária ao Indert e a defenestração política conduzida pela imprensa.

Na realidade, a crise que provocou sua queda foi desencadeada por um episódio incomparavelmente menor do que a desapropriação de um quinto do território nacional. Em uma tentativa de promover alguma distribuição de terras, o Indert negociou a compra de 22 mil hectares do brasileiro Ulisses Rodrigues Teixeira por cerca de 30 milhões de dólares, com a intenção de assentar duas mil famílias na área. O Congresso, no entanto, vetou a operação, que se transformou em uma campanha liderada pelo principal jornal do país, o *ABC Color*, contra o titular do Indert e o próprio presidente, acusados de sobrevalorizarem o terreno com fins escusos. Tudo indica que se pretendia evitar um precedente de distribuição de terras que interessavam aos empresários da soja. Foi nesta conjuntura que se produziu a primeira ameaça séria de julgamento político de Lugo. Alderete renunciou pouco depois, quando a trava à compra culminou com um corte significativo das verbas destinadas ao Indert a mando do Congresso. Foi também nesta circunstância que se criou a Liga Nacional de Carperos, aludindo às *carpas* (barracas) utilizadas pelos acampantes que pressionam por reforma agrária.

Em abril de 2011, cerca de quinhentos sem-terra ocuparam uma área em Ñacunday, na fronteira com o Brasil, desencadeando um conflito que se estendeu durante o ano seguinte e repercutiu no país vizinho, uma vez que a área em questão fora apropriada pelo ícone do poder brasiguaio no país, Tranquilo Favero. Maior plantador de soja do Paraguai, Favero é também conhecido por seu desprezo de tonalidades racistas em relação aos trabalhadores paraguaios, contrabalanceado por uma admiração indisfarçada por Stroessner (Capriglione, 2012). Aliás, essas duas características são comuns a muitos proprietários brasileiros no país, que, em sua maioria, identificam-se politicamente com os colorados.

A ocupação foi protagonizada justamente pelo segmento de trabalhadores rurais sem-terra que radicalizou seus métodos de luta com o fracasso da aquisição da área de Rodrigues Teixeira. Há indícios de que o próprio governo favoreceu esta ação, com a intenção de realizar uma desapropriação carregada de valor simbólico e que o fortalecesse politicamente, tendo em vista futuras eleições, fomentando a percepção de que a reforma agrária avançava. Nestas circunstâncias, o recém-constituído movimento dos *carperos* foi qualificado como oportunista pelas organizações consideradas "históricas" do movimento camponês no país, que se opuseram a seus métodos.

As terras em questão têm documentação frágil e de procedência duvidosa. Porém, o argumento central dos trabalhadores rurais é que se trata de *tierras excedentes*, ou seja, a superfície abarcada pela propriedade seria superior à documentação registrada em pelo menos doze mil hectares. Diante desta suspeita, o Indert decidiu proceder à mensura do terreno, mas houve resistência dos brasiguaios. Com o respaldo de uma autorização judicial e de tropas militares, esse trabalho foi iniciado, mas, logo depois, um segundo magistrado cassou o mandato original, e o juiz que a princípio havia emitido a autorização foi punido.

Face à intransigência, Lugo recuou. Não foi a primeira nem a última vez que reagiu assim, o que levou um analista a descrever sua política social como "um passo à frente e dois atrás". O caso Ñacunday provocou não somente a reação unificada do empresariado ligado à soja, mas também do governo brasileiro, que interveio:

> O governo do Brasil se interessou pelo caso Ñacunday diante da insegurança em que poderiam se encontrar as famílias de brasiguaios. O interesse do governo foi manifestado em diversas ações: o cônsul-adjunto do Brasil em Ciudad del Este, junto a advogados de produtores e um assessor jurídico do consulado brasileiro, acorreram à zona de Ñacunday a fim de se informarem sobre a situação, e o próprio embaixador do Brasil realizou uma visita "de cortesia" ao presidente do Indert. (Programa Democratización y Construcción de la Paz, 2012, p. 5)

Ao final, as terras não foram recuperadas, o Indert sofreu intervenção do governo em meio a acusações de corrupção de seu terceiro diretor — próximo aos liberais — e os camponeses se retiraram. Parte deles foram para Curuguaty, palco dos trágicos eventos que serviram de pretexto para desencadear o julgamento de Lugo.

v. O julgamento político

No campo popular, há uma percepção consensual de que os eventos que resultaram na morte de seis policiais e onze camponeses no dia 15 de junho de 2012, em Curuguaty, foram desencadeados por franco-atiradores. Depois de os policiais serem atingidos, onze camponeses, dentre os mais de cinquenta presentes no local, foram executados. A terra em questão, apropriada por um conhecido empresário e ex-senador colorado, Blas Riquelme, era uma antiga reivindicação do movimento camponês, que já a ocupara e desocupara diversas vezes. O consenso em relação à ilegalidade da propriedade era tal que posteriormente Frederico Franco, o presidente golpista, encampou sua recuperação na tentativa de produzir um fato político popular — o que, diga-se de passagem, ratifica a irregularidade do desalojamento que resultou em tragédia.

Embora a deposição de Lugo tenha sido viabilizada por uma convergência de interesses variados, a articulação imediata do golpe é atribuída a dois personagens: Aldo Zucolillo e Horacio Cartes. O primeiro é um influente empresário que tem, entre outros negócios, sociedade com a Cargill no país e é dono do *ABC Color*. Além disso, Zucolillo era tido como um lobista de alto nível das multinacionais que atuam no Paraguai e do governo dos Estados Unidos. Já Horacio Cartes é considerado por seus pares um dos empresários mais bem-sucedidos do país, enquanto seus opositores o descrevem como um dos mafiosos mais poderosos do Cone Sul.

Seus negócios envolvem o setor financeiro, bebidas, cigarro, fazendas e até um time de futebol. Cartes pretendia tornar-se o próximo presidente do Paraguai pela Asociación Nacional Republicana, denominação oficial do Partido Colorado.[5]

No entanto, analistas indicam que, na época, a candidatura de Cartes encontrava dificuldades para transcender o âmbito do coloradismo, que, por sua vez, está sujeito a permanentes disputas internas. A popularidade de Lugo, que se estimava acima de 40% apesar das limitações de seu governo, não era um obstáculo menor. Nestas circunstâncias, especula-se que Zucolillo, politicamente próximo aos colorados, sensibilizou Cartes sobre a urgência de uma atitude drástica para salvar seu projeto presidencial. A publicação de uma matéria no ABC Color no começo de 2011 insinuando a ligação de Cartes com diversos negócios ilegais, entre os quais o contrabando de cigarros para o Brasil e o narcotráfico, pode ter contribuído para persuadi-lo.[6]

Consumada a chacina em Curuguaty, a oposição subiu o tom das críticas ao presidente, acusado de ser o responsável pelos acontecimentos por sua presumida incapacidade para lidar com os problemas do país. A reação de Lugo, por sua vez, foi defensiva. Solidarizou-se com os policiais mortos, mas não com os camponeses. E substituiu o ministro do Interior, Carlos Filizzola, por Rúben Candia Amarilla, um colorado de vínculos notórios com grupos anticomunistas do stronismo e detestado pelos movimentos sociais por sua atuação como *fiscal general* — equivalente a procurador-geral — do Estado. De fato, uma vez empossado, o primeiro anúncio do novo

---

5. Cartes elegeu-se presidente do Paraguai em 2013, sucedendo o vice-presidente de Lugo, Frederico Franco.
6. "El lado oscuro de Horacio Cartes", em ABC Color, 14 jan. 2011. Disponível em <http://www.abc.com.py/edicion-impresa/opinion/el-lado-oscuro-de-horacio-cartes-207834.html>.

ministro foi decretar o final do "protocolo" estabelecido para lidar com ocupações de terra, que previa o diálogo inicial com os manifestantes.

Ao nomear um colorado como ministro, Lugo incorreu no desprezo da esquerda, ao mesmo tempo que aprofundou o fosso que o separava dos liberais, sua base de sustentação no Congresso. A racionalidade provável por trás desta nomeação é política: Candia Amarilla seria um colorado próximo à presidenta do partido, Lilian Samaniego, que, por sua vez, opunha-se internamente à candidatura de Cartes. Ao ver desgastada sua relação com os liberais após quase quatro anos de convivência espúria, Lugo visualizava seu futuro político em uma aproximação com setores deste partido.

No entanto, o jogo virou quando os liberais, que não precisavam de muitos motivos para assumir a máquina estatal a poucos meses da eleição, acertaram-se com os colorados, que se opunham a Lugo desde o início. O processo de *impeachment* concretizou-se na 24ª ocasião em que houve a ameaça de desencadeá-lo ao longo do mandato. Foi a oitava vez que um presidente paraguaio caiu no final do governo.

Reflexões finais

Os primeiros atos de Frederico Franco no poder revelaram que outros interesses ansiavam por uma mudança de governo. Na semana seguinte ao golpe foi liberada a comercialização de uma variedade de semente transgênica de algodão produzida pela Monsanto e, pouco depois, mais quatro variedades de semente de milho. Também se aceleraram as negociações com a multinacional Rio Tinto Alcán, que pretendia construir uma gigantesca planta de alumínio nas margens do Rio Paraná. Embora o Paraguai não produza bauxita, trata-se de um processo de intenso consumo energético, que ali se beneficiaria da proximidade com a usina de Itaipu. Segundo o especialista Ricardo Canese, que assessorou o governo Lugo nas negociações com o Brasil sobre Itaipu, as condições colocadas pela multinacional do Canadá — segundo país a reconhecer Franco, depois do Vaticano — implicariam um subsídio na ordem de 14 bilhões de dólares ao longo dos próximos vinte anos, o que equivalia a sete vezes o montante da dívida externa paraguaia (Canese, 2012). Por fim, existia ainda a expectativa de que o Paraguai receberia indústrias provenientes de países vizinhos, sobretudo do Brasil, replicando no Cone Sul as maquiladoras mexicanas.

No plano das relações internacionais, divulgou-se a ideia de que os Estados Unidos apoiaram o golpe, o que é coerente com o papel atribuído a Zucolillo nos acontecimentos. Para a diplomacia brasileira, a deposição de Lugo foi um revés, e o governo movimentou-se intensamente para evitá-la. O poder brasiguaio, por sua vez, imediatamente se alinhou a Franco.[7]

No entanto, o móvel fundamental da manobra foi interno e remete aos limites para a mudança no país. Embora as circunstâncias políticas iluminem o modo como foi deposto Lugo, as causas da oposição intransigente que enfrentou são estruturais. Os episódios envolvendo a compra de terras de Rodrigues Teixeira, Ñacunday e Curuguaty ilustram, por um lado, a tenaz resistência das classes dominantes paraguaias a qualquer mudança no campo, onde o agronegócio expulsa a população camponesa, provocando o inchaço das cidades e a emigração, além de agredir aqueles que permanecem na terra e agravar a devastação ambiental. Por outro lado, revelam a força do legado stronista no aparelho do Estado, assim como o seu reverso: a impotência de um governo de caráter ambíguo para avançar mudanças, ainda que mínimas, apesar do comprometimento individual de muitos militantes.

Esteio do agronegócio no país, o poder brasiguaio encarna a resistência a qualquer disciplinamento da questão fundiária, para não dizer à reforma agrária como instrumento de democratização da sociedade paraguaia. Assim, o poder brasiguaio é parte dos atores que confluíram com o interesse das multinacionais do agronegócio, da Rio Tinto Alcán, do Departamento de Estado dos Estados Unidos, das maquiladoras, de pecuaristas e traficantes diversos, para favorecer a aliança tática entre liberais e colorados que levou ao golpe. Nesta perspectiva, o dilema paraguaio expressou um paradoxo da influência brasileira na região, na medida em que o apoio ao empresariado rural brasiguaio enrijeceu os óbices

---

7. "'Brasiguayos' pedirán a Itamaraty que respalde a Franco", em *ABC Color*, 24 jun. 2012. Disponível em <http://www.abc.com.py/edicion-impresa/politica/brasiguayos-pediran-que-itamaraty–respalde-a-franco-418087.html>.

enfrentados pelo governo Lugo para avançar ações mínimas de democratização do acesso à terra, enfraquecendo sua posição diante de interesses que desencadearam um processo de *impeachment* que a diplomacia brasileira foi, então, impotente para frear.

Associada à ditadura de Stroessner, às múltiplas ilegalidades que marcam a questão agrária no país, aos conflitos decorrentes da expansão do agronegócio e à intermitente ameaça brasileira à autonomia paraguaia, a questão dos brasiguaios problematiza a articulação entre as dimensões econômica e política da projeção regional brasileira: o agronegócio revela-se uma modalidade de expansão capitalista que combina violência socioambiental e dependência apoiada pela diplomacia brasileira, sinalizando que a soberania paraguaia subordina-se a uma razão de Estado solidária aos interesses da bancada rural em ambos países. Como resultado, potencia-se o crescimento econômico regional nos marcos de uma inserção internacional assentada na exportação de *commodities*, perpetuando as determinações fundamentais que obstam uma integração democrática e soberana.

Referências bibliográficas

ALBUQUERQUE, José Lindomar C. *Fronteiras em movimento e identidades nacionais: a imigração brasileira no Paraguai*. Tese de Doutorado. Fortaleza: Universidade Federal do Ceará, 2005.

____. "A dinâmica das fronteiras: deslocamento e circulação dos 'brasiguaios' entre os limites nacionais", em *Horizontes antropológicos*, vol. 15, n. 31, 2009, pp. 137-66.

BASE INVESTIGACIONES SOCIALES. *Brasiguayos, Itaipu y Mercosur. Memorias del IV seminario binacional sobre brasiguayos*. Documento de Trabajo 68, março 1995. Disponível em <http://www.portalguarani.com/detalles_museos_otras_obras.php?id=87&id_obras=1981&id_otras=295>.

BENÍTEZ LEITE, Stela; MACCHI, María Luisa & ACOSTA, Marta. *Malformaciones congénitas asociadas a agrotóxicos*. Assunção: Base IS, 2011.

CANESE, Ricardo. "Não foi nem juízo, nem político; o processo de destituição de Lugo é de nulidade insanável", em *Correio da Cidadania*, 18 jul. 2012. Disponível em <http://www.correiocidadania.com.br/index.php?option=com_content&view=article&id=7382:manchete180712&catid=72:imagens-rolantes>.

CAPRIGLIONE, Laura. "Conflito com brasiguaio não é diplomático, e sim, agrário", em *Folha de S. Paulo*, 20 dez. 2012.

CECEÑA, Ana Esther; AGUILAR, Paula & MOTTO, Carlos. *Territorialidad de la dominación. Integración de la Infraestructura Regional Sudamericana (IIRSA)*. Buenos Aires: Observatorio Latinoamericano de Geopolítica, 2007.

COMISIÓN DE JUSTICIA Y VERDAD. *Informe Final de la Comisión de Verdad y Justicia. Tomo IV: Tierras Mal Habidas*. Assunção: Comisión de Justicia y Verdad, 2008. Disponível em <http://www.meves.org.py>.

COUTO E SILVA, Golbery do. *Geopolítica do Brasil*. Rio de Janeiro: Livraria José Olympio Editora, 1967.

FOGEL, Ramón. "La región de la triple frontera: territorios de integración y desintegración", em *Sociologias*, v. 10, n. 20, pp. 270-90, jul.-dez. 2008.

____. "Tierra y democracia: la lucha de los campesinos paraguayos", em *Nueva Sociedad*, n. 96, pp. 163-73, jul.-ago. 1988.

____. "Movimientos campesinos y su orientación democrática en el Paraguay", em GRAMMONT, Hubert C. de. *La construcción de la democracia en el campo latinoamericano*. Buenos Aires: Clacso, 2006.

____. "Ramón Fogel: 'Este es el único país donde los inmigrantes son los que discriminan a los locales'", em *E'a*, 25 jul. 2011. Disponível em <http://ea.com.py/v2/ramon-foguel-este-es-el-unico-pais-donde-los-inmigrantes-son-los--que-discriminan-a-los-locales/>.

FOGEL, Ramón & RIQUELME, Marcial. *Enclave sojero: merma de soberania y pobreza*. Assunção: Ceri, 2005.

GLAUSER, Marcos. *Extranjerización del territorio paraguayo*. Assunção: Base IS, 2009.

GIMENEZ, Heloisa Marques. *O desenvolvimento da cadeia produtiva da soja na Bolívia e a presença brasileira: uma história comum*. Dissertação de Mestrado. São Paulo: Universidade de São Paulo, 2010.

GONZÁLEZ, David. "Paraguay por primera vez superará 3 millones de hectáreas en soja", em *5 días*, 30 ago. 2011. Disponível em <https://www.5dias.com.py/paraguay-por-primera-vez-superar-3-millones-de-hectreas-en-soja/>.

INSTITUTO SOCIOAMBIENTAL. "ONG paraguaia denuncia desmatamento promovido por empresas brasileiras na região do Chaco", 13 out. 2008. Disponível em <http://www.socioambiental.org/nsa/detalhe?id=2773>.

KLIPPHAN, Andrés & ENZ, Daniel. *Tierras S.A.: crónicas de un país rematado*. Buenos Aires: Alfaguara, 2006.

KOROL, Claudia & PALAU, Marielle. *Resistencias populares y recolonización del continente*. Talleres de la triple frontera. Assunção: Base IS, 2009.

LAINO, Domingo. *Paraguai: fronteiras e penetração brasileira*. São Paulo: Global, 1979.

MÉNDEZ, Idilio. "Monsanto golpea en Paraguay: los muertos de Curuguaty y el juicio político a Lugo", em *Otramérica*, 23 jun. 2012. Disponível em <http://otramerica.com/radar/monsanto-golpea-en-paraguay-los-muertos-de-curuguaty-y-el-juicio-politico-a-lugo/2082>.

MELLO, Leonel Itaussu Almeida. "Brasil e Argentina em perspectiva", em *Revista de História*, São Paulo, n. 147, pp. 211-24, dez. 2002. Disponível em <https://www.revistas.usp.br/revhistoria/article/view/18948>.

MENEZES, Alfredo da Mota. *A herança de Stroessner: Brasil–Paraguai, 1955–1980*. São Paulo: Papirus, 1987.

MORAES, Ceres. "Interesse e colaboração do Brasil e dos Estados Unidos com a ditadura de Stroessner (1954-1963)", em *Diálogos*, v. 11, n. 1/ n. 2, pp. 55-80. Maringá, 2001.

NICKSON, Andrew R. "Brazilian colonization of the Eastern Border Region of Paraguay", em *Journal of Latin American Studies*, n. 13, e. 1, pp. 111-131, Cambridge, 1981.

ONG REPÓRTER BRASIL; BASE INVESTIGACIONES SOCIALES. *Los impactos socioambientales de la soya en Paraguay*. Assunção: Base IS, 2010.

PALAU, Marielle (org.). *Criminalización de la lucha campesina*. Asunción: Base IS, 2009.

PALAU, Tomás. *Es lógico que una sociedad agredida se defienda. Recopilación de artículos 2003-2007*. Assunção: Base IS, 2012.

___. "Brasiguaios", em CASTRO, Maria Garcia. *Migrações Internacionais: Contribuições para políticas*. Brasília: CNPD, 2001.

___. "El movimiento campesino en el Paraguay: conflictos planteamientos y desafíos", em *Observatorio Social de América Latina*, v. 6, n. 16. Buenos Aires, 2005.

PALAU, Tomás et al. *Los refugiados del modelo agroexportador. Impacto del monocultivo de soya en las comunidades campesinas paraguayas*. Assunção: Base IS, 2007.

PASTORE, Carlos. *La lucha por la tierra en el Paraguay*. Montevidéu: Antequera, 1972.

PROGRAMA DEMOCRATIZACIÓN Y CONSTRUCCIÓN DE LA PAZ. *Monitoreo de la Política de Reforma Agraria del Gobierno Lugo. Síntesis a Diciembre 2011*. Assunção, fev. 2012.

RIQUELME, Quintín. *Los sin tierra en Paraguay. Conflictos agrarios y movimiento campesino*. Buenos Aires: Clacso, 2003.

RIQUELME, Quintín; ROJAS, Luis & PALAU, Tomas. *Acciones del Gobierno Lugo para la Reforma Agraria entre agosto de 2008 y junio de 2010. Informe final de consultoría*. Assunção, dez. 2010.

RIVAROLA, Domingo (org.). *Los movimientos sociales en el Paraguay*. Assunção: Centro Paraguayo de Estudios Sociológicos, 1986.

RIVAROLA, Milda. *Vagos, pobres y soldados: la domesticación estatal del trabajo en el Paraguay del siglo XIX*. Assunção: Servilibro: 2010.

ROJAS, Luis. *Actores del agronegocio en Paraguay*. Assunção: Base IS & Diakonia, 2009.

RULLI, Javier. *Republicas unidas de la soya*. Córdoba: GRR, 2007. Disponível em <http://lasojamata.iskra.net/es/republicasunidas>.

SOUCHAUD, Sylvain. "Nouveaux espace en Amérique du Sud: la frontière Paraguayo-Brésilienne", em *Mappemonde*, v. 61, pp. 19-23, 2001.

URIOSTE, Miguel. *Concentración y estranjerización de la tierra en Bolívia*. La Paz: Fundación Tierra, 2011.

WHITE, Richard Alan. *La primera revolución radical de America (1811-1840)*. Assunção: La Republica, 1984.

Entrevistas

ASSUNÇÃO, JULHO E AGOSTO DE 2012

AGUAYO, Luis. Dirigente da Mesa Coordinadora Nacional de las Organizaciones Campesinas (MCNOC).

ALDERETE, Alberto. Ex-diretor do Indert.

BORDENAVE, Juan Díaz. Membro do Consejo Nacional de Educación y Cultura.

FLECHA, Victor-Jacinto. Sociólogo.

FOGEL, Ramón. Sociólogo.

GRIMALDI, Idilio Méndez. Jornalista e economista.

LOVERA, Miguel. Ex-diretor do Servicio Nacional de Calidad y Sanidad Vegetal y de Semillas (Senave).

RIQUELME, Quintín. Sociólogo.

RIVAROLA, Milda. Engenheira agrônoma e historiadora.

VILLAGRA, Luis Rojas. Coordenador da Base Investigaciones Sociales e pesquisador.

WEHRLE, Andrés. Ex-vice-ministro de Agricultura e Pecuária.

7. O Brasil e a economia política da integração sul-americana

Tem muita gente que fica jogando a miséria, "ah, porque o imperialismo americano, o imperialismo, nós somos pobres por causa do imperialismo". As pessoas nunca percebem que o imperialismo americano só teve influência nefasta em alguns países porque a sua elite era nefasta. Se as pessoas fossem honestas e dignas, e tivessem uma elite ali brigando pela soberania, [...] não tinha acontecido.
— Lula, 2009

Lula é o cara. Eu amo esse cara.[8]
— Obama, 2009.

---

8. Tradução livre, que circulou no Brasil. Ao cumprimentar Lula em uma reunião do G-20, Obama disse textualmente: *"That's my man right there. I love this guy."*

Introdução

Eleito pela primeira vez em 2002 em um contexto de rechaço à agenda neoliberal, o Partido dos Trabalhadores venceu quatro pleitos presidenciais consecutivos no Brasil. Porém, à medida que a continuidade macroeconômica restringia o alcance da mudança, os argumentos para votar no PT do ponto de vista da esquerda encolheram progressivamente. Um dos últimos bastiões antes de sucumbir ao voto no mal menor foi a política externa petista, amplamente percebida como progressista, particularmente no seu entorno regional. Neste período, o Brasil reivindicou um papel de liderança, promovendo diversas iniciativas de integração, como a Unasul, criada em 2008. As relações amigáveis com Hugo Chávez e Fidel Castro, particularmente sob as presidências de Lula (2003-2010), endossavam a percepção de que o país desafiava a histórica dominação dos Estados Unidos no subcontinente.

Este capítulo questiona esta visão, propondo um balanço crítico do papel brasileiro na integração sul-americana sob a onda progressista. Esta abordagem complementa a análise das dinâmicas nacionais uma vez que, na esfera da integração, convergem as possibilidades de sinergia, mas também os constrangimentos à mudança em qualquer processo em escala regional, no qual o Brasil tem um peso decisivo. Minha hipótese é que, a despeito da retórica evocando um projeto "neodesenvolvimentista" que sustentaria uma integração "pós-neoliberal", as continuidades estruturais impostas pelas políticas econômicas neoliberais constrangeram as possibilidades de mudança, no país e na região.

1. Regionalismo aberto *versus* regionalismo desenvolvimentista

Embora eleito em um contexto de rechaço à agenda neoliberal implementada por Fernando Henrique Cardoso (1995-2002), o governo Lula honrou o compromisso assumido com a ortodoxia econômica que herdou do antecessor. Conforme já analisamos, a subordinação deliberada à lógica do ajuste estrutural se evidenciou em uma macroeconomia assentada no tripé meta inflacionária, superávit primário e câmbio flexível, bem como nas reformas da previdência e na nova lei de falências aprovadas em seu primeiro mandato, lastreando a avaliação de que suas gestões constituíram "a mais completa encarnação" do neoliberalismo (Paulani, 2008, p. 10). Entretanto, a despeito do conjunto de evidências, a economia política dos sucessivos governos petistas foi frequentemente caracterizada como neodesenvolvimentista, uma ideologia que pretendeu conciliar supostos aspectos salutares do neoliberalismo a traços positivos do saudoso desenvolvimentismo.

No campo das relações internacionais, o ideário neodesenvolvimentista encontrou correspondência na proposição de que os governos petistas implementaram um "regionalismo desenvolvimentista" ou "pós-neoliberal". Apesar do reconhecimento de linhas de continuidade entre as gestões e de que a prioridade em relação à América do Sul antecede a eleição de Lula, em 2002, prevalece entre os analistas em polos díspares do espectro político a leitura de que a política externa praticada pelos governos Lula (2003-2010) representou uma inflexão em relação aos governos anteriores. Para se diferenciarem da gestão FHC (1995-2002), os simpatizantes da política petista referem o projeto de integração regional a uma inflexão na diplomacia brasileira, em sintonia com a ascensão de governos progressistas de diferentes matizes, questionando as políticas neoliberais domésticas e regionais prevalentes (Cervo, 2003; Vizentini, 2008; Vigevani; Cepaluni: 2011).

Neste contexto, argumentou-se que o Estado brasileiro abandonou a orientação das gestões anteriores, visando uma abertura comercial multilateral nos marcos do que a Cepal descreveu como um "regionalismo aberto" (Cepal, 1994), em prol de uma política que enfatizava a integração sul-americana como estratégia de inserção internacional soberana, nomeada como "regionalismo desenvolvimentista" ou "pós-neoliberal" (Serbin et al., 2012). Sugeriu-se que esta modalidade de integração promoveria "a integração física entre os interiores dos países, passo fundamental para a integração de cadeias produtivas de fornecedores e produtores relacionados, objetivando a formação de economias de escala e a própria integração das sociedades sul-americanas" (Desidera Neto; Teixeira: 2012, p. 32).

No entanto, a necessidade de reorientar os parâmetros da política externa brasileira, concedendo prioridade à América do Sul, emergira ainda nos últimos anos do governo FHC (Silva, 2010). Em 1994, a implementação de um acordo de livre-comércio entre Estados Unidos, México e Canadá selou o atrelamento da política externa mexicana aos Estados Unidos, ao mesmo tempo que a administração de George W. Bush lançava na primeira Cúpula das Américas em Miami o projeto da Área de Livre Comércio das Américas (Alca). Diante deste cenário, a diplomacia brasileira visualizou a América do Sul como referência geográfica de um projeto de liderança regional, perspectiva que se materializou em uma aproximação entre o Mercosul e a Comunidade Andina das Nações (CAN) como uma estratégia para a constituição de um bloco econômico alternativo no espaço sul-americano (Funag, 2012).

Foi neste contexto que surgiu, durante o governo Fernando Henrique Cardoso, a Iniciativa para a Integração da Infraestrutura Regional Sul-americana (IIRSA). Constituída como um mecanismo institucional de coordenação de ações dos doze países da América do Sul, seu objetivo é construir uma agenda comum de infraestrutura nas áreas de transportes, energia e comunicações. A realização dos mais de quinhentos projetos previstos na carteira alteraria a fisionomia do subcontinente, além de provocar considerável impacto ambiental.

Proposta em uma cúpula de presidentes sul-americanos em Brasília, em 2000, a IIRSA foi pensada como a dimensão de infraestrutura de um projeto de integração referenciada no regionalismo aberto. A carteira de projetos da iniciativa foi desenhada pelo Banco Interamericano de Desenvolvimento (BID), que retalhou o subcontinente em dez eixos de integração e desenvolvimento segundo uma racionalidade orientada por corredores de exportação de matérias-primas. Em termos territoriais, pretendia-se superar dois obstáculos "naturais" à integração — os Andes e a Amazônia —, potencializando os nexos entre as costas do Atlântico (o Brasil) e do Pacífico, em um contexto de gravitação do dinamismo da economia mundial para a Ásia.

No ano seguinte ao lançamento da IIRSA, o presidente mexicano Vicente Fox anunciou o Plan Puebla-Panamá — depois chamado como Plan Mesoamérica —, que obedecia a uma racionalidade idêntica, embora em escala menor, e contava com o respaldo das mesmas organizações financeiras multilaterais, notadamente o BID. Nas circunstâncias, a IIRSA foi interpretada como uma expressão infraestrutural da Alca, universalmente repudiada pelos movimentos populares do continente.

A Alca não avançou em função das múltiplas resistências que despertou no campo popular, mas tampouco obteve consenso entre setores as burguesias latino-americanas. Igualmente importante, o projeto não foi consensual nos Estados Unidos, e a gestão George W. Bush mostrou-se incapaz de obter as autorizações solicitadas para acelerar as negociações. O fracasso da iniciativa, consumado na IV Cúpula das Américas, realizada em 2005 na cidade argentina de Mar del Plata, é celebrado como uma vitória dos governos progressistas na América Latina.

Por outro lado, a IIRSA foi abraçada pelo projeto de integração regional avançado pelo governo Lula. Com a constituição da Unasul, em 2008, a iniciativa foi incorporada ao Conselho de Infraestrutura e Planejamento (Cosiplan) desta organização, consumando uma situação paradoxal: a IIRSA converteu-se no esteio material de uma organização identificada com um "regionalismo desenvolvimentista" que se propunha a inverter as premissas que orientaram a constituição original da própria IIRSA, sob a égide do "regionalismo aberto". O argumento é que seria possível e desejável integrar o arcabouço técnico da iniciativa, mas lhe concedendo um sentido político diferente nos marcos da liderança brasileira sob a égide da Unasul.

Para entender este paradoxo, é necessário analisar a racionalidade econômica e os objetivos políticos do projeto integracionista brasileiro.

11. Economia política do regionalismo desenvolvimentista

O substrato econômico da política de integração regional petista foi a estratégia do governo brasileiro de apoiar a internacionalização de grandes empresas de capital nacional ou sediadas no país, entendidas como vetor do desenvolvimento capitalista nacional: foi a política das "campeãs nacionais". Este apoio se materializou principalmente por meio de uma diplomacia empresarial, praticada pelo Itamaraty, e pela política de crédito do Banco Nacional de Desenvolvimento Econômico e Social (BNDES).

Em 2003, o banco alterou seu estatuto para ofertar uma nova linha de crédito especial, estimulando a inserção externa destas empresas, desde que promovessem as exportações brasileiras. Entre 2003 e 2009, o crédito concedido com esta finalidade por meio do programa BNDES Exim saltou de 42 milhões de dólares para 1,26 bilhão de dólares — um aumento de cerca de 3.000% (Rodrigues, 2009). Em 2010, o volume de crédito movimentado pelo BNDES atingiu 96,32 bilhões de dólares, o que era 3,3 vezes superior aos 28,6 bilhões de dólares concedidos pelo Banco Mundial naquele ano, e muito mais do que os 11,4 bilhões de dólares movimentados pelo BID. Esta expansão esteve diretamente relacionada ao crescimento da economia brasileira, cujo PIB naquele ano crescera 7,5% em meio ao *boom* das *commodities*, colocando o país como a sétima economia mundial (Leopoldo, 2011).

Além do retorno das operações, a principal fonte de financiamento do BNDES é ao menos 40% dos depósitos compulsórios do PIS-Pasep, segundo estabelece o artigo 239 da Constituição. Além disso, recursos foram canalizados pelo Tesouro Nacional — cuja participação, na realidade, elevou-se de 3,8 bilhões de reais, ou 3,4% do total, em 2001, para 450 bilhões de reais, ou 54% do total, em 2014. Esta política também teria uma pretensão anticíclica, visando mitigar os efeitos da crise mundial desencadeada em 2008 (Pinto & Reis, 2016).

No entanto, estas políticas implicam empréstimos a juros subsidiados pelo BNDES. Isso porque as taxas de juros de longo prazo (TJLP) praticadas pelo banco para a maioria de seus fundos são mais baixas e menos voláteis do que os acordos de recompra federal associados à taxa Selic, uma vez que os juros brasileiros estão entre os mais altos do mundo: 5,64% no começo de 2015, comparado a 4,10% na China, 3,6% na Rússia, 2,75% na Índia e 0,45% na África do Sul durante o mesmo período. Assim, no final do segundo mandato de Lula, títulos governamentais eram emitidos com base na taxa Selic, que naquele momento estava em 11,75%, enquanto os empréstimos do BNDES estavam ligados à TJLP, cotada em 6%. Calcula-se que o custo fiscal destes empréstimos em 2009 esteve em torno de 85% do orçamento do Bolsa Família naquele ano (Rodrigues, 2009).

Evidentemente, esta diferença entre os custos para o governo captar dinheiro e os juros subsidiados teve impacto fiscal, afetando a dívida nacional. Beneficiaram-se deste apoio setores concentrados e oligopolizados do capitalismo brasileiro, que frequentemente operam como uma extensão de negócios dominados por transnacionais, notavelmente no campo da construção civil e da exportação primária, em torno de produtos como soja, etanol, minérios, carne e petróleo, entre outros. A justificativa para se voltar a este foco é a avaliação de que são os setores em que o país é mais competitivo internacionalmente.

Outra forma de apoiar esta internacionalização foi a atuação da BNDES Participações S.A. (BNDESPar), que capitaliza empresas por meio da aquisição de ações ou debêntures. Em 2009, a BNDESPar detinha participação em 22 multinacionais com sede no Brasil e investimentos que totalizavam 92,8 bilhões de dólares, correspondente a 4% da capitalização total do mercado acionário brasileiro (Tautz et al., 2010, p. 261). Em 2012, 89% das ações da BNDESPar concentravam-se nos seguintes setores: petróleo, mineração, papel e celulose, energia e frigoríficos (Garzon, 2013).

A atuação do banco intensificou a concentração de capitais em setores da economia nacional. Este movimento foi acelerado com a crise mundial iniciada em 2008, e atingiu o auge em 2010, quando registraram-se mais de setecentas operações de fusões e aquisições envolvendo empresas brasileiras: JBS, Fibria, Vale, Ambev e Brasil Foods estão entre as corporações globais solidificadas neste processo. O caso do grupo JBS é ilustrativo deste movimento: dois anos depois de financiar a compra da maior empresa de carne bovina na Argentina — a estadunidense Swift Armour —, o BNDESPar injetou 4,5 bilhões de reais no conglomerado JBS-Friboi para a compra da Swift & Co. e da Pilgrim's Pride Corp. nos Estados Unidos. Em 2008, o BNDESPar detinha 20% das ações da empresa, participação que chegou em anos seguintes a 35%, como forma de eliminar dívidas e debêntures. Até 2010, o BNDES já investira mais de 7,5 bilhões de reais na JBS, empresa que em 2016 esteve no centro de um escândalo de corrupção que abalou o governo Michel Temer.

A trajetória da JBS também ilustra o movimento de capitais brasileiros na direção argentina, país que atravessou uma aguda crise que culminou na derrubada de cinco presidentes no final de 2001. Em 2003, a Petrobras adquiriu o controle da Perez Compac, empresa petrolífera argentina, incrementando sua presença no país desde então; a Camargo

Corrêa comprou a maior fábrica de cimento do país, a Loma Negra, em 2005; em 2010, a Vale adquiriu os ativos argentinos da empresa anglo-australiana Rio Tinto no Projeto Potássio Rio Colorado; a Votorantim, que já possuía ações da siderúrgica AcerBrag, adquiriu 50% da Cementos Avellaneda; e, no setor de serviços, o Banco do Brasil adquiriu o Banco da Patagônia (Fundação Dom Cabral, 2010; Luce, 2007).

No entanto, o protagonista da expansão internacional dos negócios brasileiros foi a construção civil, setor que se fortaleceu sob a ditadura (1964–1985) e diversificou suas atividades ao se envolver com as privatizações nos anos 1990, também impulsionadas pelo BNDES (Campos, 2009). Entre 2001 e 2010, o repasse de recursos do BNDES para obras de empreiteiras brasileiras no exterior aumentou 1.185%, passando de 72,897 milhões de dólares para 937,084 milhões de dólares. Durante os dois governos Lula, entre 2003 e 2010, foram investidos mais de 10 bilhões de dólares em financiamentos a obras na América do Sul, muitas delas referidas à IIRSA. Dentre estas obras, estão a construção e ampliação da rede de gasodutos argentina (ao custo de 1,9 bilhão de dólares para Odebrecht e Confab), o aqueduto do Chaco na Argentina (180 milhões de dólares para as empresas Odebrecht, Techint, OAS e Isolux); na Bolívia, a rodovia San Ignacio de Moxos–Villa Tunari (332 milhões de dólares para a empresa OAS), o Projeto Hacia el Norte-Rurrenabaque-El Chorro (199 milhões de dólares para a Queiroz Galvão) e a rodovia Tarija-Bermejo (179 milhões de dólares novamente para a Queiroz Galvão); a ampliação do metrô de Santiago do Chile (209 milhões de dólares para a Alstom); a construção da ponte sobre o Rio Tacutu na Guiana (17,1 milhões de dólares), a segunda ponte sobre o Rio Paraná no Paraguai (200 milhões de dólares) e a ponte Assis Brasil-Iñapari no Peru (17,1 milhões de dólares); no Uruguai, a implantação da renovação da rede de distribuição de gás de Montevidéu (7 milhões de dólares para OAS);

na Venezuela, a construção e ampliação do metrô de Caracas (943 milhões de dólares para a Odebrecht) e a construção da Hidrelétrica La Vueltosa (121 milhões de dólares para a Alstom). Também devem ser acrescentadas a esta lista grandes usinas hidrelétricas projetadas no Peru, na Venezuela, no Equador, na Colômbia e na República Dominicana pelas empresas Odebrecht, Camargo Corrêa e OAS (Saggioro, 2012).

Muitos projetos apoiados pelo banco apresentam grande impacto socioambiental, além de envolverem empresas que desrespeitam sistematicamente a legislação trabalhista. Por estes motivos, sua atuação foi contestada pelo campo popular no Brasil e em outros países da região. Em 2007, um conjunto de organizações sociais e movimentos populares constituiu a Plataforma BNDES, apontando contradições entre a atuação do banco e seu papel como uma entidade pública dotada de função social.

Exemplos desta atuação controversa incluem: a Usina São João, do grupo Brenco, que recebeu um empréstimo de 600 milhões de reais, além de ter o BNDESPar como sócio, foi autuada pelo Ministério Público do Trabalho por manter 421 trabalhadores em situação análoga à escravidão; o frigorífico Bertin, que recebeu 2,5 bilhões de reais, garantindo ao BNDESPar o controle de 27,5% das ações — antes de ser adquirido pela JBS —, foi denunciado seguidas vezes por manter gado em áreas ilegalmente desmatadas; em outro caso, 500 milhões de reais foram emprestados ao grupo Alcoa para exploração de bauxita em território com licença ambiental expirada em Juriti, envolvendo diversos conflitos com a população local (Tautz *et al.*, 2010).

Dois conflitos ligados a empreendimentos financiados pelo BNDES tiveram ampla visibilidade nacional. Em 2011, eclodiu uma revolta entre os catorze mil trabalhadores de uma das principais hidrelétricas em construção no país, a Usina Hidrelétrica de Jirau, em Rondônia, próxima à fronteira com a Bolívia. Este conflito desencadeou uma onda de revoltas em situações similares. Geralmente afastadas dos grandes centros, da presença estatal e dos olhos da opinião pública, estes canteiros de obras frequentemente se convertem em máquinas de moer gente. O consórcio responsável pela usina de Jirau era liderado pela empreiteira Camargo Corrêa, associada à transnacional francesa Suez e à Eletrosul, e recebeu 13,3 bilhões de reais do BNDES. Um segundo conflito de ampla repercussão eclodiu em torno da represa de Belo Monte nas margens do Rio Xingu, na Amazônia brasileira. Apesar da necessidade duvidosa do projeto, de sua viabilidade econômica incerta e do extraordinário impacto socioambiental previsto, a obra foi inaugurada em maio de 2016, mobilizando, no mínimo, mais de 23 bilhões de reais do BNDES.

A atuação do BNDES também foi questionada no plano internacional. No âmbito das relações de trabalho, a situação mais famosa envolveu os operários da International Nickel Company of Canada (Inco), adquirida pela gigante brasileira Vale do Rio Doce em 2006, que enfrentaram a nova direção da empresa com uma prolongada greve. No âmbito sul-americano, registram-se múltiplas controvérsias. No Equador, a tensão entre o governo Rafael Correa (2007–2017) e a Odebrecht em função das irregularidades na construção da hidrelétrica de São Francisco conduziu os países à beira de uma crise diplomática em 2008. Na Bolívia, os conflitos em torno da construção de uma rodovia atravessando o Tipnis, que é simultaneamente um parque ambiental e uma reserva indígena, são considerados como um divisor de águas na relação do governo Evo Morales com os movimentos indígenas. Apesar da repressão brutal à oitava marcha indígena, em 2011, a obra, adjudicada à construtora brasileira OAS, que contava com crédito de 332 milhões de dólares do BNDES, foi suspensa. Situação similar envolveu a construção de hidrelétricas na Amazônia peruana, impedidas até o momento pela resistência popular.

O caso peruano ilustra a estratégia regional brasileira. Em 2010, os presidentes Alan García e Lula da Silva assinaram um acordo prevendo a construção de cinco hidrelétricas na Amazônia peruana, que exportariam 80% da sua produção de energia para o Brasil. A primeira e principal delas se situaria em Inambari, obra concedida a um consórcio de três empresas brasileiras, liderada pela OAS. Para além do projeto em si, pretendia-se criar um movimento orientado a acoplar a economia peruana ao Brasil, como aconteceu com a construção do gasoduto boliviano no final dos anos 1990, quando o Brasil se tornou o principal parceiro comercial da Bolívia. Na visão dos formuladores brasileiros, o resultado é que se estreitariam os laços econômicos regionais, fortalecendo a base material para a autonomia política da região, sob a liderança brasileira (Araújo, 2015; Paloschi, 2015).

Em linhas gerais, a racionalidade petista previa que a internacionalização de corporações brasileiras serviria de alicerce material para projetar regionalmente a influência do país, modificando seu padrão de inserção internacional — ou, para usar o jargão do meio diplomático, tornar o Brasil um *global player* (ator global).

Nesta perspectiva é que foi criada a Unasul, em 2008. Mas, por que o Brasil militou pela criação desta organização e não aderiu à Alternativa Bolivariana para as Américas (Alba), lançada em 2004?

A Alba acenava para uma integração que não se restringia à dimensão comercial, envolvendo os campos da educação, saúde, cultura, comunicação, entre outros. A troca de petróleo venezuelano pelo serviço de médicos cubanos e a criação do canal de televisão Telesur, ainda que não diretamente vinculados à Alba, são emblemáticos desta intenção. No campo da economia propunham-se ideias inovadoras, como o Sistema Único de Compensação Regional (Sucre), moeda única que visava mitigar a dependência regional do dólar, e a formação de empresas de investimento conjunto, como a Petrocaribe. A intenção da iniciativa foi descrita nas seguintes palavras: "Alba optou pela lógica da cooperação comercial, o intercâmbio solidário e a complementariedade econômica entre as diferentes estruturas produtivas nacionais como princípios gerais da sua filosofia, em um esforço por estender a solidariedade revolucionária pelo continente" (Cerezal & Simarro *et al.*, 2013, p. 152).

Em última análise, ao propor uma integração de escopo latino-americano — e não sul-americano — que transcendia a dimensão mercantil, a Alba sinalizava para um projeto político contra-hegemônico no continente, que teve em Cuba seu primeiro e principal parceiro. No entanto, esta lógica encontrou escassa ressonância no governo brasileiro, cujo ensejo de um mundo multipolar não se traduziu em radicalização política. Da perspectiva brasileira, a Alba foi de escasso interesse econômico, pois não trazia negócios atrativos. Já no plano político, a iniciativa foi interpretada como um projeto que respondia a interesses antes venezuelanos do que latino-americanos, e o protagonismo deste país foi visto como concorrente à projeção almejada pelo Brasil, a despeito da empatia pessoal entre Chávez e Lula (Cerezal, 2015; Parkinson de Castro, 2015; Ramos, 2015).

Assim, em oposição à lógica pleiteada pela Alba que apontava a uma integração contra-hegemônica de escopo latino-americano, a Unasul esteve pautada desde sua origem pelo mínimo denominador comum capaz de aglutinar políticas díspares na América do Sul, como as praticadas então pelos governos da Venezuela e da Colômbia. A adesão deste último país só foi assegurada quando se acordou que as decisões na organização seriam unânimes e não por maioria, o que na prática concedeu poder de veto a seus membros.

Para além de realizações bem recebidas, mas de escasso impacto estrutural, como acordos para a convalidação de diplomas e compras conjuntas de vacina (Nascone, 2015), esperava-se que a criação do Conselho Sul-Americano de Infraestrutura e Planejamento (Cosiplan) como organismo da Unasul invertesse a racionalidade original da carteira de projetos associada à IIRSA. Em termos econômicos, este desafio implicava minimizar o papel das instituições multilaterais que conceberam a iniciativa, o BID, a Corporação Andina de Fomento (CAF) e o Fondo Financiero para el Desarrollo de la Cuenca del Plata (Fonplata). Isso porque a lógica estritamente mercantil que baliza estas instituições impedia o investimento em obras relevantes para a integração regional, porém pouco rentáveis. Esta presença deveria ser contrabalanceada com a atuação de outros organismos financiadores, sobretudo o BNDES (Barros, 2015). Simultaneamente, emergiram propostas na direção de uma nova arquitetura financeira regional, que resultaram na criação do Banco do Sul, em 2009, com a adesão formal de Argentina, Bolívia, Brasil, Equador, Paraguai, Uruguai e Venezuela.

Do ponto de vista brasileiro, o movimento integracionista ampliava as frentes de negócio e fortalecia seu protagonismo político. Os demais países da região tinham duas motivações fundamentais para se somarem. Por um lado, havia aqueles que enxergaram a oportunidade de consolidar um campo político alternativo à influência estadunidense. Esta foi a motivação subjacente aos países sul-americanos que integram a Alba, uma iniciativa de integração potencialmente mais radical que foi neutralizada, na prática, pela conduta brasileira. Por outro lado, havia países que faziam negócios com o Brasil como com qualquer outro país, como é o caso do Peru. Sintomaticamente, Venezuela e Peru eram os dois países onde a Odebrecht, corporação que simboliza a expansão apoiada pelas gestões petistas, movimentava maior volume de negócios ao final do governo Dilma Rousseff (Chan, 2015).

De maneira geral, os países onde os vínculos comerciais

brasileiros mais se intensificaram são aqueles com os quais as gestões petistas mantiveram vínculos de proximidade política, como Argentina, Venezuela, Cuba e República Dominicana. Fora do continente, esta associação entre afinidade política e intensificação comercial parece menos relevante, tendo em vista o volume de negócios com a tenebrosa ditadura angolana. Mas foi a busca de aliados políticos que motivou o ativo apoio à candidatura de Ollanta Humala à presidência do Peru, em 2011, embora o presidente tenha dado as costas aos brasileiros depois de eleito.

III. Desenvolvimentismo em crise

Como evoluiu este processo de integração regional? Do ponto de vista da política externa brasileira, que visava um desenvolvimento capitalista apoiado na internacionalização de suas corporações — e, a partir disso, ambicionava um papel protagonista na política internacional —, é possível afirmar que este projeto avançou com êxito durante as gestões de Lula. Neste período, o *boom* das *commodities* foi responsável por uma popularidade inquestionável, que permitiu ao presidente, inclusive, eleger uma virtual desconhecida como sua sucessora. Ao mesmo tempo, havia indícios de um novo papel para o país, entre a liderança na missão de estabilização da ONU no Haiti e as vitoriosas campanhas para sediar a Copa do Mundo e os Jogos Olímpicos, todos triunfos de virtuosidade duvidosa.

Ao longo da primeira presidência de Dilma Rousseff (2011–2014), o processo ainda avançou, porém de forma intermitente. Ao perfil distinto da presidenta, que não priorizou a agenda externa nem a integração regional em seu mandato, somaram-se indícios de que a crise internacional alcançava o país, prejudicando, por exemplo, os repasses do Tesouro Nacional ao BNDES. No campo político, embora as manifestações de junho de 2013 não estivessem ligadas à desaceleração econômica, expressava-se um profundo mal-estar. Era um sinal inequívoco de que a pacificação social produzida pelo PT perdia o chão. Na medida em que as aspirações populares foram novamente frustradas, a iniciativa política gravitou consistentemente para a direita.

Já em 2014, quando Dilma se reelegeu, este projeto político se encontrava ameaçado em diferentes frentes. Fundamentalmente, as condições econômicas que haviam preservado o Brasil dos impactos mais destrutivos da crise que eclodiu em 2008 já não se apresentavam, e havia indícios de recessão econômica. Por outro lado, numerosos escândalos evidenciaram os esquemas de corrupção que constituem o *modus operandi* dos negócios das empreiteiras, no país e fora dele. Estas revelações minaram a confiabilidade do governo e do partido que o comandava, e também ameaçaram as bases do projeto capitalista defendido por eles. Paradoxalmente, a exigência de transparência nas prestações de contas do BNDES deixou de ser uma demanda dos movimentos populares e foi apropriada pela direita nas ruas.

Acuados em todas as frentes, quadros petistas interpretaram as dificuldades que as empreiteiras e a Petrobras enfrentavam para fazer negócios como uma ameaça ao seu projeto nacional. Impotentes para negar a corrupção, alegaram que o país sempre tinha funcionado daquela maneira, e que isso só havia emergido então porque o PT estava no governo. Em conexão com este argumento, sugeriu-se que o extensivo trabalho de investigações em curso inibia o investimento da construção civil, entre outros setores, o que colocava em risco a economia do país. Em outras palavras, explicitou-se que o projeto de integração regional avançado pressupunha uma identificação entre a nação e as empreiteiras e sua forma corrupta de fazer negócios, para não mencionar as péssimas condições de trabalho.

Reconhecer a debilidade das premissas petistas não significa negar o uso político que a direita antipetista faz das investigações, nem as preocupantes infrações à legalidade incorridas com esta finalidade. Porém, os escândalos tornaram a corrupção inegável. E a conjunção entre corrupção e crise econômica colocou a gestão petista na defensiva.

Mesmo antes da crise se agudizar, o BNDES se mostrava mais preocupado com as investigações do que com os investimentos, inclusive porque os cortes orçamentários, somados ao decrescimento das receitas oriundas do Fundo de Amparo ao Trabalhador (FAT), diminuíram os capitais disponíveis para investimento de longo prazo. Neste contexto, conforme mencionado em capítulo anterior, diversos indícios problematizavam a estratégia das "campeãs nacionais", dentre os quais destacamos: empresas beneficiadas por vultuosos aportes do banco, mas que, pouco depois, passaram para o controle internacional; operações que receberam apoio para se internacionalizarem e se autonomizaram, pouco colaborando para a exportação de serviços e produtos brasileiros; e, por fim, evidências de que "campeãs nacionais" aplicaram em especulação financeira empréstimos subsidiados, destinados a estimular a exportação de bens e serviços.

Às dificuldades domésticas do governo petista, somavam-se óbices para consolidar a proposição de que o Cosiplan imprimiria um sentido diverso à IIRSA. De acordo com esta perspectiva, a infraestrutura projetada contribuiria para a endogenização do crescimento, a sustentabilidade ambiental e a inclusão social. O núcleo do problema é que o conjunto de bancos na origem da iniciativa (BID, CAF e Fonplata) preservavam, na prática, o poder de pautar a agenda de projetos. Por exemplo, são estes bancos que financiam os estudos que antecedem os projetos, e o comitê técnico da IIRSA continuava integrado por representantes destas três instituições.

Por outro lado, a proposição de uma "nova arquitetura financeira", orientada a reduzir a dependência da região em relação às instituições internacionais, foi bloqueada pelo próprio Brasil. Prevaleceram objeções do Banco Central e do Ministério da Fazenda em utilizar as reservas internacionais para financiar o investimento, enquanto recebiam-se juros de 1% em títulos do tesouro estadunidense, ainda que na outra ponta desta engenharia financeira se pagassem os juros mais altos do mundo. Embora um dos principais proponentes da "nova arquitetura", o economista equatoriano Pedro Páez, tenha minimizado esta questão, argumentando que o aporte de reservas internacionais seria precedido de numerosas medidas que não implicariam ônus desta natureza, prevaleceu a percepção de que o motivo para o Banco do Sul não decolar foi político: a instituição previa igual poder de voto para os países, independentemente do aporte realizado, em um modelo diferente do praticado pelo FMI. Este arranjo não interessaria à pretendida liderança brasileira, o que evidencia as motivações de poder subjacentes ao discurso de integração regional (Acosta, 2015; Páez, 2015).

A fragilidade da proposição integracionista também foi explicitada pela constatação de que, em 2014, 477 projetos da carteira da Cosiplan eram obras nacionais, 95 binacionais, cinco trinacionais e somente dois projetos eram multinacionais, envolvendo Bolívia, Colômbia, Equador, Peru e Venezuela em projetos de telecomunicação. Além disso, o informe da IIRSA relatava que 89,1% dos projetos e 66,5% dos investimentos previstos correspondiam ao setor de transportes, dentre os quais praticamente metade eram rodovias, enquanto os projetos de energia correspondiam a 9,3% das iniciativas e 33,5% dos investimentos, e o setor de comunicações não alcançava 2% do número de projetos. Os dados evidenciam a afinidade entre a iniciativa e as áreas de atuação das empreiteiras brasileiras (Cosiplan, 2014). Quinze anos após o seu lançamento, era possível afirmar que a IIRSA avançava lenta, porém exitosamente, mas sem cumprir a função política que o projeto petista lhe atribuiu.

Esta constatação problematiza os alegados nexos entre neodesenvolvimentismo e regionalismo desenvolvimentista.

Uma vez que a dimensão econômica do processo se limita aos negócios potencializados pelas obras referidas a uma iniciativa incubada no âmbito do regionalismo aberto, a proposição de um regionalismo desenvolvimentista envolve uma manobra retórica, evocando uma inflexão de sentido em um projeto que, em essência, permanece o mesmo. Sob esta perspectiva, a associação entre o conjunto de obras e modificações regulatórias ligadas à IIRSA e um horizonte neodesenvolvimentista está revestida de um caráter duplamente ideológico. Pois associa a expansão de negócios oligopólicos brasileiros e multinacionais ao novo desenvolvimentismo, e, ao mesmo tempo, identifica este novo desenvolvimentismo com uma integração regional pós-neoliberal. Nesta operação, confundem-se interconexão com integração, crescimento com desenvolvimento, interesses oligopólicos com interesse nacional, diplomacia empresarial com cooperação Sul-Sul e internacionalização de negócios brasileiros com integração pós-neoliberal.

IV. A ordem petista na América do Sul

Por fim, confunde-se a gestão de conflitos regionais, principal virtude atribuída à Unasul, com soberania. Segundo esta leitura, a constituição de organizações regionais que não são conduzidas pelos Estados Unidos é entendida como um avanço na direção de um mundo multipolar, que se opõe aos interesses desta potência. É importante ressaltar que Washington nunca fez esta leitura. Às vésperas da formalização da Unasul, a então secretária de Estado Condoleezza Rice expressou apoio ao protagonismo brasileiro nos marcos de um projeto de integração regional (Rice, 2008). Já sob a administração de Barack Obama, a subsecretária de Assuntos Políticos do Departamento de Estado, Wendy Sherman, enfatizou: "Hoje, o Brasil é um parceiro estratégico para endereçar questões globais — e não somente hemisféricas — de preocupação comum. E eu quero deixar claro que os Estados Unidos precisam e dão as boas-vindas ao ampliado papel positivo do Brasil" (Sherman, 2012).

Em consonância com esta perspectiva, a intercessão brasileira em assuntos regionais nunca antagonizou com a Casa Branca. O Brasil interveio em direção contrária aos interesses golpistas endossados pelos Estados Unidos nas recentes crises políticas em Honduras, em 2009, e no Paraguai, 2012. No entanto, em ambos os casos esta atuação foi impotente para reverter o curso dos acontecimentos, a despeito de um esforço ostensivo do Itamaraty na situação paraguaia.

Os limites do progressismo petista se evidenciaram na

relação com o processo bolivariano na Venezuela. Lula cultivou relações próximas com Hugo Chávez, ao mesmo tempo que condenou suas iniciativas de potencial inovador — como a Alba, o Banco do Sul e a Telesur — a uma relativa marginalidade. Esta conduta brasileira fortaleceu os setores mais moderados do bolivarianismo, um processo dinâmico cujo sentido esteve em permanente disputa, enquanto se multiplicaram os negócios brasileiros no país.

Mesmo fora da presidência, Lula continuou a pressionar o governo venezuelano nesta direção. Um ano após a morte de Chávez, o ex-presidente enviou uma carta a Nicolás Maduro, entregue por Marco Aurelio García, em que o aconselhava a aceitar seu papel como reformador do legado chavista, em lugar de pretender ser um segundo Chávez (Ramírez, 2015). No momento em que a Unasul se oferecia para mediar o diálogo com a oposição, Lula propunha a conciliação e o pacto social para a Venezuela, via que até então parecia exitosa no Brasil: "Maduro deveria tentar diminuir o debate político para se dedicar inteiramente a governar, estabelecer uma política de coalizão, construir um programa mínimo e diminuir a tensão [...] a Venezuela deveria ter um pacto de cinco anos para trabalhar contra os apagões, lutar contra a inflação e ser autossuficiente na produção de alimentos" (Lula, 2014). Quando a crise venezuelana se agravou e, no Brasil, o governo Dilma Rousseff estava encurralado, disseminou-se a percepção de que este país dava as costas ao bolivarianismo (Constant, 2015; Urbina, 2015).

Ao neutralizar a expressão mais radical da onda progressista que ora se esgota, os governos petistas contribuíram para delimitar o alcance e o limite da mudança na região. Em algumas situações, a mudança política foi radical, como na Venezuela, onde foi sepultado o legado do Pacto de Punto Fijo, ou na Bolívia, em que o protagonismo indígena corroeu o que René Zavaleta Mercado (1982) descreveu como uma *sociedad abigarrada*, caracterizada pela segregação social entre índios e não índios. Entretanto, em todos os casos verificou-se uma incapacidade para gerar alternativas a uma economia ancorada na exploração de recursos primários para exportação, inerente à lógica da IIRSA, à qual todos aderiram. Portanto, observa-se uma correspondência entre o alcance e o limite dos processos identificados com o campo progressista na região, onde constata-se uma mudança política nos marcos da continuidade econômica, e a dinâmica prevalente no plano da integração regional, em que a Unasul desponta como uma novidade política referida à IIRSA, cujo marco logístico aprofunda as estruturas econômicas da dependência.

Reflexões finais

Existe uma correspondência entre o neodesenvolvimentismo como ideologia da política econômica das gestões presidenciais petistas e a noção de um regionalismo desenvolvimentista — ou pós-neoliberal — como ideologia da política externa praticada por estes governos. A função política em ambos os casos é estabelecer uma clivagem em relação às administrações precedentes, pretendendo diferenciar-se em relação à ortodoxia neoliberal, sem que este movimento corresponda a qualquer mudança substantiva — seja na política macroeconômica fundada pelo Plano Real, seja no projeto de integração regional, que tem como esteio as obras associadas à IIRSA.

Ambos os polos do debate têm um fundamento comum que remete, em última análise, ao mito do crescimento econômico. Esta polarização postiça cumpre uma segunda função política, que é balizar o debate por alternativas que elidem as conexões entre crescimento econômico e o aprofundamento da dependência e da desigualdade, que caracterizam o subdesenvolvimento. Proposições que apontam para um padrão civilizatório alternativo, seja em torno do Bem Viver, do bolivarianismo ou do socialismo, não têm voz no país.

Na economia, o debate é restringido à microeconomia, discutindo-se, em última análise, o ritmo e a intensidade do aprofundamento da agenda associada ao neoliberalismo. No terreno das relações internacionais, disputa-se a relevância concedida ao Sul em geral e à América do Sul em particular, como espaço privilegiado de expansão de negócios brasileiros.[1] Os parâmetros do debate são estabelecidos pela ponderação entre os ônus e os bônus da integração regional, segundo uma racionalidade mercantil. O contraponto à posição petista, que sustentou a importância estratégica da região, foi sintetizado de modo lapidar pela ex-assessora da missão brasileira na Organização Mundial do Comércio (OMC), Vera Thorstensen, em sua crítica ao Mercosul: "Não adianta casar com pobre" (Thorstensen, 2014). Por outro lado, a IIRSA foi defendida por diplomatas afinados com o regionalismo aberto, como o ex-ministro do governo FHC, José Botafogo Gonçalves, quem se queixava de que a iniciativa "tem sido pouco prestigiada, quando talvez seja a instituição que mais dinamismo possa dar à integração sul-americana", e defendeu a prática de uma "diplomacia infraestrutural" (Gonçalves, 2013, p. 268).

A despeito das diferenças de enfoque, a finalidade comum é a inserção do espaço econômico brasileiro nos movimentos do capitalismo contemporâneo como exportador de matérias-primas, base para a expansão do capital multinacional e plataforma de valorização do capital financeiro. Sob esta perspectiva, a política é sempre instrumentalizada pela economia. Ao contrário do que prega a retórica do regionalismo pós-neoliberal, o sentido do processo integracionista não se modificou a partir da eleição de governos progressistas imbuídos de um horizonte neodesenvolvimentista, mas há indícios de que a interconexão do subcontinente como um imperativo mercantil ensejou uma instrumentalização da afinidade política entre estes governos, em favor de negócios locais e internacionais.

Sob esta ótica, a incógnita analítica que desafia a explicar

---

1. O desprezo de que era objeto a Unasul em 2018 refletia este contraponto, enquanto a IIRSA avançava de forma relativamente autônoma, tocada pelo BID, como sempre.

como um governo politicamente convencional, socialmente conservador e economicamente neoliberal praticaria uma política externa inovadora, perturbadora dos interesses estadunidenses na região, se desfaz. Explicitado o caráter ideológico da articulação entre neodesenvolvimentismo e regionalismo pós-neoliberal, a política das gestões petistas para a América do Sul emerge não mais como o que gostaria de ser, mas como o que ela foi: uma instrumentalização da integração regional em favor da internacionalização de negócios brasileiros oligopolizados consonante com a divisão internacional do trabalho prevalente, afiançando ao país uma posição de liderança no subcontinente circunscrita à esfera política, a ser exercida em momentos de crise segundo os estreitos limites tolerados pela potência hegemônica.

Referências bibliográficas

BONOMO, Marco; BRITO, Ricardo & MARTINS, Bruno. "Macroeconomic and financial consequences of the after crisis government-driven credit expansion in Brazil", em Working Paper Series, n. 378, pp. 1-42. Rio de Janeiro, 2014.

CAMPOS, Pedro Henrique. "As origens da internacionalização das empresas de engenharia brasileiras", em FUNDAÇÃO ROSA LUXEMBURGO. *Empresas transnacionais brasileiras na América Latina: um debate necessário*. São Paulo: Expressão Popular, 2009.

CEPAL. "El regionalismo abierto en América Latina y el Caribe: la integración económica al servicio de la transformación productiva con equidad", em CEPAL. *Cincuenta años de pensamiento en la Cepal: textos seleccionados*, v. 2. Santiago: Cepal, 1994.

CEREZAL, Manuel; SIMARRO, Ricardo Molero & SOLER, Alberto Montero. "El Sucre: orígenes, funcionamiento y perspectivas de futuro para la integración latinoamericana", em MARTINS, Carlos Eduardo (org.). *Los retos de la integración y América del Sur*. Buenos Aires: Clacso, 2013.

CERVO, Amado Luiz. "Política exterior e relações internacionais do Brasil: enfoque paradigmático", em *Revista Brasileira de Política Internacional*, v. 46, n. 2, dez. 2003.

COSIPLAN. "Cartera de Proyectos (2014). 5ª Reunión ordinaria del Cosiplan", 4 dez. 2014. Disponível em <http://www.iirsa.org/admin_iirsa_web/Uploads/Documents/cn25_montevideo14_Cartera_COSIPLAN_2014.pdf>.

DESIDERÁ NETO, Walter & TEIXEIRA, Rodrigo. "La recuperación del Desarrollismo en el Regionalismo Latinoamericano", em DESIDERÁ NETO, Walter & TEIXEIRA, Rodrigo (orgs.). *Perspectivas para la integración de América Latina*. Brasília: CAF & Ipea, 2012.

FIORI, José Luís. "A miséria do 'novo desenvolvimentismo'", em Carta Maior, 30 nov. 2011. Disponível em <http://www.cartamaior.com.br/templates/coluna­Mostrar.cfm?coluna_id=5334>.

FUNDAÇÃO ALEXANDRE DE GUSMÃO. *A América do Sul e a integração regional*. Funag: Brasília, 2012.

FUNDAÇÃO DOM CABRAL. *Ranking FDC das Transnacionais Brasileiras*. São Paulo, 2010.

GARCÍA LINERA, Álvaro. "Conferência na Facultad de Ciencias Sociales da Universidade de Buenos Aires", 30 mai. 2016. Disponível em <http://www.resumenlatinoamericano.org/2016/05/30/alvaro-garcia-linera-en-argentina-no-hay-revolucion-verdadera-ni-hay-consolidacion-de-un-proceso-revolucionario-si-no-hay-una-profunda-revolucion-cultural/>.

GARZON, Luis Fernando Novoa. "A esfinge, o BNDES e as 'campeãs' que nos devoram", em *Correio da Cidadania*, 3 mai. 2013. Disponível em <http://www.correiocidadania.com.br/index.php?option=com_content&view=article&id=8329%3Amanchete030513&catid=34%3Amanchete&>.

GONÇALVES, José Botafogo. "Desafios da inserção internacional do Brasil: próximos passos", em PAZ, Leonardo (org.). *O Cebri e as Relações Internacionais no Brasil*. São Paulo: Senac, 2013.

LEOPOLDO, Ricardo. "BNDES empresta 391% mais em 5 anos e supera em 3,3 vezes o Banco Mundial", em *O Estado de S. Paulo*, 10 mar. 2011. Disponível em: <http://economia.estadao.com.br/noticias/geral,bndes-empresta-391-mais--em-5-anos-e-supera-em-tres-vezes-o-banco-mundial-imp-,689817>.

LUCE, Mathias Seibel. *O subimperialismo brasileiro revisitado: a política de integração regional do governo Lula (2003–2007)*. Dissertação de Mestrado. Porto Alegre: Universidade Federal do Rio Grande do Sul, 2007.

MERCADANTE, Aloizio. *As bases do novo desenvolvimentismo: análise do governo Lula*. Tese de Doutorado. Campinas: Universidade Estadual de Campinas, 2010.

O GLOBO. "Oposição e governo iniciam diálogo na Venezuela com a mediação da Unasul", em *O Globo*, 8 abr. 2014. Disponível em <http://oglobo.globo.com/mundo/oposicao-governo-iniciam-dialogos-na-venezuela-com-mediacao-da-unasul-1-12127392>.

PAULANI, Leda. *Brasil Delivery*. São Paulo: Boitempo, 2008.

PINTO, Luiz & REIS, Marcos. "Long-term finance in Brazil: the role of the Brazilian Development Bank (BNDES)", em GRIVOYANNIS, Elias (org.). *The New Brazilian Economy: Dynamic Transitions into the Future*. Nova York: Palgrave Macmillan, 2016.

RICE, Condoleezza. "Remarks With Brazilian Foreign Minister Celso Amorim".

Brasília, 13 mar. 2008. Disponível em <http://2001-2009.state.gov/secretary/rm/2008/03/102228.htm>.

RODRIGUES, Alexandre. "BNDES aposta R$ 7,5 bi no Friboi", em *O Estado de S. Paulo*, 15 fev. 2010.

RODRIGUES, Eduardo. "Brasil faz obras nos vizinhos temendo a China", em *Folha de S. Paulo*, 27 set. 2009.

SAGGIORO GARCIA, Ana. *A internacionalização de empresas brasileiras durante o governo Lula: uma análise crítica da relação entre capital e Estado no Brasil contemporâneo*. Tese de Doutorado. Rio de Janeiro: Pontifícia Universidade Católica do Rio de Janeiro, 2012.

SAMPAIO JÚNIOR, Plínio de Arruda. "Desenvolvimentismo e neodesenvolvimentismo: tragédia e farsa", em *Serviço Social & Sociedade*, n. 112, out.-dez. 2012. Disponível em <http://www.scielo.br/scielo.php?script=sci_arttext&pid=S0101-66282012000400004&lng=en&nrm=iso>.

SANAHUJA, José Antonio. "Regionalismo post-liberal y multilateralismo en Sudamérica: El caso de Unasur", em SERBIN, Andrés; MARTÍNEZ, Laneydi & RAMANZINI JÚNIOR, Haroldo (orgs.). *El regionalismo "post-liberal" en América Latina y el Caribe: nuevos actores, nuevos temas, nuevos desafíos*. Anuario de la Integración Regional de América Latina y el Gran Caribe 2012. Buenos Aires: Coordinadora Regional de Investigaciones Económicas y Sociales, 2012.

SANTOS, Fabio Luis Barbosa dos. "A problemática brasiguaia e os dilemas da projeção regional brasileira", em DESIDERÁ NETO, Walter Antonio (org.). *O Brasil e novas dimensões da integração regional*. Brasília: Ipea, 2014.

SERBIN, Andrés; MARTÍNEZ, Laneydi & RAMANZINI JÚNIOR, Haroldo. *El regionalismo "post-liberal" en América Latina y el Caribe: nuevos actores, nuevos temas, nuevos desafíos*. Anuario de la Integración Regional de América Latina y el Gran Caribe 2012. Buenos Aires: Coordinadora Regional de Investigaciones Económicas y Sociales, 2012.

SHERMAN, Wendy. *Remarks to the Council of the Americas and the Center for Strategic and International Studies (CSIS)*. Carnegie Endowment for International Peace. Washington, 28 fev. 2012. Disponível em <http://www.state.gov/p/us/rm/2012/184853.htm>.

SICSÚ, João; PAULA, Luiz Fernando de & MICHEL, Renaut (orgs.). *Novo desenvolvimentismo: um projeto nacional de crescimento com equidade social. Barueri & Rio de Janeiro: Manole & Fundação Konrad Adenauer, 2005.

SILVA, André Luiz Reis da. "As transformações matriciais da política externa brasileira recente (2000–2010)", em *Meridiano 47: Journal of Global Studies*, v. 11, n. 120, pp. 1-10. Brasília, 2010.

TAUTZ, Carlos; SISTON, Felipe; LOPES PINTO, João Roberto & BADIN, Luciana. "O BNDES e a reorganização do capitalismo brasileiro: um debate necessário", em MAGALHÃES, João Paulo de Almeida *et al*. *Os anos Lula. Contribuições para um balanço crítico: 2003–2010*. Rio de Janeiro: Garamond, 2010.

THORSTENSEN, Vera. "Ficar atrelado ao Mercosul é afundar o Brasil", em *Carta Capital*, 19 mai. 2014. Disponível em <http://www.cartacapital.com.br/economia/ficar-atrelado-ao-mercosul-e-afundar-o-brasil-804.html>.

VIGEVANI, Tullo & CEPALUNI, Gabriel. "Política externa de Lula: a busca de autonomia pela diversificação", em VIGEVANI, Tullo & CEPALUNI, Gabriel. *A política externa brasileira: a busca de autonomia, de Sarney a Lula*. São Paulo: Editora Unesp, 2011.

VIZENTINI, Paulo F. *Relações internacionais do Brasil: de Vargas a Lula*. São Paulo: Fundação Perseu Abramo, 2008.

ZAVALETA MERCADO, René. *Clases sociales y conocimiento*. La Paz: Amigos del Libro, 1982.

Entrevistas e conversas

CARACAS, LIMA, MONTEVIDÉU E QUITO, ENTRE JULHO E DEZEMBRO DE 2015

ACOSTA, Alberto. Ex-presidente da Assembleia Constituinte no Equador e ex-ministro do governo Rafael Correa.

ARAUJO, Joaquim. Chefe do Setor de Defesa e Cooperação da Embaixada do Brasil no Peru.

BARROS, Pedro Silva. Diretor de Assuntos Econômicos da Unasul.

CEREZAL, Manuel. Assessor do Banco Central da Venezuela, pesquisador da Universidad Bolivariana de Venezuela.

CHAN, Alan. Diretor da operação da Odebrecht no Peru.

NASCONE, Mariano. Diretor de Assuntos Sociais da Unasul

PÁEZ, Pedro. Economista, um dos idealizadores da "nova arquitetura financeira".

PALOSCHI, Jonas. Chefe do Setor Cultural e de Cooperação Educacional da embaixada brasileira no Peru.

PARKINSON DE CASTRO, João Carlos. Coordenação-Geral de Assuntos Econômicos da América do Sul.

RAMÍREZ, Kenneth. Diretor do Consejo Venezolano de Relaciones Internacionales.

RAMOS, Felippe. Pesquisador da missão do Instituto de Pesquisas Econômicas Aplicadas (Ipea) na Venezuela.

URBINA, Elvis. Coordenador nacional da Venezuela no Cosiplan.

8. Chile e a economia política do neoliberalismo real

*A consciência moral do Chile exige que
a verdade seja esclarecida e que se faça justiça,
na medida do possível.*
— Patricio Aylwin no Congresso Nacional,
   21 de maio de 1990

*Mercado mais Estado é igual a menos democracia.
Essa é a equação que rege o Chile atual.*
— Alberto Mayol, 2012

Introdução

Quando o socialista Ricardo Lagos se elegeu presidente do Chile, em 2000, houve certa expectativa de uma guinada progressista no país — que, no entanto, não se concretizou. Herdeira de uma sólida tradição de esquerda que remete ao século XIX, a história contemporânea chilena é marcada pelo golpe comandado pelo general Augusto Pinochet, que abortou a "via chilena ao socialismo" ensaiada sob a liderança de Salvador Allende (1970-1973). A ditadura que se seguiu modificou radicalmente o país em todas as esferas da existência, constituindo uma experiência pioneira de fundamentalismo neoliberal. Os constrangimentos que marcaram a democratização no final dos anos 1980 implicaram profundas continuidades, sintetizadas na Constituição que vigora até hoje. Neste contexto, a aliança entre socialistas e democratas-cristãos, que dominou a política nacional desde então, afirmou-se como uma fiadora da ordem legada pela ditadura, que permanece inabalada. Em anos recentes, porém, o chamado "duopólio" começou a ser contestado pela esquerda nas ruas e nas urnas, explicitando as contradições e resistências a esta encarnação da utopia social neoliberal: o neoliberalismo real chileno.

1. Entre o Frente Popular e a via chilena ao socialismo

A trajetória chilena entre a depressão do entreguerras e o golpe de 1973 é marcada pelo nacional-desenvolvimentismo e a estabilidade institucional. Na economia, prevaleceu a noção consagrada pela Cepal, cujos escritórios foram instalados em Santiago, da industrialização nacional como premissa necessária para a soberania. Na política, os presidentes chilenos sucederam-se segundo a ordem constitucional entre 1932 e 1973, fenômeno único na América do Sul. Ao longo de parte significativa do período, o Partido Comunista não esteve na ilegalidade e, assim como os socialistas, disputaram a presidência e exerceram ministérios, o que levou parte da esquerda a corroborar o mito da excepcionalidade democrática chilena (Álvarez, 2017).

Após participar de governos do Frente Popular[2] entre 1938 e 1952, a esquerda foi derrotada por escassa margem nas eleições presidenciais de 1958, tendo como candidato o socialista Salvador Allende. Foi nesta conjuntura de ascensão da esquerda que foi fundada, em 1957, a Democracia Cristã (DC) chilena, apresentando-se como alternativa ao conser-

---

2. A política soviética incitou os partidos comunistas a se aliarem às forças antifascistas nos anos 1930, embora no campo burguês. Frentes populares alcançaram a presidência na Espanha, na França e no Chile. Neste último país, a presidência foi exercida por um membro do Partido Radical durante três mandatos consecutivos.

vadorismo, com sensibilidade social. Nas eleições seguintes, este partido já recebia apoio e financiamento dos Estados Unidos no contexto da Aliança para o Progresso. Diante do desprestígio da direita então no comando do país, o democrata-cristão Eduardo Frei obteve massivo apoio conservador no pleito presidencial de 1964. Mas, para derrotar a esquerda, acabou absorvendo em seu discurso as bandeiras e a retórica desse espectro político, inclusive a revolução. A nacionalização do cobre e a reforma agrária foram incorporadas ao seu programa, cujo espírito se condensou no lema de campanha: "Revolução em Liberdade".

Na prática, o governo democrata-cristão defrontou-se com as contradições inerentes ao reformismo conservador. A "chilenização" do cobre consistiu em criar sociedades mistas entre o Estado e as companhias estadunidenses por meio da compra de 51% das ações de suas subsidiárias chilenas. Frequentemente, as indenizações pagas superaram o valor correspondente declarado pelas empresas, que em diversos casos mantiveram o controle da gestão, de modo que o potencial de conflito desta política foi substancialmente amenizado (Elgueta & Chelén, 1984, p. 247). Diferente foi o caso da reforma agrária, que expropriou 3,5 milhões de hectares, correspondentes a 1.400 propriedades, em um processo que seria acelerado sob Allende. A lei de reforma agrária também estimulou a sindicalização camponesa, o que aguçou a hostilidade dos conservadores, ao mesmo tempo que multiplicou as greves e as ocupações de terra nos anos seguintes, desencadeando dinâmicas que nem mesmo o futuro governo Allende controlaria (Chonchol, 2017).

O saldo da "revolução em liberdade" desagradou a direita e a esquerda, contribuindo para polarizar a política no país. Um integralista brasileiro captou o alarme entre os conservadores, denunciando Frei como o "Kerensky" chileno:[1] aquele que, com a intenção de apaziguar as tensões sociais por meio da reforma, abre caminho para a revolução (Silveira, 1967). No polo oposto, o cantor Víctor Jara satirizava o meio-termo encarnado pela democracia-cristã na canção "Ni Chicha, Ni Limoná" — nem *chicha*, uma bebida alcólica, nem limonada, um refresco saboroso —, anunciando que *"la cosa va pa'delante y no piensa recular"*.

Foi neste contexto que Salvador Allende elegeu-se presidente como candidato da Unidad Popular, coligação integrada principalmente por socialistas, comunistas e pela dissidência democrata-cristã batizada como Movimiento de Acción Popular Unitaria (Mapu) em 1970. Era a quarta vez que Allende disputava a presidência, sempre filiado ao Partido Socialista (PS), reivindicando o marxismo e a revolução.

Em contraste com a via cubana, que teve como ponto de partida a luta armada e a destruição do Estado burguês, a Unidad Popular pretendeu construir o socialismo a partir da institucionalidade vigente. Este caminho que partia da reforma para chegar à revolução foi idealizado como a "via chilena" ao socialismo, em um processo que despertou atenção mundial.

A despeito do horizonte socialista, a arquitetura econômica do projeto da Unidad Popular revelava forte inspiração cepalina. Um aspecto fundamental era retomar a soberania sobre o cobre, que respondia por mais de 80% das exportações do país. Naquele que ficou conhecido como o "dia da dignidade nacional", o governo nacionalizou o setor sem indenizações. O fato de que a medida tenha sido aprovada por unanimidade no Congresso revela a popularidade da causa. Esta política estendeu-se ao ferro, ao salitre e ao carvão, ampliando a nacionalização dos recursos naturais.

---

1. Alexander Fiodorovitch Kerensky (1881–1970) foi um socialista moderado e chefe do segundo governo provisório da Rússia, entre julho e outubro de 1917, constituido após a Revolução de Fevereiro de 1917. [N.E.]

Nos demais segmentos da economia, o programa previa a existência de três áreas: privada, mista e social. Esta última foi conformada inicialmente por 91 empresas básicas, enquanto a Corporación de Fomento da Producción (Corfo) estimulou, ao longo do governo, mais de quinhentas empresas sob a égide do Estado (Sader, 1992). Bancos foram estatizados por meio da compra de ações, assim como o comércio exterior. O objetivo fundamental era viabilizar o comando da economia pelo Estado.

Outro pilar do programa foi a reforma agrária, consumada com a expropriação de cerca de 4.400 propriedades que superavam 6,4 milhões de hectares. Ao longo de 34 meses, o governo da Unidad Popular acabou com a *hacienda*, o "crisol da cultura chilena" (Bengoa, 2009, p. 105). Extirpou-se o poder político, social e econômico associado ao latifúndio, restando somente as vinícolas (Chonchol, 2017).

No plano internacional, a Unidad Popular orientou-se pelo não alinhamento, condenando a subserviência da Organização dos Estados Americanos (OEA) aos Estados Unidos, ao mesmo tempo que se solidarizava com Cuba e denunciava a ingerência de empresas estadunidenses na política doméstica (Carlos & Freitas *et al.*, 1970). Os soviéticos pouco apoiaram a Unidad Popular, e, quando um Allende sufocado por problemas econômicos visitou o país em 1972, sua solicitação de crédito foi negada por Leonid Brezhnev (Álvarez, 2017).

Como era de se esperar, o projeto da Unidad Popular defrontou-se com uma ativa oposição congressual, onde o governo não tinha maioria: decretos foram sistematicamente bloqueados, acusações foram forjadas e ministros, destituídos. A democracia-cristã emergiu como o fiel da balança, pois seu apoio garantiria maioria para a situação ou para a oposição. Na prática, sua atuação foi determinante para frustrar os projetos do governo — e, quando chegou a hora, para derrubá-lo.

No campo econômico, os resultados positivos do início do mandato — quando a economia cresceu, os salários subiram e o desemprego caiu — foram corroídos pela conjunção entre a queda no preço do cobre, a inflação e a escassez de gêneros primários, potencializados pelo boicote doméstico e internacional. A Unidad Popular enfrentou uma greve na maior mina de cobre do país, locautes patronais e uma paralisação dos transportes, com ativo apoio de Washington.

Esta conjuntura polarizou a sociedade chilena, que viu marchas lideradas por senhoras de classe média batendo panelas vazias em alusão à escassez, serem seguidas de manifestações multitudinárias de apoio ao governo. Para combater o mercado ilegal, constituíram-se as Juntas de Abastecimiento y Precios (JAP), geridas pelo povo. O locaute patronal, por sua vez, provocou a ocupação de fábricas e a gestão da produção pelos trabalhadores, organizados em *cordones industriales*. No campo, a pressão popular acelerou a reforma agrária, escorada pelo Exército. No conjunto, a radicalização social abriu frestas para o fortalecimento do poder popular.

Apesar do desgaste social e econômico intensificado por uma mídia hostil, os votos da Unidad Popular cresceram nas eleições parlamentares de março de 1973, frustrando a expectativa de uma saída institucional. Neste momento, ficou claro que a oposição precisaria recorrer ao golpe militar para derrubar o governo, o que ocorreu no fatídico 11 de setembro de 1973 sob a liderança do general Augusto Pinochet, com notório apoio dos Estados Unidos (Kornbluh, 2003). Como disse o então secretário de Estado Henry Kissinger: "Eu não vejo por que assistir parado a um país se tornar comunista por causa da irresponsabilidade do seu povo. Este assunto é demasiado importante para deixar que os eleitores chilenos decidam por si mesmos" (*apud* Peck, 2010, p. 43).

Os protagonistas tiraram lições diferentes deste trágico desenlace. Militantes do Movimento de Izquierda Revolucionaria (MIR) recriminaram o legalismo do governo, que não armara o povo: "Uma revolução tem que saber se defender", avaliou um ativista (Mundaca, 2017). Por outro lado, quadros próximos ao presidente, como Jacques Chonchol e Joan Garcés, opinaram que o governo comprara brigas demais ao enfrentar simultaneamente a oposição interna e a hostilidade dos Estados Unidos. Em particular, a nacionalização do cobre sem indenização e a dificuldade para compor com a democracia-cristã foram objeto de reconsideração (Garcés, 1993; Chonchol, 2017).

A democracia cristã também procedeu à sua própria revisão de consciência. A despeito de exceções pessoais, o partido criou obstáculos à gestão da Unidad Popular até pender para o golpismo, na expectativa de retornar à presidência. Isso, de fato, ocorreu, mas somente dezessete anos depois. Em 1990, os revisionismos convergiram, e a democracia-cristã voltou ao Palácio de La Moneda de mãos dadas com os socialistas. Porém, neste meio tempo, o país legado pela Unidad Popular havia sido desfigurado.

11. Da ditadura à democracia protegida

A Junta Militar de Governo comandada por Pinochet (1973-1990) modificou radicalmente a sociedade chilena. A caravana da morte, em que militares percorreram o país assassinando militantes previamente listados; a detenção e tortura em larga escala, transformando o principal estádio de futebol de Santiago em uma prisão; campos clandestinos de tortura e assassinato de presos políticos; e a Operação Condor, articulação entre as ditaduras do Cone Sul que internacionalizou a repressão, idealizada pelo chefe da polícia secreta do país, Manuel Contreras, constituem aspectos do terrorismo de Estado que arrasou as referências políticas e econômicas associadas ao nacional-desenvolvimentismo prevalentes desde os anos 1930. Neste processo, geraram-se condições objetivas e subjetivas para uma refundação do país, caracterizada por um fundamentalismo neoliberal pioneiro no mundo. A ousadia do socialismo democrático foi castigada com o seu oposto, descrito como "capitalismo de choque" (Klein, 2008).

No entanto, o neoliberalismo chileno deve ser entendido antes como um paradigma — um conjunto de valores ou uma "razão de mundo" —, do que como um receituário específico, uma vez que conviveu com políticas monetárias e cambiais bastante diferentes. Em particular, a grave crise que eclodiu no país entre 1981 e 1982 motivou iniciativas anticíclicas na contramão das políticas até então impostas, identificadas com a abertura comercial e financeira.

O diagnóstico subjacente ao projeto neoliberal chileno entendeu que o país é pequeno — 17 milhões de pessoas, em 2017 —, mas possui uma quantidade de recursos naturais excepcional em proporção à sua população. Daí advêm duas conclusões: é inviável desenvolver uma indústria nacional amparada neste exíguo mercado interno, mas, se o país explorar suas vantagens comparativas, pode obter, por meio de exportações, as divisas necessárias para importar o que precisa. Em poucas palavras, para que fabricar o que é possível importar?

O neoliberalismo chileno supõe um Estado forte, que aplica uma carga tributária alta (regressiva) e cultiva instrumentos de intervenção política e econômica, embora em uma direção liberal, segundo a ótica das vantagens comparativas. Desde a ditadura, foram impulsionados setores exportadores alternativos à mineração, que também foi estimulada. Vinho, salmão, frutas e madeiras estão entre os segmentos amparados por uma agressiva política de fomento às exportações, conduzida desde 1974 pelo ProChile, órgão que faz parte do Ministério das Relações Exteriores.

O substrato material de diversas modalidades de exportação primária foi o desenvolvimento capitalista do campo, que se escorou na reversão da reforma agrária realizada nos governos anteriores. No entanto, a contrarreforma agrária pinochetista não objetivou restituir as terras aos antigos proprietários, mas criar as condições para o florescimento de um novo empresariado agrícola orientado ao mercado externo. Após a ditadura, o campo passou a produzir menos comida e mais divisas.

O outro lado desta política foi uma acelerada desindustrialização. Entre 1974 e 1983, o valor da produção do setor industrial chileno caiu cerca de 25%, enquanto mais de cinco mil estabelecimentos foram fechados, implicando a perda de quase 150 mil empregos. (Faletto, 2007, p. 55). Militares assumiram a direção de empresas estatais, sendo que muitas delas foram privatizadas. A ditadura manteve a gestão do governo anterior sobre minas estatizadas, reunidas na Corporación Nacional del Cobre de Chile (Codelco), que até hoje direciona 10% de seus lucros para as Forças Armadas. No entanto, foram restauradas as condições para a exploração estrangeira, e a participação do Estado na mineração decresceu desde então.

O mundo do trabalho, destroçado pela combinação entre terrorismo e desindustrialização, teve seu marco legal completamente remodelado. Em 1978, a ditadura derrogou a lei que proibia a demissão sem justa causa. Também foram autorizados contratos temporários de trabalho e a flexibilização das jornadas, segundo a conveniência do empregador. No ano seguinte, promulgou-se um Plan Laboral que refundou a legislação sindical e consagrou a desregulamentação do mercado de trabalho. Foram proibidas a negociação coletiva e a greve em serviços públicos, permitiu-se a contratação de trabalhadores para substituir grevistas, interditou-se a formação de sindicatos por categoria (somente por empresa), incentivou-se a negociação individual e acabou-se com a justiça do trabalho (considerado como conflitos entre indivíduos), entre outros dispositivos em vigor até os dias de hoje. Em síntese, estabeleceu-se um "modelo neoliberal sem travas democráticas", fundando uma cultura política em que "falar de greve é como falar de sexo em um convento de freiras" (Kremerman, 2017).[2]

Foi neste mesmo contexto que a ditadura submeteu a plebiscito a Constituição que elaborou — e que também continua

---

2. As reformas trabalhista e previdenciária foram propostas à Junta Militar por José Piñera, irmão de Sebastián Piñera, rico empresário que se tornaria presidente do Chile entre 2010 e 2014, sendo eleito para um segundo mandato em 2017. A riqueza chilena concentra-se em sete famílias, dentre as quais os Piñera.

vigente. Desenhada sob a liderança sinistra de Jaime Guzmán, a Constituição ofereceu o marco legal para uma profunda mercantilização dos direitos sociais, que em diversos aspectos foi implementada e aperfeiçoada nos anos seguintes, inclusive após o fim da ditadura.

A despeito da propaganda em contrário, a liberalização econômica imposta pela ditadura levou o país à beira do colapso. Em 1982, o Chile foi um dos países latino-americanos mais abalados pela crise da dívida, enfrentando uma queda no PIB de 14,1%, em um contexto de quebra de bancos, empresas descapitalizadas e alto desemprego. O impacto da crise explicitou os riscos inerentes ao neoliberalismo radical praticado até então, provocando uma revisão em direção pragmática. Por exemplo, bancos foram estatizados — ou salvos —, em uma manobra coetânea à privatização do sistema previdenciário. A despeito da crescente contestação que sofria, a ditadura teve êxito em recobrar altos níveis de crescimento a partir de 1984, o que lhe concedeu lastro econômico para mais uma temporada no poder.

Nesta conjuntura, parte da esquerda retomou a luta armada, ao mesmo tempo que ressurgiram manifestações populares contra o regime, que reagiu com violência. Entre 1983 e 1986, houve seguidas Jornadas de Protesta Nacional convocadas por sindicalistas, nas quais se contabilizaram dezenas de mortos. Em 1986, um atentado frustrado a Pinochet, perpetrado pelo grupo Frente Patriótico Manuel Rodríguez (FPMR), serviu de pretexto para embrutecer a repressão. Os limites da ação armada incidiram na inflexão de parte da oposição à ditadura, que concentrou esforços nos anos seguintes para derrocá-la pela via institucional (Muñoz, 2008).

Foi com o intuito de evitar a explosão popular que se iniciaram as negociações da ditadura com a Democracia Cristã e setores do Partido Socialista, que futuramente se aglutinariam na coligação chamada Concertación de Partidos por la Democracia.[3] Os Estados Unidos, a Social-Democracia internacional e a Igreja católica foram ativos no processo, em um contexto em que a legitimidade da ditadura minguava com o ocaso da Guerra Fria. O processo culminou em um plebiscito em 1988, no qual foi consultada a vontade popular de manter Pinochet no poder até 1997. Em uma decisão contestada, a oposição optou por uma campanha pautada pelo *marketing* eleitoral, projetando um Chile em que "a alegria estava chegando" (*la alegría ya viene*), em lugar de uma crítica ao legado da ditadura. O principal argumento desta estratégia, que resultou vitoriosa, é que uma população traumatizada não desejava botar o dedo em feridas abertas. Por outro lado, as condições da campanha e da própria vitória limitaram o alcance da transição que havia sido iniciada.

Pinochet foi compreensivelmente surpreendido pela derrota, e só a aceitou por pressão dos seus pares (Muñoz, 2008). Até os Estados Unidos foram a favor do "não" à continuidade da ditadura. No entanto, durante o ano e meio que passou até deixar La Moneda, o ditador refinou as estruturas de uma transição controlada pelos interesses que o sustentaram. Um aspecto-chave nas negociações foi a derrogação dos pontos mais aberrantes da Constituição, como a proibição de partidos que falavam em luta de classes ou a atribuição presidencial de dissolver a Câmara dos Deputados, em troca de quóruns de até dois terços para reformar a própria Constituição (Grez, 2017). Porém, na prática, quóruns supramajoritários foram inviabilizados pelo famigerado sistema

---

3. O PS estava dividido desde 1979 em duas posições, lideradas respectivamente por Clodomiro Almeyda, que defendia uma política de unidade de esquerda (PS-PC), e Carlos Altamirano, que favorecia uma identidade social-democrata e a aproximação com a DC.

binominal,[4] que consolidou o duopólio entre a Concertación e a direita na política chilena pós-ditadura, ao mesmo tempo que limitou a participação de forças minoritárias.

O resultado desta arquitetura é que, embora a coligação estruturada em torno da aliança DC e PS (Concertación, e depois Nueva Mayoría, a partir da adesão do PC em 2013) vencesse todas as eleições presidenciais seguintes, com exceção de 2010, a Constituição é a mesma. Houve mais de duzentas pequenas reformas, mas nenhuma que contrariasse frontalmente a direita pinochetista, alterando sua essência. Desde então, o discurso da Concertación é de que a direita bloqueou as reformas. Porém, ao longo destes anos houve momentos em que a Concertación teve maioria para alterá-la e não o fez, o que endossa a leitura de Sergio Grez, para quem esta arquitetura foi aceita por estes partidos justamente porque fornece um pretexto para não avançar as reformas, disfarçando assim sua acomodação ao poder (Grez, 2017).

Qual a essência desta Constituição? A cristalização do legado da ditadura significou a institucionalização de um neoliberalismo conservador. A noção de direitos sociais é subsumida à garantia de liberdade econômica, o que implica modificar o sentido da intervenção do Estado. Entendido como um "Estado subsidiário" (Ruiz & Boccardo, 2015), seu papel é assumir atribuições sociais que não são do interesse da iniciativa privada. Por um lado, assegura a atuação irrestrita da iniciativa privada, vista como um suporte da liberda-

---

4. Sistema eleitoral que prevê circunscrições em que são eleitos dois candidatos. O voto é computado em listas, sendo eleito o mais votado em cada lista, exceto se uma delas obtiver o dobro da segunda colocada. Na prática, a Concertación e a direita frequentemente tiveram as duas listas mais votadas, mas raramente dobraram a votação da rival. Por outro lado, candidatos mais votados individualmente, mas que se apresentam por listas que terminam em terceiro lugar, não são eleitos. O resultado é o compartilhamento do Legislativo entre as duas coligações.

de individual; por outro, fornece serviços de saúde, seguridade social e educação aos mais pobres, frequentemente por meio de políticas focalizadas. A ideia por trás da privatização das políticas sociais não era desassistir o indivíduo, mas deixá-lo decidir.

Em consonância com esta perspectiva, o direito à educação é subordinado à liberdade de ensino. O texto constitucional entende que os pais têm o "dever de educar os filhos" e, para isso, têm "o direito de escolher o estabelecimento de educação para seus filhos". De modo análogo, a liberdade de ensino significa o "direito de abrir, organizar e manter estabelecimentos educacionais". No plano da saúde, registra-se que "cada pessoa terá o direito de escolher o sistema de saúde em que deseja ser acolhida, seja este estatal ou privado" (Constituição do Chile, 1980). Entretanto, esta escolha é condicionada pela capacidade de pagamento: o direito se converte em mercadoria e a cidadania se exerce como consumo. Na prática, operou-se a transformação de direitos sociais em nichos de negócios protegidos e subsidiados pelo Estado, que se tornou um pilar fundamental do capitalismo chileno.

Em relação ao trabalho, a Constituição prevê que "toda pessoa tem direito à livre contratação e à livre escolha de trabalho com uma justa retribuição" (Constituição do Chile, 1980). Porém, à luz do Código Laboral de 1979, que esgarçou a organização dos trabalhadores e flexibilizou os contratos, a "livre escolha" e a "justa retribuição" se tornaram preceitos exercidos unilateralmente pelo empregador. Portanto, a Constituição chilena consagra a igualdade entre desiguais. O poder real do trabalhador, que depende da organização coletiva e da defesa de direitos, é esvaziado. Transformado em indivíduo cujo direito supremo é a liberdade para consumir, o trabalhador é constrangido a individualizar também suas alternativas de vida, o que tem efeitos notáveis na sociabilidade, na cultura e na política chilenas.

A Constituição chilena também manteve a autonomia do Banco Central e a existência do Tribunal Constitucional — que tem poder para derrogar uma lei aprovada no parlamento ou exigir quórum supramajoritário para temas não previstos —, assim como o regime laboral antipopular; inviabilizou a empresa estatal (necessita quórum supramajoritário); demoveu a soberania nacional sobre recursos mineiros, florestais e também sobre as águas, que no Chile foram privatizadas; e criminalizou o aborto, que era legal para fins terapêuticos. Por fim, a Constituição reforçou a rigidez política ao instituir figuras como senadores designados e vitalícios, ao mesmo tempo que não previu lei de iniciativa popular nem plebiscito, amarrando o caráter irreformável do neoliberalismo chileno desde a sua própria institucionalidade (Ramírez, 2017, p. 107).

Os limites desta "democracia protegida", arquitetada por Guzmán, são ilustrados pelos privilégios das Forças Armadas que se perpetuam até os dias de hoje. Não houve intervenção nos planos de estudo modulados por doutrinas reacionárias; permaneceram os vínculos com a Escola das Américas; ícones da ditadura são glorificados: a biblioteca da Academia Militar chama-se Augusto Pinochet Ugarte, enquanto uma estátua do almirante José Toríbio Merino[5] foi inaugurada em Valparaíso sob a presidência de Ricardo Lagos (2000-2006), quando a ex-presa política Michelle Bachelet era ministra da Defesa; não há meritocracia interna; mantiveram-se os privilégios de carreira — os militares foram preservados da previdên-

---

5. Principal arquiteto do golpe de 1973, Toríbio Merino definiu os comunistas nas seguintes palavras, proferidas em 1986: "Há dois tipos de seres humanos: os que chamo de humanos e os outros, humanoides. Os humanoides pertencem ao Partido Comunista". Em 1993, referiu-se aos bolivianos: "São camelos andinos metamorfoseados que aprenderam a falar, mas não a pensar".

cia privada; e continuou-se a destinar 10% das exportações da Codelco para a corporação: segundo a lei, cujo texto era secreto até 2016, este montante deve ser completado pela União se for inferior a 180 milhões de dólares. Emblemático do duplo constrangimento militar e civil legado pela ditadura, Pinochet permaneceu como chefe das Forças Armadas até 1998, quando foi nomeado senador vitalício: "No amanhecer da democracia tutelada, o ditador podia passear em plena luz do dia, diante de todo o Chile, sabendo-se intocável, e o resto [da população], sabendo-se em constante ameaça" (Alvarado & Roca, 2017, p. 26).

III. Economia política da Concertación

a. Concertación no poder

As eleições de 1989, que se seguiram à vitória do "não", foram vencidas pelo democrata-cristão Patricio Aylwin. Inaugurou-se uma sequência de governos da Concertación, que, a partir da vitória de Ricardo Lagos, em 2000, alternou socialistas na presidência da República.

Em um primeiro momento, as concessões ao legado da ditadura foram justificadas em prol da estabilidade política, edulcoradas como "capacidade de diálogo" e de "gerar consenso". De fato, a ameaça militar não era fantasia. Os correligionários de Pinochet ensaiaram deixar a caserna em diversos momentos, e assim abafaram o escândalo de corrupção conhecido como *pinocheques* envolvendo o filho do general, em 1993. Com o tempo, porém, houve uma notável acomodação às estruturas legadas. O resultado foi que os governos eleitos terminaram por legitimar uma ordem de origem espúria, modelada sob o terrorismo de Estado e consolidada sob a chantagem das armas. Em particular, a capitulação dos socialistas, que outrora tinham eleito Allende como presidente, estreitou o horizonte da política de esquerda. Essa situação foi agravada porque a gestão do neoliberalismo não era estática e implicou novas engenharias de despossamento, mercantilização e financeirização de direitos, corroborando para fazer do Chile uma experiência avançada de "neoliberalismo real". Se os soviéticos justificaram seu distanciamento do ideário comunista com o sofisma de um "socialismo real", a realidade chilena coloca em xeque a idealização de uma sociedade em que todas as esferas são regidas pela lógica mercantil.

No plano ideológico, ao assumir a gestão e a atualização do legado da ditadura, a Concertación endossou o discurso de ressonância internacional que dissocia o terrorismo de Estado e o neoliberalismo chilenos, na contramão de análises que explicitam os nexos entre ambos (Klein, 2008). Segundo esta ideologia, a ditadura exagerou na repressão, mas acertou na economia. A Concertación emergiu então como a alternativa ideal, ao manter as determinações econômicas do modelo, mas prescindindo do terror. Implementado por socialistas, que outrora perturbaram a ordem mundial com uma proposta de "socialismo com vinho tinto e empanadas", este arranjo mereceu ser aplaudido, tanto que foi premiado com um lugar na Organização para a Cooperação e Desenvolvimento Econômico (OCDE). Nem Josef Stálin arrancaria retratação mais eloquente.

Incidiram nesta guinada diversos vetores, entre o trauma da repressão, o eurocomunismo e a sedução do poder, assim como o debate sobre a experiência da Unidad Popular, sintetizada na polêmica entre fracasso ou derrota, o que supõe uma apreciação sobre a viabilidade histórica desta via.[6] De modo evidente, a aliança com a DC que desaguou na Concertación refletiu a posição de que a Unidad Popular deveria ter sido mais flexível na relação com outras forças políticas no passado.

---

6. "Fracasso" implica a inviabilidade estratégica do caminho tentado, enquanto "derrota" supõe equívocos táticos.

Além destas considerações políticas, houve também uma genuína adesão da Concertación à via chilena ao neoliberalismo, interpretada como uma modalidade exitosa de inserção na economia globalizada. Nesta perspectiva, coube à Concertación cultivar um "neoliberalismo com rosto humano", que em suas expressões ideológicas mais delirantes cogitou-se como "parte da (pré) história do socialismo chileno" (Atria, 2013, p. 16).

Este convencimento foi visível desde os primeiros momentos da Concertación. Andrés Zaldívar, presidente da DC durante a ditadura, sustentou que a "herança positiva" de Pinochet "foi a transformação econômica", enquanto um assessor do ministro da Fazenda da administração Aylwin declarou que "a imagem de êxito econômico do governo militar" foi "assumida com muita força pelos grupos empresariais", o que acabou sendo determinante para as definições estratégicas do novo governo (Fazio & Parada, 2010, pp. 7-8).

Entre o convencimento e a acomodação, o governo Aylwin estabeleceu um padrão que foi seguido pelos governos seguintes: nada feito pela ditadura foi desconstruído, e o que se construiu assentou-se sobre esta fundação. O espírito do porvir foi sintetizado na mensagem de abertura do Congresso em abril de 1990, quando o presidente afirmou, em relação aos crimes da ditadura, que a verdade e a justiça seriam feitas "na medida do possível".

Neste diapasão, as privatizações efetuadas após o plebiscito de 1988 não foram revistas, contrariando o acordo público assumido. Ao contrário, foram retomadas ao final do seu governo. Durante este mandato, o investimento externo atingiu níveis inéditos, superando entre 1990 e 1993 o total do investimento atraído durante toda a ditadura Pinochet. Estes dados indicam que, de modo similar ao *apartheid* sul-africano, a ditadura havia se tornado economicamente disfuncional em função do isolamento político a que condenara o país. Puxadas pelo capital internacional, as exportações da mineração privada superaram aquelas do setor estatal pela primeira vez em 1994 (Fazio & Parada, 2010, p. 17).

A Concertación transformou a necessidade política em virtude econômica. A acomodação transmutou-se em estabilidade, valorizando-se o Chile como plataforma de investimentos na região. Nas palavras de um ex-ministro, o país desempenharia o papel de "porta-aviões", porque tem "estabilidade política, recursos naturais e mão de obra altamente especializada" (Fazio & Parada, 2010, p. 27). Esta imagem foi sempre reforçada por um cuidadoso *marketing* do sucesso econômico, para consumo doméstico e internacional.

Altos níveis de investimento estrangeiro estimularam o crescimento econômico. Enquanto isso, acelerou-se a desindustrialização do país, que se tornou uma economia de serviços. No bojo deste movimento, geraram-se múltiplas opções de crédito e de endividamento para as famílias. Como assinalou Tomás Moulian, a massificação do crédito foi o outro lado do mercado de trabalho flexível. Em termos objetivos, o aumento da demanda nos anos 1990 não foi puxado pelos salários, mas pelo crédito ao consumo, cujo crescimento foi sempre mais acelerado que o da própria economia. No plano subjetivo, a massificação do "cidadão *credit card*" tornou "mais vivível" o desamparo de uma existência mercantilizada, por meio do "consumo como paixão" (Moulian, 1997).

Porém, o sociólogo lembra que o crédito tem duas caras, como o acesso ao prazer e o dispositivo de dominação: "O crédito permite realizar uma consumação do desejo de consumo sobre a base de um disciplinamento *a posteriori*. É a porta de entrada ao paraíso do consumo através do purgatório do endividamento" (Moulian, 1997, p. 89). Crédito e disciplina social, consumo e conformismo político andam de mãos dadas na constituição da subjetividade do Chile contemporâneo, onde o coletivo é preterido por uma razão individual absoluta. Na síntese de Moulian, "o indivíduo-assalariado, não mediado pelo sindicato, como ideal das relações de trabalho, e o indivíduo-consumidor como o ideal das relações de consumo" (Moulian, 1997, p. 100).

Visto sob o prisma da alienação necessária, o papel político da Concertación parece congruente. Segundo a análise de uma líder estudantil, "o projeto da Concertación pavimentou um caminho de distanciamento entre a sociedade e a política fundamentado na estabilidade, na tensão ditadura-democracia, que não somente desmobilizou, mas possibilitou uma cultura política desconectada da sociedade" (Rojas, 2017, p. 130).

A investigação da antropóloga Julia Paley ilumina a força desmobilizadora deste projeto. Ao estudar um movimento de saúde na periferia de Santiago em 1985, Paley constatou a pujança dos laços comunitários que sustentaram esta reivindicação popular, ignorada naquele momento pelas autoridades da ditadura. Anos depois, com o país já sob a democracia, ela observou no mesmo local um empenho do Estado em tecnicizar questões sociais e esvaziar o protagonismo popular, cuja base comunitária se debilitara sensivelmente. Neste contexto, o governo recebeu as lideranças, mas alegou não ter recursos. E, quando o movimento decidiu sair às ruas, foi taxado como traidor pela oficialidade (Paley, 2001).

A despeito de matizes entre os governos, as determinações fundamentais da economia política da Concertación se mantiveram intactas quando, em 2000, o socialista Ricardo Lagos sucedeu o democrata-cristão Eduardo Frei Ruiz-Tagle, filho do ex-presidente. Na realidade, este governo aprofundou alguns aspectos importantes do movimento histórico em curso.

A expectativa de que um presidente socialista se aproximaria do Mercosul, ou de governos identificados com a esquerda eleitos durante o mandato de Lagos (2000–2006), foi frustrada. Aconteceu justamente o contrário, pois foi sob a liderança de Lagos que o Chile assinou tratados bilaterais de livre-comércio com os Estados Unidos e com a União Europeia. Estas ações foram seguidas por sua sucessora, a também socialista Michelle Bachelet (2006-2010). Atualmente, o Chile é um dos países que possui maior número de acordos de livre-comércio no mundo: mais de sessenta (Silva Flores, 2017). Subjacente a este desinteresse pela integração regional, está a noção de que o Chile se encontra em outra etapa de sua evolução econômica e, portanto, teria objetivos distintos dos demais países da região.

Lagos também promoveu uma reforma constitucional que removeu aspectos do que chamaríamos no Brasil de "entulho autoritário", como a figura do senador vitalício. Outros elementos não foram tocados, como o sistema binominal, que esteve vigente até 2015. Ao longo deste processo, o presidente foi muito criticado por assinar a Constituição herdada da ditadura, ação interpretada como uma forma de legitimá-la.

Outras atitudes controversas do presidente socialista incluíram sua decisão pessoal de manter secreto por cinquenta anos o "Informe de la Tortura", o recurso à lei antiterrorista (outro legado da ditadura) para enfrentar o protesto mapuche e o intenso empenho do seu governo em evitar que Pinochet fosse julgado na Europa — onde estava detido desde 1998 — com o polêmico argumento de que deveria ser julgado pela justiça chilena (Muñoz, 2008). No plano social, o governo Lagos acelerou a financeirização do ensino superior ao criar o Crédito con Garantía Estatal (CAE), que será analisado adiante. A afirmação posterior do presidente Sebastián Piñera (2010-2014) de que "a educação é um bem de consumo" deve muito de sua materialidade ao mandato socialista, que foi notavelmente popular entre os empresários.

Sua sucessora Michelle Bachelet sancionou uma lei de responsabilidade fiscal nos primeiros meses de mandato, assinalando que não pretendia realizar qualquer mudança em relação ao governo anterior. Na realidade, quando o empresário Sebastián Piñera quebrou a hegemonia da Concertación nas eleições seguintes, os senadores e deputados desta bancada se uniram no sentido de "velar para que [Piñera] não se distancie do caminho da responsabilidade fiscal". Quando sentiram que isto ocorria em 2012, circularam uma carta pública fazendo "um chamado ao governo de Sebastián Piñera para manter a responsabilidade fiscal como um patrimônio do Chile que devemos resguardar".[7]

Apesar de algumas nuances, as determinações da economia política dos governos da Concertación não se alteraram substancialmente sob Piñera, quando a "direita", no dizer socialista, assumiu a presidência. As principais referências deste regime são o neoliberalismo institucionalizado, a Constituição da ditadura, a mercantilização dos direitos sociais, o Código Laboral, a economia de serviços, o Estado subsidiário, a financeirização da sociedade, o cidadão *credit card*, o endividamento, a sofisticação dos padrões de consumo, a desigualdade, os tratados de livre-comércio, a aposta nas vantagens comparativas, a exportação primária, a repressão ao dissenso e aos Mapuche, e o duopólio político. Com exceção deste último elemento, que está em crise na atualidade, e da repressão aos povos originários, que vem de muito antes, todos se originam na ditadura. No Chile, os nexos entre ditadura e neoliberalismo não têm mediações, enquanto as continuidades entre ditadura e democracia foram mediadas pela Concertación.

---

7. O documento está disponível em <http://www.elmostrador.cl/media/2012/11/Preocupaci%C3%B3n-de-la-Oposici%C3%B3n-por-la-Responsbilidad-fiscal.pdf>.

b. Macroeconomia

É possível argumentar que esta economia política tem sido exitosa. Dados macroeconômicos frequentemente corroboram esta leitura. Entre o final da ditadura, em 1990, e 2007, o Chile cresceu em média 5,5%, resultando em uma elevação de 96% na renda per capita (Sunkel & Infante, 2009, p. 136). Nos anos seguintes houve uma desaceleração, mas ainda assim o país cresceu em média 3,2% entre 1998 e 2009. Entre 1990 e 2009, a dívida pública que estava em 45% do PIB diminuiu para 7%. O PIB *per capita* do país ultrapassou a Argentina e só é mais baixo do que o uruguaio, enquanto o Programa das Nações Unidas para o Desenvolvimento (PNUD) atribui ao Chile o mais alto IDH da América do Sul (Programa de Desenvolvimento das Nações Unidas, 2015).

Um olhar crítico aponta uma base produtiva pouco diversificada e sofisticada, sujeita a ciclos financeiros e produtivos cuja dinâmica não pode ser controlada. O país continua dependente da exportação primária, particularmente de cobre. O peso das exportações deste minério no PIB duplicou no primeiro decênio do século XXI, quando a mineração respondeu por entre 50% e 60% do total exportado. É um percentual inferior aos anos da Unidad Popular, quando alcançava 80%, mas, por outro lado, o setor mineiro agora é dominado pelo capital internacional. Estima-se que, entre 1974 e 2004, houve investimentos estrangeiros de 19 bilhões de dólares em mineração — 87,5% deles sob governos da Concertación. Somente no ano de 2006, os lucros das mineradoras atingiram 20 bilhões de dólares (Galarce Villavicencio, 2012, p. 193). Para efeito de comparação, as exportações de cobre e subprodutos equivalia a 70% da receita de petróleo venezuelana no final daquela década, mas a população do país é menor: 17 milhões contra 29 milhões no país caribenho (Galarce Villavicencio, 2012). Em paralelo, a pressão pela intensificação das explorações tem provocado conflitos socioambientais, alguns deles protagonizados pelos Mapuche.

As demais exportações chilenas incluem madeiras, frutas (uvas, maçãs, peras, frutas secas), vinhos e peixes. Assim, embora as estatísticas indiquem que o país exporta 4.800 itens para noventa países, prevalece uma pauta pouco diversificada e com itens que incorporam baixo valor agregado. A China consome cerca de 28% das exportações do país e os Estados Unidos, a metade disso (Silva Flores, 2017).

O país sofreu com menor intensidade do que outros exportadores primários da região os efeitos da crise de 2008. O preço do cobre despencou naquele ano, mas voltou a subir a partir de 2009. De modo geral, o preço desta *commodity* é menos instável do que outras, como o petróleo. O *boom* da construção civil, que foi impulsionado pelo terremoto de 2010, e a queda no preço do petróleo ajudaram a mitigar o impacto da crise internacional (Lara, 2017).

Entretanto, em anos mais recentes, reapareceram sinais críticos. A economia está estagnada desde 2014, em um país onde o sistema financeiro movimenta um volume 3,5 a quatro vezes maior do que os circuitos produtivos. Observa-se uma queda do investimento, além de uma expansão do endividamento empresarial e individual. Há indícios de deterioração do comércio exterior: em 2016, as exportações contraíram-se em 4,8% e as importações, em 5,9%. O cobre enfrenta a concorrência peruana e os custos crescentes da exploração em grandes profundidades, a mais de mil metros (Lara, 2017). Além disso, o ecossistema que sustenta a competitividade primária se deteriorou em anos recentes. Em particular, a indústria do salmão foi bastante afetada por problemas desta natureza (Bengoa, 2009).

No entanto, o eixo em torno do qual gravitam as mobilizações massivas no Chile recente não é econômico. Diversos analistas apontam que as relações sociais em que se assenta esta macroeconomia é que têm sido questionadas: trata-se de uma reação ao neoliberalismo real. É possível que esta cisão entre a dinâmica econômica e o processo social expresse uma fenda mais profunda, descrita por Enzo Faletto como uma "segmentação dual da economia e da sociedade" (Faletto, 2007, p. 57). Sob esta perspectiva, o mal-estar advém da constatação de que "o modelo econômico foi enormemente eficiente em produzir um aumento do capital e do investimento no Chile, mas não construiu sociedade" (Mayol, 2012, p. 172).

Para compreender a natureza dos problemas sociais do Chile contemporâneo, examinaremos a seguir a situação da educação, particularmente do ensino superior, as relações de trabalho e a previdência. A mercantilização da vida atingiu outras dimensões sociais, como a saúde, em que mesmo o setor público envolve o pagamento de franquia pelo uso; a moradia popular, que a ditadura converteu em um negócio para empreiteiras mediado pelo crédito popular, inspiração para o programa brasileiro Minha Casa Minha Vida; e a cultura, que sequer merece um ministério e funciona por meio de projetos e da concorrência permanente. Porém, os temas selecionados cobrem o período de vida de um trabalhador chileno, entre a educação, o trabalho e a aposentadoria, permitindo uma leitura transversal que informará uma apreciação dos dilemas atuais, para além da macroeconomia.

c. Educação

No Chile contemporâneo a educação pública está em extinção, pois mesmo a educação estatal funciona sob a lógica do negócio privado. O padrão de reprodução social em que a família produz, o Estado educa e o capital contrata já não opera no Chile, onde o estudante é educado e disciplinado sob a lógica do capital.

Na educação básica prevalece a política do *voucher* implementada pela ditadura nos anos 1980, e que teria sido extraída de um capítulo do livro *Capitalismo e liberdade*, de Milton Friedman (Orellana, 2017). Neste sistema, a gestão escolar foi municipalizada, e as escolas públicas e privadas recebem do Estado uma subvenção financeira por aluno. A ideia é que a competição por financiamento entre as escolas premiará as mais competentes, que atrairão mais estudantes e, como consequência, receberão mais dinheiro. A proposta é congruente com o espírito da Constituição chilena, transformando a educação de um direito civil em uma responsabilidade individual.

Na prática, o sistema gerou distorções que foram agravadas a partir de 1993, quando o governo da Concertación liberou outras formas de financiamento para complementar os exíguos fundos estatais — o chamado copagamento. A regra segundo a qual colégios particulares que recebiam aportes complementares deixavam de receber a subvenção estatal foi modificada, o que beneficiou o ensino privado em detrimento do público. Deste momento em diante, mais de oitocentas escolas municipais foram fechadas, enquanto o número de colégios particulares dobrou, abarcando atualmente cerca de 68% da demanda (Salazar, 2014).

O sistema de subvenção estatal por aluno teve duas consequências principais. Por um lado, condenou as escolas a uma existência incerta, uma vez que as direções administram custos fixos com recursos variáveis. O principal desafio da direção escolar passou a ser a sobrevivência. Para se adaptar a esta dinâmica, os professores também tiveram suas condições de trabalho precarizadas. Por outro lado, operou-se uma profunda segregação do sistema escolar chileno. As escolas gratuitas são frequentadas pelos mais pobres, enquanto os colégios particulares subvencionados discriminam pela localização e pelo preço. É um negócio em que há operadores massivos de baixo custo, mas também operadores exclusivos de alto custo: cerca de 7% das matrículas correspondem a colégios particulares que não recebem subvenção estatal, e são os mais caros (Orellana, 2017).[8]

Se na educação básica predominam capitais médios que cobram mensalidades modestas complementares à subvenção estatal, a educação superior é um negócio dominado por quatro grupos empresariais, que atendem a mais da metade da demanda. O ponto de inflexão para a expansão universitária privada foi a criação do CAE no governo Lagos.

Esta política teve êxito em seu propósito declarado, que era ampliar a cobertura universitária. O número de matrículas no ensino superior quase dobrou entre 2005 e 2016, de 663.679 para 1.247.135 alunos. Porém, 70% deste aumento se concentrou em vinte instituições vinculadas a quatro grandes grupos: Laureate International, Santo Tomás, Universidad Tecnológica de Chile (Inacap) e Pontificia Universidad Católica. Estas instituições concentram 67,1% dos alunos que acessam o CAE e 67,7% dos recursos recebidos por todo o sistema de educação superior chileno por esta via (Kremerman & Páez, 2016). Neste mesmo período, a matrícula em estabelecimentos estatais aumentou em apenas 20.634 alunos, e sua participação total no sistema se reduziu a 15,4%. Recebendo dotação orçamentária mínima, constrangida a cobrar mensalidades, consultorias e cursos, a universidade pública chilena converteu-se em um apêndice do sistema de educação superior.

Do ponto de vista econômico, o CAE revelou-se um grande negócio. O argumento original para sua implementação era que o Estado tinha restrições orçamentárias e precisava do auxílio dos bancos para financiar a popularização do ensino superior. Porém, os bancos só toparam o negócio

---

8. O último governo Bachelet promulgou uma lei em novembro de 2017 que cria um novo sistema de educação pública, que gradualmente tirará os colégios públicos da administração dos municípios para uma nova institucionalidade da educação pública, com o intuito de ampliar a gratuidade.

quando o Estado se comprometeu a subsidiá-los, comprando a cada ano 25% dos créditos contratados com um sobrepreço de 6%. Na realidade, desde então, o Estado comprou 48% dos créditos com um sobrepreço de 28% (Kremerman & Páez, 2016). Nesta operação, o estudante continua com a dívida, mas o banco realiza seu crédito, e a universidade garante seu negócio.

Em pouco tempo, evidenciou-se o paradoxo do programa. Já em 2009, o Estado gastou mais com as dívidas relacionadas ao ensino superior do que seria necessário para conceder bolsas integrais aos estudantes sujeitos ao crédito. "O desenho havia passado de ineficiente para absurdo" (Mayol, 2012, p. 129). Se no seu início, em 2006, o CAE representava 2,4 % do orçamento de educação superior, atualmente alcança 36,5%.

Dentre os países da OCDE, o Chile é onde o estudante mais gasta com educação em proporção ao investimento do Estado: cerca de 80% da despesa recai sobre as famílias, enquanto a média nos países da OCDE é de 30% (Brunner, 2008). O país tem a educação universitária mais cara do mundo, segundo *ranking* desta mesma organização. Como consequência, em março de 2010, registravam-se em torno a 270 mil jovens endividados, que, em 2016, superaram 730 mil, enquanto a inadimplência do sistema alcançava 38,7% (Kremerman & Páez, 2016).

Do ponto de vista qualitativo, o sistema é débil: não há incentivos à qualidade, ninguém é reprovado e não se produz conhecimento. O principal mecanismo de supervisão qualitativa — a chamada "acreditação" — também está subordinado ao imperativo mercantil, uma vez que se tornou requisito essencial para acessar os financiamentos garantidos pelo Estado. Prevalecem relações promíscuas entre as empresas e a tecnocracia que deveria fiscalizá-las, tanto neste como em outros negócios no país (González & Guzmán, 2012).

A despeito da extravagância do sistema, é possível aventar que a engrenagem se sustentou porque produziu uma ilusão de integração social. Muitos filhos de pais sem educação universitária acreditaram que "subiam na vida". Porém, ao ingressar no mercado de trabalho, eram confrontados com uma realidade que dificilmente resolvia as dívidas e os sonhos que plantaram na faculdade.

d. Relações de trabalho, pobreza e dívida

Aqueles que mobilizam dados macroeconômicos para enaltecer o desempenho chileno raramente analisam números associados às condições de vida daqueles que produzem a riqueza. Apresentamos a seguir alguns dados relacionados às condições de trabalho, à situação da pobreza e ao endividamento dos trabalhadores chilenos.

Em novembro de 2016, a linha de pobreza para um lar médio de quatro pessoas no Chile era estimada em 410 mil pesos chilenos. No entanto, metade dos trabalhadores ganhava menos que 350 mil pesos líquidos, o que significa que não tinham condições de tirar sua família da pobreza. Sete de cada dez trabalhadores ganham menos que 500 mil pesos, e somente 14,7% recebem mais do que 800 mil pesos líquidos. Entre as mulheres, 84,5% das que têm um trabalho remunerado ganham menos que 650 mil pesos líquidos (Durán & Kremerman, 2017a).

Com o salário mínimo afixado em 270 mil pesos em 2017, o chileno geralmente tem dois trabalhos ou uma fonte de renda alternativa; 79,6% dos empregados com jornada completa têm uma renda inferior a 500 mil pesos, indício eloquente da formalidade precarizante do trabalho assalariado. A título de comparação, a Croácia, país que em 2013 tinha um PIB *per capita* menor do que o Chile, apresentava uma média salarial quase 45% mais alta, enquanto a média salarial ajustada por paridade de poder de compra da Polônia, que tem um PIB *per capita* similar ao Chile, era 47,3% superior (Durán & Kremerman, 2015).

O crescimento do trabalho assalariado em períodos recentes é marcado por menos estabilidade e, portanto, alta rotação: três em cada quatro trabalhadores estão submetidos a relações flexíveis, ou seja, terceirização, contrato parcial ou trabalho sem contrato, e seis em cada dez empregos criados nos últimos cinco anos são terceirizados. A precarização atinge o serviço público, onde muitos têm contratos temporários e emitem nota para receber. Em uma força de trabalho estimada em oito milhões de pessoas, há 1 milhão de terceirizados, 1 milhão de assalariados sem contrato de trabalho, 700 mil subempregados e 620 mil desempregados (Kremerman, 2017).

No final de 2016, 53,3% dos empregados estavam amparados pelo Código Laboral, e 5,9% pelo Estatuto Administrativo del Sector Público. Isso significa que 40,6% dos ocupados não estão associados a nenhuma legislação trabalhista e, portanto, não têm possibilidades de se proteger legalmente ou de exercer os direitos coletivos do trabalho, como sindicalizar-se ou fazer greve (Brega *et al.*, 2017).

A taxa de sindicalização antes da ditadura alcançava 34%, mas atualmente está em torno de 11%. De modo geral, o movimento sindical perdeu capacidade de influir na política. Além das razões estruturais apontadas, a falta de independência da Central Unitaria de Trabajadores (CUT) em relação à Concertación e as acusações de fraude, somadas à recusa a incorporar novas configurações de trabalhadores por receio de alterar as relações de poder internas, contribuíram para o seu desprestígio (Aravena, 2016).

O debilitamento da organização dos trabalhadores, a precariedade laboral e a pobreza convivem no Chile com uma crescente desigualdade, apesar dos esforços estatísticos em disfarçá-la: "Escondemos a desigualdade com medidas que não são sensíveis a ela" (Mayol, 2012, p. 82). A diferença de ingressos autônomos (salário mais renda) entre o 5% mais rico e o 5%

mais pobre da população aumentou de 129 para 285 vezes entre 1990 e 2013. O ingresso autônomo *per capita* para o 0,01% mais rico da população é 459.446.908 pesos por mês, enquanto 50% dos chilenos recebem, em média, 138.000 pesos. O milésimo mais rico da sociedade chilena (17.800 pessoas) ganha mais do que a sua metade mais pobre (Fundación Sol, 2014).

Uma das formas de mitigar a pobreza do mundo do trabalho no Chile são os programas de renda condicionada. O Estado fornece diversas modalidades de assistência focalizada, na forma de subsídio familiar (similar ao Bolsa Família), subsídio por retenção escolar, pensão aos mais pobres, além de subsídio ao consumo de água. O cálculo da pobreza realizado no país inclui estas transferências de renda e o aluguel imputado,[9] o que dissimula o baixo nível dos salários. Segundo cálculos da Fundación Sol, quando desconsiderados estes dois elementos, a pobreza no Chile alcança 26,9% — e não 11,7% (Durán & Kremerman, 2017b). No caso das pessoas com mais de sessenta anos, muitas das quais recebem a pensão básica solidária e não pagam aluguel, esta cifra quintuplicaria. É preciso agregar que pesquisas constatam alta mobilidade entre as situações de pobreza e miséria, indicando a precariedade das condições de reprodução da vida (Ruiz & Boccardo, 2015, p. 70).

A precariedade do assalariamento no Chile é agravada pelo endividamento familiar. Estima-se que 80% dos adultos estão endividados. Ainda mais preocupante, dados divulgados em março de 2017 indicam que há mais de 4,3 milhões de chilenos inadimplentes. Isso significa que mais da metade dos trabalhadores, ou um em cada três maiores de dezoito anos, possuem uma dívida que não conseguem pagar. Entre os inadimplentes, 76,1% têm renda mensal inferior a 500 mil pesos

---

9. Considera-se como renda o aluguel que seria pago por quem vive em imóvel próprio ou cedido.

e 21,2% têm renda inferior a 225 mil pesos, enquanto 41% das dívidas decorrem de compras no varejo (*retail*), indício da pressão cultural para o consumo (XVI Informe de Deuda Morosa Primer Trimestre 2017, 2017). Em 2014, 38% dos gastos de um lar chileno se destinavam a pagar encargos financeiros mensais (Kremerman & Páez, 2016).

Infelizmente, o drama associado à precariedade trabalhista não é aliviado com a aposentadoria no Chile.

e. Administradoras de Fundos de Pensão

O sistema previdenciário chileno foi privatizado no começo dos anos 1980. As contribuições permaneceram compulsórias, criando-se uma espécie de imposto não estatal de 10% sobre o salário, enquanto os empregadores foram eximidos de contribuir. Esta poupança compulsória passou a ser gerida como um investimento financeiro por Administradoras de Fundo de Pensão (AFP). Para os pensionistas, isto significa que a aposentadoria se transformou em um produto financeiro no qual é obrigado a investir. Para o capital, esta poupança compulsória se converteu em fonte de investimento para os grandes grupos econômicos se capitalizarem, dinamizando o mercado de capitais do país. Segundo representante do movimento No+AFP, foi este o objetivo principal da reforma, implementada no contexto da crise que levou à intervenção da ditadura em bancos chilenos (Guzmán, 2017).

Deste ponto de vista, a engrenagem foi um sucesso. Segundo informe da Superintendencia de Pensiones (2016), estas operadoras administravam, em 2016, 112,6 trilhões de pesos (cerca de 172 bilhões de dólares), o que equivale a 70% do PIB chileno, cifra que seria maior não fosse a crise. É um montante muito superior às principais fortunas do país, que também se beneficiam de investimentos das AFP: Luksic

(10,1 bilhões de dólares), Paulmann (3,7 bilhões de dólares), Piñera (2,5 bilhões de dólares) e Matte (2,3 bilhões de dólares). O primeiro destes grupos, por exemplo, recebia investimentos de 3,4 bilhões de dólares em 2016. A força política dos fundos corresponde ao seu poder econômico. Desde a ditadura, são notórias as portas giratórias entre o governo e as AFP. Ao menos doze ministros de Pinochet se tornaram diretores destes fundos, uma prática que não se modificou sob a Concertación (Matamala, 2017).

As AFP se converteram no motor dinâmico do mercado de capitais chilenos desde a sua criação, investindo em ativos financeiros e produtivos no país e no exterior. Originalmente havia 21 fundos, mas em 2017 o mercado estava concentrado em seis operadoras. Além do aporte compulsório, o assalariado paga uma comissão mensal em torno de 1,9%, que pode variar segundo o perfil de risco entre cinco modalidades disponíveis. Em suma, o trabalhador chileno é obrigado por lei a entregar parte do seu salário para seis empresas especularem no mercado financeiro. No Chile, o trabalhador sustenta o mercado de capitais.

Se o modelo é exitoso para o mercado de capitais, não se pode dizer o mesmo do ponto de vista da aposentadoria dos contribuintes. Subordinado a uma dinâmica financeira que não controla, o trabalhador tem certeza de quanto paga, mas não de quanto receberá.

Na prática, prevalecem pensões péssimas em relação à renda anterior. Em 2016, a média nacional das pensões foi de 207.409 pesos ao mês, montante inferior ao salário mínimo de 270 mil pesos. O Estado subsidiário complementa pensões abaixo de 150 mil pesos, aportando 80 mil pesos mensais. A precariedade e a instabilidade do trabalho geram longos períodos sem contribuição, que afetam as pensões. As mulheres são as mais penalizadas, pois, além de afastamentos associados à maternidade, culturalmente se ocupam mais do cuidado de crianças e idosos. No Chile atual, as mulheres acumulam menos, vivem mais e se aposentam antes, recebendo entre 30% e 40% menos do que homens na mesma condição (Guzmán, 2017).

Não há sinais de que a situação melhorará. Em 2013, um conselheiro do Banco Central reconheceu que quase 60% dos chilenos se aposentará no futuro com pensões de 150 mil pesos. Neste contexto, há pressões para elevar o percentual da contribuição para 15% e restabelecer uma contribuição patronal. Entretanto, o lucro das empresas cresceu 9,6% entre 2015 e 2016, embora a rentabilidade média das pensões no período ficasse em 3,34% (Vasconcelos, 2017).

Se a pressão orçamentária foi um argumento central para privatizar o sistema previdenciário chileno, é forçoso constatar que esta opção custou caro para o Estado — e continua custando. O Estado banca aqueles que ainda estão no sistema antigo; as *pensiones solidarias* para os 60% mais pobres; o *aporte provisional solidario* que complementa pensões abaixo do salário mínimo; o *bono de reconocimiento* ofertado como incentivo a quem trocou de sistema;[10] também sustenta a aposentadoria dos que não foram afetados pela reforma, como os *carabineros* (policiais) e as Forças Armadas. Feitas as contas, o Estado arca com a carga social do sistema, pagando 70% dos gastos com pensões, enquanto as AFP ficam com a receita (Guzmán, 2017).

Os efeitos perversos do sistema AFP se evidenciam na medida em que mais chilenos se aposentam segundo suas regras. Guzmán menciona a situação de professoras gêmeas, em que aquela que se aposentou no sistema antigo recebe oito vezes mais do que a irmã que aderiu à AFP. Uma decorrência

---

10. Houve incentivos estatais (*bono de reconocimiento*) e pressões privadas, como ameaças de demissão, constrangendo a adesão ao novo modelo.

desta realidade é que as pessoas não podem parar de trabalhar quando se aposentam.

Em resumo, no Chile atual, a educação traz dívida, a dívida disciplina o trabalho e o trabalho não resolve a dívida passada, nem a aposentadoria futura. O chileno vive o neoliberalismo real como um eterno presente.

IV. Crise

A situação da educação, as condições de trabalho, os níveis de pobreza e endividamento, além do drama da aposentadoria, estão entre os elementos que corroem no cotidiano dos chilenos a imagem de um país de sucesso. Um ponto de virada crítica foram as massivas mobilizações estudantis de 2011. Desde então, difundiu-se a percepção de que a sociedade fundada pela ditadura chilena e aprimorada pela Concertación está em crise.

A principal expressão desta crise não é econômica: em 2011, a economia chilena cresceu 6% e houve criação de empregos. É plausível que a maturação de inovações associadas a este padrão societário, como o crédito universitário, a instabilidade e a precariedade laboral, as condições da aposentadoria, o temor permanente de uma doença cujo tratamento seria dispensioso — e arruinaria a família —, entre outras, difundiu o crescente mal-estar. Constata-se um vão entre o Chile que se vende e o Chile que se vive, enquanto "o alicerce individualista, que vinculava crescimento econômico com altas expectativas, parece ter sido fraturado" (Mayol, 2012, p. 181). Neste contexto, lutas coletivas ressurgiram no horizonte político como alternativa desejável e necessária.

Inicialmente, estudantes de universidades públicas e privadas saíram às ruas por questões relacionadas principalmente ao passe escolar, mas também a financiamentos e bolsas. Logo as manifestações de 2011 converteram-se em um levante contra o modelo educacional vigente e, portanto, contra a herança da ditadura e o Estado subsidiário (Amtmann, 2017, p. 41). Os secundaristas, pioneiros em chacoalhar o país com a Revolta dos Pinguins, em 2006, se somaram aos protestos. Desencadeou-se uma onda de ocupações escolares que inspiraria os secundaristas brasileiros nos anos seguintes. Rapidamente o escopo das pautas se ampliou, bem como a adesão social ao movimento, que contou com o apoio de pais endividados. O que começou como um movimento estudantil logo desembocou em um movimento social.

O movimento teve um resultado ambíguo do ponto de vista de seus objetivos imediatos. A gratuidade substancial não foi atendida pelo governo Piñera, mas foi incorporada ao programa da candidata Michelle Bachelet, eleita em 2013. Previsivelmente, o governo socialista não teve a determinação nem acumulou as forças necessárias para realizar essa reforma na perspectiva dos mobilizados, ou seja, como um direito universal.

Por outro lado, as massivas mobilizações — que se estenderam por quase um ano — tiveram dois efeitos políticos importantes: romperam com a cultura do medo, vigente desde o golpe de Estado, e colocaram em debate a razão neoliberal. Não parece casual terem sido protagonizados por jovens que nasceram depois da ditadura, dentro do neoliberalismo real.

Em sua expressão política mais imediata, a revolta estudantil abriu brechas no duopólio eleitoral. Quatro jovens oriundos do movimento estudantil foram eleitos deputados, nenhum deles candidato pela Concertación ou pela direita. Em anos recentes, diversas organizações surgidas ou fortalecidas no curso das mobilizações convergiram na formação do Frente Amplio, que disputou as eleições presidenciais de

2017 com candidatura própria.[11] O profundo desprestígio da política convencional é reforçado por frustrações decorrentes de mais um governo socialista de Michelle Bachelet e por sucessivos escândalos de corrupção que desprestigiam toda a política profissional, atingindo inclusive o filho da presidenta, além de crescentes protestos envolvendo dimensões várias do neoliberalismo real.

Para além desta crise de representação, observa-se uma progressiva crise de legitimidade. Para muitos, a questão que se coloca não é se o modelo funciona ou não, mas em benefício de quem ele funciona. Questionam-se cada vez mais as suas condições de operação, consideradas ilegítimas. Em outras palavras, a capacidade de construir consenso ativo ao neoliberalismo real está decaindo.

Por outro lado, constata-se uma crescente disposição à organização social: estima-se que o movimento No+AFP levou cerca dois milhões de pessoas às ruas durante as manifestações de 2016. A percepção de que a despolitização viabiliza o modelo, de que esta despolitização foi produto da repressão e de que é sobre este trauma que se assenta o Chile atual tem motivado muitos chilenos a encarar o passado e o presente, recuperando no processo a expectativa de um futuro diferente.

---

11. Beatriz Sánchez obteve 20,27% dos votos no primeiro turno, ficando em terceiro lugar.

Reflexões finais

O Chile é um dos países sul-americanos onde se constituíram um importante movimento operário, ainda no final do século XIX, e uma significativa tradição comunista desde o início do século seguinte. Com a fundação do Partido Socialista, nos anos 1930, o campo da esquerda enriqueceu-se, influenciando de maneira substancial a política do país. Este protagonismo alimentou a ilusão da singularidade chilena no contexto latino-americano, que estaria associada à estabilidade das instituições e à fortaleza da democracia. A participação de forças de esquerda em governos do Frente Popular naqueles anos; a regularidade da sucessão eleitoral, contrastando com a instabilidade política característica dos países vizinhos; e o perfil discreto da política militar no período estavam entre os elementos que lastreavam esta percepção.

Em um primeiro momento, a eleição do socialista Salvador Allende para a presidência pareceu confirmar esta ideia. No Chile e no exterior, a possibilidade de uma "via chilena" ao socialismo, que modificaria as estruturas do subdesenvolvimento sem o recurso às armas, despertou entusiasmo e simpatia. Entretanto, a agudização das contradições sociais conduziu a experiência da Unidad Popular a um desfecho trágico.

Embora um golpe militar apoiado pelos Estados Unidos não fosse excepcional na América Latina no contexto da Guerra Fria, nem no Terceiro Mundo, o projeto societário desencadeado pela ditadura o foi. O terrorismo de Estado limpou terreno para a implementação pioneira de políticas de orientação neoliberal em todas as esferas da existência. Em diversos casos, estas formulações tiveram um caráter experimental. Se no começo dos anos 1970 a originalidade da via chilena ao socialismo cativou a atenção internacional, a partir da ditadura o país vinha despertando interesse como uma espécie de laboratório avançado de políticas neoliberais.

No começo dos anos 1980, a ditadura enfrentou uma grave crise econômica que a obrigou a rever a liberalização radical, sem perder como referência o paradigma neoliberal. Outras políticas foram criadas ou aperfeiçoadas, com destaque para a previdência privada que capitalizou o mercado de capitais. Apesar do ressurgimento do protesto popular, a combinação entre repressão e crescimento econômico nos anos seguintes lastreou a continuidade do regime, derrotado em um plebiscito no ocaso da Guerra Fria. No entanto, a estratégia conciliatória do que viria a ser a Concertación implicou aceitar a Constituição da ditadura — enredada pelo sistema binominal, um cavalo de Troia que amarrou a transição ao passado.

Com o tempo, a impotência se converteu em acomodação, as concessões em interesse próprio, a ideologia em artigo de fé. A economia política da Concertación aperfeiçoou e aprofundou a utopia neoliberal modelada pela ditadura, inclusive quando os socialistas alcançaram a presidência. Esta utopia tem uma dimensão econômica e societal.

De um lado, é uma economia aberta que acredita nas vantagens comparativas de uma inserção internacional especializada, baseada na exportação primária. Ao abdicar de qualquer controle sobre o espaço econômico nacional, o país aposta que continuará sendo um destino privilegiado dos negócios internacionais. Esta atratividade está referida à sua liberalidade em relação a fluxos de capital, mercadoria e regulação do trabalho, e à sua modernidade, uma sofisticação assentada na concentração de renda. Mas o seu alicerce principal é a estabilidade, afiançada por um Partido Socialista que não poderia ser mais neoliberal. Enquanto prevalecer no vocabulário chileno a distinção entre os "socialistas" e a "direita" — como se os socialistas não fossem parte da direita —, os negócios dormirão tranquilos.

No plano societário, esta utopia projeta relações sociais mediadas pelo mercado e reguladas pela lei da oferta e demanda. O cidadão exerce o controle sobre a qualidade e o preço dos serviços sociais (educação, saúde, previdência) por meio das escolhas que faz enquanto consumidor: os melhores prestadores com preços mais competitivos se impõem, enquanto os menos eficazes quebram. A cidadania mediada pelo consumo exigiu a bancarização e a financeirização em uma sociedade onde o crédito se tornou condição de cidadania: o "cidadão *credit card*", de que fala Moulian.

No entanto, como costuma acontecer no capitalismo, o neoliberalismo real chileno não fomentou a competição, mas o monopólio. Direitos sociais convertidos em negócios se tornaram nichos de acumulação privilegiada para grupos econômicos cuja rentabilidade é garantida pelo Estado, como explicita a análise do crédito estudantil e das AFP. Aqueles que estão à margem do mercado, porque o país é desigual, são amparados pelo Estado subsidiário. A transmutação de direitos sociais em mercadoria é afiançada pelo Estado em seus dois polos: garantir a lucratividade do negócio e mitigar a degradação do país.

É possível argumentar que este modelo tem sido exitoso. Há dados indicando que o Chile teve o melhor desempenho macroeconômico desde os anos 1980 na região, onde tem sido a economia mais estável, além de observar uma importante, embora questionável, redução da pobreza. Por outro lado, a desigualdade cresceu, e a existência se tornou mais cara, precária, egoísta e insegura. A mercantilização das relações sociais atingiu o paroxismo, refletida em todas as esferas da existência: a angústia para estocar comida ou abastecer o carro depois do terremoto de 2010; o Partido Comunista que aluga suas salas para atividades militantes; o passante que exige pagar pelo cigarro que filou; o mendigo que morre sem carteira de identidade, mas com cartão fidelidade das lojas Falabella.

Há um difuso, porém profundo, mal-estar no Chile contemporâneo, que se encarna em protestos contra a educação e a previdência, entre outros. Os partidos políticos convencionais enfrentam um agudo desprestígio, agravado por escândalos de corrupção. Neste cenário, as frestas abertas desde as jornadas de 2011 ampliaram o horizonte do possível. Uma política que vá além do neoliberalismo exigirá instrumentos e práticas alternativas ao duopólio. O Frente Amplio surge como uma alternativa às "duas direitas" (Mundaca, 2017), embora embrionário e heterogêneo. A mobilização por uma Assembleia Constituinte é outro sinal nesta direção (Foro por la Asamblea Constituyente & Grez, 2016).

No entanto, dada a profundidade e a interconexão das estruturas do neoliberalismo chileno, será necessário mais do que "um instante de legalidade"[12] para desarmá-lo. Como disse um professor, fazer a reforma da educação no Chile atual é como fazer a reforma agrária nos anos 1970. As diversas dimensões do neoliberalismo real estão amarradas como um todo e dificilmente serão desarmadas uma a uma. No plano da totalidade, o conflito se coloca ao mesmo tempo de modo elementar e radical: trata-se da luta por recuperar a soberania sobre os processos de reprodução social e sobre a própria vida cotidiana, expropriada do trabalhador em dimensões mais profundas e totalizantes do que a extração de

---

12. Expressão utilizada pelo historiador Sergio Grez ao lembrar que o Chile jamais teve uma Constituição produzida de forma democrática em sua história.

mais-valia no trabalho (Ruiz, 2017, p. 137). No Chile, o confronto entre mercadoria e humanidade, que é outra forma de nomear a contradição capital e trabalho, está nu.

Desta perspectiva, a radicalidade do neoliberalismo real coloca, ao mesmo tempo, desafios e uma potencialidade política singular. Desafios, porque a politização é mais difícil em uma sociedade em que a mercantilização dos direitos sociais se naturalizou. Além disso, o Chile não tem no momento o mundo do trabalho como campo organizador das lutas sociais: todos se unem contra o crédito e o mercado em uma ordem afiançada pelo Estado. Desta perspectiva, a experiência chilena encontra pouca referência ou paralelo ao redor. Há consciência de que se trata de uma experiência de neoliberalismo avançado e periférico, que desafia comparações (Romero, 2017).

Esta singularidade é parte do desafio, mas também do potencial. É fácil enxergar que as lutas sociais no país precisam reinventar-se — o que é complexo, porque o ponto de partida foi rebaixado por décadas de repressão que pretenderam idiotizar a sociedade chilena. Por outro lado, aventura-se maior liberdade criativa. De modo análogo, a apatia construída confronta a percepção de que não será possível mudar as partes do problema sem confrontar o todo, o que enseja a radicalização, em um cotidiano no qual os caminhos se vislumbram cada vez mais estreitos.

Premida entre o trauma do passado e a angústia do presente, a incerteza do futuro volta a pairar sobre as alamedas, onde um dia se espera que passará o homem livre para construir uma sociedade melhor.

Referências bibliográficas

ALVARADO, Constanza & ROCA, Persida. "La plaga de Chile *post tenebras lux*", em ZERÁN, Faride (org.). *Chile actual: crisis y debate desde las izquierdas*. Santiago: LOM, 2017.

AMTMANN, Carla. "Mito, esperanza y vacío: la travesía de una crisis", em ZERÁN, Faride (org.). *Chile actual: crisis y debate desde las izquierdas*. Santiago: LOM, 2017.

ARAVENA, Antonio. "Neoliberalismo, transición democrática y sindicalismo en Chile", em FAURE, Antoine & GAUDICHAUD, Franck *et al*. *Chili actuel: gouverner et résister dans une société néolibérale*. Paris: L'Harmattan, 2016.

ATRIA, Fernando. *Veinte años después. Neoliberalismo con rostro humano*. Santiago: Catalonia, 2013.

BENGOA, José. *La comunidad fragmentada. Nación y desigualdad en Chile*. Santiago: Catalonia, 2009.

BLAKEMORE, Harold. *British nitrates and Chilian Politics, 1886–1996*. Londres: Athlone Press for the Institute of Latin American Studies, 1974.

BREGA, Carla *et al*. *Informe Mensual de Calidad del Empleo (IMCE)*. Análisis de los microdatos liberados el 30 de Enero de 2017 correspondiente al trimestre móvil Octubre-Diciembre 2016. Santiago: Fundación Sol, jan. 2017.

BRUNNER, José Joaquín. "El sistema de educación superior en Chile: un enfoque de economía política comparada", em *Avaliação*, v. 13, n. 2, pp. 451-86, jun. 2008. Disponível em <http://www.scielo.br/scielo.php?script=sci_arttext&pid=S1414-40772008000200010&lng=en&nrm=iso>.

CARLOS, Newton; FREITAS, Galeno de & VETTORI, Marcia. *Chile com Allende, para onde vai?* Rio de Janeiro: Gernasa, 1970.

CASANOVA, Pablo. *América Latina: historia de medio siglo*. Cidade do México: Siglo XXI, 1984.

CONCERTACIÓN. "Responsabilidad fiscal. Un patrimonio de Chile que todos debemos resguardar. Senadores y deputados de la oposição", 6 nov. 2012. Disponível em <http://www.elmostrador.cl/media/2012/11/Preocupaci%-C3%B3n-de-la-Oposici%C3%B3n-por-la-Responsabilidad-fiscal.pdf >.

CONSTITUIÇÃO DO CHILE. 1980. Disponível em <https://www.camara.cl/camara/media/docs/constitucion_politica.pdf>.

DEVES VALDES, Eduardo. *Los que van a morir te saludan. Historia de una masacre: Escuela Santa María de Iquique, 1907*. Santiago: LOM, 2002.

DINGES, John. *Os anos do Condor: uma década de terrorismo internacional no Cone Sul*. São Paulo: Cia. das Letras, 2005.

DURÁN SANHUEZA, Gonzalo & KREMERMAN, Marco. *Panorama de los Verdaderos Sueldos usando la Encuesta Casen*. Santiago: Fundación Sol, agosto de 2017a.

____. *Pobreza y la fragilidad del modelo chileno. Nuevos indicadores para el debate de pobreza en Chile*. Santiago: Fundación Sol, julho de 2017b.

____. *Los Verdaderos Sueldos en Chile. Panorama Actual del Valor del Trabajo usando la Encuesta Nesi*. Santiago: Fundación Sol, janeiro de 2015.

ELGUETA, Belarmino & CHELÉN, Alejandro. "Breve historia de medio siglo en Chile", em GONZÁLEZ CASANOVA, Pablo (org.). *América Latina: historia de medio siglo*. México: Siglo XXI, 1984.

FALETTO, Enzo. "De la teoría de la dependencia al proyecto neoliberal: el caso chileno", em FALETTO, Enzo. *Dimensiones sociales, políticas y culturales del desarrollo*. Santiago: Flacso, 2007.

FAZIO, Hugo & PAREDA, Magaly. *Veinte años de política económica de la Concertación*. Santiago: LOM, 2010.

FORO POR LA ASAMBLEA CONSTITUYENTE & GREZ, Sergio. *Asamblea constituyente. La alternativa democratica para Chile*. Santiago: América en Movimiento, 2016.

FUNDACIÓN SOL. *El Chile del 50%, del 1%, el 0,1% y del 0,01%*. Santiago, 2014. Disponível em: <http://www.fundacionsol.cl/graficos/el-chile-del-50-del-1-del-01-y-del-001/>.

GALARCE VILLAVICENCIO, Graciela. "La propaganda engañosa sobre Chile. Agotamiento relativo del capitalismo neoliberal", em ESTRADA ÁLVAREZ, Jairo (org.). *La crisis capitalista mundial y América Latina. Lecturas de economía política*. Buenos Aires: Clacso, 2012.

GARCÉS, Joan. *Allende e as armas da política*. São Paulo: Scritta, 1993

GIL, Federico G. *The political system of Chile*. Boston: Houghton Mifflin Company, 1966.

GONZÁLEZ, María Elena. "El poder contra el poder. Nacionalismo, progreso y libertad en la presidencia de Balmaceda", em GONZÁLEZ, María Elena;

MUÑOZ, Hernán & RODRÍGUEZ, Luis Cipriano. *Tres momentos del nacionalismo en Chile*. Caracas: Tropykos, 1989.

GONZÁLEZ, Monica & GUZMÁN; Juan Andrés. "Las pruebas confirman la venta de acreditaciones a universidades privadas", em *Ciper*, 10 dez. 2012. Disponível em <http://ciperchile.cl/2012/12/10/las-pruebas-que-confirman-la-venta-de-acreditaciones-a-universidades-privadas/>.

JOBET, Julio Cesar. *Ensayo critico del desarrollo economico-social de Chile*. Santiago: Editorial Universitaria, 1955.

KLEIN, Naomi. *A doutrina do choque: a ascensão do capitalismo de desastre*. São Paulo: Nova Fronteira, 2008.

KORNBLUH, Peter. *Los EEUU y el derrocamiento de Allende: una historia desclasificada*. Santiago: Ediciones B, 2003.

KREMERMAN, Marco & PÁEZ, Alexander. *Endeudar para gobernar y mercantilizar: el caso de CAE*. Santiago: Fundación Sol, abril 2016. Disponível em <http://www.fundacionsol.cl/estudios/endeudar-gobernar-mercantilizar-caso-del-cae/>.

MATAMALA, Daniel. "O poder impotente", em *Correio da Cidadania*, 4 jul. 2017. Disponível em <http://www.correiocidadania.com.br/internacional/30-america-latina/12679-afp-o-poder-impotente>.

MAYOL, Alberto. *El derrumbe del modelo. La crisis de la economía de mercado en el Chile contemporáneo*. Santiago: LOM, 2012.

MOULIAN, Tomás. *Chile actual: anatomía de un mito*. Santiago: LOM, 1997.

MUÑOZ, Heraldo. *A sombra do ditador: memórias políticas sob Pinochet*. Rio de Janeiro: Zahar, 2008.

NECOCHEA, Hernán Ramírez. *Balmaceda y la contrarrevolución de 1891*. Santiago: Editorial Universitaria, 1972.

PALEY, Julia. *Marketing democracy. Power and social movements in post-dictatorship Chile*. Berkeley: University of California Press, 2001.

PECK, James. *Ideal illusions: how the u.s. Government co-opted human rights*. Nova York: Metropolitan Books, 2010.

PINTO, Aníbal. *Chile: un caso de desarrollo frustrado*. Santiago: Editorial Universidad de Santiago, 1996.

PINTO, Julio & SALAZAR, Gabriel. *Historia contemporánea de Chile ii. Actores, identidades y movimiento*. Santiago: LOM, 1999.

PNUD. "Projeto LatinoAmérica", 2015. Disponível em <http://www.projetolatinoamerica.com.br/idh-2015-america-latina/>.

RAMÍREZ, Felipe. "Chile: el desafío de superar la crisis desde la izquierda", em ZERÁN, Faride (org.). *Chile actual: crisis y debate desde las izquierdas*. Santiago: LOM, 2017.

ROJAS, Camila. "Lo que nos tocó vivir. Lo que nos toca cambiar", em ZERÁN, Faride (org.). *Chile actual: crisis y debate desde las izquierdas*. Santiago: LOM, 2017.

RUIZ, Carlos & BOCCARDO, Giorgio. *Los chilenos bajo el neoliberalismo*. Santiago: Fundación Nodo XXI, 2015.

RUIZ, Carlos. "Socialismo y libertad. Notas para repensar la izquierda", em ZERÁN, Faride (org.). *Chile actual: crisis y debate desde las izquierdas*. Santiago: LOM, 2017.

SADER, Emir. *Cuba, Chile, Nicarágua: socialismo na América Latina*. São Paulo: Atual Editora, 1992.

SALAZAR, Gabriel. *Historia de la acumulación capitalista en Chile. Apuntes de clase*. Santiago: LOM, 2003.

SALAZAR, Paulina. "A 20 años de la explosión del financiamento compartido", em *La tercera*, 8 jun. 2014. Disponível em <http://www.latercera.com/noticia/a-20-anos-de-la-explosion-del-financiamiento-compartido/>.

SILVEIRA, Fábio Vidigal Xavier. *O Kerensky chileno*. São Paulo: Editora Vera Cruz, 1967.

SUNKEL, Osvaldo & INFANTE, Ricardo. "Chile: hacia un desarrollo inclusivo", em *Revista Cepal*, n. 197, pp. 135-54, abr. 2009.

SUPERINTENDENCIA DE PENSIONES. *Informe valor y rentabilidad de los fondos de pensiones*, jun. 2016. Disponível em <https://www.spensiones.cl/portal/informes/581/articles-10988_recurso_1.pdf>.

VASCONCELOS, Joana Salém. "Aqui se fabricam pobres: a previdência chilena como antimodelo", em *Correio da Cidadania*, 18 abr. 2017. Disponível em <http://correiocidadania.com.br/internacional/30-america-latina/12492-aqui-se-fabricam-pobres-a-previdencia-chilena-como-antimodelo>.

VERDUGO, Patricia. *Los zarpazos del puma*. Santiago: Cesoc, 1989.

VITALE, Luis. *Interpetración marxista de la historia de Chile. De semicolonia inglesa a semicolonia norteamericana (1891–1870)*. Barcelona: Fontamara, 1980.

XVI INFORME DE DEUDA MOROSA PRIMEIR TRIMESTRE 2017. Universidad San Sebastián, Equifax, 2017. Disponível em <http://www.uss.cl/economia-y-negocios/wp-content/uploads/sites/12/2017/05/XVI-Informe-de-Deuda-Morosa-1er-trimestre-2017-USS-Equifax.pdf>.

ZERÁN, Farid (org.). *Chile actual: crisis y debate desde las izquierdas*. Santiago: LOM, 2017.

Conversas

SANTIAGO E VALPARAÍSO, 1º A 8 DE JULHO DE 2017

AGUILAR CARVAJAL, Santiago. Ex-militante do MIR e ativista cultural.

ÁLVAREZ, Rolando. Historiador, especialista na história do Partido Comunista do Chile.

BOLADOS, Paola. Geógrafa da Universidad del Valparaíso.

BORIC, Gabriel. Deputado federal pelo Movimiento Autonomista.

CAPUTO, Orlando. Economista, diretor da Codelco durante o governo Allende.

CHONCHOL, Jacques. Ministro da Agricultura do governo Allende e militante do Mapu.

CORREA. Felipe. Economista da Cepal.

GARCÉS, Magdalena. Advogada na área de direitos humanos.

GREZ, Sergio. Historiador e militante do Foro por la Asamblea Contituyente.

GUZMÁN, Jaime. Advogado vinculado ao movimento No+AFP.

KREMERMAN, Marco. Economista da Fundación Sol.

LARA, Claudio. Economista.

MANSILLA, Pablo. Geógrafo da Universidad del Valparaíso, especialista em conflitos territoriais.

MUNDACA, Rodrigo. Militante do Movimiento de Defensa por el Acceso al Agua, la Tierra y la Protección del Medioambiente (Modatima).

OLIVARES, Valentina. Militante da Nueva Democracia.

PONCE, María Ignacia. Doutoranda em geografia pela Universidad del Valparaíso.

ROMERO, Nicolás. Dirigente do Movimiento Autonomista.

RUBIO, Pablo. Historiador, especialista na história da direita chilena.

SAAVEDRA, Valentina. Dirigente da Izquierda Autónoma.

SILVA FLORES, Consuelo. Coordenadora do Grupo de Trabalho Integração Regional do Consejo Latinoamericano de Ciencias Sociales (Clacso).

TITELMAN, Noam. Militante da Revolución Democrática.

UGARTE, José Luis. Advogado especialista em Direito do Trabalho.

ORELLANA, Victor. Sociólogo da Fundación Nodo XXI e especialista em educação.

9. Perversão e trauma: impasses da política peruana contemporânea

Água sim, ouro não!
— Ollanta Humala, durante campanha eleitoral, 2011

Eu acredito, como chefe de Estado, que podemos ter as duas coisas, a água e o ouro, não a água ou o ouro; a água ou o ouro é uma posição extremista, anti-histórica e antinacional.
— Ollanta Humala na presidência, 2012

Introdução

Nos anos 1980, a esquerda peruana era uma das mais poderosas do continente: um partido filiado à Internacional Socialista presidia o país, sua principal oposição era uma frente de esquerda, enquanto guerrilhas atuavam no campo e na cidade. Desde então, porém, a direita recobrou a iniciativa, situação que ainda persiste. Para compreender esta inflexão, é preciso levar em conta a trajetória da própria esquerda; as ambiguidades do primeiro governo de Alan García (1985-1990), associadas à trajetória do Alianza Popular Revolucionaria Americana (Apra); e a especifidade do *senderismo*. Embora eu não tenha condições de aprofundar a ideia aqui, acredito que os dois últimos fenômenos permitem uma analogia com a noção psicanalítica de perversão.[13] Entendo que a relação do alanismo com

---

13. Em linhas gerais, a psicanálise identifica três vias de saída do complexo de Édipo, conformando três padrões de inserção do sujeito na cultura: o neurótico é aquele que se subordina às regras colocadas pela cultura em que está inserido, aceitando-as conflituosamente, sendo esta a condição da "normalidade". O psicótico afasta-se da interdição, forjando um mundo que segue regras próprias. Já o perverso instrumentaliza as regras prevalentes segundo seu próprio interesse. Considero o senderismo, alanismo e fujimorismo como perversões no sentido de que tomam como referência uma norma socialmente estabelecida para instrumentalizá-la em sentido contrário, configurando um desvio que resulta em uma normatividade autorreferida, ou seja, segundo interesses particulares distantes da sua finalidade original.

o Apra e do Sendero Luminoso com a guerrilha é de natureza perversa, assim como foi a relação de Alberto Fujimori com a democracia, em um país onde o regime militar do general Alvarado (1968-1975) não foi associado à repressão. Avançando na analogia, entendo que a conjunção entre a desorganização econômica e a violência senderista no final do governo García gerou as condições para uma resposta política radical, em um momento em que a esquerda se desarticulava. Parafraseando León Trotsky, o fujimorismo foi uma resposta traumática para uma situação traumática, que assentou os fundamentos do Peru contemporâneo.[14] Em contraste com outros países, no Peru o choque neoliberal foi associado a um regime que pacificou e — na visão de alguns — salvou o país, o que coloca dificuldades suplementares para seu enfrentamento. São as raízes desta singularidade que analisaremos, visando entender o trauma, premissa para sua superação.

---

14. Segundo Alain de Mijolla (2005, p. 1.858), "o traumatismo é um evento que, por sua violência e característica súbita, provoca um afluxo de excitação suficiente para colocar em xeque os mecanismos de defesa habitualmente eficazes, produzindo frequentemente um estado de sideração e conduzindo, em termo mais ou menos longo, a uma desorganização da economia psíquica".

1. *Nueva izquierda* e Izquierda Unida

As raízes da chamada *nueva izquierda* peruana remontam ao período entre 1959 e 1965, quando duas curtas experiências guerrilheiras se originaram a partir de dois partidos então identificados com a esquerda, o Apra e o Partido Comunista del Perú (PCP). Pouco depois, conformou-se a Vanguarda Revolucionaria, organização para a qual convergiram ex-militantes do partido Acción Popular,[15] trotskistas e marxistas independentes. Na década seguinte, o apelo guerrilheiro deu lugar a uma atuação colada aos movimentos camponeses, consolidando uma esquerda "nacional, mariateguista[16] e *chola*", na expressão de Carlos Malpica, fundando uma nova tradição socialista no seio da esquerda marxista, que não se identificava com o Apra nem com o PCP.

O outro lado desta radicalização da esquerda nos anos 1960 foi a acomodação à ordem do principal partido de oposição, o Apra. Fundado em 1924 na Cidade do México pelo líder estudantil Victor Raúl Haya de la Torre, o Apra rapidamente deixou suas aspirações continentais originais para se tornar

---

15. Partido de Fernando Belaúnde Terry, presidente deposto por Velasco Alvarado em 1968.
16. Referência à influência do pensador José Carlos Mariátegui (1894–1930), fundador do Partido Socialista del Perú (PSP) em 1928, agremiação que, após sua morte, passou a se chamar Partido Comunista del Perú (PCP). [N.E.]

a maior organização política peruana do século XX. O caráter totalizador da organização aprista a converteu em uma espécie de fraternidade religiosa, dínamo em torno do qual revolveu a política nacional no século passado. Implantando-se sobretudo nas áreas de maior penetração das relações capitalistas, como a costa norte do país, a capacidade de integração do partido desafiou a fragmentada e impotente burguesia peruana. Entretanto, os esforços do partido para comandar o país se depararam com uma sistemática hostilidade militar, remontando ao passado insurrecional do partido. No plano político, o Apra evoluiu de uma organização subversiva de retórica revolucionária para um partido convencional, merecendo a simpatia dos Estados Unidos no contexto radicalizado dos anos 1960.

Paradoxalmente, o programa nacionalista original do Apra foi implementado por militares que, ao reprimir a guerrilha nos anos 1960, sensibilizaram-se para superar o fosso que dividia o país e relegava a maioria indígena à miséria. O golpe que alçou o general Velasco Alvarado ao poder em outubro de 1968 deve ser entendido à luz de um impasse histórico, entre a debilidade da burguesia peruana e os limites do Apra para encarnar a mudança, em um momento de radicalização da conjuntura nacional (ocupações de terra, guerrilhas e movimentos urbanos) e internacional (entre a Revolução Cubana e o maio de 1968). Sob o lema tupamaro "camponês: o patrão não comerá da sua pobreza", o Governo Revolucionário das Forças Armadas (GRFA) se propôs a "desencravar" a economia do país, implementando uma série de medidas de inspiração cepalina orientadas por um horizonte político que não era comunista nem capitalista (Quijano, 1971; Cotler, 1978). Encampando a reforma para prevenir a revolução, o GRFA constituiu um regime militar singular, na antítese do terrorismo de Estado das ditaduras coevas. Após um êxito inicial, o governo velasquista sucumbiu em meio a relações contraditórias com o campo popular — que pretendeu tutelar —, além de enfrentar dificuldades econômicas e problemas de saúde de seu líder, que deixou a presidência em 1975.

A *nueva izquierda* que não se identificava com o Apra nem com o PCP foi construída política e ideologicamente em oposição ao governo de Velasco Alvarado. Esta constatação implica outro paradoxo, pois foram as transformações impulsionadas por este regime que criaram as condições objetivas para o avanço da esquerda em diferentes frentes: no campo, onde a reforma agrária libertou camponeses submetidos a relações de caráter servil; entre os indígenas, cuja língua quéchua foi reconhecida pelo Estado, em um país onde eram proibidos de circular nas calçadas de muitas cidades;[1] entre os trabalhadores, uma vez que se reconheceram mais sindicatos durante os sete anos de Velasco do que em todo o período republicano até então; entre os servidores públicos, setor que se expandiu concomitantemente à presença estatal e chegou a manejar 50% do PIB do país; e nas periferias, onde modalidades de organizações urbanas, como a Comunidade Urbana Autogestionária de Villa El Salvador, foram estimuladas, ainda que sob um enfoque tutelar. Em resumo, a despeito do pouco tempo que as reformas velasquistas tiveram para assentar-se e dos limites democráticos de um governo que pretendeu monopolizar o poder, "pode-se dizer que, em grande parte, a constituição, a expansão e a importância da *nueva izquierda* é explicada pelo velasquismo, que cria processos

---

1. Por outro lado, o GRFA proibiu o uso da palavra "índio", termo pejorativo e invariavelmente adjetivado na sociedade peruana como "índio tonto" ou "índio ignorante". A redução do indígena à condição camponesa nos marcos da reforma agrária é um elemento relevante para entender o lugar discreto do ideário do Bem Viver na política contemporânea do país, em contraste com Bolívia e Equador.

e fortalece atores que dariam solidez à esquerda peruana" (Gonzales, 2011, p. 27).

Na visão de seus protagonistas, a autonomia frente a Velasco qualificou esta esquerda para resistir com relativo êxito à ofensiva antipopular desencadeada no segundo momento do GRFA, liderado por Francisco Morales Bermúdez (1975-1980). O vigor da greve geral de julho de 1977 convenceu o regime a negociar uma saída mediada pelos partidos convencionais para conter a ascensão das massas, em lugar de implementar uma ditadura repressiva inspirada nos vizinhos do Cone Sul. É neste momento que os militares e o Apra se reconciliam em uma chave conservadora. No ano seguinte, foi convocada uma Assembleia Constituinte, presidida por este partido (Diez Canseco, 2011, p. 120).

Inicialmente, a esquerda se dividiu quanto a que conduta assumir durante a transição. Afinal, disputou o pleito constituinte em que, somadas as distintas legendas, arrebatou um terço dos votos. Apenas duas agremiações não se incorporaram ao processo legal: o Partido Comunista del Perú-Patria Roja (PCP-PR), que ingressou nas eleições seguintes, e o Partido Comunista del Perú-Sendero Luminoso (PCP-SL), que, como veremos, declarou guerra ao Estado pouco depois. No entanto, ambiguidades permearam o processo e alguns constituintes, como Hugo Blanco — provavelmente o trotskista que mais votos já recebeu no continente —, não assinaram o documento final. No conjunto, porém, prevaleceu a leitura de que a prioridade era garantir que os militares saíssem do poder, o que só era possível mediante uma transição negociada.

A Constituinte foi sucedida por uma eleição presidencial em 1980, que aguçou o dilema relativo à postura frente ao Estado para uma esquerda de matriz revolucionária, que identificava esse processo, em grande medida, com a ideia de "claudicação política e caminho eleitoral" (Adrianzén, 2011). Havia uma convicção arraigada de que as forças da ordem jamais permitiriam um governo de esquerda, o que incidiu nos cálculos políticos até o final da década. Em linhas gerais, à exceção do Sendero Luminoso, a questão fundamental que se colocava no campo da esquerda não era a participação eleitoral, mas sim o papel desta via em um horizonte de transformação social.

Houve uma tentativa de aglutinar as frações mais radicais da esquerda em torno da Alianza Revolucionaria de Izquierda (ARI), tendo em vista as eleições presidenciais de 1980. No entanto, rompida por diferenças menores entre as dirigências políticas, esta aliança durou só três meses, gerando uma frustração até hoje não superada para alguns. Comparecendo desunida a este pleito, as sete candidaturas de esquerda somadas receberam cerca de 13,6% dos votos, menos da metade do que haviam colhido dois anos antes. Em amarga ironia, foi eleito para um segundo mandato Fernando Belaúnde Terry (1980-1985), o presidente que Velasco Alvarado depusera em 1968.

O fracasso da ARI não significou a impossibilidade de uma aliança de esquerda, mas sim que esta nasceria de uma derrota, o que teve implicações decisivas. Ao conformar-se a Izquierda Unida poucos meses depois, a liderança política desta nova frente coube ao setor mais moderado das esquerdas, que havia apoiado Velasco. Esta tendência personificou-se na figura de Alfonso Barrantes, cujo principal trunfo político era não se identificar com quaisquer dos grupos rivais, além do seu carisma, que o levou à prefeitura de Lima. A Izquierda Unida adotou um perfil eleitoreiro, e as possibilidades de estabelecer nexos orgânicos com o movimento popular foram pouco aproveitadas. Este distanciamento colaborou para que rixas interpartidárias ou interpessoais prevalecessem sobre projetos comuns, perpetuando a lógica herdada dos anos anteriores.

Assim, segundo o testemunho autocrítico de outro protagonista deste processo, enfrentava-se "um novo cenário com velhas ferramentas" (Diez Canseco, 2011, p. 176). A despeito de limitações culturais e sociais que restringiram o alcance desta frente, as forças populares resistiram com relativa eficácia à arremetida antipopular do governo Belaúnde Terry em um contexto de crise econômica, postergando a investida neoliberal para a década seguinte. No plano eleitoral, a Izquierda Unida consolidou-se como a segunda força política do país: em 1983, Alfonso Barrantes venceu as eleições em Lima, tornando-se o primeiro prefeito socialista das Américas, como se dizia. As eleições nacionais de 1985 foram vencidas pelo candidato aprista Alan García (1985–1990), o mais jovem presidente da história do país, que se anunciava como uma espécie de reencarnação do falecido Haya de la Torre. O mesmo Barrantes ficou em segundo lugar neste pleito e, em uma decisão controvertida, renunciou a disputar o segundo turno.

Neste momento, a esquerda peruana era considerada como uma das mais poderosas do continente e seu futuro parecia promissor: o país era presidido por um partido filiado à Internacional Socialista e tinha como principal oposição uma frente partidária à sua esquerda, além de experienciar movimentos guerrilheiros quando, à exceção da Colômbia, esta forma de luta estava extinta na América do Sul.

De fato, a Izquierda Unida e seu líder Alfonso Barrantes eram vistos e viam a si mesmos como favoritos à sucessão de García em 1990. No entanto, a frente se esfacelou e a esquerda chegou a estas eleições dividida em duas candidaturas que somaram 13% dos votos — dos quais 5% se destinaram a Barrantes. Venceu um azarão até então desconhecido, que teve uma ascensão meteórica no final da campanha e ganhou o segundo turno: Alberto Fujimori.

O que aconteceu? A avaliação desta experiência é necessária para reconstruir o campo da esquerda, que perdeu a iniciativa política desde então.

Examinando a situação política do país em 2015, Aníbal Quijano a atribuiu à convergência de três fenômenos, chamados por ele de "fujimontesinismo", que "completa a degradação do país, a putrefação de seu aparato institucional", em um processo acelerado pelo "alanismo",[2] descrito como "um filho do Apra que não tem nada a ver com o Apra", e o "senderismo", interpretado como uma corrente "ultracontrarrevolucionária" (Quijano, 2015). De um ponto de vista histórico, observamos que o alanismo e o senderismo colocaram a esquerda peruana diante de impasses que levaram a direita a retomar a iniciativa, gerando o contexto em que se desenrolou a ditadura fujimorista (1990-2000).

2. Embora o termo alanismo não seja comum para designar o primeiro governo aprista, referindo-se correntemente ao segmento do partido liderado por Alan García, utilizo o termo no sentido sugerido por Aníbal Quijano, referindo-se ao processo de degeneração política do Apra, sintetizado pela trajetória do seu principal líder depois de Haya de la Torre.

11. Alanismo e Izquierda Unida

No plano político, o desmoronamento da Izquierda Unida está associado às ambivalências de sua relação com a principal força política do país, o Apra, e com o presidente Alan García. Especificamente, o grupo em torno de Barrantes acreditou em um cenário de alternância presidencial informalmente acordado, insinuado pelo próprio García, cujo governo começou prenhe de ambiguidades e terminou em meio ao caos.

García assumiu um país que vivia um "transbordamento popular", segundo a formulação de José Matos Mar (1987). Do ponto de vista social, a intensa migração às cidades em um contexto de retração econômica agravou o descompasso entre demandas populares crescentes e as limitadas possibilidades de integração do Estado e do mercado. Em termos políticos, García pretendeu socavar a esquerda e neutralizar a direita, ao mesmo tempo que lidava com o golpismo dos militares e a guerrilha no interior do país. No plano econômico, o líder aprista assumiu um Peru em depressão desde 1983, nos marcos da crise da dívida que assolava a região. Contrapondo-se a seu antecessor, propôs uma política heterodoxa que foi insuficiente para impedir enormes déficits em transações correntes, problema agravado pelo isolamento internacional do governo, que não conseguiu adesões à sua proposta de restringir o pagamento da dívida a 10% das receitas das exportações, ocasionando a ruptura do FMI e do Banco Internacional para Reconstrução e Desenvolvimento (Bird) com o país — ainda que, na prática, esta meta não tenha sido cumprida.

No conjunto, os problemas no balanço de pagamentos acentuados pela fuga de capitais agravaram a crise cambial e pressionaram a inflação, que logo derivou em uma hiperinflação. Michel Chossudovsky (1999, p. 129) criticou a política econômica aprista com estas palavras:

> O modelo econômico fora definido em termos técnicos rasteiros, sustentados por uma retórica populista: o Apra não tinha a base social nem a vontade política, sem falar em apoio popular organizado, para implementar reformas sociais e econômicas importantes e sustentáveis em áreas como reforma tributária, regionalização, reativação da agricultura e apoio às unidades de produção de pequena escala da economia informal. Por trás de seu discurso populista, o governo do Apra não estava inclinado a tomar atitudes que contrariassem diretamente os interesses das elites econômicas.

Em meio às ambivalências do processo, a medida que selou a sorte do governo foi a súbita nacionalização do setor bancário em julho de 1987. Anunciada à revelia do grupo conhecido como os Doze Apóstolos, que congregava os mais poderosos empresários do país e servia como interlocutor do governo, a medida teve como principal efeito a "ressurreição instantânea da direita", liderada pelo escritor Mario Vargas Llosa (Rudolph, 1992, p. 132).

Motivada antes por considerações políticas do que econômicas, a iniciativa foi obstaculizada por meios legais pelo setor financeiro, desencadeando uma disputa que levou o governo a abandonar o projeto. Como saldo, foi rompida a confiança entre os negócios e García, acentuando as dificuldades econômicas do governo: segundo o Banco Mundial, o PIB decresceu 8,8% em 1988 e 14% em 1989; entre dezembro de 1987 e outubro de 1988, os salários reais no setor privado despencaram 52% em média, enquanto no setor público a queda foi estimada em 62%; o poder de compra do salário mínimo caiu 49% entre julho de 1985 e julho de 1990; a inflação atingiu 1.700% em 1988, 2.800% em 1989 e 7.600% em 1990. Neste cenário, García perdeu o controle da agenda política nacional e, em 1988, implementou sem sucesso a primeira tentativa de choque anti-inflacionário (Cano, 2000, pp. 132-4).

A Izquierda Unida foi um dos poucos segmentos sociais que defendeu publicamente a estatização dos bancos, convocando inclusive uma mobilização popular em Lima. Embora superficialmente a medida fosse coerente com as posições históricas da esquerda, sua execução por um governo oportunista — que se afundava em meio a contradições e corrupção — minou seu prestígio. Em termos subjetivos, a posição adotada expressa as ambivalências da esquerda na relação com o Apra, partido que há muito não era progressista, mas que manejava motivos nacionalistas em um momento em que a conjuntura se inclinava para a esquerda. Entretanto, as expectativas de alternância presidencial frustraram-se, pois García desconsiderou o protocolo vigente, prevendo a neutralidade do presidente, e interveio abertamente na campanha para a prefeitura de Lima em favor do candidato aprista, que derrotou Barrantes por estreita margem. Não obstante a derrota na capital, o número de votos obtidos pela Izquierda Unida em nível nacional cresceu em 1986, ratificando sua posição de força.

Entretanto, quando as eleições presidenciais se aproximaram, em 1990, o país vivia um momento bastante diferente. Aos problemas econômicos, somava-se o incremento da ação militar urbana do Sendero Luminoso, que a partir de 1989 acreditou aproximar-se do "equilíbrio estratégico" de que falava Mao Tsé-Tung (Degregori, 2013, p. 223). É neste contexto que se desenrola o 1º Congresso Nacional da Izquierda

Unida, que também foi o último, uma vez que a unidade se desfez ao longo deste mesmo congresso.

Segundo numerosos testemunhos, o motor da cisão foi a posição de Barrantes e seu grupo, partidários da ideia de que seria necessário se desenvencilhar dos setores mais combativos da Izquierda Unida para atrair o eleitor moderado e vencer as eleições (Ames, 2011; Guerra García, 2011; Pease, 2011; Zapata, 2011). Também se ponderava que o Exército dificilmente toleraria um governo mais radical em um momento de grande inquietação com a insurgência senderista. Conforme adiantamos, o resultado eleitoral da cisão foi que Barrantes teve ainda menos votos (5%) do que a candidatura de Henry Pease pela Izquierda Unida (8%), e ambos somaram 13%. Para compreender esta derrota da esquerda peruana, porém, para além dos vícios "dos micropartidos com lógicas corporativas que se camuflavam atrás de um discurso ideologicamente radical" (Adrianzén, 2011, p. 58), é necessário examinar o fenômeno do Sendero Luminoso.

III. Sendero Luminoso

Ao contrário do que sugere o ideólogo mexicano Jorge Castañeda em *Utopia desarmada*, o Sendero Luminoso não tem afinidades com o que é descrito como uma "segunda onda" guerrilheira no continente, incluindo os movimentos centro-americanos e o M-19 colombiano (Castañeda, 1994). Entender a singularidade desta insurgência é uma tarefa complexa, a qual se dedicaram notáveis intelectuais, principalmente peruanos (Degregori, 2013; Rénique, 2015). Fazendo uma analogia com Benedict Anderson quando este sugeriu que a natureza do nacionalismo está mais próxima de estruturas de parentesco ou da religião do que de fenômenos ideológicos, como o liberalismo ou o socialismo (Anderson, 1983), entendo que a compreensão da insurgência senderista remete a desajustes sociais em um país em trânsito entre a referência nacional-desenvolvimentista e o neoliberalismo, que na América Latina também potenciou fenômenos como o neopentecostalismo e o crime organizado.

Evidentemente, é preciso embeber este marco geral nas particularidades da formação peruana, articulando, entre outras dimensões, a questão regional e o padrão de desenvolvimento desigual e combinado do país; o legado ambivalente do velasquismo; a subsistência de padrões culturais autoritários que informam as relações entre os *misti* (não índios) e os indígenas e camponeses; e preconceitos arraigados sobre a cultura andina e o racismo. Também é preciso fazer um exame crítico de elementos que caracterizaram certa tradição marxista, pervertida pelo Sendero Luminoso como uma modalidade de razão instrumental megalomaníaca apoiada em práticas antidemocráticas e fanáticas que resultaram em uma política violenta e antipopular. Diante da impossibilidade de dar conta deste "*objeto de estudio opaco y elusivo*" (Degregori, 2013, p. 23), delinearei alguns aspectos fundamentais para compreender a natureza e o impacto do fenômeno, porque é uma condição necessária para entender o Peru atual.

O Sendero Luminoso nasceu como uma cisão de orientação maoísta no seio do PCP nos anos 1960, que prosperou na região serrana de Ayacucho, uma das mais pobres do país e de marcante presença indígena. Seu principal polo foi a Universidade de Sán Cristóbal de Huamanga, cuja refundação em 1959 na cidade de Ayacucho teve, segundo Degregori, o efeito de um terremoto social, multiplicando por dez o número de universitários na região mais atrasada do país. Originalmente, a organização política dos universitários se deu em resposta à intenção do governo Belaúnde (1963–1968) de cortar verbas da instituição, acusada de apoiar as guerrilhas que germinaram em 1965. No entanto, a trajetória dos senderistas liderados pelo professor de filosofia Abimael Guzmán ao longo dos anos 1970 revela seguidas derrotas políticas, seja no âmbito da política universitária como no da camponesa, mas que não os impediu de consolidar sua unidade, fazendo intenso proselitismo entre o alunato secundarista e universitário na região, além de professores e funcionários (Degregori, 2010).

Na contramão do ascenso do movimento de massas do final dos anos 1970, o Sendero Luminoso não apoiou a greve geral de 1977 e não endossou a participação no processo constituinte. Na contramão da democratização política em 1980, enquanto a esquerda peruana debatia tática e estratégia conformando a Izquierda Unida, o Sendero Luminoso decretou o início de uma guerra popular prolongada, que se tornou pública, de maneira ilustrativa, com a queima do material eleitoral no povoado serrano de Chuschi. Na sequência deste ato simbólico, realizou ações armadas no campo que, a despeito de sua brutalidade, inicialmente granjearam simpatia entre a população rural: assassinaram figuras odiadas, como fazendeiros e negociantes; distribuíram gado e terras; mobilizaram-se contra cooperativas estatais, que eram repudiadas pelos camponeses; e castigaram o roubo de gado e infrações morais diversas, entre o alcoolismo e o adultério. Em regiões onde o Estado pouco atuava e, quando o fazia, frequentemente tinha um caráter repressor, a presença senderista foi associada a um guardião da ordem. Mas como destaca Degregori, a intervenção do Sendero Luminoso pouco se diferenciava do que caracterizaria um bom patrão, que remove o velho *misti* não para suprimi-lo, mas para ocupar seu lugar. Pois, ao contrário de estimular a autonomia camponesa, sua prática replicava os aspectos "mais autoritários, fechados, excludentes e pré-modernos da cultura política peruana" (Degregori, 2013, p. 192). A cultura senderista pretendia ser mais justa, mas não mais democrática.

Considerando que o Sendero tinha como base social uma população rural "descampenizada" e "desindianizada", podemos dizer que se afastava da tradição mariateguista, porque nunca apostou no protagonismo camponês. Na realidade, teve dificuldades em penetrar exatamente nas regiões em que havia organização camponesa. Também se distanciava no plano socioeconômico, porque objetivou extirpar do campo o que não fosse senderista ou camponês — o que se descrevia como "*bater el campo*" —, sem qualquer intenção de estabelecer nexos com as formas políticas ou econômicas locais. Finalmente, se diferenciava no plano ideológico, porque as constatações anteriores dissociavam questão agrária e questão indígena, obliterando uma especificidade da formação peruana salientada por Mariátegui.

Neste quadro, a política senderista rapidamente antagonizou com os camponeses. A dissonância se evidenciou na safra 1982-1983, quando o movimento proibiu o acesso dos produtores aos mercados, uma vez que se pretendia estabelecer circuitos produtivos autárquicos. Neste contexto, registraram-se os primeiros atos de resistência camponesa à presença senderista.

Neste mesmo período, porém, o primeiro governo civil após doze anos superou suas hesitações à intervenção militar, e o Exército subiu a serra. Uma declaração do então ministro da Guerra, Luis Cisneros Vizquerra, sintetizou os motivos pelos quais os militares também resistiam a intervir, ao mesmo tempo que anunciava o caráter desta atuação. Afirmou que, para assumir o controle de Ayacucho, "teriam que começar a matar os senderistas e os não senderistas, porque essa é a única forma de assegurar o sucesso [da operação]. Matam sessenta pessoas e, no melhor dos casos, há ali três senderistas" (Cisneros Vizquerra, 1983, p. 50).

A repressão desencadeada pelo Exército atiçou uma escalada de violência que ensanguentou Ayacucho e espraiou o conflito a outras regiões do país. Diversos analistas apontam que a conduta das Forças Armadas foi contraproducente, pois forçou a população a escolher entre o mal menor — e muitas vezes este pareceu ser o Sendero (Burt, 2011; Degregori, 2013). Composto majoritariamente de recrutas costenhos, poucos dos quais falavam quéchua, o Exército era percebido por muitos como um invasor. No bojo desta política, registraram-se em 1984 mais de quatro mil assassinatos e desaparecimentos forçados (Comisión de la Verdad y Reconciliación, 2008).

Do ponto de vista da insurgência, a resposta governamental se encaixava como uma luva à política de Guzmán. O "presidente Gonzalo", como se autointitulava, pregava que a ação senderista explicitaria a violência estatal, obrigando o campesinato a se levantar contra o Estado e, em última análise, tomar as cidades. Esta leitura alcançou tons extremos nos anos seguintes, derivando em condutas de destrutividade insuspeita. Assim, quando Alan García assumiu a presidência em 1985 e anunciou uma nova estratégia de combate à insurgência, cuja ênfase seria o desenvolvimento social, Guzmán respondeu que seria preciso "tirar [do governo] a máscara progressista". O levante simultâneo de senderistas encarcerados nos dias em que o Apra recebia um congresso socialista em Lima, episódio que terminou na execução de trezentos presos, foi concebido com este objetivo. De acordo com esta racionalidade, o levante foi exitoso, pois houve uma escalada repressiva do Estado, atestada pelo número de assassinatos de motivação política, que se elevou de 5,4 por dia em 1987 para 8,8 em 1988 e 9,4 em 1989 (Burt, 2013, p. 126). Enquanto isso, Guzmán proclamava que "o sangue não detém a revolução, mas a rega" e estimava que a revolução poderia custar um milhão de vidas.

O líder senderista encarava a militância de esquerda sob este mesmo prisma, e considerava seus membros como pelegos que arrefeciam as contradições sociais, retardando a via revolucionária. Consequentemente, o movimento perseguiu e assassinou centenas de dirigentes sociais e políticos de esquerda. Mais chocante, a racionalidade senderista determinava que muitas vezes não bastava matar: era preciso fazê-lo de modo exemplar. Assim, a líder popular afroperuana María Elena Moyano foi dinamitada na presença dos filhos.

Se retrospectivamente é evidente o caráter antipopular da insurgência senderista, que pode ser qualificada como terrorista pela esquerda contemporânea, nos anos 1980 esta leitura não foi imediata. Afinal, como analisa Degregori, o Sendero Luminoso surgiu como uma surpresa tripla: para o Estado e os serviços de inteligência; para os partidos políticos e as organizações sociais; e para a comunidade acadêmica. Entre os fatores que dificultaram uma compreensão acurada sobre a natureza da insurgência, salientam-se três: a retórica marxista em um país de rica tradição socialista, em meio a uma conjuntura que se radicalizava; o isolamento de Ayacucho em relação à costa; e os preconceitos andinistas,[3] confundindo o Sendero como um movimento milenarista ou indigenista. O cenário se tornou ainda mais complexo quando se iniciaram em 1982 as ações armadas do Movimiento Revolucionario Túpac Amaru (MRTA), uma organização guerrilheira urbana de corte convencional, cuja atividade cresceu durante o governo Alan García.

Embora a peculiaridade e a destrutividade senderista fossem evidentes para aqueles que estavam em contato direto com o que ocorria em Ayacucho, muitos não tinham essa consciência. Para estes, somente quando as ações se intensificaram em Lima é que ficou claro que o Sendero Luminoso era um desafio de dimensão nacional. Isto ocorreu no final dos anos 1980, quando Guzmán avaliou que o confronto se aproximava do "equilíbrio estratégico" e, por isso, intensificou esforços para penetrar a periferia de Lima, com a intenção de estabelecer uma espécie de cinturão insurgente em torno da cidade. Ao contrário das aparências, esta decisão correspondeu a um momento de debilitamento das posições rurais da organização, ameaçadas em função da crescente resistência camponesa, principalmente na forma das *rondas campesinas*. Neste período o Estado mudou sua estratégia e, sem deixar de praticar a "guerra suja", investiu em inteligência e em relações com estes organismos camponeses, que se converteram em Comités de Autodefensa (CAD). Ao contrário de seus similares colombianos, estes comitês não derivaram em

---

3. O antropólogo estadunidense Orin Starn (1991) trabalha a noção de "andinismo" em analogia com o conceito de "orientalismo" de Edward Said.

esquadrões paramilitares delinquentes e tiveram um papel decisivo para a derrota senderista.

    Assim, a decisão de avançar sobre Lima emerge antes como uma "fuga para frente" do que como desdobramento de um crescimento orgânico. Mas, em seu momento, havia um genuíno receio em relação ao poder insurgente, já que a repercussão das ações senderistas na capital era amplificada e o poder de fogo da organização parecia crescer: o número de atentados entre 1988 e 1989 quase triplicou em relação a 1981 e 1982. Mais assustador do ponto de vista do Estado, 47% dos atentados e ataques perpetrados pela organização entre abril de 1989 e dezembro de 1992 realizaram-se na capital, totalizando 907 ações. No começo dos anos 1990, Lima aparecia como uma cidade sitiada (Rénique, 2015, p. 154). Neste momento, 32% do território peruano e 49% da população se encontravam sob mando militar.

    Foi neste contexto que a Izquierda Unida se desfez e se realizaram as eleições vencidas por Fujimori. Embora os testemunhos indiquem que a condenação do Sendero Luminoso era unânime na Izquierda Unida, também há um reconhecimento generalizado de que esta insurgência causou danos irreparáveis no esforço político em curso, porque dificultou o entendimento interno, além de matar líderes e militantes. E, no longo prazo, estigmatizou a esquerda a um ponto que ainda não foi revertido, como reconhece o ex-senador Rolando Ames: "O Sendero empurrou a opinião pública contra o discurso e a imagem de qualquer esquerda, de toda equerda ou centro-esquerda. Eles falavam também de Mariátegui, de marxismo, leninismo, maoísmo, etc. — e faziam terrorismo" (Ames, 2011, p. 210).

iv. Fujimori

As conexões que Naomi Klein (2008) estabelece entre "doutrina de choque" e neoliberalismo, utilizando como caso paradigmático o Chile sob Augusto Pinochet, encontram ressonância no Peru comandado por Alberto Fujimori (1990-2000). No caso peruano, o clima de desordem gerado pela degeneração do governo aprista e acentuado pela devastação senderista criou o ambiente propício à combinação entre ditadura e neoliberalismo que marcou o regime. Se a conjunção entre alanismo e senderismo desafiou a ascensão da esquerda peruana, a ditadura fujimorista floresceu neste contexto, revertendo o descontrole econômico, a violência e a debilidade da esquerda a seu favor. O conservadorismo prevalente no Peru está relacionado à sensação ainda vigente de que, a despeito dos meios empregados, o *chino* — como era chamado Fujimori — colocou ordem na casa.

Para aquilatar o significado deste regime é preciso lembrar, em primeiro lugar, que Fujimori elegeu-se em oposição à candidatura de Mario Vargas Llosa, que assumiu como plataforma o ajuste neoliberal. Neófito político que se projetou no mês final da campanha cultivando uma imagem de honradez, tecnologia e trabalho, três características associadas ao imigrante japonês, o *slogan* de Fujimori foi "Vote não ao choque". Servindo-se do profundo desprestígio dos políticos e da desmoralização da esquerda para alimentar um discurso antipartidário, o candidato do improvisado partido Cambio

90 teve apoio do aparelho aprista para se eleger — uma vez que Vargas Llosa se tornara arquinimigo de García —, além de se beneficiar do rechaço à arrogância *criolla* de seu rival, que há muito não vivia no país.

Uma vez eleito, Fujimori costurou uma aliança com os militares por meio da sinistra figura de Vladimiro Montesinos, que se tornou o homem forte do regime: "Montesinos era o faz-tudo, não somente de Fujimori mas do governo dos Estados Unidos" (McClintock & Vallas, 2003, p. 55). Há indícios de que as Forças Armadas tramavam tomar o poder e implementar um projeto de reordenamento nacional prevendo décadas de duração, que teria sido ajustado em função da imprevista cumplicidade do novo presidente (Torres, 2015). Esta aproximação exigiu a depuração dos altos mandos militares, quando o governo destituiu inimigos e promoveu oficiais próximos a Montesinos. Em linhas gerais, a divisão do trabalho estabelecida facultou poderes ditatoriais ao presidente, enquanto as Forças Armadas tiveram carta branca para enfrentar a insurgência — e ambos mergulharam na corrupção.

Uma vez no comando, Fujimori decretou estado de emergência em todo o país. Poucos dias depois, promulgou o conjunto de medidas conhecido como *fujishock*, quando, em flagrante contradição com seu discurso eleitoral, implementou um radical programa neoliberal. Ao eliminar o controle de preços do setor privado e aumentar os preços da energia e de outros serviços públicos, o choque causou um aumento imediato de preços estimado entre 300% e 1.000%, incrementando em 70% o número de pobres em um dia. O objetivo fundamental era, em última análise, reconquistar a confiança do mercado financeiro e das instituições multilaterais, reinserindo o Peru nos circuitos financeiros internacionais.

Este objetivo foi alcançado por meio de algumas medidas. A primeira foi o programa de estabilização adotado em agosto de 1990, visando controlar a inflação e regularizar o pagamento do serviço da dívida. Na sequência, a partir de fevereiro do ano seguinte, foram implementadas reformas institucionais pró-mercado, que incluíram a desregulamentação dos mercados financeiro e laboral, além de privatizações. O compromisso em disciplinar a política nacional segundo as diretrizes neoliberais consumou o retorno do Peru aos circuitos financeiros internacionais. É relevante observar que a ascensão de Fujimori coincidiu com o colapso da União Soviética e o final da Guerra Fria, acentuando a pressão neoliberal.

As condições desta reinserção seriam consolidadas a partir do chamado "autogolpe", quando Fujimori fechou o Congresso e interveio no poder judicial em abril de 1992, decretando à moda argentina um "governo de emergência e reconstrução nacional". Pervertendo a democracia, o presidente escudou-se no descrédito da política institucional, aguçado pelo fracasso dos governos do Acción Popular (Belaúnde) e do Apra (García), além do esfacelamento da Izquierda Unida, para reivindicar apoio popular à medida. Ao mesmo tempo, este regime, em que o Executivo centralizou até 75% do orçamento nacional, implementou uma extensiva rede clientelista lubrificada por um programa de alívio à pobreza apoiado por FMI, Banco Mundial e Fondo de Cooperación para el Desarrollo Social (Foncodes). Esta combinação entre práticas ditatoriais, apoio popular e políticas neoliberais levou analistas à proposição de que se tratava de um governo "neopopulista", categoria imprecisa que diluía o caráter repressivo do regime, desconstruída de modo convincente por Carlos Vilas (Weyland, 1996; Vilas, 2004).

Apesar de algum esforço em manter as aparências, o esteio político do regime não foram as eleições, sempre fraudadas, mas o Exército. No dia do "autogolpe", tanques circularam pelas cidades, órgãos da imprensa foram ocupados e líderes da oposição, presos. A imprensa foi submetida a uma combinação de cooptação e coerção que garantiu seu alinhamento ao regime. Mas o que deu lastro social ao fujimorismo foi a estabilização da economia — apesar de seu alto custo social — e, principalmente, o fim do conflito armado.

Uma análise ponderada dos fatos mostra que a derrota do Sendero Luminoso deve ser atribuída a processos desencadeados à revelia de Fujimori. A decisão de passar de uma política reativa a uma política planejada, investindo no trabalho de inteligência e em políticas de colaboração com o campesinato em lugar do extermínio, são decisões que antecederam as eleições, assim como os reveses senderistas no campo, que precipitaram a investida a Lima. Na cidade, a escalada de atentados aguçou a repulsa a esta organização, inclusive entre a esquerda. A estratégia senderista naquele momento era aprofundar o caos na expectativa de provocar uma intervenção estadunidense que criasse um cenário análogo à China do entreguerras, em que nacionalismo e comunismo convergiriam na resistência ao invasor. Abimael Guzmán declarou que o assassinato de María Elena Moyano em fevereiro de 1991 se inscrevia nesta perspectiva — que, naquele momento, não era alucinada: no começo de 1992, o subsecretário de Estado para Assuntos Interamericanos dos Estados Unidos, Bernard W. Aronson, preveniu os líderes do Congresso estadunidense de que era preciso se preparar para evitar que o Sendero Luminoso chegasse ao poder e desencadeasse o "terceiro genocídio" do século XX (Burt, 2013, p. 176).

Poucos meses depois, porém, Guzmán foi preso em seu esconderijo em Lima e a organização senderista rapidamente degringolou, sintoma do alto grau de centralização política que a caracterizava. Este processo foi acelerado pela capitulação do próprio líder, que, em contradição com a retórica que cultivou, buscou um acordo de paz com Fujimori, anunciando o ingresso em uma nova etapa do processo político. O MRTA, organização de impacto social comparativamente reduzido, foi literalmente liquidado em uma ação armada assessorada pela CIA em 1996, quando um sequestro na casa do embaixador japonês foi frustrado e os guerrilheiros, executados, apesar de estarem rendidos.

O criterioso trabalho feito pela Comisión de Verdad y Justicia (CVR), constituída logo após a queda de Fujimori, concluiu que 69.280 pessoas morreram ou desapareceram como consequência do conflito nestes anos, das quais 53,68% foram vítimas do Sendero Luminoso. Esta é uma proporção extraordinária se lembrarmos que em nenhuma outra situação no continente a insurgência provocou mais do que 5% das mortes. Calcula-se que três quartos das vítimas eram camponeses das regiões mais pobres do país que falavam quéchua, 40% delas residentes em Ayacucho. Entre as vítimas, pereceram 1.503 autoridades políticas (entre prefeitos, governadores, juízes e lideranças locais), 2.267 dirigentes camponeses e 1.674 "membros das forças de ordem" (Comisión de Verdad y Justicia, 2008).

Estes números dão um indício do clima de insegurança — e, muitas vezes, de terror — que pairou sobre o país no período. Este ambiente foi explorado em diversos sentidos pelo regime fujimorista. De um lado, o governo atribuiu a si o mérito de ter desarticulado a insurgência e pacificado o país, o que lhe rendeu alta aprovação, em um contexto em que muitos minimizaram suas infrações à democracia como uma espécie de dano colateral. Por outro lado, o regime manipulou o medo disseminado na sociedade com o objetivo de se autolegitimar, justificando a perpetuação de mecanismos jurídicos, políticos e militares característicos de um estado de exceção, mesmo com o declínio do conflito. Além da perseguição jurídica facilitada por uma draconiana legislação antiterrorista, a presidência autorizou o assassinato e o desaparecimento de professores, estudantes, camponeses e líderes operários a pretexto da luta contra a subversão. Frequentemente, as mortes foram atribuídas ao Sendero Luminoso, como no caso do assassinato do sindicalista Pedro Huilca, crítico contumaz das políticas de Fujimori. No campo, a manutenção do estado de emergência significou que as Forças Armadas exerciam a autoridade máxima em muitas partes do território.

No plano econômico, são conhecidos os efeitos da combinação entre estabilização e reforma estrutural nos marcos do neoliberalismo. A inflação foi controlada por meio de mecanismos que levaram à apreciação cambial combinada ao aumento das importações, que teve efeitos destrutivos sobre a indústria nacional, agravando os déficits em transações correntes, cobertos por privatizações e empréstimos do FMI. A dívida externa dobrou durante o governo Fujimori, atingindo 53% do PIB — cifra bem mais alta do que as observadas no Chile, no México ou no Brasil —, enquanto os pagamentos anuais quadruplicaram (McClintock & Vallas, 2003). O crescimento de 59% das exportações entre 1989 e 1998 não acompanhou a explosão das importações, que subiram 264%, tornando a balança comercial peruana deficitária em toda a década (Cano, 2000, p. 486). Reforma do mercado de capitais, reforma tributária, reforma do mercado de trabalho e privatizações generalizadas complementaram a abertura.

Em suma, foi desmantelado o que restava da estrutura velasquista, tanto na cidade como no campo — onde foi implementada uma "reforma da reforma agrária". A informalização do trabalho e a economia delinquente explodiram: ao longo dos anos 1990, dobrou o número de trabalhadores com contrato de trabalho temporário, enquanto o subemprego atingia três quartos da população economicamente ativa no final do decênio. A ideologia que transforma a precarização das relações de trabalho, de problema social em oportunidade empreendedora, prosperou neste meio (De Soto, 1992).

Embora os limites desta política econômica já se evidenciassem no final dos anos 1990, a queda do regime foi precipitada por motivos fundamentalmente políticos. Solução traumática para uma sociedade traumatizada, o fujimontesinismo de que fala Quijano ruiu por dentro, mas também foi empurrado por fora. Os escândalos detonados pela circulação dos "vladivídeos", gravados por Montesinos para disciplinar seus sequazes e que documentavam a corrupção endêmica do regime, afloraram em um momento de ascendente contestação nas ruas, intensificadas após as eleições fraudulentas de 2000. Na realidade, a própria participação de Fujimori no pleito era farsesca, já que a Constituição por ele mesmo promulgada proibia um terceiro mandato. Também os Estados Unidos acenaram que deixariam de apoiar o regime, decisão que foi acelerada quando veio à tona uma operação que envolvia Montesinos com o narcotráfico e as Fuerzas Armadas Revolucionarias de Colombia (Farc).

Confrontado com a corrosão do aparato de poder que ergueu, com o protesto nas ruas e com o constrangimento estadunidense, Fujimori enviou sua renúncia por fax do Japão, em 2000. O fato de que o ditador caiu — em lugar de descer — do poder foi significativo, pois propiciou o clima para as investigações do conflito interno peruano sob a coordenação da CVR, que, apesar de limites e dificuldades, iluminou a história recente do país e subsidiou o julgamento de numerosos criminosos, entre eles o próprio Fujimori.

v. Legado fujimorista

O pleito presidencial que se seguiu à renúncia de Fujimori elegeu Alejandro Toledo (2001-2006), figura que liderara os protestos às fraudes e aos abusos eleitorais cometidos pelo regime em seus últimos momentos. Na eleição subsequente, Alan García triunfou com estreita margem sobre Ollanta Humalla, um militar que, naquele momento, foi associado à esquerda e a Hugo Chávez.

Em seu segundo mandato, entre 2006 e 2010, García abandonou as veleidades esquerdistas realizando um governo francamente neoliberal. Embora criticasse em campanha o modelo de exploração mineira em que se assentava o crescimento peruano — que praticamente eximia as empresas de obrigações tributárias ou ambientais —, seu governo manteve o arcabouço normativo herdado de Fujimori e intocado por Toledo. No plano comercial, o Tratado de Livre-Comércio (TLC) com os Estados Unidos assinado durante a gestão Toledo entrou em vigor em 1º de fevereiro de 2009, sem qualquer oposição do governo García.

Nas eleições seguintes, em 2011, Ollanta Humalla, que na campanha de 2006 assumira uma postura contrária ao TLC, fato que contribuiu para que fosse associado a Hugo Chávez, empenhou-se em distanciar-se do venezuelano, sinalizando uma identificação com o petismo brasileiro — que apoiou e assessorou sua campanha vitoriosa.

Para além das nuances entre os mandatários, chamam

a atenção na política peruana do período alguns paradoxos. Em primeiro lugar, desde o fim do regime militar, nos anos 1970, nenhum governante elegeu seu sucessor: sempre venceu um candidato de oposição. No entanto, o novo mandatário com frequência contradisse abertamente sua plataforma, configurando uma sucessão de estelionatos eleitorais, expressão extrema da hipocrisia e da ineficácia que caracterizam a democracia contemporânea (Panitch & Leys, 2005). Evidentemente, este fenômeno acentua a corrosão da legitimidade partidária, alimentando uma despolitização que favorece o conservadorismo. Fujimori, que foi a expressão mais radical da mentira eleitoral, manejou conscientemente esta despolitização. As mentiras de Ollanta Humala quando estava na presidência também foram notórias, como a promessa de privilegiar a preservação das fontes de água em detrimento da exploração de ouro — "água sim, ouro não!" —, que ruiu frente aos conflitos em torno ao projeto mineiro Conga.

Mais além da política como mentira, a recorrência de vitórias de uma oposição que logo renega seu discurso eleitoral sugere impedimentos para modificar as estruturas socioeconômicas legadas pelo fujimorismo. A despeito do descrédito de sua figura máxima, que passou mais de dez anos na cadeia,[4] e do declínio do prestígio da instituição militar, sócia direta da violência e da corrupção que assolaram o regime, os fundamentos do padrão de reprodução capitalista estabelecidos por esse governo permanecem inquestionados.

4. Contrariando um compromisso de campanha, o então presidente Pedro Pablo Kuczynski indultou Fujimori em dezembro de 2017, logo após um processo de *impeachment* em que contou com os votos do grupo de Keiji Fujimori, filha do ex-ditador, para manter-se no cargo. Após a divulgação de vídeos comprovando a compra de votos pelo governo para frear o julgamento político do presidente pelo Congresso — o que resultou na abertura de um novo processo de *impeachment* —, PPK, como é conhecido, renunciou em 23 de março de 2018.

Em linhas gerais, foi construída uma economia aberta, que ancora sua inserção internacional na exportação de minerais, potenciada por investimentos estrangeiros atraídos por baixas exigências fiscais, trabalhistas e ambientais. O marco jurídico deste modelo foi constituído a partir da Ley Marco para el Crecimiento de la Inversión Privada de novembro de 1991, e consolidado na Constituição promulgada em 1993, que assegurou termos privilegiados, além de estabilidade jurídica e tributária aos investimentos internacionais. O novo texto, que segue vigente, também eliminou o caráter inalienável das terras das comunidades camponesas e nativas, além de instituir que os recursos naturais deixariam de ser patrimônio exclusivo da nação (Bebbington & Chaparro *et al.*, 2014, p. 35).

Desde então, o crescimento econômico peruano é tributário da extraordinária expansão da mineração multinacional no país. Os picos de crescimento foram alcançados na década de 1990, assinalando respectivamente 10,9% em 1993, 15,2% em 1994, 10,8% em 1997 e 16% em 1999 (Alayza & Gudynas, 2012, p. 65). No conjunto, o investimento incrementou-se nos anos pós-Fujimori, no contexto da alta internacional dos preços das *commodities*: o investimento externo direto passou de 4,5% do PIB, entre 1990 e 2000, para 25% em 2007. Em 2009, o Peru era o país que mais recebia investimentos em mineração no continente, e o terceiro no mundo, depois de Canadá e Austrália. Para efeitos comparativos, em 2011, o gasto do Brasil em investigação geológica totalizou 60% do investimento peruano, embora o território brasileiro seja sete vezes mais extenso.

Expressão territorial desta expansão, no início dos anos 1990, as concessões mineiras ocupavam 2,3 milhões de hectares, enquanto, um quarto de século depois, beiravam 25 milhões. A atividade deixou de se concentrar nas alturas andinas, expandindo-se para os vales, a costa e, inclusive, a Amazônia. Há departamentos onde as concessões mineiras se aproximam ou superam a metade do território, como Arequipa, Ancash, Lima, La Libertad, Moquegua, Huancavelica e Tacna (Mansur, 2014, p. 75). Em 2017, o Peru estava entre os maiores produtores mundiais de prata (terceiro), ouro (sexto), zinco (terceiro), estanho (terceiro), chumbo (quarto) e cobre (segundo). Também concentrava 40% das reservas auríferas do mundo, em 2008.

Após vinte anos de expansão, a dependência do país em relação a este setor da economia se acentuou. Calcula-se que 22% da arrecadação interna entre 2007 e 2010 proveio da mineração, e cerca de 6% do PIB e 60% das exportações derivam destas atividades na atualidade. No entanto, em função das características do marco regulatório do setor, frustrou-se qualquer aumento substantivo na captação de tributos internos, pois estão eximidas, por exemplo, as chamadas *sobreganancias*. Há quem remeta o paradoxo de governantes impopulares em contexto de crescimento econômico no Peru às limitadas possibilidades do Estado de converter esta riqueza em programas sociais, em contraste com outros países da região (Barros & Hitner, 2010).

Esta limitação se aguça uma vez que, do ponto de vista das relações de trabalho, a mineração contemporânea é uma atividade que exige altos investimentos de capital, mas emprega relativamente pouca força de trabalho. Assim, o outro lado da política de desregulamentação mercantil e atração do investimento estrangeiro, que favoreceu a mineração em detrimento de setores associados à produção nacional, foi o crescimento do desemprego e da economia informal, potenciando a "economia delitiva", que gravita em torno da pirataria, do contrabando e do narcotráfico. O Peru é hoje um dos principais exportadores de cocaína do continente. Ao mesmo tempo, constata-se o aumento dos problemas de segurança relacionados à delinquência comum, nos marcos de uma degradação do tecido social do país. No plano sociológico, Francisco Durand observou que a mescla entre informalidade e delinquência se enraizou de tal modo na sociabilidade peruana contemporânea que termina "fazendo parte integral da matriz institucional do país" (Durand, 2007, p. 69).

Outra face ainda do crescimento minerador é o aumento dos conflitos socioambientais no país. Em contraste com a impotência da política institucional, há numerosos casos em que a resistência popular interrompeu projetos vinculados à "economia extrativista", como os projetos mineradores em Tambogrande e Conga, ou a hidrelétrica de Inambari. Dentre os conflitos socioambientais registrados, 64% são relacionados à mineração e alguns envolvem um alto grau de violência: entre 2006 e 2011, contabilizaram-se 195 mortos em conflitos sociais, além de 2.312 feridos entre civis e policiais, configurando o número mais alto do continente no período. O episódio mais letal foi o chamado massacre de Bagua, em 2009, quando foram contabilizados 34 mortos, dentre os quais 24 policiais e dez indígenas, na resistência a um dos maiores projetos auríferos da atualidade (Guevara Aranda, 2013).

Apesar da arrojada resistência popular a projetos de impacto socioambiental diverso, que gravitam entre as remoções forçadas e a exaustão hídrica, passando por diversos níveis de contaminação ambiental, não houve qualquer mudança nos meios e nos fins da política estatal desde Fujimori. No mesmo ano do massacre de Bagua, o ministro da Economia anunciou que estariam sujeitos a multas e processos os funcionários públicos que retardassem o prazo de cem dias para a confecção dos estudos de impactos ambientais, exigência prévia à aprovação de projetos mineiros (Mansur, 2014, p. 74). Neste cenário, há a percepção entre quem resiste ao processo de que a expansão mineira envolve um esforço contínuo, mas de intensidade intermitente, o que significa que projetos parados voltarão no futuro, com estratégias refinadas de convencimento ou imposição de seus interesses (Gamboa, 2015; Choquehuanca, 2015).

Nesta perspectiva, enquanto o governo Humalla anunciou uma lista de novos projetos mineiros de valor superior a 41 bilhões de dólares, dados da Defensoría del Pueblo registraram no país 210 conflitos sociais em janeiro de 2015, dos quais 140 de natureza socioambiental. Até meados de 2015, contabilizaram-se 65 vítimas fatais em conflitos sociais no governo iniciado em 2011. Em meados de 2015, uma das principais cidades do país, Arequipa, estava ocupada pelo Exército em função dos conflitos decorrentes do projeto mineiro Tía María, para nomear um episódio de maior repercussão.

Face complementar desta modalidade de "acumulação por espoliação" é a política estatal de apresentar o Peru como grife — a chamada *Marca Perú*, que explora alguns nichos de consumo sofisticado, notavelmente a gastronomia, enquanto exportam-se gêneros como aspargos, páprica, alcachofra, palta e quinua. Esta promoção do país para consumo externo, mobilizando motivos entre o *cult* e o exótico, revela-se simétrica ao projeto de inserção internacional peruano, em que o mercado define não somente sua inserção na divisão internacional do trabalho, mas também a própria identidade nacional. Na descrição de uma docente universitária, as peças publicitárias televisivas da *Marca Perú* pretendem ensinar aos próprios peruanos quem são, preparando-os, entre outras finalidades, para receber os turistas (Pease, 2015). É o *marketing* suprindo as insuficiências da história, ao resolver por meio de um simulacro a identidade nacional que a aristocracia *criolla*, Mariátegui e Velasco, entre outros, foram impotentes para afirmar.

De modo lapidar, as contradições entre o extrativismo e a *Marca Perú* se evidenciam na ameaça aos recursos hidrobiológicos do país. O incremento do consumo de proteína animal mundial desde o final dos anos 1980, puxado pela China, elevou os preços da anchoveta, que tem no Peru — país pesqueiro — um de seus maiores produtores globais. Em um processo análogo à expansão da soja no continente, a anchoveta serve como matéria-prima para a farinha e o óleo de peixe, que, por sua vez, alimenta peixes criados em cativeiro em outros países. O crescimento da pesca industrial da anchoveta na costa peruana, porém, ameaça a subsistência de outros peixes, notadamente aqueles que são apreciados como ceviche — prato principal da gastronomia peruana promovida mundo afora (Sueiro, 2012).

Reflexões finais

A mobilização fermentada no bojo do velasquismo foi insuficiente para transcendê-lo, mas armou a resistência popular à investida neoliberal nos anos 1980, quando a esquerda peruana esteve na vanguarda do continente. Entretanto, dois processos perversos colocaram sua expressão política organizada — a Izquierda Unida — diante de impasses que precipitaram seu súbito declínio, em meio às ambiguidades do projeto aprista, que afinal chegou ao governo com Alan García. A retórica e o simbolismo progressista deste mandato disfarçaram o oportunismo e a venalidade que o impulsionava, resultando em ambivalências que conduziram o país a uma situação de caos socioeconômico, preparando o terreno para as políticas de choque que seguiram. O canto da sereia aprista ludibriou parte da esquerda, encantada com a possibilidade de uma alternância eleitoral que só aguçou suas contradições internas, enquanto o apoio a uma estatização inconsequente dos bancos explicitou as dificuldades em afirmar uma liderança social autônoma, no momento em que a direita recuperava a iniciativa política.

Este cenário se tornou ainda mais nebuloso com a expansão de um fenômeno político original que pervertia a retórica e a cultura política de esquerda, fazendo com que uma organização de traço terrorista aparecesse como guerrilha marxista. Após semear a guerra civil em rincões empobrecidos do país, o Sendero Luminoso intensificou suas ações urbanas no final da década, anunciando uma investida para cercar a capital realizada em meio ao assassinato de numerosas lideranças civis de esquerda e a atentados que amedrontaram o país. Face aos desafios colocados por esta conjuntura notavelmente complexa, a Izquierda Unida não se diferenciou com clareza em relação ao alanismo e ao senderismo, mas sucumbiu a diferenças internas, explicitando aspectos caudilhescos e dogmáticos que permeavam a cultura política da esquerda.

Fujimori elegeu-se presidente neste contexto crítico com uma plataforma que parecia capturar, ao mesmo tempo, o rechaço popular à política *criolla* personificada em Vargas Llosa e uma desconfiança face às ambiguidades da esquerda, que oscilava entre um passado radical, como o Sendero Luminoso, e um futuro governista, como o Apra. Fazendo das Forças Armadas o seu partido, Fujimori apoiou-se no descrédito generalizado da política e no ensejo de pacificação do país para solidificar um regime ditatorial, cujos êxitos relativos afirmaram os marcos fundamentais com que se move a sociedade peruana na atualidade: neoliberalismo, extrativismo mineral, livre-comércio, informalidade laboral, economia delitiva e narcotráfico. A alternância partidária desde a queda de Fujimori, em 2000, mal disfarça o conservadorismo da política nacional, cujo descrédito institucional foi agravado pela naturalidade com que candidatos eleitos pela oposição renegaram suas promessas de campanha.

Este estreitamento do horizonte político foi evidenciado pelas candidaturas que se desenhavam em meados de 2015 para suceder Humalla, o que ocorreria no pleito de 2016. Em um contexto em que o então presidente mostrava baixos índices de aprovação, perfilaram-se três candidaturas competitivas: Alan García, ícone da política convencional e da corrupção; Keiko Fujimori, filha do ex-ditador encarcerado e que promete anistiá-lo; e Pedro Pablo Kuczynski, ex-ministro da Economia no governo Toledo, destacado quadro neoliberal e principal lobista dos Estados Unidos no país, um homem que morava no Sheraton enquanto a família vivia nos Estados Unidos, e que encoraja os peruanos a aprenderem inglês para eventualmente deixarem o país.[5]

No campo da esquerda, vislumbraram-se dois polos que revelavam dificuldades em se unificar. O congressista Sergio Tejada apresentou-se como candidato do Bloque Nacional Popular, reivindicando uma posição de centro-esquerda tributária da tradição institucional da Izquierda Unida, à qual filia-se a ex-prefeita de Lima, Susana Villarán (2011–2014), vinculada à coligação conhecida como Únete. Por outro lado, houve esforços para coagular a resistência territorialmente dispersa ao extrativismo em uma alternativa política nacional. Este movimento tem como figura principal Marco Arana, o ex-padre e fundador do Movimiento Tierra y Libertad, uma das organizações que compõem a Frente Amplio. Arana foi derrotado em prévias internas pela jovem deputada por Cusco, Verónika Mendoza, que foi a candidata presidencial da coligação. A principal clivagem entre os dois polos é a postura em relação à mineração, em que a Frente Amplio ensaiava uma problematização do padrão extrativista, enquanto a Únete favorecia a negociação de melhores termos para o Estado, à moda de seus vizinhos andinos. Mas não se trata de uma clivagem linear: o governador de Cajamarca e liderança regional contra os projetos mineiros no departamento, Gregorio Santos, flertou com a segunda organização, embora sua mobilidade política esteja literalmente bloqueada desde que foi encarcerado sob acusação de corrupção em 2014 — o que não o impediu de ser reeleito no final deste mesmo ano, embora não pudesse ser empossado.[6]

---

5. PPK venceu Keiko no segundo turno por uma estreita margem de 0,24% dos votos. [N.E.]
6. Verónika Mendoza ficou em terceiro lugar no primeiro turno das

As condições para difundir um discurso alternativo ao "extrativismo" têm avançado no país. Por exemplo, na Marcha Nacional por el Agua e no protesto que a sucedeu, reunindo cerca de vinte mil pessoas em Lima contra o projeto mineiro de Conga, em 2012, o lema foi a defesa da água, e não a reivindicação de maiores rendas mineiras, que caracterizara protestos similares. Porém, há diversos condicionantes históricos e políticos que diferenciam o contexto peruano da Bolívia e do Equador, onde o protagonismo indígena nas lutas recentes pautou a temática do Bem Viver na agenda nacional. Estas singularidades envolvem aspectos objetivos, como o caráter da reforma agrária velasquista, que priorizou um cooperativismo de inspiração iugoslava em detrimento de formas indígenas de produção, mas também subjetivos, como a subsunção da identidade indígena à camponesa.

Em outro plano, as violentas turbulências que sucederam o GRFA, ele próprio protagonista de um período de mudança acelerada, parecem ter difundido a acomodação aos parâmetros de uma ordem que parece estável, apesar de tudo. O drama da política peruana contemporânea é que a recuperação da paz e da estabilidade está associada a uma combinação entre repressão estatal e fundamentalismo neoliberal. É esta percepção que explica o prestígio de Keiko Fujimori apesar da desmoralização internacional de seu pai. A resistência à mudança é agravada pela prosperidade superficial lastreada nas exportações minerais, na economia delitiva e, mais recentemente, na autoemulação evocada pela *Marca Perú*.

Os paradoxos da política peruana contemporânea, onde governos eleitos em oposição praticam a continuidade;

>eleições, com 18,8% dos votos, apenas três pontos percentuais atrás do segundo colocado, PPK, que teve 20,99%. Tejada renunciou à candidatura para apoiar a Frente Amplio. Gregorio Santos recebeu 4%, mais que a diferença entre Mendoza e PPK.

nenhum presidente elegeu seu sucessor, apesar do crescimento econômico; a pesca extrativista ameaça o carro-chefe da *Marca Perú*; e o protesto popular tem brecado projetos extrativistas, mas sem coalhar uma alternativa política nacional, expressam, em um contexto particularmente adverso, os impasses da política na América Latina atualmente. Observa-se que o neoliberalismo não tem legitimidade para se reproduzir, mas se perpetua apoiado em uma engrenagem política impermeável aos anseios populares, que naturaliza a mentira, a corrupção e a exploração, o que só é viável em decorrência da corrosão do tecido social, das formas de resistência organizada e do horizonte utópico que sua própria implementação envolveu, processo que se deu de modo particularmente traumático na circunstância peruana.

Referências bibliográficas

ADRIANZÉN, Alberto (org.). *Apogeo y crisis de la izquierda peruana. Hablan sus protagonistas.* Lima: IDEA & UARM, 2011.

____. "La izquierda derrotada", em ADRIANZÉN, Alberto (org.). *Apogeo y crisis de la izquierda peruana. Hablan sus protagonistas.* Lima: IDEA & UARM, 2011.

ALAYZA, Alejandra & GUDYNAS, Eduardo. *Transiciones postextractivistas y alternativas al extractivismo en el Perú.* Lima: Cepes, 2012.

AMES, Rolando. "Entrevista", em ADRIANZÉN, Alberto (org.). *Apogeo y crisis de la izquierda peruana. Hablan sus protagonistas.* Lima: IDEA & UARM, 2011.

ANDERSON, Benedict. *Imagined communities.* Londres: Verso, 1983.

BARROS, Pedro & HITNER, Verena. "A economia política do Peru: da ruptura interrompida aos dilemas contemporâneos", em *Revista Oikos*, v. 9, n. 2, pp. 143-64. Rio de Janeiro, 2010.

BEBBINGTON, Anthony; CHAPARRO, Anahí & SCURRAII, Martin. "El Estado compensador peruano y la persistencia del modelo neoextractivista: seis hipótesis sobre el (no) cambio institucional", em *Debate agrario*, n. 46, pp. 29-50. Lima, 2014.

BLANCO, Hugo. *Terra ou morte.* São Paulo: Versus, 1979.

BURT, Jo-Marie. *Violencia y autoritarismo en el Perú: bajo la sombra de Sendero y la dictadura de Fujimori.* Lima: IEP; SER & EPAF, 2011.

CANO, Wilson. *Soberania e política econômica na América Latina.* São Paulo: Unesp, 2000.

CASTAÑEDA, Jorge. *Utopia desarmada.* São Paulo: Cia. das Letras, 1994.

CHOSSUDOVSKY, Michel. *A globalização da pobreza: impactos das reformas do FMI e do Banco Mundial.* São Paulo: Moderna, 1999.

CISNEROS VIZQUERRA, Luis. "Ayacucho: la espera del gaúcho", em *Revista Quehacer*, n. 20, p. 50, 1983.

COMISIÓN DE LA VERDAD Y RECONCILIACIÓN. *Informe final. Versión en cinco fascículos.* Lima: IDDHC & PUC, 2008.

COTLER, Julio. *Clases, estado y nación en el Perú.* Lima: IEP, 1978.

DE ECHAVE, José. "La mineria peruana y los escenarios de transición", em ALAYZA, Alejandra & GUDYNAS, Eduardo. *Transiciones postextractivistas y alternativas al extractivismo en el Perú.* Lima: Cepes, 2012.

DE SOTO, Hernando. *El otro sendero*. Lima: Sudamérica, 1992.

DEGREGORI, Carlos Iván. *Qué difícil es ser Dios*. Lima: IEP, 2013.

_____. *El surgimiento de Sendero Luminoso: Ayachucho 1969-1979*. Lima: IEP, 2010.

DIEZ CANSECO, Javier. "Exorcizando Izquierda Unida", em ADRIANZÉN, Alberto (org.). *Apogeo y crisis de la izquierda peruana. Hablan sus protagonistas*. Lima: IDEA & UARM, 2011.

DURAND, Francisco. *El Perú fracturado. Formalidad, informalidad y economía delictiva*. Lima: Fondo Editorial del Congreso del Perú, 2007.

GONZALES, Omar. "La izquierda peruana: una estructura ausente", em ADRIANZÉN, Alberto (org.). *Apogeo y crisis de la izquierda peruana. Hablan sus protagonistas*. Lima: IDEA & UARM, 2011.

GUDYNAS, Eduardo. "Si eres tan progresista, ¿por qué destruyes la naturaleza? Neoextractivismo, izquierda y alternativas", em *Ecuador Debate*, Quito, n. 79, pp. 61-81, 2010.

GUERRA GARCÍA, Francisco. "Notas preliminares sobre la experiencia de la Izquierda Unida", em ADRIANZÉN, Alberto (org.). *Apogeo y crisis de la izquierda peruana. Hablan sus protagonistas*. Lima: IDEA & UARM, 2011.

GUEVARA ARANDA, Roberto. *Bagua: de la resistencia a la utopía indígena*. Lima, 2013.

KLEIN, Naomi. *Shock doctrine: the rise of disaster capitalism*. Canada: Knopf, 2007.

MANSUR, Maíra Sertã. "Peru: agricultura vs. mineração", em MALERBA, Juliana (org.). *Diferentes formas de dizer não. Experiências internacionais de resistência, restrição e proibição ao extrativismo mineral*. Rio de Janeiro: Fase, 2014.

MATOS MAR, José. *Desborde popular y crisis del Estado*. Lima: IEP, 1987.

MCCLINTOCK, Cynthia & VALLAS, Fabian. *The United States and Peru: Cooperation — at a cost*. Nova York: Routledge, 2003.

MIJOLLA, Alain de (org.). *Dictionnaire international de la psychanalyse*, v. 2. Paris: Hachette, 2005.

PANITCH, Leo & LEYS, Colin. *Telling the truth. Socialist Register 2006*. Londres: Merlin, 2005.

PEASE, Henry. "Entrevista", em ADRIANZÉN, Alberto (org.). *Apogeo y crisis de la izquierda peruana. Hablan sus protagonistas*. Lima: IDEA & UARM, 2011.

QUIJANO, Aníbal. *Nacionalismo, neoimperialismo y militarismo en el Perú*. Buenos Aires: Periferia, 1971.

RÉNIQUE, José Luis. *Incendiar la pradera. Un ensayo sobre la revolución en el Perú*. Lima: La Siniestra, 2015.

RUDOLPH, James D. *Peru: The evolution of a crisis*. Westport: Praeger, 1992.

STARN, Orin. "Missing the Revolution: Anthropologists and the War in Peru", em *Cultural Anthropology*, v. 6, n 1, pp. 63-91, fev. 1991.

SUEIRO, Juan Carlos. "Explotación de los recursos hidrobiológicos en el postextractivismo: el caso de la anchoveta", em ALAYZA, Alejandra & GUDYNAS, Eduardo. *Transiciones postextractivistas y alternativas al extractivismo en el Perú*. Lima: Cepes, 2012.

VELASCO ALVARADO, Juan. "Mensaje a la nación con motivo de la promulgación de la Ley de la Reforma Agraria", 1969. Disponível em <https://www.marxists.org/espanol/tematica/agro/peru/velasco1969.htm>.

VILAS, Carlos M. "¿Populismos reciclados o neoliberalismo a secas? El mito del 'neopopulismo' latinoamericano", em *Revista de Sociologia Política*, n. 22, pp. 135-51, jun. 2004. Disponível em <http://www.scielo.br/scielo.php?script=sci_arttext&pid=S0104-44782004000100011&lng=en&nrm=iso>.

WEYLAND, Kurt. "Neo-Populism and Neo-Liberalism in Latin America: Unexpected Affinities", em *Studies in Comparative International Development*, v. 31, n. 3, pp. 2-31, 1996.

ZAPATA, Antonio. "Entrevista", em ADRIANZÉN, Alberto (org.). *Apogeo y crisis de la izquierda peruana. Hablan sus protagonistas*. Lima: IDEA & UARM, 2011.

Conversas

LIMA, JULHO DE 2015

ADRIANZÉN Alberto. Sociólogo, assessor da presidência entre 2000 e 2001.

ALAN CHAN & BRUNO. Funcionários da Odebrecht.

AZCUETA, Michel. Liderança política histórica e ex-prefeito de Villa El Salvador.

BLANCO, Hugo. Militante, ex-líder guerrilheiro, ex-deputado.

CHOQUEHUANCA, Zenón. Coordenador da Asociación Servicios Educativos Rurales (SER), em Puno.

CUETO, Rosa María. Professora da Pontifícia Universidad Catolida del Perú (PUCP).

DURAND, Anahi. Então militante do Tierra y Libertad.

ESPINOSA, Oscar. Professor da Pontifícia Universidad Catolida del Perú (PUCP).

GAMBOA, César. Diretor executivo da organização Derecho Ambiente y Recursos Naturales (DAR).

PAESE, Maria Angélica. Professora da Pontifícia Universidad Catolida del Perú (PUCP).

PALOSCHI, Jonas. Chefe do Setor Cultural e Cooperação Educativa da embaixada brasileira em Lima.

QUIJANO, Aníbal. Sociólogo.

TORRES, Javier. Jornalista de *La Mula* e dirigente da Asociación Servicios Educativos Rurales (SER).

VARGAS, Andrés Luna. Ex-senador da República.

10. Guerra e paz na Colômbia em perspectiva histórica

A Colômbia era e continua a ser prova de que a reforma gradual nos marcos da democracia liberal não é a única e sequer a mais plausível alternativa às revoluções sociais, incluindo aquelas que falham ou são abortadas. Eu descobri um país no qual o fracasso em fazer uma revolução social fez da violência o cerne constante, universal e onipresente da vida pública.
— Eric Hobsbawm, *Tempos interessantes: uma vida no século xx*

[Juan Manuel] Santos abre o caminho do castrochavismo ao fazer um pacto com as Farc.
— Álvaro Uribe, 2014

Introdução

A política colombiana no começo do século XXI foi associada às antípodas da onda progressista. Em um país com uma longa história de conflito armado, o Plan Colombia firmado com os Estados Unidos em 2001 e a eleição de Álvaro Uribe em 2002 intensificaram a repressão à guerrilha e a criminalização de todo dissenso. Mais do que um reacionário que surfou na retórica antiterrorista desde o atentado às Torres Gêmeas, Uribe encarnou um projeto de poder identificado com a chamada *parapolítica*, que embruteceu e envenenou a cultura política do país. É preciso analisar o significado e a ressonância deste fenômeno para compreender os entraves a uma saída negociada ao conflito armado e a derrota do plebiscito pela paz, que em 2016 culminou as negociações entre o governo de Juan Manuel Santos e as Fuerzas Armadas Revolucionarias de Colômbia-Ejército del Pueblo (Farc-EP) iniciadas em 2012, em Havana.

O uribismo deita raízes na singular violência que caracterizou o padrão de luta de classes na Colômbia contemporânea, reconstituída neste capítulo com o propósito de situar, em perspectiva histórica, os dilemas inerentes ao processo de paz. Minha hipótese é de que a situação colombiana evidencia, de maneira paroxal, os impedimentos à mudança dentro da ordem na América Latina, explicitando o caráter antinacional, antidemocrático e antipopular das classes dominantes no continente. Sintetizado pela disjuntiva entre prolongar a luta armada sujeitando toda a oposição à criminalização, ou depor as armas expondo-se ao extermínio, o dilema colombiano explicita os entraves à via burguesa para a formação da nação. Nesta realidade, a disjuntiva entre reforma ou revolução esvazia-se, pois, diante da contrarrevolução permanente, a reforma é revolução.

Preâmbulo

Estatísticas conservadoras indicam que, entre 1958 e 2012, 220 mil pessoas foram assassinadas por motivação política na Colômbia, das quais 81% eram civis (Centro Nacional de Memoria Histórica, 2013, p. 10). Porém, foi o período imediatamente anterior a este, iniciado com o assassinato do líder popular liberal Jorge Eliécer Gaitán, em 1948, que ficou conhecido na literatura como *La Violencia*: estima-se que houve um número equivalente de vítimas políticas naqueles anos.

Muitos dos mortos eram figuras públicas, como os três candidatos presidenciais assassinados na campanha para as eleições de 1990, ou o zagueiro Andrés Escobar, autor de um gol contra que eliminou a seleção colombiana da Copa do Mundo de 1994. Outros eram militantes: segundo o depoimento de lideranças da Unión Sindical Obrera (USO), de cada cem sindicalistas assassinados no mundo em anos recentes, 51 são colombianos, contabilizando 2.652 trabalhadores assassinados (Gomez, 2014). Muitas destas mortes foram perpetradas por *sicarios* (pistoleiros) que não deixam rastros, em áreas periféricas dos centros urbanos ou no campo.

Além dos assassinatos seletivos, há numerosos massacres. Entre 1985 e 2012, foram quase duas mil chacinas, vitimando 11.751 pessoas. Algumas mortes alcançaram repercussão nacional, como quando nove investigadores do paramilitarismo na região de Magdalena Medio foram assassinados em 1989 (Páez, 2014). Mas a maioria desses crimes não recebe tanta atenção, como ocorre com as chacinas nas periferias em todo o mundo. Neste mesmo período, foram registrados 25.007 desaparecimentos forçados. Há 2.700 casos de *falsos positivos*, ou seja, jovens vestidos em uniformes de guerrilha que foram assassinados pelo Exército com o objetivo de que seus executores obtivessem a recompensa governamental, estipulada em 2005 em cerca de 1,9 mil dólares (Fundación Lazos de Dignidad, 2014).

O assassinato e o desaparecimento de civis têm sido usados como formas de intimidar a população, obrigando-a a jurar lealdade a um grupo que reivindica o domínio do território. Na maioria desses casos, a responsabilidade é atribuída aos paramilitares: "Sua marca distintiva tem sido matar de maneira massiva ou seletiva, desaparecendo com suas vítimas, despojando-as de suas terras, realizando delitos com sevícia e exercendo a violência sexual" (Centro Nacional de Memoria Histórica, 2013, p. 25).

No entanto, é equivocado interpretá-los como um "terceiro ator" em um conflito protagonizado pelo Exército e as guerrilhas, pois são notórias as relações do paramilitarismo com as forças públicas, tanto em sua origem como em seu modo de operar, assim como em seu pretenso desarmamento. Na atualidade, os vínculos entre Estado, paramilitares e narcotráfico plasmaram o fenômeno conhecido como *parapolítica*. Estimativas moderadas indicam que um terço dos parlamentares do país tem vínculos diretos com atividades delitivas, incluindo o senador e ex-presidente Álvaro Uribe, que governou a Colômbia entre 2002 e 2010 (Avella, 2014). Além da violência letal, estão disseminadas outras formas de violência, como a remoção forçada, a violência pessoal, as minas antipessoais e o sequestro.

Em decorrência da violência no campo, o país produziu cinco milhões de deslocados internos e cerca de nove milhões de refugiados, números que só se comparam à República

Democrática do Congo. Entre 1998 e 2008, aproximadamente 760 mil famílias foram expulsas, deixando para trás cerca de 5,5 milhões de hectares de terra. Estima-se que 45% do território nacional colombiano esteja coberto por minas. Nas últimas três décadas, dez mil pessoas foram atingidas pela explosão destes artefatos, sendo que duas mil morreram. A violência transformou os papéis culturalmente atribuídos aos homens, uma vez que, frequentemente, a remoção forçada os distanciou de seu trabalho e de sua comunidade. Muitos perderam a condição de provedores do lar, sendo forçados a aceitar trabalhos que consideram degradantes — ou até mesmo a mendigar (Red Derecho y Desplazamiento, 2010; Centro Nacional de Memoria Histórica, 2013).

Por outro lado, o foco da violência guerrilheira tem sido, em seus mais de cinquenta anos de existência, o combate às forças estatais, os danos ao patrimônio e o sequestro com objetivos políticos e econômicos. Há 27.023 casos de sequestro documentados, dos quais dezesseis mil ocorreram entre 1996 e 2002. Dentre os perpetrados pela guerrilha está a retenção de 318 prefeitos, 332 vereadores, 52 deputados, 54 congressistas e 790 militares e policiais (Centro Nacional de Memoria Histórica, 2013). Um dos episódios extremos foi a tomada do Palácio de Justiça pelo Movimento 19 de Abril (M-19) em 1985, operação que terminou com a invasão do Exército e a morte dos guerrilheiros e seus reféns — os magistrados da Suprema Corte. De um ponto de vista liberal, afirma-se que o regime democrático prevaleceu no século XX, com exceção do período em que o general Gustavo Rojas Pinilla esteve no poder (1953-1957). De um ponto de vista legal, porém, o país esteve em estado de sítio quase contínuo entre os anos 1940 e a Constituição de 1991, situação que seria retomada por Álvaro Uribe quatro dias após a sua posse, em 2002. Neste momento, embalado pela retórica da "guerra ao terror", o estatuto político da guerrilha foi esvaziado e a criminalização do protesto social se agudizou.

Na atualidade, há inúmeros casos de perseguição a lideranças populares, sindicalistas, estudantes e universitários na Colômbia. O professor Miguel Ángel Beltrán, por exemplo, foi deportado ilegalmente do México, em 2009, e passou dois anos encarcerado sob a acusação de "delito de rebelião" sem provas concretas. Destituído da Universidad Nacional de Colombia, teve seus direitos políticos caçados por treze anos (Ángel Beltrán, 2014). Em meados de 2015, foi novamente encarcerado.[1] A ex-senadora Piedad Córdoba, o senador Iván Cepeda e o prefeito de Bogotá, Gustavo Petro, estão entre as figuras públicas que, em 2015, foram processadas pela Procuradoria da República, comandada por Alejandro Ordóñez, um integrista católico que atua como um inquisidor da esquerda, reciclando processos baseados em provas reconhecidamente ilegais — tais como os supostos arquivos encontrados em computadores no bombardeio que assassinou o comandante das Farc, Raúl Reyes, em território equatoriano em 2008, uma ação por si mesma ilegal (Córdoba, 2014). No campo, a situação é ainda mais dramática e muitas lideranças são obrigadas a se mudar ou a viver escondidas, como no tempo das ditaduras militares do Cone Sul. Em 2015, estimava-se que havia mais de nove mil prisioneiros políticos na Colômbia, dos quais menos da metade estavam vinculados às guerrilhas (Encuentro Nacional por la Libertad de lxs Prisionerxs Políticxs, 2011).

---

1. Em setembro de 2016, Beltrán foi absolvido pela Corte Suprema de Justiça e libertado. Em maio de 2018, o Conselho de Estado suspendeu a interdição imposta pela Procuradoria para que ocupe cargos públicos.

1. Raízes da violência

As raízes da violência que singulariza o padrão de luta de classes colombiano são um tema controverso, que mobiliza uma extensa bibliografia (Bergquist *et al.*, 1992). Alguns autores remetem suas origens ao século XIX ou mesmo à colonização (Sánchez, 1992). De fato, entre 1830 e 1903 contabilizam-se na Colômbia 29 alterações da ordem constitucional; três golpes militares; duas guerras com o Equador; catorze guerras civis locais; e nove guerras civis nacionais, incluindo a cisão que deu origem ao Panamá. No entanto, esta instabilidade política — que também se observa em outras regiões do continente — está vinculada aos entraves à consolidação do Estado nacional em sociedades de formação colonial, nas quais a guerra civil emerge como um instrumento de alternância política (Halperin Donghi, 1989).

De modo análogo ao que ocorre com o México, marcado pelo protagonismo político camponês desde o período colonial (Katz, 1990), a chave da singularidade colombiana remete ao padrão de organização e resistência popular. Como apontou Forrest Hylton referindo-se ao contexto da Era do Capital (1848–1875), "a mobilização radical-popular colocou a Colômbia no extremo mais avançado das democracias republicanas atlânticas" (Hylton, 2006, p.15). A reação a esta mobilização radical popular, expressa por exemplo na disseminação de Sociedades Democráticas[2] no contexto da "revolução liberal" de 1849-1853, resultou em meio século de prevalência conservadora (1880-1930), de orientação centralista e marcante presença católica (Tirado Mejía, 1985). Embora a Colômbia evoluísse na contramão de muitos países latino-americanos, onde prevaleceram inflexões de sentido liberal neste período, tampouco trata-se de uma trajetória única, se for lembrado, por exemplo, que é coetânea à República Velha no Brasil.

No plano econômico, os índices de acumulação de capital na Colômbia foram inferiores a Peru, Chile ou Bolívia ao longo do século XIX. Estima-se que ao final da década de 1870, enquanto o Brasil exportava aproximadamente 90 milhões de dólares, as exportações colombianas eram avaliadas em 11 milhões de dólares. No início do século XX o país tinha 8% do valor de investimento estrangeiro *per capita* em relação ao resto do continente, proporção superior somente à do Haiti (Checchia, 2007, p. 107). Estes números faziam da Colômbia, antes da expansão cafeeira iniciada nos anos 1910, o país latino-americano com menor grau de integração à economia mundial (Ocampo, 1984). Os entraves à inserção mercantil vinculavam-se aos desafios à integração nacional, potenciados por uma geografia indômita, popularizando a visão de que o país, ainda no século XX, era uma espécie de arquipélago de regiões desconexas, retratada com talento literário em diversas novelas de Gabriel García Márquez (Kalmanovitz, 2003).

A partir dos anos 1910, houve uma notável expansão da produção cafeeira, convertendo o país no segundo exportador mundial do produto no período entre guerras, depois do Brasil. As receitas provenientes do café estavam na base do

---

2. Uma das primeiras formas de organização política da Colômbia independente, que reuniam profissionais em associações de ofícios, tendo um papel importante na vida política e social da época. [N.E.]

regime de acumulação de capital prevalente no país até os anos 1980, ao qual correspondeu uma relativa diversificação produtiva ancorada no mercado interno. No plano geopolítico, a Colômbia é também um país caribenho, região considerada pelos Estados Unidos como um mar interno desde o século XIX. Esta presença foi decisiva para transformar uma sangrenta guerra civil opondo liberais e conservadores colombianos, conhecida como Guerra dos Mil Dias (1899-1902), na cisão territorial que deu origem ao Panamá. Poucos meses após o fim do confronto, a nova república assinou um tratado que ratificou os direitos estadunidenses sobre a zona do futuro canal, documento redigido em inglês e assinado nos Estados Unidos, de modo análogo ao Plan Colombia cem anos depois (Jaramillo Levi, 1976).

Como em outros países da América Central, cerca de três quartos do comércio exterior colombiano no começo do século XX envolviam os Estados Unidos, e as plantações bananeiras da United Fruit Company reproduziam as características de um encrave (García, 1984, p. 181). Uma greve dos trabalhadores bananeiros em 1928, que terminou em massacres, foi um episódio fundador das lutas operárias no país e projetou o advogado Jorge Eliécer Gaitán na política nacional. De origem liberal, Gaitán encarnou os anseios e as ambiguidades inerentes às pressões por mudança social nos marcos do liberalismo colombiano dos anos 1940. No período entreguerras, foram intensificadas as pressões pela democratização do acesso à terra, levando à promulgação da Lei 200, de 1936, que estabeleceu a ocupação efetiva da terra como condição para sua posse. O período de dominância política liberal, entre 1930 e 1948, confluiu com um adensamento do protesto social urbano, em um contexto de incipiente industrialização substitutiva de importações.

Porém, a autodenominada Revolución en Marcha, desencadeada pelo presidente Alfonso López Pumarejo, aumentou as expectativas de mudança sem gerar os meios para consumá-la. Em seu segundo mandato, entre 1942 e 1945, uma lei conhecida como *La revancha* reverteu as possibilidades de reforma agrária contidas na Lei 200. Em um contexto de ascensão do movimento social no campo e nas cidades, Gaitán ensaiou uma ruptura com o bipartidarismo prevalente no país desde a independência, acenando para a constituição de um movimento político de base popular nos marcos da ordem. Nas palavras de Antonio García, Gaitán se projetava como o "caudilho de um movimento radicalizado de massas" (García, 1984, p. 192). Esta perspectiva de participação do povo na política desencadeou, simultaneamente, uma reação de inspiração falangista — apoiada em valores católicos e em uma cultura repressiva — liderada por Laureano Gómez. A efervescência política que se seguiu à renúncia de López Pumarejo, em 1945, e a eleição de um conservador na sequência, em um momento em que os liberais encontravam-se divididos pela ascendência de Gaitán, atingiu o clímax quando este foi assassinado, em 9 de abril de 1948, nos dias em que se realizava em Bogotá a conferência que deu origem à Organização dos Estados Americanos (OEA).

Diversos países latino-americanos viveram uma conjuntura de aguçamento das contradições sociais no pós-Segunda Guerra Mundial, sendo que a consolidação da polarização ideológica nos marcos da Guerra Fria endossou desenlaces repressivos (Bethell & Roxborough, 1992). No caso colombiano, a insurreição popular desencadeada pelo assassinato do favorito nas próximas eleições presidenciais engendrou um processo de perseguição e assassinato de lideranças e trabalhadores associados ao liberalismo, tanto nas cidades como no campo. Em linhas gerais, a reação conservadora consumou um processo de "substituição do modelo da república liberal — intervencionismo econômico e liberalismo político — pelo absolutismo político e o liberalismo econômico" (García, 1984, p. 198).

A eleição de um presidente de notórias inclinações fascistas, em um pleito em que concorreu sozinho em 1950, ampliou a violência, alimentada por uma identificação espúria entre gaitanismo, liberalismo e comunismo, que frequentemente legitimava a expropriação de propriedades de liberais. Como na Guerra dos Mil Dias do início do século, quando 100 mil colombianos (4% da população) morreram nos enfrentamentos entre liberais e conservadores, a mortandade no contexto do *Bogotazo*[3] ficou conhecida como *La Violencia* (1946-1957). Deste momento em diante, a violência aberta caracterizou o padrão de luta de classes no país.

Em linhas gerais, é possível discernir diferentes fases neste processo. Em seus momentos iniciais, que coincidem com a polarização política no contexto de ascensão do gaitanismo e da reação conservadora, a violência é predominantemente urbana. A partir do *Bogotazo*, em 1948, e do espraiamento das tensões para o campo, prevaleceram padrões convencionais de insubordinação popular, guiadas por fidelidades políticas tradicionais associadas ao bipartidarismo. Em geral, os camponeses lutavam no interior do sistema por meio de seus chefes políticos locais (Bejarano, 1985).

No entanto, o enfraquecimento dos setores associados a Gaitán como decorrência da repressão favoreceu uma recomposição entre as classes dominantes, unificadas contra o protagonismo popular. Abandonada muitas vezes à própria sorte, a insubordinação popular ensaia autonomizar-se, potenciada pela integração à luta rural de quadros comunis-

---

3. *Bogotazo* é o nome que se dá a uma série de distúrbios político-sociais ocorridos na capital da Colômbia, Bogotá, na esteira do assassinato de Jorge Eliécer Gaitán, e que marcou o início do período conhecido como *La Violencia*. Um dos episódios do *Bogotazo* foi a perseguição e o linchamento do assassino de Gaitán, Juan Roa Sierra, cujo corpo foi arrastado pela multidão até o Palácio de Nariño, sede do governo nacional. [N.E.]

tas perseguidos nas cidades. Vislumbra-se uma mudança qualitativa no conflito, sintetizado nos seguintes termos: "Quando o camponês teve que começar a lutar igualmente contra a polícia como braço armado da repressão oficial e contra o latifundiário liberal, a natureza da luta mudou. Já não era guerra civil, era a luta de classes" (Sánchez, 1976, p. 26).

A emergência de propostas de unificação programática no campo, sinalizando para uma autonomização da organização popular, correspondeu a uma solução de compromisso entre as facções das classes dominantes em torno da ditadura comandada pelo general Rojas Pinilla (1953-1957). O governo anunciou a paz no campo, ao mesmo tempo que perseguiu os segmentos camponeses melhor organizados. Promessas de reconciliação não foram cumpridas, ilustradas pelo assassinato do líder Guadalupe Salcedo, que desmobilizara cerca de dez mil homens sob seu comando, ainda nos marcos da guerrilha liberal. Proliferaram-se *pájaros* e *chulavitas*, precursores dos paramilitares difundidos sob o governo de Laureano Gómez, enquanto o Exército colombiano modernizava-se em associação com os Estados Unidos. A Colômbia foi o único país da região a enviar tropas para combater na Guerra da Coreia (1950-1953).

Face a indícios de que o general pretendia perpetuar-se no poder, organizando trabalhadores em moldes corporativistas, os dois partidos da classe dominante acordaram uma divisão de poderes conhecida como Frente Nacional, análoga ao contemporâneo Pacto de Punto Fijo na Venezuela. Este acordo previa uma gestão compartilhada do aparato do Estado entre liberais e conservadores, inclusive a alternância presidencial. Também determinava a centralização do poder no Executivo, por meio de um regime jurídico de exceção que normalizava situações como o estado de sítio, a emergência econômica e faculdades extraordinárias ao presidente, ao mesmo tempo que foram proscritas forças sociais alternativas. Formalmente em vigor até 1974, os marcos políticos estabelecidos pelo acordo se revelaram longevos, de modo que o primeiro presidente eleito que não era filiado a nenhum destes partidos foi Álvaro Uribe, um dissidente liberal, em 2002. A única ocasião em que esteve ameaçado o bipartidarismo foi em 1970, quando há fortes indícios de que uma fraude eleitoral impediu a vitória do general Rojas Pinilla.

Estudantes e setores populares participaram das mobilizações que derrubaram a ditadura em 1957, ensejando expectativas de solução dos conflitos sociais por meios legais. No entanto, a resistência em promover uma reforma agrária que democratizasse a sociedade colombiana, ao mesmo tempo que se reduziam os espaços para a oposição dentro da ordem, resultou em um salto organizativo da luta armada. Propostas de reforma agrária avançaram nos marcos da política estadunidense da Aliança para o Progresso, projetada pela administração John F. Kennedy em reação à Revolução Cubana de 1959, baseadas em uma racionalidade econômica mercantil e uma política de prevenção ao comunismo (Reyes Posada, 2004). O resultado político na Colômbia, como em outros países do continente, foi aguçar as tensões no campo.

Simultaneamente, se inoculava a doutrina da "segurança nacional", fundamentando políticas contrainsurgentes que incluíam o aliciamento de comunidades rurais e a formação de bandos paramilitares. Neste contexto, o bombardeamento de territórios geridos pelos camponeses converteu milícias de autodefesa sedentárias em forças móveis. É este o processo na origem das principais guerrilhas colombianas que seguiram em combate no século XXI: as Farc e o Ejército de Liberación Nacional (ELN), ambas com mais de cinquenta anos de existência.

11. Insurgência e contrainsurgência nos anos 1980

A pressão insurgente na Colômbia se intensificou no início dos anos 1980, impulsionada pelo triunfo da Revolução Sandinista em 1979 e pela ofensiva de movimentos guerrilheiros em El Salvador e Guatemala. Entre os anos 1984 e 1994, a guerrilha colombiana atingiu seu apogeu, aumentando seu contingente de cerca de cinco a dez mil militantes para mais de quarenta mil. Paradoxalmente, este foi um momento em que muitas guerrilhas se desmobilizaram na América Latina, em uma conjuntura desfavorável aos processos de mudança social, agravada regionalmente com a derrota sandinista e o colapso da União Soviética. Peru e Colômbia são os dois únicos países no subcontinente onde o confronto armado atravessou os anos 1990, correspondendo a Estados de características repressivas similares às ditaduras do Cone Sul que militarizaram o conflito social, em um contexto de expansão do que foi descrito como *economía delictiva* (Durand, 2007). Foram, também, os dois países onde a degeneração dos partidos convencionais — que caracterizou a política regional nos marcos do neoliberalismo — não se traduziu no avanço eleitoral de forças progressistas.

À ascensão da pressão insurgente correspondeu uma importante inflexão socioeconômica, na medida em que um regime de acumulação baseado no mercado interno, que tinha como horizonte o desenvolvimento nacional, cedeu lugar a um projeto assentado na liberalização comercial e financeira, apontando para a desnacionalização da economia a partir da segunda metade dos anos 1980. Este processo, traduzido na progressiva adoção de medidas identificadas com o neoliberalismo, teve efeitos socioeconômicos nefastos para o tecido social colombiano, cuja face mais visível foi a expansão do narcotráfico.

Inicialmente, isto se deu com a produção de maconha. Em 1978, a Colômbia fornecia entre 60% e 65% do produto consumido nos Estados Unidos, cultivando entre 20 mil e 25 mil hectares (Tokatlian, 2004, p. 75). A despeito de extensivas fumigações e do crescimento da produção nos Estados Unidos, dez anos depois, o país voltou a ser o principal fornecedor deste mercado.

O negócio de maior impacto na sociedade e na economia colombiana, porém, esteve associado à cocaína. Diferente de outros países andinos, a Colômbia não é uma produtora tradicional da folha de coca vinculada às culturas aborígenes. Sua inserção original na divisão internacional do narcotráfico foi como refinadora e distribuidora de cocaína, papel que o país protagonizou a partir dos anos 1980, quando se conformaram os poderosos cartéis. Neste decênio, as receitas provenientes da cocaína ultrapassaram as do café. Economistas indicaram que o peso do narcotráfico na economia colombiana foi um dos elementos decisivos para que o país não sofresse os efeitos da crise da dívida no período, situação singular na região (López Restrepo, 2004, p. 27).

As relações do país com os Estados Unidos foram anguladas, desde então, pelo combate ao narcotráfico. Fumigações, extradições e militarização da questão das drogas são os pilares de uma política que, frequentemente, foi instrumentalizada para criminalizar os movimentos sociais em geral e a insurgência em particular. O tom desta associação foi dado pelo embaixador Lewis Tambs, que cunhou o termo "narcoguerrilha" em 1984. Assim, o acordo de extradição assinado pela Colômbia com os Estados Unidos em 1997, que representou uma violação flagrante da soberania nacional, foi permanentemente instrumentalizado com propósitos políticos. Além de facultar a extradição de guerrilheiros como Simón Trinidad, o acordo fez com que fossem enviados aos Estados Unidos criminosos ligados ao narcotráfico e ao paramilitarismo que teriam informações comprometedoras envolvendo segmentos das classes dominantes e da alta política colombiana.

Os nexos entre Estado, paramilitarismo e narcotráfico se fizeram cada vez mais íntimos no período. O narcotráfico infiltrou as instituições políticas e a alta sociedade colombiana. Pablo Escobar, por exemplo, tornou-se parlamentar pelo Partido Liberal em 1982. Figuras que se opuseram à penetração do narcotráfico neste partido, como o ministro da Justiça do governo Belisario Betancur, Rodrigo Lara Bonilla, e o candidato presidencial do então chamado novo liberalismo, Luis Carlos Galán, foram assassinados.

Do ponto de vista econômico, o narcotráfico esteve entre os setores que mais apoiou as políticas neoliberais, o que deve ser atribuído aos reputados nexos entre liberalização financeira, economia delitiva e lavagem de dinheiro (Strange, 1998). Por outro lado, perpetrou, por motivos egoístas, uma violenta campanha em oposição às políticas de extradição aos Estados Unidos: "Melhor uma cova na Colômbia que uma prisão nos Estados Unidos", como dizia Escobar.

O crescimento da insurgência *pari passu* à expansão do narcotráfico ensejou respostas repressivas do Estado nacional apoiadas pelos Estados Unidos, resultando em uma progressiva militarização da sociedade colombiana. Os vínculos entre o Estado, o paramilitarismo e o narcotráfico se intensificaram, proliferando políticas de segurança de tipo ilegal. Em 1981, importantes traficantes organizaram o Muerte a Secuestradores (MAS), esquadrão dedicado ao assassinato de militantes de esquerda. As técnicas contrainsurgentes fomentadas pelos Estados Unidos na América Central se disseminaram no país. Farouk Yanine Díaz, um discípulo da famigerada Escola das Américas, implementou estratégias baseadas em coagir a população a cooperar com a contrainsurgência no Magdalena Medio, polo dinâmico do protesto social no país. Acusado de cumplicidade em numerosos massacres perpetrados por paramilitares, como o assassinato de nove investigadores pelo paramilitarismo em La Rochela em 1989, Díaz tornou-se comandante das forças militares nacionais no ano seguinte. Assessores israelenses também atuaram no país, como o mercenário Yari Klein, que treinou diversos grupos paramilitares. Condenado posteriormente pela justiça colombiana, Klein declarou que esteve no país a convite da Polícia Nacional. Por sua vez, o principal líder paramilitar, Carlos Castaño, declarou em sua autobiografia ter copiado o conceito das forças paramilitares de Israel, onde treinou em 1983. Afirmou que aplicou as lições aprendidas no Líbano, na Cisjordânia e na Faixa de Gaza para a região de Magdalena Medio (Cepeda & Uribe, 2014; Centro Nacional de Memoria Histórica, 2014; Hylton, 2006).

Administrado e cultivado pelo Estado com apoio estadunidense, e financiado por fazendeiros, multinacionais e narcotraficantes, o poder político do paramilitarismo evoluiu ao longo dos anos 1980 e 1990 em consonância com os setores sociais que lhe sustentaram, tornando-se um obstáculo para os processos de paz no país (Lozano, 2006). Em 1982, o governo Betancur criou uma Comissão de Paz que abriu diálogos com as principais forças insurgentes, desaguando em 1984 nos Acordos de La Uribe, assinados com as Farc, prevendo um cessar-fogo bilateral e a busca de uma saída política para o conflito. Neste contexto de negociação, que estipulou a formação de um movimento de oposição para a incorporação da insurgência à política legal, surgiu, em 1985, a Unión Patriótica (UP), espécie de frente de esquerda inspirada na experiência da Unidad Popular no Chile. Desde o princípio, a organização foi hostilizada pela direita e pelos paramilitares, levando à ruptura do processo de paz.

Não obstante, nas eleições realizadas em 1986, a UP se converteu na terceira força política nacional, conquistando uma significativa votação para presidente e elegendo diversos parlamentares e vereadores. Nos anos seguintes, o crescimento sustentado da agremiação desencadeou uma extraordinária onda repressiva. Entre 1988 e 1995, contabilizaram-se 6.177 assassinatos políticos no país, 10.556 assassinatos com motivações presumidas como políticas, 9.140 mortes em combates entre o Exército e as guerrilhas e 1.451 desaparecimentos forçados (Giraldo, 1996). Para efeito comparativo, a estimativa de assassinados políticos em dezessete anos de ditadura no Chile ronda três mil pessoas, número maior do que no Brasil (Giraldo, 1996).

Os mortos incluem quase todos os políticos eleitos pela UP entre senadores, deputados, prefeitos e vereadores, além de dois candidatos à presidência, Jaime Pardo Leal e Bernardo Jaramillo. Na campanha presidencial de 1990, foram também assassinados dois outros candidatos com inclinação progressista: Luis Carlos Galán, líder do novo liberalismo, e Carlos Pizarro, pelo M-19, guerrilha que entregara as armas um mês e meio antes, no bojo do processo constituinte que se instalava. O extermínio dos integrantes da UP é uma das raras denúncias colombianas acolhidas pela Comissão Interamericana de Direitos Humanos (CIDH), que, em geral, ignora as petições provenientes das organizações de direitos humanos do país (Gallardo, 2014).

III. Neoliberalismo e parapolítica

Embora seja possível traçar antecedentes da política neoliberal na Colômbia nos anos 1970, há consenso em relação à inflexão representada pelo governo do presidente César Gaviria entre 1990 e 1994 (Estrada Álvarez, 2004). No início deste mandato, uma Assembleia Constituinte pretendeu responder aos indícios de crise do regime político, negociando a desmobilização de algumas organizações insurgentes, como o M-19 e o Ejército Popular de Liberación (EPL). Paradoxalmente, o novo texto constitucional afirmava direitos econômicos e sociais, ao mesmo tempo que assentava as premissas para dar juridicidade à desregulamentação da economia e à chamada disciplina fiscal, consolidando um processo iniciado antes da própria assembleia, e que se estende até o presente. Foi neste momento, por exemplo, que a autonomia do Banco Central se tornou constitucional.

Jairo Estrada Álvarez afirmou que, a partir de então, "a construção de uma ordem neoliberal se tornou política de Estado" (Estrada Álvarez, 2009, p. 234). Consolidado em meio ao banho de sangue desencadeado pela ascensão da UP, a afirmação do neoliberalismo na Colômbia tem características do "capitalismo de choque" que marcou sua implantação pioneira no Chile sob Pinochet e no Peru sob Fujimori. De modo análogo ao que ocorreu no Brasil, direitos sociais consagrados pela Constituição se esvaziaram diante da progressiva deterioração da face social do Estado nos marcos das políticas de ajuste fiscal.

O neoliberalismo redefiniu o papel do Estado na Colômbia, que se converteu em gestor e promotor de novos mercados e negócios para o setor privado e as multinacionais. Ao ocaso do espaço econômico nacional como horizonte da acumulação, correspondeu a consolidação de um ordenamento jurídico que tornou inócuo o direito nacional, consagrado pela assinatura de um Tratado de Livre-Comércio (TLC) com os Estados Unidos. Embora apresentada como negociação entre Estados, esta modalidade de tratado esvaziou as prerrogativas jurídico-econômicas do Estado nacional ao subordiná-lo a uma normatividade supranacional funcional às corporações transnacionais:

> Os TLC são a expressão de um projeto de construção de uma ordem capitalista privada que regula relações entre empresas capitalistas privadas, em especial multinacionais, porém revestido com a forma estatal da regulação e dotado dos mecanismos de proteção que o Estado pode fornecer. (Estrada Álvarez, 2009, p. 257)

Estes "mecanismos de proteção" envolvem as funções de vigilância e controle, exercidas no bojo das prerrogativas de administração da justiça e monopólio da violência legítima pelo Estado. O processo de militarização do Estado e da sociabilidade na Colômbia se agudizou, uma vez que o genocídio da UP provocou a ascensão da insurgência armada. A degradação da política neste contexto se evidenciou com as comprovações de que o sucessor de Gaviria, o liberal Ernesto Samper, recebeu apoio do narcotráfico em sua campanha eleitoral. Nesta conjuntura, operou-se um jogo de cena em que, por trás da presumida indignação dos Estados Unidos, que chegaram a suspender o visto de um presidente acuado, completou-se a "americanização" do combate às drogas no país (Tokatlian, 2004, p. 103).

A corrosão do tecido social encetada pela conjunção entre neoliberalismo e economia delitiva nos marcos da militarização incidiu em todas as esferas da sociabilidade. O movimento operário, combalido pela precarização das relações de trabalho e pelo crescimento da economia informal em um país onde o sindicalismo se convertera em uma atividade de alto risco, não protagoniza um protesto de impacto nacional desde o *paro cívico* de 1977. Nas periferias urbanas, a falta de perspectiva de vida fragiliza um horizonte de sociabilidade em torno do trabalho, fazendo do crime organizado uma carreira atraente.

No meio rural, os efeitos deletérios da abertura comercial levaram muitos camponeses a optar pelos cultivos ilícitos, tornando o país um importante produtor de drogas. Nas palavras de um líder rural, "não é a vontade do campesinato semear coca, papoula ou maconha. A situação de marginalidade o obriga [a isso]" (Asociación Campesina del Valle del Río Cimitarra, 2014). Assim, a área de produção de coca triplicou na segunda metade da década de 1980, enquanto a produção de papoula, inexistente até então, atingiu 61 toneladas em 1999. Neste momento, os cultivos ilícitos cobriam cerca de 100 mil hectares, dos quais mais da metade eram dedicados à coca. Estima-se que, no final dos anos 1990, a Colômbia fornecia 40% das importações estadunidenses de maconha e 90% de cocaína. No outro lado da moeda, a porcentagem do PIB oriundo da produção agrícola declinou de 43% em 1980 para 13% em 1998, enquanto as importações de alimento triplicaram neste decênio (Hylton, 2006; Tokatlian, 2004; López Restrepo, 2004).

Neste contexto, também os movimentos insurgentes, notavelmente as Farc, se envolveram com a economia delitiva. Do ponto de vista do camponês espoliado, a guerrilha oferecia proteção e estabilidade aos trabalhadores rurais que, de outra forma, seriam expulsos de suas terras nos marcos das políticas de liberalização econômica e da espiral de violência. Neste quadro, "proibir [o cultivo de coca] implicaria isolá-la [a guerrilha] de suas bases" (Gros, 2004,

p. 114). Por outro lado, embora a guerrilha se apropriasse de uma fração da receita proveniente do narcotráfico por meio de impostos sobre a plantação e a comercialização dos cultivos, em um negócio em que por volta de 7% do dinheiro movimentado permanece na Colômbia, esta relação debilitou a legitimidade política das Farc. Configura-se um dilema, na medida em que o envolvimento com o narcotráfico permitiu a esta guerrilha fortalecer-se em um contexto de degradação continuada do tecido social colombiano, que as lutas sociais se mostravam impotentes para reverter. Por sua vez, a segunda maior guerrilha do país, o ELN, se recusou a participar do narcotráfico, o que aumentou a dependência de outras fontes de receita como sequestros, taxas cobradas de multinacionais que exploram os recursos naturais do país e outras formas de tributação local.

Neste contexto, as efêmeras tentativas de diálogo de paz entabuladas em Caracas, na Venezuela, e Tlaxcala, no México, foram rompidas em 1992 pelo governo, que declarou "guerra integral" à insurgência. A generalização de estratégias militares envolvendo a cooperação camponesa resultou em uma escalada das vítimas civis. Embora protagonizada pelos paramilitares e pelo Estado, que em muitas circunstâncias atuavam de modo indiferenciado, o aguçamento da repressão embruteceu também a violência da insurgência. Este processo, amplificado exaustivamente pela mídia, alienou parte do apoio civil gozado pelas guerrilhas, em uma conjuntura internacional francamente hostil à luta armada.

No entanto, mais impressionante do que o crescimento das guerrilhas nos anos 1990 foi a consolidação do paramilitarismo, ou seja, de grupos armados que atuavam à margem da legalidade, frequentemente com apoio estatal. Como governador de Antioquia a partir de 1995, Álvaro Uribe teve um papel decisivo em promover e legalizar milícias contrainsurgentes, que, além de aterrorizar a população civil no bojo do enfrentamento contra a guerrilha, invariavelmente se vinculavam a atividades delitivas, borrando ainda mais a linha que separa a política do crime organizado no país (Cepeda & Uribe, 2014). A partir do Estado, Uribe estimulou a criação das Cooperativas de Vigilancia Rural (Convivir), modeladas segundo as *rondas campesinas* peruanas e as Patrullas de Autodefensa Civil da Guatemala dos anos 1980, tentativas de armar o campesinato como aliado do Estado. Estratégias militares envolvendo a cooperação coagida de camponeses, ensaiadas pelo general Yanine Díaz no Magdalena Medio em anos anteriores, foram aperfeiçoadas.

Quando as Convivir foram julgadas ilegais pela Suprema Corte do país, em 1999, em função dos numerosos massacres de civis que lhe eram atribuídos, muitos de seus membros simplesmente passaram para as Autodefensas Unidas de Colombia (AUC). Considerada a mais letal organização paramilitar do país, as AUC também floresceram à sombra de Uribe, particularmente em Córdoba e Urabá. Nesta região bananeira, as taxas de homicídio atingiram a marca de setecentos em cada 100 mil, quase cem vezes mais do que nos Estados Unidos no período (oito em cada 100 mil). Um ano depois do fim de seu mandato como governador, a taxa declinou para trezentos por 100 mil (Hylton, 2006, p. 94).

Esta violência não esteve dirigida somente por finalidades políticas, mas foi funcional para concentrar terra em benefício do governador e de seus aliados (Cepeda & Uribe, 2014). Os métodos brutais de conquista territorial baseados em massacres e terrorismo que caracterizaram a AUC, com a cumplicidade de Uribe, se estenderam a outras regiões da Colômbia. Seguindo uma geografia coincidente com as plantações de coca, a organização comandada pelos irmãos Castaño se tornou protagonista do narcotráfico no país.

Se a trajetória da família de Uribe traz marcas indeléveis da relação com o narcotráfico — simbolizadas pelo fato de Álvaro ter sido levado ao encontro do pai, morto pelas Farc em 1983, no helicóptero de Pablo Escobar —, o projeto defendido pelo ex-presidente é de outra natureza: envolve a organização política de um setor diversificado e poderoso da sociedade colombiana, que faz da violência um meio de vida e da guerra, um negócio:

> Amparados em um discurso de autodefesa com o qual pretenderam legitimar-se, os paramilitares e seus gestores envolveram a população mais pobre na guerra oferecendo a possibilidade de ascensão social em um contexto adverso, criando um regime de terror e de cumplicidade que, distante de limitar-se à luta contrainsurgente, lhes permitiu conquistar terras, prefeituras, governos, vagas no Congresso, controlar e silenciar a crítica, influenciar e participar na atividade econômica e buscar, segundo propuseram os que assinaram o célebre Pacto de Ralito, "a refundação da pátria". (Cepeda & Uribe, 2014, p.76)

Quando em 1998 o conservador Andrés Pastrana venceu as eleições presidenciais com uma proposta de paz, criou-se uma zona desmilitarizada em território colombiano do tamanho da Suíça, conhecida como *el Caguán*, dando início a um novo processo de diálogo. Para além dos entraves históricos a uma saída democrática para o conflito, houve um empenho explícito das AUC em sabotar as negociações, expressando um setor da sociedade que se opunha a qualquer entendimento. Ao mesmo tempo, as transnacionais que pagavam taxas às guerrilhas canalizaram recursos muito mais substantivos aos *lobbies* estadunidenses em favor de um encaminhamento militar do conflito. Afinal, a ambivalência do governo neste processo, em que as conversações não implicaram uma trégua militar, se evidenciou na adoção do Plan Colombia quando os diálogos ainda estavam em curso. Era um sinal de que a *parapolítica* estava pronta para culminar seu assalto ao Estado.

IV. O partido da guerra no poder

O Plan Colombia deve ser interpretado à luz dos constrangimentos enfrentados pela classe dominante colombiana para encerrar o conflito armado, em uma situação na qual o neoliberalismo agravou, simultaneamente, as causas sociais da insurgência e os meios do Estado colombiano para enfrentá-la. Visto deste ângulo, o aprofundamento do envolvimento dos Estados Unidos evidencia os nexos entre as dimensões antidemocrática e antinacional da burguesia do país, uma vez que o esvaziamento ulterior da soberania nacional, que o plano implica, emergiu como alternativa preferível à mudança social pleiteada pela insurgência.

Formulado originalmente nos Estados Unidos e redigido em inglês, o Plan Colombia culminou a ingerência estadunidense na política colombiana a pretexto do combate ao narcotráfico, objetivando consolidar laços que projetam o país como um aliado regional de longo prazo na região, alinhamento sedimentado com a assinatura do TLC entre os dois países em 2006. A extradição de colombianos e o uso de bases militares, dinheiro, armas e assessoria estadunidense para a repressão confluíam com a normatização supranacional dos negócios e a devastação dos recursos naturais nos marcos do livre-comércio, para constituir um encrave contrarrevolucionário em território sul-americano, frequentemente comparado a Israel.

Os números são eloquentes. A ajuda militar estadunidense à Colômbia passou de 317 milhões de dólares em 1999 para quase 1 bilhão de dólares em 2000, correspondendo a 80% do total da assistência militar e policial para toda a América Latina. Em termos globais, a Colômbia recebeu a terceira maior dotação militar dos Estados Unidos, depois de Israel e Egito. Os efetivos do Exército saltaram de oitenta mil soldados em 1990 para 278 mil em 2002 e 386 mil em 2006, atingindo recentemente cerca de quinhentos mil soldados — marca que supera o Exército brasileiro, país que tem uma população cinco vezes maior. A receita destinada às Forças Armadas passou de 2,2% do PIB em 1990 para 5,3% do PIB em 2005. Se os recursos estadunidenses associados ao Plan Colombia forem incluídos no cálculo, este percentual sobe para 6,1% do PIB em 2005 (Caycedo, 2009, pp. 218-20; Silva, 2013).

Como era de se esperar, a ação militar se concentrou nas áreas sob influência da guerrilha, preservando intocadas as regiões dominadas pelo narcotráfico e pelo paramilitarismo. A partir de 2004, foi implementado, na esteira do Plan Colombia, o chamado Plan Patriota, que contribuiu para regionalizar o conflito, cujo ápice foi o bombardeio de bases das Farc em território equatoriano em 2008. O paramilitarismo também transbordou as fronteiras nacionais, agravando o problema da criminalidade na Venezuela. Segundo Hylton, foram encarcerados mais de cem colombianos no país por conspirarem para assassinar Hugo Chávez em coordenação com paramilitares e o Departamento Administrativo de Seguridad (DAS), o serviço de inteligência que responde ao presidente (Hylton, 2006, p. 116). No plano ideológico, o governo Álvaro Uribe (2002-2010) negou o estatuto político da insurgência, premissa na qual se ancoraram os diálogos de paz precedentes, e surfou na retórica do combate ao terrorismo, mundializada após 11 de setembro de 2001. Ao categorizar as guerrilhas como organizações terroristas, o governo negou as raízes políticas do conflito, assentando as bases para uma criminalização generalizada do protesto social.

Este movimento não foi iniciado nem concluído em seu governo. Em 1997, uma sentença da Corte Constitucional modificou a relação entre rebelião e crimes comuns, implicando que se um guerrilheiro matasse um soldado, este devia ser julgado por homicídio. Este cenário tornava mais remoto o uso de ferramentas jurídicas como o indulto e a anistia. Sob Uribe, no entanto, a perseguição à oposição se intensificou, frequentemente com a acusação do "delito de rebelião" em processos que forjavam associações espúrias de seus opositores com a insurgência. Em 2015, estimavam-se mais de nove mil presos políticos no país, em meio a um cotidiano de perseguição generalizada à militância nos sindicatos, na universidade e no campo (Encuentro Nacional por la Libertad de lxs Prisionerxs Políticxs, 2011; Asociación Campesina del Valle del Río Cimitarra, 2014; Gallardo, 2014; Rivera, 2014).

A Colômbia é um país onde não somente os ricos, mas também os ativistas circulam em carros blindados, fornecidos por um Estado incapaz de garantir a integridade física de uma oposição que ele próprio criminaliza. Não se trata de precaução formal: a candidata a vice-presidente na aliança de esquerda nas eleições de 2014, Aída Avella, sobreviveu a um morteiro atirado contra seu carro no centro de Bogotá em 1996. Não é incomum militantes trajarem coletes à prova de bala ou implementarem precauções características de um contexto de ditadura, evitando o estabelecimento de rotinas para dificultar sua localização cotidiana.

O acossamento à militância é apenas uma das faces de um processo generalizado de militarização da sociedade, continuado pelo sucessor de Uribe. Entre 2000 e 2011, 36 leis modificaram o código penal do país, criando 47 novos delitos, ao mesmo tempo que foram aumentadas as penas para oitenta delitos. Neste mesmo período, a população carcerária dobrou e, nos dois anos seguintes, foi ampliada em 20%, atingindo a marca de 120 mil detentos, em um sistema carcerário cuja capacidade também dobrou, mas que é inferior a 78 mil vagas. Submetidos a uma legislação que não discrimina crimes políticos, a vida carcerária dos ativistas é infernal em todas as suas dimensões, desde os entraves às visitas até condenações que prolongam arbitrariamente sua permanência nas prisões, impedindo-os de sair em liberdade. Misturados aos presos comuns, são frequentemente torturados e estigmatizados no cárcere (Encuentro Nacional por la Libertad de lxs Prisionerxs Políticxs, 2011).

Em contraste, o governo Uribe moveu montanhas para reacomodar os paramilitares na legalidade, em uma conjuntura internacional em que organizações como as AUC eram catalogadas como terroristas. Sob Uribe, a busca da paz com a insurgência se perverteu, transmutando-se na paz com os paramilitares. Este empenho culminou na promulgação da Lei de Justiça e Paz em 2005, que tem as características de um indulto aos paramilitares, tidos até então como criminosos políticos (Lozano, 2006, p. 99). Alguns passaram à legalidade, enquanto outros desmobilizaram as antigas organizações e constituíram as chamadas *bandas criminales*, que seguem atuantes. Casos mais sérios cumprem penas de até oito anos, e é com apreensão que se aguarda, em diversas regiões do país, a soltura iminente de algumas destas que cometeram crimes contra a humanidade.

Do ponto de vista socioeconômico, a dinâmica de violência e expulsão camponesa sob a égide do combate ao narcoterrorismo chegou a níveis paroxais, fazendo da Colômbia um dos maiores produtores de refugiados do planeta. A racionalidade econômica destas remoções forçadas — que foram acompanhadas pela expansão das plantações de palma africana (matéria-prima para biocombustíveis), dos cultivos ilícitos, da mineração e da extração de petróleo — foi analisada por diversos autores como uma "acumulação por espoliação", segundo a categoria analítica proposta por David Harvey (Harvey, 2006; Bautista, 2013; Estrada Álvarez, 2009).

Em outros casos, a terra espoliada se converteu em estoque de riqueza, agravando a concentração fundiária. Segundo informe do Programa das Nações Unidas para o Desenvolvimento (PNUD) de 2011, 39 milhões de hectares no país se destinam à pecuária e apenas 4 milhões à agropecuária. Como a Colômbia não é um importante produtor de carne, os números sugerem uma ocupação esparsa e improdutiva da terra, corroborando um dos piores índices de concentração da propriedade fundiária do mundo (PNUD, 2011). Autossuficiente em alimentos em 1988, 25 anos depois a Colômbia importava onze milhões de toneladas de alimentos. A guerra é menos sentida nas cidades, embora a militarização da vida, normalizada para o cidadão comum, seja evidente aos olhos de um turista. A violência perpassa todas as esferas da existência na Colômbia, inclusive a produção cultural: filmes sensíveis sobre o conflito convivem com seriados e longas-metragens que replicam a dinâmica policial de produções estadunidenses, frequentemente folclorizando algumas das figuras mais nefastas associadas ao narcotráfico, como Pablo Escobar e os irmãos Castaño.

Bogotá se tornou um centro de serviços onde prospera a especulação imobiliária e financeira. Como em outros países da região, a dinâmica especulativa se impôs sobre a produção, acentuando a vulnerabilidade da economia nacional aos movimentos do capital internacional, ao passo que o mundo do trabalho se degrada. O crescimento da economia informal é a outra face deste processo. Assim, ao controle territorial paramilitar no campo corresponde o controle paramilitar das periferias urbanas — e o comando da economia informal. Com a eleição de Uribe, o grupo compósito de interesses que prosperaram sob a violência chegou ao Palácio de Nariño. A agremiação política constituída pelo presidente, ironicamente denominada Centro Democratico, teve todos os seus congressistas condenados ou investigados por vínculos com o paramilitarismo

(Cepeda & Uribe, 2014). Distantes estão os dias em que Samper foi atormentado interna e externamente por receber dinheiro do narcotráfico para sua campanha eleitoral.

O projeto político liderado por Uribe instrumentalizou a violência de classe por meio de uma ideologia do interesse nacional, expressa na noção de *seguridad democrática* apregoada por este governo. Além de envenenar o ambiente político com um discurso de criminalização do protesto social, apoiado na retórica do terror e ostensivamente replicado pela grande imprensa, pretendeu-se consolidar tanto as bases subjetivas quanto objetivas de um projeto de poder. Em outras palavras, o bloco uribista se propôs a disputar a hegemonia sobre a sociedade colombiana.

As bases materiais desta política são várias. Além dos grandes beneficiários da economia política da violência — como o narcotráfico, o alto comando militar, o agronegócio e os latifundiários —, criou-se uma espécie de economia da dependência do militarismo, que transcende a própria economia delitiva. A degradação da economia formal transformou o Exército em uma oportunidade profissional apreciada, o militar, em um estilo de vida, e o soldado, em um bom partido. Em um efetivo estimado em quinhentos mil homens, calcula-se o envolvimento de dois empregados para cada militar em atividades de apoio ao Exército, mobilizando no total cerca de 1,5 milhão de colombianos, o que significa cerca 3% da população vivendo diretamente da guerra, além das famílias envolvidas (Estrada Álvarez, 2014).

O governo também investiu em um programa social ao estilo do Bolsa Família brasileiro, denominado Familias en Acción, que ambicionou abranger 2,5 milhões de famílias em uma população estimada em quarenta milhões. No plano da propaganda, houve um massivo investimento em campanhas publicitárias visando construir um consenso em torno da eliminação da insurgência como o caminho para a paz (Rocancio, 2014).

Assim, os altos índices de popularidade de Uribe ao longo do mandato expressam um envenenamento da política e da cultura em uma sociedade militarizada, que favorece consensos em torno de saídas repressivas, como se a violência pudesse ser resolvida com mais violência. Este movimento da sociedade colombiana deve ser entendido à luz de uma conjunção de fatores, dentre os quais se destacam: os impactos políticos e sociais do extermínio de uma geração de militantes vinculados à UP; o bloqueio à emergência de alternativas políticas dentro da ordem; a desestruturação do mundo do trabalho no contexto do neoliberalismo; a ulterior criminalização do protesto social; a apatia como consequência dos estreitos horizontes da política consentida, expressa em altos níveis de abstenção eleitoral; a indiferença como recurso de defesa psíquica face a uma violência endêmica em que o sujeito se percebe como impotente para mudar; e um discurso que dissemina o ódio ao mesmo tempo que oculta as raízes sociais da perpetuação da violência, em um contexto mundial ressonante desta retórica. A popularidade sustentada nestes termos por Uribe permitiu a reforma constitucional que viabilizou sua reeleição e ainda lhe possibilitou eleger seu sucessor em 2010.

v. Dilemas do processo de paz

Político proveniente de uma linhagem tradicional das classes dominantes do país, Juan Manuel Santos se elegeu em 2010 com um discurso de continuidade em relação ao governo de Uribe, de quem havia sido ministro da Defesa. De fato, não se observaram mudanças substantivas na política econômica ou nos programas sociais, e a criminalização dos movimentos populares prosseguiu.

Não obstante, a opção feita por Santos de reabrir o diálogo como via para a paz na Colômbia, estabelecendo a partir de 2012 um processo de negociação com as Farc em Havana, provocou um distanciamento em relação a Uribe. Em um fenômeno expressivo do sufocante conservadorismo que impera no país, a clivagem entre os dois políticos de origem liberal polarizou a disputa eleitoral seguinte, em 2014. A questão central nesta contenda foi exatamente a política de segurança, em que o candidato uribista Óscar Iván Zuluaga defendia a ruptura dos diálogos de paz, em contraste com Santos. Zuluaga foi o candidato mais votado no primeiro turno e, então, a polarização se aguçou.

No segundo turno, houve relativo consenso no campo popular em apoiar Santos como um voto pela paz. Movimentos camponeses, em pleno confronto com o governo após uma exitosa paralisação nacional realizada em 2013, discretamente afrouxaram a pressão. Os mais de 15% dos votos obtidos pela chapa de esquerda no primeiro turno foram reivindicados pelo processo de paz. Santos reelegeu-se neste contexto.

De um ponto de vista de classe, não havia diferença substantiva entre os projetos que disputaram o segundo turno. Santos representa os segmentos das classes dominantes colombianas cujos negócios são favorecidos por um ambiente de paz, enquanto o partido de Uribe é sustentado por aqueles que prosperam melhor em meio à guerra. No entanto, esta diferença se traduz em horizontes políticos muito distintos. E, com a vitória de Santos, prosseguiram as negociações em Havana.

A premissa do diálogo do lado das Farc, sensivelmente debilitadas após a guerra uribista, foi que a tomada do Estado não estava mais no horizonte da insurgência. Do ângulo do governo, a premissa foi que o fim da guerra seria menos custoso e mais eficaz por meio da conversa, uma vez que a resiliência da insurgência estava historicamente atestada. Entretanto, não houve trégua, indício de que, como nas negociações anteriores, o governo manejou simultaneamente o diálogo e a guerra, especialmente para enfraquecer a posição da guerrilha enquanto se desenrolavam as conversações na capital cubana.

No campo popular, a expectativa era que a solução política para o confronto abriria frestas na estrutura autocrática do Estado colombiano, que seriam alargadas por uma ascensão do movimento de massas (Chagas; Pismel, 2014). A adesão da esquerda ao processo foi quase unânime: prevaleceu o entendimento de que os ônus advindos da perpetuação da insurgência, instrumentalizada para legitimar a perseguição a toda oposição no país, não eram compensados pela capacidade da guerrilha em manter em xeque o monopólio da violência pelo Estado, particularmente em um contexto de isolamento internacional da luta armada. Especificamente, pretendia-se que os diálogos de Havana culminassem na convocação de uma Assembleia Constituinte, dilatando a base de sustentação dos acordos. Isto porque os cinco temas sobre os quais versaram as conversações (política de desenvolvimento agrário integral; participação política; fim do conflito; solução ao problema das drogas ilícitas; e questão das vítimas) dizem respeito a toda a sociedade colombiana e supõem sua democratização radical (Voz, 2013).

Subjacente ao processo de paz, havia o seguinte impasse: o governo acreditava que levaria a guerrilha ao desarmamento por meio de concessões mínimas, passíveis de reversão sem sangue em um futuro próximo, como ocorreu na América Central. Sua adesão ao processo teve uma característica perversa, na medida em que pretendia inverter o sentido explícito da paz, que é pacificar o país por meio da mudança, visando congelar a mudança para selar a paz. Já o campo popular, no qual se inclui a guerrilha, entendeu que seria possível aproveitar os diálogos para construir um movimento social em torno da paz, politizando o seu conteúdo a partir da agenda política avançada nos diálogos. O denominador comum a ambos foi a intenção de disputar a hegemonia uribista.

Entretanto, o fiador das negociações foi um governo que navegou por um horizonte estreito, limitado, de um lado, por um Estado colonizado pela *parapolítica* e, de outro, pelos constrangimentos à democratização social que caracterizam o país. Santos demonstrou escassa autonomia ou disposição de confrontar a *parapolítica*, e não apontou para mudanças sociais. Sua estratégia foi consolidar um campo político oposto ao uribismo, visando afirmar-se como o partido hegemônico da ordem burguesa.

Em síntese, o governo e o campo popular se unificaram provisoriamente contra o partido da guerra. Entretanto, Santos objetivou suplantá-lo como alternativa da ordem, enquanto o campo popular mirou as estruturas sociais que sustentam esta ordem — que encontra expressão política no uribismo, mas também em Santos. Em uma palavra, o primeiro propôs um projeto político alternativo ao uribismo, enquanto o segundo projetou uma sociedade nas suas antípodas. Em última análise, o governo e o campo popular pretenderam utilizar o processo de diálogo para propósitos contraditórios: uns para congelar a mudança, e outros para desencadeá-la.

Porém, tratou-se de uma negociação desigual, em que o governo teve o poder de pautar o ritmo e o tempo do processo, e assim subordiná-lo à sua agenda política. Foi nesta perspectiva que, em 2 de outubro de 2016, submeteu-se à consulta popular a assinatura dos acordos negociados em Havana. Distante de qualquer preocupação democrática, o plebiscito foi concebido pelo governo como uma ocasião para reafirmar sua posição de força em detrimento do uribismo, que vinha perdendo espaço nas últimas eleições em todas as esferas. Contando com maior espaço nos meios de comunicação e com ampla vantagem nas pesquisas, o governo considerou o plebiscito como favas contadas. A campanha pelo "não" liderada por Uribe também previu a própria derrota e, por este motivo, se opôs à realização da consulta.

O tiro, entretanto, saiu pela culatra. Em um pleito apertado, marcado pelo alto índice de abstenção que caracteriza as eleições no país (62,67%), o "não" venceu por escassa margem: 50,21% dos votos contra 49,79% favoráveis ao "sim". O mapa eleitoral expressou fraturas sociais que remetem à própria origem da insurgência, uma vez que o "sim" foi majoritário nos territórios afetados diretamente pelo conflito, e derrotado em áreas onde a violência tem menor incidência. No frigir dos ovos, ao contrário de fortalecer o campo político do presidente, o plebiscito expressou uma queda de popularidade: no voto de muitos, o "não" foi antes um rechaço a Santos do que à paz. Como consequência, em lugar de cacifar o governo para as eleições presidenciais seguintes, o plebiscito sinalizou o seu desgaste político.[4]

Para além dos cálculos de Santos, o resultado explicitou, mais uma vez, o envenenamento da política colombiana, explorado pela *parapolítica* e pelo bloco uribista. Em uma campanha mentirosa que visava despertar a indignação em lugar de esclarecer, conforme reconheceu seu coordenador, disseminou-se que os acordos representavam o castrochavismo, a falência da família e da economia, abrindo as portas para que o chefe das Farc presidisse o país. Difundiu-se que a guerrilha não entregaria as armas, que cada insurgente receberia uma bolsa de quase setecentos dólares do governo — o que exigiria reduzir as aposentadorias dos demais trabalhadores —, que as Farc teriam 26 vagas no Congresso (e não dez), e assim por diante. A mensagem fundamental era que o governo estava em vias de entregar o país ao terrorismo. Por outro lado, a campanha do "sim" teve dificuldades em se contrapor às mentiras. Embora a grande mídia fosse majoritariamente simpática à paz, esta mesma imprensa criminalizara a luta armada durante décadas. Não era trivial defender a integração política de quem sempre fora retratado como inimigo interno.

O revés no plebiscito não abortou o processo de paz, pois a consulta tinha natureza política e não normativa: arbitrou-se sobre a assinatura deste acordo específico por parte do presidente da República e não sobre o seu conteúdo. Nas semanas seguintes, as partes assinaram um novo acordo, modificando aspectos menores do texto original. Ainda em 2016, Santos o submeteu à aprovação do Congresso, onde gozava de maioria, sem arriscar-se a um novo plebiscito.

---

4. Nas eleições presidenciais no ano seguinte, os dois candidatos próximos a Santos, Germán Vargas Lleras e Humberto de la Calle, somaram cerca de 9% dos votos no primeiro turno, classificando-se em quarto e quinto lugar.

Do outro lado, o partido da guerra questionava o processo na integralidade, semeando a instabilidade e a discórdia com o objetivo de apresentar-se às eleições seguintes como a alternativa da ordem.[5]

Em suma, a derrota no plebiscito não inviabilizou os acordos de paz, mas evidenciou suas contradições, bem como as formas como se reatualiza a contrarrevolução colombiana no século XXI, bloqueando a mudança como via para a paz.

---

5. As eleições de 2018 foram vencidas pelo candidato do uribismo, Iván Duque, que no segundo turno derrotou Gustavo Petro, identificado com a centro-esquerda. As Farc participaram como um partido político, a Fuerza Alternativa Revolucionaria do Común, que, seguindo os acordos firmados em Havana, possuirá na próxima legislatura uma cota de dez das 280 cadeiras do Congresso. [N.E.]

Referências bibliográficas

BAUTISTA, Sandra Carolina. "La paz como construcción social", em ESTRADA ÁLVAREZ, Jairo (org.). *Solución política y proceso de paz en Colombia: a propósito de los diálogos entre el gobierno y las Farc-EP*. México: Ocean Sur, 2013.

BEJARANO, Jesús Antonio. "Campesinado, luchas agrarias e historia social en Colombia: notas para un balance historiográfico", em GONZÁLEZ CASANOVA, Pablo (org.). *Historia política de los campesinos latinoamericanos*. México: Siglo XXI, 1985.

BERGQUIST, Charles *et al.* (orgs.) *Violence in Colombia: the contemporary crisis in historical perspective*. Willington: SR Books, 1992.

BETHELL, Leslie & ROXBOROUGH, Ian (orgs.). *Latin America between the Second World War and the Cold War, 1944-1948*. Cambridge: Cambridge University Press, 1992.

CAYCEDO, Jayme. "Militarização e alternativa popular: outro olhar sobre as lutas sociais na Colômbia", em CECEÑA, Ana Esther (org.). *O desafio das emancipações em um contexto militarizado*. São Paulo: Clacso & Expressão Popular, 2009.

CENTRO NACIONAL DE MEMORIA HISTÓRICA. *Desaparición forzada. Tomo III: Entre la incertidumbre y el dolor: impactos psicosociales de la desaparición forzada*. Bogotá: Imprenta Nacional, 2014.

____. *¡Basta Ya! Colombia: Memorias de guerra y dignidade. Resúmen*. Bogotá: Pro-Off Set, 2013. Disponível em <http://www.centrodememoriahistorica.gov.co/descargas/informes2013/bastaYa/resumen-ejecutivo-basta-ya.pdf>.

CEPEDA, Iván & URIBE, Alirio. *Por las sendas de El Ubérrimo*. Bogotá: Ediciones B, 2014.

CHAGAS, Rodrigo Simões & PISMEL, Matheus Lobo. *Colômbia: movimentos pela paz*. Florianópolis: Insular, 2014.

CHECCHIA, Cristiane. *Terra e capitalismo. A questão agrária na Colômbia, 1848-1853*. São Paulo: Alameda, 2007.

DURAND, Francisco. *El Perú fracturado. Formalidad, informalidade y economía delictiva*. Lima: Fondo Editorial del Congreso, 2007.

ENCUENTRO NACIONAL POR LA LIBERTAD DE LXS PRISIONERXS POLÍTICXS. Bogotá: Campaña Traspasa los Muros, 2011.

ESTRADA ÁLVAREZ, Jairo. *Construcción del modelo neoliberal en Colombia, 1970-2004*. Bogotá: Aurora, 2004.

____. "As reformas estruturais e a construção da ordem neoliberal na Colômbia", em CECEÑA, Ana Esther (org.). *O desafio das emancipações em um contexto militarizado*. São Paulo: Clacso & Expressão Popular, 2009.

GARCÍA, Antonio. "Colombia: medio siglo de história contemporânea", em GONZÁLEZ CASANOVA, Pablo (org.). *América Latina: historia de medio siglo*. México: Siglo XXI, 1984.

GIRALDO, Javier. *Colombia: the genocidal democracy*. Monroe: Common Courage Press, 1996.

GROS, Christian. "Los campesinos de las cordilleras frente a los movimientos guerrilleros y a la droga: ¿actores o víctimas?", em GROS, Christian; RAMIREZ TOBÓN, William & REYES POSADA, Alejandro. *Guerra en Colombia: democracia y conflito agrário*. Bogotá: Ipri & FIC, 2004.

HALPERIN DONGHI, Tulio. *História da América Latina*. Rio de Janeiro: Paz e Terra, 1989.

HARVEY, David. "O 'novo imperialismo': acumulação por espoliação", em PANITCH, Leo & LEYS, Colin (orgs.). *O novo desafio imperial. Socialist Register 2004*. São Paulo: Clacso, 2006

HYLTON, Forrest. *Evil hour in Colombia*. Londres: Verso, 2006.

JARAMILLO LEVI, Enrique (org.). *Una explosión en América: el canal de Panamá*. México: Siglo XXI, 1976.

KALMANOVITZ, Salomón. *Economía y nación. Uma breve historia colombiana*. Bogotá: Norma, 2003.

KATZ, Friedrich. *Revuelta, rebelión y revolución: la lucha rural en México del siglo XVI al siglo XX*. México: Ediciones Era, 1990.

KLEIN, Naomi. *Shock Capitalism. The rise of disaster capitalism*. Nova York: Picador, 2007.

LÓPEZ RESTREPO, Andrés. "El cambio de modelo de desarrollo de la economía", em TOKATLIAN, Juan Gabriel *et al*. *Colombia: economía y política internacional*. Bogotá: Iepri & Fica, 2004.

LOZANO, Carlos A. *¿Guerra o paz en Colombia? Cincuenta años de un conflicto sin solución*. Bogotá: Ocean Sur, 2006.

OCAMPO, José Antonio. *Colombia y la economía mundial. 1830–1910*. Bogotá: Siglo XXI, 1984.

PNUD. *Colombia rural: razones para la esperanza*. Bogotá: PNUD, 2011.

RED DERECHO Y DESPLAZAMIENTO. *Informe sobre política pública y desplazamiento forzado*. Bogotá: Ilsa; ACNUR & NRC, 2010.

REYES POSADA, Alejandro. "La violencia y el problema agrário", em REYES POSADA, Alejandro; GROS, Christian & RAMÍREZ TOBÓN, William. *Guerra en Colombia: democracia y conflito agrário*. Bogotá: Ipri & FIC, 2004.

SÁNCHEZ, Gonzalo. "The violence: an interpretative synthesis", em BERGQUIST, Charles et al. (orgs.) *Violence in Colombia: The contemporary crisis in historical perspective*. Willington: SR Books, 1992.

____. *Los Bolcheviques del Líbano (Tolima): crisis mundial, transición capitalista y rebelión rural en Colombia*. Bogotá: Mohan, 1976.

SANTOS, Fabio Luis Barbosa dos. "Dilemas da Revolução Bolivariana", *Contra a corrente*, v. 4, pp. 57-64, 2010.

SILVA, Luiza Lopes da. *A questão das drogas nas relações internacionais: uma perspectiva brasileira*. Brasília: Funag, 2013.

STRANGE, Susan. *Mad Money: when markets outgrow governments*. Michigan: The University of Michigan Press, 1998.

TIRADO MEJÍA, Alvaro. "Colombia: medio siglo de bipartidismo", em ARRUBLA, Mario et al. *Colombia Hoy*. Bogotá: Siglo XXI, 1985.

TOKATLIAN, Juan Gabriel. "Política antidrogas de Estados Unidos y cultivos ilícitos en Colombia. La funesta rutinización de una estrategia desacertada", em TOKATLIAN, Juan Gabriel et al. *Colombia: economía y política internacional*. Bogotá: Iepri & Fica, 2004.

VOZ. *100 propuestas en La Habana*. Bogotá: Fundación Semanario Voz, 2013.

Conversas

BOGOTÁ E BARRANCABERMEJA, EM JULHO DE 2014

ACVC. Equipe da Asociación Campesina del Valle del Río Cimitarra.

ÁNGEL BELTRÁN, Miguel. Sociólogo e professor da Universidad Nacional de Colombia (UNC).

AVELLA, Aída. Liderança política, candidata à vice-presidência em 2014.

CÓRDOBA, Piedad. Ex-deputada e ex-senadora.

ESTRADA ÁLVAREZ, Jairo. Economista e professor da Universidad Nacional de Córdoba (UNC).

FUNDACIÓN LAZOS DE DIGNIDAD. Advogados da fundação.

GALLARDO, Gustavo. Advogado e dirigente do movimento Marcha Patriótica.

GOMEZ, David. Militante do movimento Marcha Patriótica.

PÁEZ, Annye. Assessora da ACVC.

RIVERA, Jairo. Líder estudantil.

RONCANCIO, Germán. Integrante do Congreso de los Pueblos.

11. Para onde vai a Revolução Cubana? Dilemas do socialismo primitivo

Este país pode se autodestruir por si mesmo; esta Revolução pode se destruir, quem não pode destruí-la são eles; nós sim, nós podemos destruí-la e seria culpa nossa.
— Fidel Castro, 2005

Nos Estados Unidos temos um monumento claro do que podem construir os cubanos: chama-se Miami.
— Barack Obama em Havana, março de 2016

Introdução

Cuba não está na América do Sul e é governada pela esquerda desde muito antes da onda progressista. Desde a revolução de 1959, porém, a ilha se tornou uma referência e um ponto de apoio para a política anticapitalista na região. Reciprocamente, a política cubana esteve condicionada pelo entorno regional, percepção cristalizada desde o século XIX no ideário de Nossa América forjado por José Martí. Durante a Guerra Fria, o triunfo da revolução inflamou esperanças de mudança, o que por sua vez embruteceu a reação contrarrevolucionária, expressa em numerosas ditaduras. Por outro lado, o isolamento regional foi determinante na decisão de se aproximar da União Soviética, movimento que incidiu na revolução, para o bem e para o mal. Boicotada, difamada e isolada, Cuba resistiu ao final do socialismo real como referência de um outro mundo possível, em circunstâncias cada vez mais adversas.

Neste cenário inóspito que colocou o socialismo na defensiva, a eleição de governos progressistas na América do Sul foi um alento. Como sempre, a ilha apoiou governos amigos e procurou ser apoiada. Fez negócios com o Brasil. Com a Venezuela, estabeleceu uma relação de confiança que resultou em assessorias diversas, formais e informais, reciprocada com apoio econômico e político materializado na Alternativa Bolivariana para as Américas (Alba). Assim, as relações com Cuba incidiram na onda progressista sul-americana, enquanto o alcance e os limites deste processo condicionaram a margem de manobra da revolução. O que aconteceu e acontece em Cuba é um termômetro das possibilidades de mudança estrutural na região, cada vez mais estreitas.

1. Revolução *versus* subdesenvolvimento

A Revolução Cubana que triunfou em 1959 foi uma reação ao subdesenvolvimento. A partir desta perspectiva, estabeleceu o igualitarismo e a soberania nacional como valores centrais. No entanto, a concretização destes valores por meio das primeiras medidas do governo revolucionário provocou a reação intolerante das classes dominantes e do imperialismo, explicitando a articulação entre dependência externa e assimetria social no capitalismo periférico. Rapidamente, os cubanos confrontaram-se com o dilema entre radicalizar a mudança ou retrocedê-la. É esta dinâmica que conduziu um projeto nacional democrático e popular à via socialista. Nas palavras de Florestan Fernandes (2007, p. 35), "'a revolução dentro da ordem' foi um momento real da revolução cubana. Durou pouco e se extinguiu depressa porque só os deserdados da terra se mobilizaram para lutar por ela. A 'revolução contra a ordem' tornou-se, alternativamente, uma realidade permanente e em aceleração crescente".

As medidas iniciais do governo incluíram suprimir loterias e jogos de azar; declarar de uso público as praias do país; reduzir os preços de remédios e das tarifas telefônicas; estabelecer um salário mínimo para os cortadores de cana; instituir o Ministerio de Recuperación de Bienes Malversados, para retomar bens apropriados pela ditadura; disciplinar o julgamento de cúmplices da ditadura por meio de tribunais populares; e constituir os Comités de Defesa de la Revolución (CDRs). Como se pode observar, é um conjunto de medidas que não teve orientação socialista. A reforma urbana, que reduziu os aluguéis em 50%, logo convertidos em amortização do imóvel, orientou-se contra o rentismo. A propriedade foi limitada a apenas uma residência, e aqueles que não tinham outra renda receberam pensão vitalícia do Estado.

Mesmo a reforma agrária inicialmente decretada, que selou a hostilidade dos Estados Unidos à revolução, pode ser descrita como moderada. Pretendeu combater o rentismo no campo, distribuindo latifúndios ociosos aos trabalhadores sem-terra, mas permitiu grandes propriedades com rendimento 50% superior à média nacional. No conjunto, a proposta não se distanciava dos objetivos cepalinos de diversificar a produção, industrializar a agricultura e integrar a população por meio do trabalho. Naquele momento, a reforma agrária estendeu a propriedade privada da terra a duzentas mil famílias (Vasconcelos, 2016).

No começo, os Estados Unidos pretenderam dobrar os cubanos pela via econômica, reduzindo as compras de açúcar. Fidel Castro sintetizou a resposta da revolução: "Eles vão cortar a nossa cota libra por libra, e nós vamos tomar os engenhos deles um por um". Ao mesmo tempo, os cubanos começaram uma aproximação com os soviéticos, que até então não tinham qualquer relação com a revolução. Quando as refinarias estadunidenses instaladas em Cuba se recusaram a processar o petróleo soviético, situação que paralisaria a economia da ilha, os revolucionários decidiram nacionalizá-las. Ato contínuo, o governo de Dwight D. Eisenhower suspendeu a compra de açúcar cubano e, em seus últimos dias como presidente, rompeu relações diplomáticas com o país (Faya & Rodríguez, 1996).

Simultaneamente, aceleraram-se os preparativos para a invasão militar da ilha por mercenários treinados e financiados pela CIA, o que aconteceu em 1961, nos primeiros meses da administração de John F. Kennedy. Foi às vésperas da invasão que Fidel Castro declarou o caráter socialista da revolução, em um visível aceno na direção soviética. Mesmo neste momento delicado, em que a sobrevivência do processo esteve em xeque pela violência estadunidense, Fidel falou em uma revolução dos humildes, em uma retórica avessa à ortodoxia marxista: "Companheiros operários e camponeses, esta é a Revolução socialista e democrática dos humildes, com os humildes e para os humildes. E, por esta Revolução dos humildes pelos humildes e para os humildes, estamos dipostos a dar a vida" (Castro, 1961a). Como disse Fernando Martínez Heredia (2016), a revolução cubana foi um assalto contra oligarquias, mas também contra os dogmas revolucionários.

O fracasso da invasão à Baía dos Porcos — conhecida em Cuba como Playa Girón —, derrotada em menos de três dias, só aguçou a hostilidade imperial à revolução, determinando uma política marcada por sanções econômicas, ameaça militar, operações encobertas, tentativas de assassinato, isolamento político e diplomático, campanha midiática e financiamento da dissidência, entre outras agressões (Acosta González, 2016). Sintomaticamente, a invasão ocorreu em meio à extraordinária campanha nacional de alfabetização, que mobilizou a juventude secundarista e universitária do país e erradicou o analfabetismo. A cartilha utilizada introduzia os alunos às vogais por meio da sigla OEA, em referência à Organização dos Estados Americanos, da qual Cuba fora recentemente expulsa.

Ao longo dos anos 1960, o Estado cubano envolveu-se com o movimento dos países não alinhados, do qual se tornou um ativo promotor. Confrontado com o servilismo dos Estados latino-americanos, que endossavam sistematicamente as condenações à revolução emanadas dos Estados Unidos em fóruns internacionais, Cuba acolheu e estimulou organizações revolucionárias, ou comprometidas com a soberania dos povos no entorno regional. Poucos meses antes de Che Guevara ser assassinado na Bolívia, em 1967, realizou-se a conferência que deu origem à Organização Latino-Americana de Solidariedade (Olas).

Assim, a gravitação de Cuba para a esfera soviética, que se consumou nos anos 1970, deve ser compreendida nos marcos de uma limitação dupla: o isolamento regional da revolução, em um contexto em que ditaduras militares preveniam trajetórias análogas à cubana no subcontinente; e os óbices para enfrentar a dimensão econômica do subdesenvolvimento e industrializar o país.

Nos primeiros anos da revolução, houve intensos debates sobre a estratégia de desenvolvimento econômico a ser adotada. Entre outras questões, discutiu-se o lugar da economia açucareira; as possibilidades de industrialização; a abrangência da planificação econômica; o papel do mercado; estímulos materiais *versus* motivações morais (Guevara *et al.*, 2006). Entretanto, ao final dos anos 1960 chegava-se à percepção de que era desejável a inserção especializada do país na esfera econômica soviética, como fornecedor de açúcar. O agravamento do bloqueio imposto pelos Estados Unidos e os entraves para superar o legado colonial em uma economia pequena e pouco diversificada convergiram com considerações de ordem geopolítica e de segurança para selar esta decisão. A leitura prevalente foi resumida pelo representante cubano no Conselho para Assistência Mútua Econômica (Comecon), ao qual a ilha se integrou em 1972: "Essa dependência é a única condição em que podemos manter nossa independência" (Rodríguez *apud* Vasconcelos, 2016, p. 332).

A relação com os soviéticos deixou marcas contraditórias na Revolução Cubana, que Limia Díaz sintetiza em duas vertentes: por um lado, considera inegável que os soviéticos ajudaram e defenderam a ilha, fato reconhecido pelos cubanos de maneira geral. Por outro, o dogmatismo e o burocratismo deixaram um legado nocivo à política e à cultura cubanas. É preciso aclarar que a relação de Cuba com os soviéticos não pode ser comparada aos países do leste europeu, pois a ilha nunca se subordinou à União Soviética. Por exemplo, nunca um soviético participou de discussões do Partido Comunista cubano (Limia Díaz, 2016; Padrón, 2016).

Os soviéticos importavam açúcar a preços fixos e frequentemente acima do mercado internacional. Forneciam créditos baratos e assistência técnica em campos diversos, desde a defesa até os esportes. Isso propiciou uma estabilidade preciosa para a ilha, que teve condições inéditas para organizar e planejar o desenvolvimento. Ao mesmo tempo, Martínez Heredia (2016) recordou que os soviéticos nunca pagaram mais do que um terço do que lhes custaria produzir açúcar de beterraba. E nunca aceitaram, por exemplo, vender uma siderurgia para Cuba. Em síntese, a relação com os soviéticos não assentou as bases para uma maior autonomia econômica nem para a industrialização, mas foi fundamental para universalizar as conquistas sociais pelas quais a ilha é mundialmente conhecida.

Assim, Cuba ingressou os anos 1980 articulando os melhores índices de saúde, educação, emprego, cultura e esportes da América Latina, senão de todo o Terceiro Mundo, a uma economia com características típicas do subdesenvolvimento, como dependência externa, modesta industrialização, reduzida diversificação produtiva e baixos salários — embora o desemprego estrutural e a superexploração do trabalho lhe fossem estranhos.

Porém, as potencialidades de realização social desta população, que gozava de uma estabilidade única, eram limitadas pela incorporação de traços associados ao regime soviético, que restringiram suas possibilidades de protagonismo político e de criação artística. Não se trata das críticas que destacam a falta de liberdade e de democracia sob o prisma liberal, associadas a presos políticos e ao pluripartidismo.[1] A política da revolução neste campo fora delineada por Fidel em 1961, na alocução conhecida como "Palavra aos intelectuais": "Dentro da revolução, tudo; contra a revolução, nada" (Castro, 1961b).[2] Porém, nos anos 1970 houve um notável engessamento das práticas políticas e culturais, submetidas frequentemente a crivos relacionados ao dogmatismo e à burocracia, sob a fachada de critérios revolucionários. Em última análise, emanaram de uma versão conservadora da própria revolução, e que frearam a sua necessária renovação.

A própria direção revolucionária entendeu nos anos 1980 que o imperativo da sobrevivência estava cobrando um preço excessivo à liberdade revolucionária. Ou, talvez, tenha se dado conta, com a ascensão de Mikhail Gorbachev em 1985, que a sobrevivência exigiria medidas de sentido contrário. Em 1986, iniciou-se uma retificação contra o "seguidismo" da União Soviética, ao mesmo tempo que era recusada a via reformista difundida na Europa oriental, expandindo o papel do mercado e os incentivos materiais (Gott, 2004, p. 309).

De fato, quando a União Soviética se desfez, o presidente russo Boris Yeltsin implementou uma política que reduziu em 94% o intercâmbio comercial de Cuba com a Rússia, que até então concentrava 85% do seu comércio internacional no Comecon. Além disso, os russos inscreveram a dívida cubana no Clube de Paris — fórum internacional criado na década de 1950 que representa credores internacionais — como se

---

1. Sobre o sistema político cubano, ver August, 2014; Rafuls Pineda, 2014; Guanche, 2012.
2. Sobre o contexto e o significado desta frase, ver Martínez Heredia, 2010, pp. 42-52.

fosse em dólar, passando a incidir sobre ela juros e correção monetária (Rodríguez, 2011).[3]

O impacto do fim da União Soviética e do Comecon sobre a economia cubana foi devastador. Entre 1989 e 1993, o PIB do país caiu quase 35%; a capacidade de importar caiu 70%; o país ficou sem crédito; sem petróleo, os cortes de energia eram tais que os cubanos gozadores diziam ter *alumbrones* [iluminões] e não *apagones* [apagões]; bicicletas ocuparam as cidades onde não havia carros nem ônibus; bois puxavam arados em lugar dos tratores; a subnutrição, erradicada nos anos anteriores, voltou — embora não a fome; faltavam peças de reposição, fertilizantes, bens de consumo: em 1993, importou-se 17% da quantidade destes itens em relação a 1989.

E, no entanto, enquanto a União Soviética e o Leste Europeu pareciam topar com o fim da história e os vizinhos latino-americanos mergulhavam no neoliberalismo, a Revolução Cubana sobreviveu: "Poucas sociedades foram capazes de enfrentar tamanha catástrofe econômica e saírem incólumes", escreveu o historiador Richard Gott (2004, p. 323), que não é um defensor do regime.

Os esforços para superar adversidades desta magnitude foram comparados por Fidel a uma situação de guerra: daí a referência a um "período especial em tempos de paz". Para atravessá-lo, a dirigência radicalizou o critério distributivo que sempre prevaleceu na revolução, estabelecendo prioridades que todos compreendiam: o leite é para as crianças, o dólar é para os remédios, e não para as armas, o pouco pão é para todos. Os cubanos entenderam a situação e confiaram nas estratégias para enfrentá-las, respaldadas por uma liderança que não se corrompera econômica nem ideologi-

---

3. Em 2003, sob a presidência de Vladimir Putin, foi cancelado 90% da dívida, e os demais 10% seriam pagos em termos favoráveis ao longo de dez anos.

camente ao longo de trinta anos. Também entenderam que as alternativas praticadas no Leste Europeu ou na América Latina comprometeriam as conquistas sociais e a soberania associadas à revolução — e prezadas por todo cubano.

No entanto, é equivocado afirmar que a sociedade cubana saiu incólume do período especial, como sugere Gott. O preceito da igualdade fundamental que a caracterizava foi cindido em dois sentidos. Por um lado, a crise econômica comprometeu a capacidade do Estado de responder às necessidades básicas da população, que se expressou em uma crescente disparidade entre os salários e o poder aquisitivo dos trabalhadores.

Esta situação gerou múltiplas distorções socioeconômicas. A principal delas foi um florescente mercado ilegal em dólares, por onde circulavam produtos em escassez. Aos poucos, conformou-se uma realidade em que todo cubano precisava acessar dólares para complementar sua renda. Como o Estado apostou na reativação do turismo como principal fonte de divisas, o acesso aos dólares se dava por três canais básicos: na relação com o turismo e os turistas; nas remessas de parentes no exterior; e no envolvimento com o próprio mercado ilegal.

Esta dualidade econômica gerou um segundo desequilíbrio na sociedade cubana, ao promover a desigualdade entre quem tem e quem não tem acesso à moeda estrangeira. Neste contexto, muitos professores foram trabalhar com turismo, enquanto explodiram as matrículas para medicina, diante da possibilidade de servir em missão no estrangeiro. Cuba deve ser o único país do mundo onde os anfitriões têm um nível educacional e cultural superior aos turistas que os visitam, e é o único que tem como principal receita externa serviços de medicina prestados ao redor do mundo.

As alternativas encontradas pela direção cubana para responder a estes desafios implicaram uma abertura controlada à iniciativa privada e ao investimento estrangeiro, além da tentativa de disciplinar disparidades internas que não conseguiram ser evitadas. Uma economia que durante decênios esteve entre as menos mercantilizadas do mundo tomou diversas medidas de sentido contrário. O monopólio do Estado sobre o comércio exterior foi abolido. Uma nova lei, que exigiu mudança na Constituição de 1976,[4] permitiu consórcios entre o Estado e investidores internacionais em qualquer área, exceto saúde, educação e defesa, limitando a participação internacional a um máximo de 49%. O número de *joint ventures* saltou de duas em 1990, para 112 em 1993. O chamado trabalho por "conta própria" (*cuentapropismo*) foi legalizado, permitindo uma diversidade de pequenos negócios privados, em que se destacam aqueles vinculados ao turismo, como restaurantes, cafés e o aluguel de quartos para turistas. O sistema tributário foi reorganizado, já que até então trabalhadores cubanos não recolhiam impostos. No campo, muitas fazendas estatais se transformaram em Unidades Básicas de Producción Cooperativa (UBPC), objetivando dinamizar a produção de alimentos. Mercados de produtos agropecuários foram criados, assim como de produtos industriais e artesanais. O Estado reformou o sistema bancário, legalizou a propriedade de dólares e abriu casas de câmbio e lojas vendendo produtos em divisas, visando disciplinar o circuito mercantil em moeda forte (Gott, 2004; López Segrera, 2010; Tablada, 2001).

Nos anos seguintes, a duplicidade monetária foi institucionalizada, criando-se o peso cubano conversível (CUC) para circular em lugar do dólar, cotado em 2016 a 24 pesos cubanos (CUP). O vão entre as transações correntes em moeda nacional,

---

4. A Constituição proibia formas não estatais de propriedade dos meios de produção e empresas com capital estrangeiro.

na qual são pagos os assalariados estatais, e aquelas em peso conversível, que supõem o acesso a divisas, segue desafiando a igualdade social.

As dificuldades enfrentadas pela ilha foram acirradas pela política estadunidense. Quem imaginou que o país suavizaria a política anticubana com o fim da Guerra Fria subestimou a natureza do imperialismo. Inicialmente, os Estados Unidos enrijeceram o bloqueio econômico por meio da Lei Torricelli em 1992, calculando que o aguçamento da crise derrubaria o regime. Ao mesmo tempo, organizações terroristas baseadas em Miami realizaram atentados a alvos turísticos na ilha, visando sabotar a revitalização do setor.[5] Quando se evidenciou a recuperação econômica da ilha, em 1996, a administração de Bill Clinton aprovou a Lei Helms-Burton[6] dias depois da derrubada de dois aviões de organizações anticastristas que sobrevoavam ilegalmente a ilha. Para além de insistir na exigência de uma "democracia" nos seus termos para reconhecer o governo cubano — partidos de oposição com acesso à mídia; eleições livres, justas e com supervisão internacional; avanços a uma economia de mercado; cláusulas específicas vetando a participação de Fidel ou Raúl no governo etc. —, a lei estipulava que qualquer indivíduo ou empresa negociando com propriedades cubanas que pertenceram a um cidadão estadunidense — ou a um cubano com cidadania estadunidense — e que foram nacionalizadas, seriam processados em tribunais dos Estados Unidos. O obje-

---

5. O esforço de inteligência do governo cubano para prevenir estas ações, que resultou na prisão de dez cubanos acusados de espionagem nos Estados Unidos, é vividamente narrado por Fernando Morais (2011).
6. A Lei Helms-Burton impede que o presidente dos Estados Unidos mude as normas do embargo ou o elimine por decreto, algo que só pode ser feito pelo Congresso. A legislação também obriga o presidente a votar contra a entrada de Cuba em organismos multilaterais, privando a ilha de importantes fontes de crédito. [N.E.]

tivo da lei era afugentar qualquer investimento estrangeiro na ilha. Porém, esta cláusula foi interpretada como uma violação da lei internacional, inclusive pela União Europeia, e sua implementação tem sido suspensa pelo presidente a cada seis meses por meio de um subterfúgio legal (Gott, 2004, p. 342).

No conjunto, as medidas implementadas durante o período especial, que foram discutidas entre janeiro e março de 1994 por três milhões de membros da Central de Trabajadores de Cuba (CTC), debatidas em assembleias em mais de oitenta mil locais de trabalho, além de uma sessão especial da Assembleia Nacional, surtiram o efeito econômico desejado (Gott, 2004, p. 329). Naquele mesmo ano a economia parou de cair, e a partir de 1996 retomou o crescimento puxado pelo setor de turismo, que se expandiu em média 18% ao ano durante o período especial. Entre 1995 e 2005, o país cresceu em média 4,5%. Em 2006, ao constatar que o PIB havia voltado ao patamar de 1989, o Ministério da Economia declarou que Cuba havia superado o período especial (López Segrera, 2010, p. 31).

Apesar do feito de atravessar uma crise de proporções colossais em uma nação periférica e isolada, preservando os marcos fundamentais da revolução, a percepção de que os valores revolucionários estavam ameaçados motivou reações. Em 2000, o governo anunciou uma "Batalha de Ideias", um conjunto de iniciativas sociais destinadas a mitigar potenciais desigualdades, mas referidas a um discurso revelador de que o impacto do fim do bloco socialista ia mais além dos seus efeitos econômicos e políticos, atingindo a subjetividade. No final de 2005, já próximo de se afastar do governo, Fidel Castro pronunciou um discurso à juventude em que salientava o risco de que a revolução se destruísse a si mesma, e não por força de adversidades externas: "Este país pode se autodestruir por si mesmo; esta Revolução pode se destruir, quem não pode destruí-la são eles; nós sim, nós podemos destruí-la e seria culpa nossa" (Castro, 2005b).[7]

Quando assumiu a presidência do Conselho de Estado, em fevereiro de 2008, Raúl Castro encarou estes mesmos dilemas.

---

[7]. Livro organizado por Guanche (2007) compila debates motivados por esta alocução.

11. Reforma ou atualização

Ainda que a presidente da Federación Estudiantil Universitária (FEU) afirme que "Cuba não está fazendo reformas, mas atualizando seu modelo econômico" (Martínez, 2016), ecoando a visão estatal, muitos entendem que o país está, "ainda que talvez não gostemos da palavra, diante de uma reforma" (Cobo *et al.*, 2013, p. 70). O núcleo dos dilemas atuais está ligado às limitações para universalizar direitos sociais em uma economia subdesenvolvida, agravadas por pressões modernizadoras na direção de um padrão de consumo associado à sociedade digital. Em uma palavra, remetem às possibilidades contraditórias de realização, em um entorno hostil, de um "socialismo primitivo" (Martínez Heredia, 2003).

A raiz das mudanças em curso são os problemas econômicos que eclodiram no período especial, acentuados pela dominação neoliberal e pela crise do capitalismo mundial. As relações favoráveis com a Venezuela permitiram certo respiro à ilha, que exportou serviços em grande escala e recebeu petróleo em condições favoráveis, mas declinou com o *boom* das *commodities*.

Entre 2008 e 2010, o crescimento do PIB recuou para, em média 2,5%, enquanto se agravou o déficit fiscal. A impossibilidade de o Estado cubano sustentar o padrão de vida pretérito dos trabalhadores é revelada pela análise dos gastos básicos de famílias que dependem do salário ou de aposentadoria. Em 2011, os gastos com alimentação consumiam entre

59% e 74% da renda familiar cubana, já que a cesta básica a que todo trabalhador tem direito (*libreta de abastecimiento*) não satisfazia o consumo calórico mínimo de um adulto, mas sim de crianças até sete anos. Neste mesmo ano, calculou-se que o déficit de ingressos para satisfazer as necessidades elementares de reprodução da vida oscilou entre 185 CUP (família com dois trabalhadores e um aposentado) a 747 CUP (família com um trabalhador) (García Álvarez & Anaya Cruz, 2014). Estes dados revelam que toda família cubana cujo rendimento provém do Estado se vê impelida a buscar fontes de renda complementares.

José Luis Rodríguez, economista que pilotou a economia da ilha através do período especial, sintetizou os desafios atuais em três pontos: reduzir o déficit do balanço de pagamentos; aumentar a produtividade do trabalho; ampliar e melhorar a infraestrutura (Rodríguez, 2016). Em princípio, estes objetivos envolvem cortar gastos do Estado; romper com o igualitarismo das remunerações; atrair financiamento e investimento estrangeiros. Sinalizam, portanto, para medidas contrárias aos valores da igualdade e da soberania, recordando o espectro neoliberal.

Porém, a afinidade com o receituário neoliberal é no máximo formal, já que em Cuba os gastos sociais em proporção ao PIB nunca foram reduzidos; a propriedade e o emprego estatal continuam dominantes; e a relação com o capital internacional é disciplinada. Além disso, ao contrário da opacidade que caracteriza a política do ajuste fiscal mundial, decisões desta natureza são submetidas a ampla consulta popular (Martínez, 2001). Foi este o caso dos *Lineamientos de la política económica y social* que orientam a política cubana desde 2011, submetidos a debate em diversas instâncias, entre mais de 163 mil reuniões que envolveram oito milhões de participantes na base, até a sua lapidação durante o 4º Congresso do Partido Comunista de Cuba, que resultou na modificação de 197 dos 291 *lineamientos* originais, ampliados para 311 (4º Congreso do Partido Comunista de Cuba, 2011).

Em linhas gerais, o ensejo de aumentar o dinamismo e a eficiência da economia cubana é identificado com o imperativo de ampliar o papel do mercado e da iniciativa privada, em oposição à economia estatal. A expectativa é que o Estado cumpra o papel de regulamentar o mercado, disciplinando a iniciativa privada e o investimento estrangeiro com a finalidade de preservar as conquistas sociais da revolução e a soberania nacional.

Em consonância com esta leitura, os *lineamientos* começam reafirmando o compromisso com o planejamento econômico, mas que deve "levar em conta o mercado" (Partido Comunista de Cuba, 2011). Neste diapasão, impulsionaram-se a descentralização da economia e o apoio à pequena iniciativa privada e ao investimento estrangeiro. Os *lineamientos* se baseiam na leitura de que é necessário diminuir o emprego estatal e conceder maior eficiência às empresas públicas. Nesta perspectiva, está em curso um processo de reorganização do Estado e de suas empresas, prevendo o remanejamento de 1,2 milhão de trabalhadores, em que alguns são realocados dentro do setor público, enquanto outros migram para o *cuentapropismo*, mas muitos se aposentam no caminho. Existe a intenção de transferir ao menos 20% da força de trabalho para o setor não estatal. Na outra ponta deste processo, se estendeu a possibilidade de trabalho por conta própria para 178 atividades (Díaz Vázquez, 2011, p. 130). Contudo, é comum que empregados estatais também realizem algum trabalho por conta própria, além dos aposentados (Piñeiro Harnecker, 2016).

Há setores da sociedade cubana que apostam no fortalecimento de um cooperativismo genuíno, ligado à autogestão e com elevada autonomia em relação ao Estado, como alternativa à via *cuentapropista*. Piñeiro Harnecker observou que os *lineamientos* estimularam, pela primeira vez, a formação de cooperativas fora do setor agrícola. Porém, na prática, sua constituição é mais burocrática e demorada do que um negócio próprio, pois exige aprovação do Conselho de Estado. Entre 2013 e 2014 oficializaram-se 498 cooperativas, mas no final de 2016 a criação de novas unidades estava paralisada (Piñeiro Harnecker, 2016).

Por outro lado, o *lineamiento* 17 prevê que empresas estatais ou cooperativas não solventes possam ser fechadas ou privatizadas, enquanto o *lineamiento* 219 prevê a venda ou arrendamento de equipamentos industriais do Estado a particulares (Partido Comunista de Cuba, 2011). Entretanto, há disposições contrárias à concentração da propriedade dos meios de produção (*lineamiento* 3), o que não impede manobras para burlá-las, como *cuentapropistas* que mantêm negócios em nome de familiares.

O princípio comunista "de cada qual, segundo sua capacidade; a cada qual, segundo suas necessidades" deu lugar, nos *lineamientos*, a uma retribuição salarial ligada à produtividade.[8] Nesta perspectiva, o *lineamiento* 171 rompe com o incremento simultâneo dos salários em todos os níveis, priorizando as atividades "que aportam benefícios de particular impacto econômico e social" (Partido Comunista de Cuba, 2011). Assim, enquanto cientistas do ramo de biotecnologia tiveram aumento salarial e estivadores recebem bonificações em moeda forte quaAndo descarregam com rapidez, o salário dos professores permaneceu sem reajuste, acentuando a evasão da carreira. Em 2016 não houve candidatos inscritos para o magistério (Fernández, 2016).

No plano social, os *lineamientos* preveem a abolição

---

8. Segundo o *lineamiento* 170: "Assegurar que os salários garantam que cada um receba segundo seu trabalho, que este gere produtos e serviços com qualidade e incremento da produção e da produtividade, e que os ingressos salariais tenham um reflexo efetivo na satisfação das necessidades básicas dos trabalhadores e sua família" (Partido Comunista de Cuba, 2011).

gradual da *libreta* e de outros subsídios universais, propondo que este tipo de assistência seja focalizado para aqueles que mais necessitam.[9] É neste sentido que se compreendem afirmações contrárias ao igualitarismo em Cuba. "Acostumados durante tanto tempo à aplicação de fórmulas igualitárias, tão perniciosas para o sistema econômico e político, e para a psicologia e ideologia das pessoas, também será bem complexo convencer de que o igualitarismo não é sinônimo de igualdade nem de justiça social e que é necessário acabar com este fenômeno" (Duharte *et al.*, 2011, p. 75). Também se está modificando a previdência, apontando para maiores contribuições dos trabalhadores no setor estatal e não estatal (Partido Comunista de Cuba, 2011, *lineamiento* 165).

A liberação da compra e venda de casas e automóveis é reconhecida (*lineamientos* 297 e 286) enquanto se anuncia a abertura de linhas de crédito para aquisição de bens de consumo duráveis e materiais de construção (Hernández Pedraza, 2016). Em um país onde somente a empresa estrangeira e o setor privado recolhiam impostos, novos tributos são previstos em consonância com a ampliação do *cuentapropismo* e das transações mercantis.

No campo, enfatiza-se a continuidade da entrega de terras estatais ociosas em usufruto, processo desencadeado com a emissão do Decreto-Lei 259, em 2008 (*lineamientos* 187, 189, 198). Em 2006, cerca de 60% das terras nacionais foram identificadas como em situação improdutiva, das quais 40% tinham sido distribuídas em 2016. Juan Valdés Paz considera que está em curso

---

9. De acordo com o *lineamiento* 173: "Eliminar as gratuidades indevidas e os subsídios excessivos, sob o princípio de compensar as pessoas necessitadas e não subsidiar produtos, de maneira geral". E o *lineamiento* 174: "Implementar a eliminação ordenada e gradual da *libreta de abastecimiento*, como forma de distribuição regrada, igualitária e a preços subsidiados" (Partido Comunista de Cuba, 2011).

no país uma quarta reforma agrária. Diferentemente do período especial, quando se estimulou a formação de cooperativas a partir das propriedades estatais, há uma tentativa de "recamponesar" os campos cubanos, difundindo a produção camponesa (Valdés Paz, 2016). O objetivo principal é aumentar a produção de alimentos para diminuir as importações.

Em um país urbanizado, porém, onde a maioria dos cubanos na zona rural integra o serviço público, poucos querem retornar ao trabalho duro do campo. Dilema similar vive a construção civil, setor em expansão, mas que enfrenta escassez de mão de obra. A revolução se confrontou com uma situação análoga em seus anos iniciais, quando a necessidade de exportar esbarrou no rechaço dos cubanos à lavoura canavieira, associada à superexploração do trabalho, e à qual ninguém queria se dedicar. Na atualidade, o Estado acena com altas taxas de lucro, além da possibilidade de construir casa e benfeitorias. Cogita-se que a reforma constitucional anunciada substituirá a figura do usufruto da terra pela propriedade (Valdés Paz, 2016).

Por fim, os *lineamientos* relacionados ao capital estrangeiro reafirmam, simultaneamente, a necessidade de atrair e disciplinar os investimentos (*lineamientos* 96 a 107). Esta é uma equação delicada, na medida em que só interessa ao capital internacional a disciplina favorável aos negócios. Sob este prisma, o principal atrativo de Cuba é uma força de trabalho altamente qualificada e barata. Embora nesta conjuntura haja cubanos que prefiram receber divisas de um capitalista do que ordens de um burocrata — o "explorado feliz", como dizem —, a intenção prevalente é conciliar investimento estrangeiro e desenvolvimento nacional.

Porém, é significativa a parcimônia com que cubanos se expressam em relação ao regime chinês, um importante parceiro político e econômico, em relação ao qual é difícil encontrar críticas. Ao contrário, há frequentes análises elogiosas. Por exemplo, em um balanço dos cinquenta anos da Revolução Cubana, Carlos Alzugaray Treto enumerou aspectos "do processo de reformas implantado na China que tem vigência para Cuba", que incluem a ênfase nos resultados, citando a famosa frase de Deng Xiaoping, "tanto faz se o gato é branco ou negro, importa que cace ratos"; o "reconhecimento e utilização das relações monetário-mercantis mediante a fórmula de 'economia de mercado socialista'"; e a criação de uma nutrida classe média (Alzugaray Treto, 2009, p. 43). O próprio Fidel Castro, em discurso a autoridades chinesas em 2004, manifestou que a "China se converteu objetivamente na esperança mais promissora e no melhor exemplo para todos os países do Terceiro Mundo" (Castro, 2004).

Entendo que, no momento, há uma espécie de queda de braço entre o governo cubano e o capital estrangeiro, em que se pretende o mínimo de concessões para atrair o investimento almejado. Em 2014 foi promulgada uma nova lei de investimento estrangeiro, permitindo a atuação das empresas "totalmente estrangeiras". Entre outros incentivos ao capital internacional, se estipula a isenção de impostos sobre o lucro durante os primeiros oito anos de investimento; sobre os lucros reinvestidos; sobre os ingressos pessoais de sócios estrangeiros; sobre o emprego da força de trabalho (além da contribuição previdenciária de 14%); isenção do imposto alfandegário no período do investimento, entre outras disposições. Neste mesmo ano, circulou pela primeira vez uma Carteira de Oportunidades de Investimento Estrangeiro, apresentando 246 projetos em busca de investidor na ilha, muitos deles na Zona Especial de Desenvolvimento (ZED) associada ao porto de Mariel. Até 2016, foram registrados quinze novos acordos na ZED Mariel e 54 fora dela, movimentando um total de 1,3 milhão de dólares, cifra ainda aquém das expectativas governamentais (López R. & Herrera Carlés, 2015; Concepción *et al.*, 2016).

O dilema é ilustrado por uma anedota que circula no país: o

governo cubano oferece uma carteira de investimentos possíveis ao capitalista estrangeiro em Mariel, e explica cada uma das possibilidades; seu interlocutor escuta, fecha a pasta e diz: "O que eu quero saber é quanto vale Mariel" (Valdés Paz, 2016).

No conjunto, os *lineamientos* expressam a leitura, resumida pela economista Gladys Hernández, de que Cuba necessita potenciar uma economia mista, já que o Estado não pode garantir o pleno emprego e a sociedade não admite desemprego elevado, mas entende que a preservação dos serviços públicos universais serve como um importante "colchão social" que ameniza o choque da crescente desigualdade (Hernández Pedraza, 2016). Valdés Paz ecoa a opinião de muitos quando diz que Cuba permanece uma economia planificada, em que o Estado controla setores econômicos (finanças, indústria, hotéis) e sociais (saúde, educação, ciência) estratégicos. Na antítese do livre mercado, afirma que, "em Cuba, ninguém está só, nem há nada solto" (Valdés Paz, 2016).

Diferente de quem entende que as experiências socialistas "subestimaram as leis de mercado" (Alzugaray Treto, 2009, p. 46), o ex-ministro Rodríguez está entre os que admitem uma contradição essencial entre socialismo e mercado. Mas, diante da inelutabilidade da mudança, se refere a um esforço de "dosificação" das medidas, visando soltar as tensões sociais sem perder o controle sobre o tempo do processo. Conforme disse Raúl Castro, "sem pressa, mas sem pausa" (Raúl Castro, 2011). Rodríguez resumiu sua leitura sobre o sentido do que está sendo proposto dizendo que Cuba é uma economia planificada que contempla o mercado, enquanto China e Vietnã são economias de mercado com modulação socialista, uma vez que têm aspirações redistributivas. E, por fim, reafirma a vontade política prevalente de não permitir que se opere uma restauração capitalista na ilha (Rodríguez, 2016).

III. Dilemas atuais

Cuba atravessava, em 2016, o maior debate público vivido em 57 anos de revolução. Quem cultua a imagem de uma ideologia totalitária em um país estático, em meio a uma sociedade silenciada e apática, não compreende o que se passa na ilha. Rafael Hernández (2016), intelectual à frente da revista *Temas* e do fórum de debates chamado *Último Jueves*, um dos espaços críticos de maior vitalidade no país, enumerou as principais pautas em discussão:

    i) o problema da desigualdade, que quadriplicou em 25 anos, em paralelo ao tema do crescimento: seria a desigualdade um custo a pagar pelo crescimento?;

    ii) supercentralização *versus* controle: como descentralizar sem perder o controle, ou como gerar novas formas de controle? O debate cubano não é pautado pela ideologia do Estado mínimo, pois prevalece a percepção de que o Estado tem um papel fundamental, e sua extinção é impraticável sob o imperialismo. O problema original que se colocou para a revolução — "como diabos vou fazer um Estado forte, mas que não me coma?" — é reatualizado (Martínez Heredia, 2016);

    iii) o espaço do setor não estatal, tanto privado como

cooperativo. Há diferentes visões sobre como dinamizar e democratizar a economia;

iv) modificar o que Raúl Castro descreve como "velha mentalidade", associada aos vícios políticos e culturais herdados da influência soviética, como o dogmatismo e o burocratismo. Há um paradoxo na medida em que os responsáveis pela reforma perderão poder;

v) o papel da lei: o descompasso entre as mudanças em curso e a lei vigente, que demora a modificar-se. Hernández mencionou a necessidade de reformar a lei de municípios, a lei eleitoral, a lei de associações, a lei de culto, a legislação trabalhista, entre outras. Por exemplo: há um novo código de trabalho geral, mas que não contempla o setor *cuentapropista*, pois todos são reconhecidos como trabalhadores por conta própria, apesar de muitas vezes serem pequenas empresas. Portanto, muitos dos que trabalham, na prática, para pequenos e médios empresários, não têm regulamentados o horário de trabalho, o salário mínimo, as férias, a proteção à gravidez, entre outros (Hernández, 2016).

Há duas questões centrais que atravessam estes debates e estão conectadas: a reforma econômica e a democratização política. Há consenso entre os cubanos sobre a necessidade de ambas, mas há diferentes formas de interpretá-las.

Camila Piñeiro Harnecker (2016) descreve três correntes no debate econômico: 1) a visão estatista, defendendo mudanças mínimas, geralmente associada a setores da burocracia estatal; 2) uma visão economicista, que favorece a propriedade e a iniciativa privadas, frequentemente emulando a referência chinesa; e 3) aqueles que defendem uma democratização das relações produtivas ligada a interesses coletivos e não individuais, referida principalmente ao cooperativismo. Além destes, constata-se uma minoria simpática à liberalização *tout court*, assim como há vozes no polo oposto, acusando no processo em curso uma renúncia aos ideais da revolução (Hernández, 2016; Katz, 2014). Porém, o que prevalece é a defesa de caminhos discrepantes, mas igualmente convictos, de realizarem o ideário revolucionário nas condições atuais.

Nem sempre este denominador comum se traduziu em convergência de ideias ou maior clareza no debate. Frequentemente, valores socialistas aparecem imiscuídos em um vocabulário associado à racionalidade capitalista. O termo "capital humano", de uso corrente na Cuba atual, é representativo deste fenômeno (Salazar Fernández, 2012). Fidel Castro se referiu ao termo nas seguintes palavras: "O capital humano implica não só em conhecimentos, mas também — e essencialmente — em consciência, ética, solidariedade, sentimentos verdadeiramente humanos, espírito de sacrifício, heroísmo e capacidade de fazer muito com muito pouco" (Fidel Castro, 2005a). Outro exemplo é trabalhar a imagem de Cuba como uma "marca-país" no mercado turístico internacional (Ricardo Luis, 2014).

Em um debate recente sobre a atualização do socialismo, delinearam-se as balizas da discussão. Há quem defenda a importância de "conformar uma cultura empresarial competitiva, na qual o empresário se perceba na sua condição de criador da riqueza, comprometido com os clientes aos quais destina sua produção e seus serviços, e adquira verdadeiro sentido sua responsabilidade social" (Cobo *et al.*, 2013, p. 71). Por outro lado, há quem critique os *lineamientos*, dizendo que ali "o que se está propondo é uma maior autonomia empresarial, leia-se gerencial; no documento não se menciona o tema da participação dos trabalhadores e da população". E emenda: "Necessitamos do poder do povo e não só da propriedade de todo o povo" (Alonso *et al.*, 2013, p. 72)

Enquanto uns sugerem que "o desenvolvimento radica no desenvolvimento empresarial" (Nova *et al.*, 2013, p. 75), outros perguntam: "Se não agora, quando estaremos prontos para a autogestão?", defendendo o fortalecimento de uma "cultura de iguais" (Piñeiro Harnecker, 2016).

A complexa relação entre meios e fins em uma sociedade que se propõe superar o capitalismo tem nas relações de produção um tema central. E também neste campo os valores socialistas arriscam embeberem-se da racionalidade mercantil. Em uma análise sobre as relações de trabalho na política de atualização, José Luis Martín Romero (2015) considera que Cuba, ao "não abandonar esquemas de gestão verticalista, salarialista e centralizadora, renunciou à vantagem comparativa [do socialismo] de contar com o envolvimento e o compromisso dos trabalhadores". Não seria um paradoxo superar o trabalho alienado para obter "vantagem comparativa" no mundo contemporâneo?

No fundo deste debate, se defrontam duas vias: o recurso a meios capitalistas, que se pretende subordinar a fins socialistas *versus* a orientação dos ventos da mudança rumo a uma democratização em todas as dimensões, que incluem as relações de produção. Este dilema exige ponderar as possibilidades reais de mudança nas relações hierárquicas de produção, o que implica questionar até que ponto a Revolução Cubana construiu o sujeito de uma sociedade emancipada. Quando Piñeiro Harnecker pergunta "se não agora, quando estaremos prontos para a autogestão?", é preciso recordar que, nos anos iniciais da revolução, certamente eles não estavam: a maioria absoluta dos trabalhadores rurais optou por servir a uma fazenda estatal em lugar de constituir uma cooperativa. O legado da escravidão e da monocultura açucareira não favorece a autogestão. Portanto, uma cultura nesta direção ainda precisaria ser forjada.

É neste ponto em que os desafios econômicos e políticos

da revolução se encontram. Pois, a despeito do alto nível de escolaridade e da notável cultura política do cidadão comum, que impressiona qualquer visitante, há uma avaliação generalizada de que prevalecem limites para a formação de um sujeito emancipado.

O educador Ariel Dacal recorda que a educação cubana alcançou níveis de excelência atestados rotineiramente pela Organização das Nações Unidas para a Educação, a Ciência e a Cultura (Unesco), mas sempre nos moldes do que Paulo Freire chamou como "educação bancária". Em sua visão, é uma sociedade altamente informada, mas que tem capacidades restritas de produzir política a partir desta informação (Dacal, 2016).

Este é um problema para aqueles que consideram imprescindível contrapor a crescente pressão mercantil com o engajamento crítico, em defesa dos valores revolucionários. Desta perspectiva, há uma preocupação com a despolitização surpreendente para o observador estrangeiro, acostumado a níveis de alienação que não têm paralelo em Cuba. Em particular, discute-se a situação da juventude, o que está vinculado a uma apreciação crítica sobre o sistema educacional e a participação política.

Em um debate sobre estes assuntos, observou-se que "nossa educação está planificada, organizada, projetada de maneira despolitizada, porque quando se politiza se faz como ritual, dogma ou memorização de circunstâncias" (Fernández Estrada *et al.*, 2013, p. 75). Desdobrando esta perspectiva crítica para a política, o jornalista Luis Sexto afirmou: "Se continuamos insistindo em que o lema e a fraseologia é o melhor modo de unir, de fazer política, continuaremos nos equivocando" (Sexto *et al.*, 2013, p. 76). Neste diapasão, Julio Cesar Guanche, um dos expoentes críticos à esquerda, relacionou a despolitização a um esvaziamento da legitimidade do governo: "Em Cuba, a despolitização expressa a crise da política oficial; ou seja, a desconexão, a desvinculação, a ruptura com a política oficial que está em curso. Quando se despolitiza é porque alguém foi despossuído da política" (Guanche *et al.*, 2013, p. 78). Um assistente ao debate ofereceu uma visão distinta: "Nossa sociedade está completamente politizada. O fato de pensar de maneira diferente [...] não chamo de despolitização, mas estar politizado em uma direção diferente" (Garcés, 2013, p. 78).

A questão da politização está vinculada à participação política e aos valores. A partir deste ângulo, Hernández indaga: "Pode haver uma mudança de mentalidade e de valores sem que mudem os modos de participação, os acessos ao poder, as hierarquias estabelecidas?" (Hernández *et al.*, 2013b, p. 78). De fato, constatam-se pressões de origem diversa dentro do campo revolucionário por mudanças nesta direção.

Estas questões são particularmente sensíveis em relação à juventude, cujo compromisso revolucionário é motivo de ceticismo no exterior. Embora prospere um ideário individualista, sintetizado no lema "há somente uma vida" — e essa vida é a sua —, também há aqueles que reivindicam maior participação nos rumos do país a partir de uma posição engajada (Limia Díaz, 2016).

Em um debate sobre a relação dos jovens com a revolução, um participante afirmou: "Nós, jovens cubanos, não estamos curtidos na participação e no exercício do poder. Tampouco temos clareza do que queremos e das formas de consegui-lo" (Rojas *et al.*, 2008, p. 159). O rechaço à participação tutelada foi resumido por outra jovem na seguinte sentença: "Nós, jovens, não queremos que nos deixem brincar de fazer a Revolução: queremos fazer a revolução" (Ortega González *et al.*, 2008, p. 154).

Mais além do papel da juventude, o cientista político Julio Fernández Estrada observou que, em Cuba, o povo se acostumou à participação popular amparada pelo Estado. Evidentemente, isso se dá nos marcos da origem singular do Estado cubano, da sua renovada legitimidade como defensor dos valores revolucionários e da exigência de unidade contra a agressividade dos Estados Unidos, que nunca foi retórica. Neste contexto, chama a atenção a sua observação de que o povo tem escassa relação com a luta política e precisa adquirir experiência neste campo (Fernández Estrada, 2016). Esta reivindicação supõe uma relação modificada com o Estado. Será que a renovação da política cubana que se almeja corresponderá a um aguçamento das contradições características de uma sociedade de classes?

Vislumbra-se uma flexibilização do Estado, em que o dogmatismo e o controle associados à influência soviética são postos em xeque, abrindo possibilidades progressistas para as formas de fazer política e cultura em Cuba. Porém, isso se dá em um contexto de mercantilização da vida, que milita contra a nação, a igualdade e o internacionalismo como valores coletivos. Luis Morlote (2016) recordou que no âmbito da cultura nunca houve bloqueio, e que o *American way of life* se faz presente na tevê, no rádio, nos cinemas e nos turistas. O delicado paradoxo da radicalização democrática na unidade revolucionária, entre o fogo cruzado do imperialismo e da burocracia, foi sintetizado nestas palavras por um jovem: "O chamado à disciplina, dentro das filas revolucionárias, tem que estar compensado por uma indisciplina urgida pelas necessidades da mudança" (Pérez *et al.*, 2008, p. 155).

A mercantilização das relações sociais e a penetração do capital estrangeiro incidem na dinâmica social e criam clivagens. Deve haver *cuentapropistas* que "querem contribuir com o país", como diz Piñeiro Harnecker. Mas certamente garantirão seus lucros antes, o que envolve a exploração do trabalho, ainda que neste momento possam ser "explorados felizes". De maneira geral, os cubanos querem um projeto justo, mas, como não têm claros os caminhos, "primeiro resolvem o seu" (Dacal, 2016). As tensões entre a expectativa de uma atualização progressista e a corrosão dos valores coletivos decorrentes da difusão mercantil demarcam a disputa pelo sentido das mudanças na ilha.

É provável que as contradições em aberto na transição cubana — os "fios soltos", no dizer de Valdés Paz — aflorem e se encaminhem para uma reforma constitucional anunciada pelo governo, que teve início em meados de 2018. Uma comissão foi formada para realizar a reforma constitucional. No anteprojeto, aprovado por unanimidade pelo parlamento, em julho, reconhece-se a propriedade privada e retira-se do texto a palavra "comunismo", embora enfatize que o socialismo continue sendo política de Estado. Ainda assim, não há total clareza sobre como se dará o processo, nem sobre o conteúdo e o alcance da reforma. Sua premência, porém, é certa, já que muitas das "atualizações" em curso são, na prática, inconstitucionais. Cogita-se que será necessário, afinal, produzir uma nova Constituição (Fernández Estrada, 2016).

A nova etapa foi selada com a aposentadoria de Raúl Castro, cujo posto como presidente do Conselho de Estado e de Ministros de Cuba foi ocupado pelo então primeiro-vice-presidente, Miguel Díaz-Canel, que nasceu depois do triunfo revolucionário.[10]

---

10. Mesmo assim, Raúl continua influenciando a política do país, pois se manteve como presidente do Partido Comunista de Cuba e como comandante máximo das Forças Armadas. [N.E.]

Reflexões finais

Os dilemas do presente mergulham a ilha em um intenso "processo de introspecção" (García *et al.*, 2013, p. 80), que enseja reflexões sobre a totalidade do processo revolucionário. Em particular, chama a atenção a coincidência entre a reivindicação da necessidade de aliança com a União Soviética no passado e o reconhecimento praticamente unânime da necessidade de se ampliar o papel do mercado na atualidade, ao mesmo tempo que se advoga ao Estado um papel regulador.

Não tenho qualquer pretensão de argumentar contra a política de aproximação com a União Soviética ou questionar os *lineamientos* atuais. Em ambos os casos, estou convencido de que se tratam de políticas conduzidas por uma liderança comprometida com o povo cubano e munida de uma vivência incomparável, que a dota de argumentos políticos e morais de inquestionável solidez. Porém, em um momento em que o malogro da onda progressista obriga a repensar os meios e os fins da mudança social na América Latina do século XXI, tendo em vista recolocar a revolução na pauta política da região, considero relevantes algumas reflexões em torno destes temas.

1.

A aproximação com a União Soviética teve duas consequências importantes e relacionadas. No plano econômico, a inserção produtiva especializada nos marcos de uma relação comparativamente favorável, que foi tratada como um dado permanente da realidade, elidiu o enfrentamento de dimensões estruturais do legado colonial. Sua principal expressão é a incompatibilidade entre uma base produtiva relativamente estreita e a universalização do padrão de consumo associado às sociedades industriais.

Apesar do importante crescimento registrado no período, o intercâmbio com os soviéticos frustrou qualquer expectativa de acumulação em uma direção industrial, que não estava entre as intenções de Moscou durante a Guerra Fria. Cuba não superou a condição de país exportador primário e dependente, e as fragilidades inerentes a uma economia subdesenvolvida voltaram à superfície quando a potência ruiu. É inegável que o bloqueio estadunidense agrava o fardo da pobreza, mas não é a sua causa, nem a sua suspensão será, um dia, a sua solução.

Uma revolução na periferia do capitalismo que confronte a ilusão desenvolvimentista, assumindo os limites materiais que o subdesenvolvimento impõe, ao menos em um contexto de isolamento, precisa compensar sua debilidade econômica com o poder político. Aliás, é o que as burguesias dependentes fazem, embora com a finalidade contrária: a de perpetuar o subdesenvolvimento (Fernandes, 1975).

A legitimidade de toda revolução emana da capacidade de defender os interesses do povo. Inicialmente no processo cubano, estes interesses se identificaram com a formação da nação. Porém, a superação do neocolonialismo desencadeou uma dinâmica que empurrou o processo na direção do comunismo, que supõe a igualdade substantiva. Ao romper com os parâmetros da sociedade burguesa, a revolução comprometeu-se a radicalizar nesta direção. A distribuição igualitária da riqueza é uma dimensão fundamental deste ideário, mas não é a única: o fim das hierarquias no trabalho, a participação política e a igualdade étnica e de gênero também fazem parte dele.

A igualdade substantiva é necessariamente um ideário coletivo, premissa para a realização da individualidade. Isso é a liberdade no ideário comunista. Em oposição ao comunismo, a ideologia do capitalismo supõe que o ser humano se realiza individualmente. Presidida pela concorrência, e não pela cooperação, a realização liberal está associada ao mérito, que por sua vez remete à capacidade de acumulação. Em uma ideologia que naturaliza o mercado, a realização individual é mediada pelo consumo, ilusão que só pode prosperar em meio a seres humanos frustrados.

O comunismo oferece uma via radicalmente oposta, porque o humano se realiza por meio do que faz, e o que se faz condiciona o que se é. Assim, o indivíduo só é livre quando o fazer estiver emancipado da coerção. Isso não significa a abolição do trabalho no sentido de produção material da existência, mas a superação do trabalho vazio de sentido para quem o faz. Como o trabalho, assim como a política, se realizam no âmbito social e não no privado, pode-se dizer que o ser comunista se realiza na esfera social.

A pesada mão da influência soviética inibiu a realização revolucionária nesta direção. O burocratismo na economia militou contra o trabalho livre, o dogmatismo na política, contra o poder popular, e o realismo cultural, contra a originalidade criadora. Ainda que se admita a aproximação com os soviéticos como uma necessidade, a justificativa destes traços em função do imperativo da unidade é discutível. Considerando-se a escassa ingerência da superpotência em assuntos internos da ilha, o mais provável é que a opção traduzisse uma crença genuína nos méritos do padrão soviético. Vale ressalvar que esta foi uma incorporação seletiva: Cuba tem feito uma revolução pacífica e nunca viveu as convulsões e expurgos do primeiro Estado operário e camponês da história, nem as do seu rival chinês.

A convergência entre burocratismo, dogmatismo e realismo socialista impediu a renovação política em termos geracionais, mas, principalmente, afetou as próprias possibilidades de revolução dentro da revolução — ou, para usar um termo herético, de revolução permanente: inibiu a "indisciplina urgida pelas necessidades da mudança".

2.

Ao gravitar para o campo soviético e adotar práticas políticas e culturais a ele associado, a Revolução Cubana aprofundou a aposta em um caminho associado ao desenvolvimento das forças produtivas. Para fazer uma analogia, apostou em se destacar nos Jogos Olímpicos e teve sucesso neste caminho: durante seguidas edições, amealhou mais medalhas que a América Latina somada. Com isso, porém, reforçou a lógica do esporte competitivo de alto rendimento, alinhada segundo critérios nacionais — a despeito de preservar o caráter amador da prática esportiva, também em revisão na atualidade.

O "seguidismo" soviético envolveu a opção por um determinado padrão civilizatório, ligado à noção de desenvolvimento. Esta opção teve como decorrência, necessária ou não, políticas antitéticas à autogestão econômica, à formação crítica e à liberdade criativa. No conjunto, foram fatores conservadores que limitaram a realização do ideal humanístico da revolução: o "homem natural" de Martí, ou o "homem novo" de Che Guevara.

É possível cogitar que os avanços materiais dos anos 1970

ampliaram a margem de manobra futura. Rodríguez considera que a revolução não resistiria ao impacto do período especial sem a prosperidade dos anos anteriores. Porém, este é um raciocínio problemático, como toda contrafactualidade na história: é possível argumentar que, sem a inserção na órbita soviética, o impacto de seu colapso seria outro. Ou que, na realidade, sequer teria havido período especial. É impossível especular sobre o que teria sido Cuba sem seu atrelamento à órbita soviética, que só se consumou passada uma década do triunfo revolucionário.

O certo é que essa via também condicionou as opções políticas futuras, na medida em que a revolução dos valores, que ampliaria o campo das alternativas, inclusive econômicas, se viu limitada pelo truncamento da radicalização democrática e cultural. É provável que o próprio campo de alternativas teóricas e políticas considerado pela liderança revolucionária — a "máxima consciência possível", na expressão de György Lukács — tenha se estreitado. Há nexos objetivos e subjetivos entre a necessidade de aproximação com os soviéticos no passado e a necessidade de abertura mercantil no presente.

Finalmente, o raciocínio da necessária aproximação com os soviéticos implica reconhecer a impossibilidade do socialismo na periferia sem amparo internacional. Sob esta perspectiva, os limites da Revolução Cubana estão inscritos nas contradições da experiência soviética. Este enfoque se justifica no plano da realização material do comunismo, que supõe a revolução mundial. Mas, do ponto de vista político, a própria trajetória cubana desafia esta leitura, passado um quarto de século do colapso soviético.

A alternativa às limitações econômicas é radicalizar o lastro político, o que enseja um padrão civilizatório alternativo não só ao capitalismo, mas também ao comunismo. Isso porque o socialismo primitivo enfrenta a desigualdade em condições em que a igualdade na abundância é impossível.

Esta disjuntiva se evidencia no presente: diante dos entraves para sustentar-se materialmente — do isolamento político mundial, da avassaladora indústria do entretenimento, da sedução consumista e das modernidades do mundo digital —, restaria ao socialismo primitivo fundar-se em valores radicalmente diversos, para além da igualdade e da soberania. Sua salvaguarda seria a unidade popular em torno de um projeto de nação assentado na igualdade substantiva, permitindo a fruição de um conjunto de valores alternativos à sedução do consumo: a igualdade, a participação e a liberdade. Rechaçar esta possibilidade histórica equivale a resignar-se a uma modalidade de "socialismo dependente", subestimando a radicalidade humanista implícita ao marxismo, em que a realização da existência transcende em muito as motivações econômicas.

3.

O processo cubano teve limites para superar a alienação do trabalho e da política — e, consequentemente, para gerar uma cultura emancipadora. É certo que tudo depende da régua com que se mede: Cuba é uma sociedade mais democrática, autoconsciente e culta do que qualquer Estado burguês.

É também muito mais humana: os cubanos têm escassa vivência no que se refere a violência policial; briga de torcidas; ligações de *telemarketing*; atendimento de gravações eletrônicas; memorização de senhas; portas giratórias; catracas; publicidade nas ruas, televisão, jornais, revistas e cinemas; o *marketing* eleitoral; o parlamento como um balcão de negócios; o cartório; o crime organizado; a segurança privada; a chacina; presídios superlotados; o ensino, a saúde, a previdência e a cultura como negócios; cinema, balé, livro, remédio e transporte público caros; vestibular; *fast-food*; despejo;

criança que trabalha; criança fora da escola; mãe que não tem onde deixar a criança para poder trabalhar; o casamento é fácil e grátis, assim como o divórcio; analfabetismo; *big brother*; radar no trânsito; trânsito; *shopping center*; loteria; bingo; culto (embora o neopentecostalismo esteja crescendo); pornografia; fome; desemprego; abandono na infância; abandono na velhice. Em suma, o cubano tem pouca familiaridade com a experiência do desamparo.

É evidente que há muitos problemas e dificuldades: ônibus insuficientes e lotados, baixos salários, trabalhos muito aquém das capacidades, filas, pouca variedade de produtos, escassez eventual, cortes de energia, casas caindo, processos morosos, funcionários arbitrários ou descomprometidos, imprensa chata, internet precária etc. Uma lista que seria alongada por qualquer cubano.

Alguns destes problemas são iguais em outras partes do mundo. Outros são diferentes, mas não necessariamente piores. Os cubanos se queixam da burocracia do Estado, mas não têm ideia do que é ser atendido por uma voz eletrônica, baixar um formulário na internet, pagar uma taxa, voltar outro dia e não ser atendido. Em Cuba, as pessoas ainda falam com pessoas.

Subsistem o racismo e o machismo. Mas muitos negros são médicos, dirigentes e professores, enquanto as mulheres são maioria nas universidades e em setores como saúde pública, ciência e cultura. Também se fala da ineficiência do Estado. Mas é um Estado que alimenta, veste, educa, cuida, defende e dá cultura para toda a sua população. A ineficiência depende do ponto de vista.

Medida na régua do capitalismo contemporâneo, Cuba é uma espécie de reserva ecológica de valores humanos que o mundo se empenha em desnaturalizar: "Para nós, você não é um estrangeiro, é um ser humano", ouviu um colega brasileiro, inseguro por não saber se receberia atendimento médico na ilha. "Os médicos cubanos são os melhores do mundo, porque são os mais carinhosos", emendou um pai.

Porém, o desafio de sustentar o "socialismo primitivo" em um século XXI muito primitivo e pouco socialista exigiria uma radicalização democrática da economia e da política, enraizada em uma elevação da consciência crítica e da criatividade de sua população, o que não foi semeado sob a órbita soviética. Quando a direção revolucionária iniciou uma autocrítica em meados dos anos 1980, temeu-se que os desafios colocados pelo período especial em meio ao colapso do socialismo real tornariam a radicalização democrática uma empresa arriscada. Naquele contexto, a coesão nacional sobreviveu como um valor porque o povo entendeu o que estava acontecendo e incorporou a adversidade como sua.

A situação atual é ambígua, porque a mudança também sopra por ventos mercantis. Expressão desta ambivalência na relação com o Estado, os cubanos querem mudar, mas preservando as conquistas; apostam no mercado, mas regulamentado; atraem capital internacional, mas defendem a soberania.

Há um componente de conformismo, mas também há consciência crítica nesta ambivalência. O cubano que emigra dificilmente carrega a ilusão do *american dream*, e preza a segurança social que deixa para trás. Raramente deixa o país por motivação ideológica, mas sim porque acha que pode e merece mais. Como disse um cubano, o jovem emigra como quem sai de casa porque não aguenta mais os pais e quer seguir o seu caminho, não porque deixou de amá-los.

Por fim, a ambiguidade existe porque a vida não é somente difícil, mas às vezes carece de sentido. Se o consumo preenche os vazios existenciais no capitalismo, o antídoto socialista é prover vias de realização existencial, esvaziando de sentido o consumismo.

Em Cuba, avançou-se muito nesta direção: forjou-se uma cultura em que ninguém se orgulhava de seus bens materiais, mas sim porque exerceu a solidariedade em Angola. É uma revolução em que se perdeu o respeito pela riqueza, pela propriedade privada e pelo imperialismo. Talvez não sejam os revolucionários "movidos por um profundo sentimento de amor" idealizados por Che, mas todos têm dentes saudáveis: ao menos já têm a dentição do homem novo, como disse Martínez Heredia.

Na atualidade, o dinheiro recuperou poder — e aos poucos recupera sua legitimidade. Ressurgem famílias que gastam o que não têm em uma festa de quinze anos, ou em um casamento ostentação. Observam-se comportamentos voltados ao olhar do outro, característicos de uma sociedade narcisista: são posturas conservadoras, discrepantes da ética revolucionária em que se forjou a emancipação cubana, mas não necessariamente contrarrevolucionárias. Mais grave é a percepção de que, pouco a pouco, se naturalizam coisas do capitalismo, como aceitar como normal que um compre algo que o outro não possa. Ou constatar o avanço da racionalidade neoliberal, entendida não como um receituário econômico, mas como uma razão estruturante que coloniza outras esferas da existência, como denota a noção de "capital humano". Neste contexto, Martínez Heredia considerou que em Cuba os revolucionários não estão perdendo a batalha, mas tampouco a estão ganhando (Martínez Heredia, 2016).

4.

Na Cuba atual, o Estado perdeu o monopólio das perguntas e das respostas sobre o futuro do país. A ordem social em que o Estado tem o compromisso de resolver os problemas dos seus cidadãos, em uma trajetória que aponta para o comunismo, entrou em crise. O sentido das mudanças iniciadas no período especial já não tem caráter provisório nem reversível, e a utopia comunista arrefece. Vive-se um momento de transição, em que o paradigma anterior perde lastro na realidade, mas ainda não se consolidou uma alternativa com capacidade mobilizadora comparável (Dacal, 2016). Como disse um jovem, "não temos clareza do que queremos e das formas de consegui-lo".

O sentido da mudança na ilha está em disputa e imagina-se o país de muitas maneiras. Barack Obama compartilhou a sua visão de Cuba com os cubanos em visita ao país: "Nos Estados Unidos temos um monumento claro do que podem construir os cubanos: se chama Miami" (Obama, 2016).

Dentro da ilha, existe alto consenso em torno de um projeto de nação que preserve a universalidade das conquistas sociais e a soberania. As reações espontâneas à morte de Fidel deram este testemunho: quem falou em juventude indiferente ao falecimento do comandante expressou um desejo e uma mentira. Os cubanos homenagearam em massa o líder do processo que consumou a nação, a despeito das discrepâncias que todo cubano tem. Foi um reconhecimento a quem defendeu o povo no passado, mas também um tributo ao presente e uma mensagem ao futuro: as manifestações tiveram um importante efeito demonstrativo junto aos Estados Unidos e ao mundo (Garcés, 2016).

Como disse a presidente da FEU, o problema não é os que estão contra a revolução, mas os rumos que a revolução tomará: em que medida será possível preservar o valor da igualdade frente às mudanças em curso, e como fazê-lo. O futuro que respiram os cubanos já não é a utopia de uma sociedade sem Estado, sem classe e sem propriedade privada, mas uma combinação entre direitos universais gratuitos e de qualidade, com relações mercantis disciplinadas por um Estado soberano.

Diante deste cenário, dois dilemas se colocam para a revolução que "assaltou a oligarquia, mas também os dogmas revolucionários": até que ponto a mercantilização das relações sociais será compatível com a preservação do ideário revolucionário, ainda que em sua versão minimalista? O Estado será capaz de disciplinar o capital em defesa da nação na periferia mundial, em pleno século XXI?

Na obra moral regeneradora da Revolução Cubana, o otimismo da vontade enfrenta o pessimismo da razão.

Referências bibliográficas

4º CONGRESO DEL PARTIDO COMUNISTA DE CUBA. "Información sobre el resultado del Debate de los Lineamientos", maio 2011. Disponível em <http://www.cubadebate.cu/wp-content/uploads/2011/05/tabloide_debate_lineamientos.pdf>.

ALONSO, Aurelio et al. "Actualizando el modelo: economía política y cultura", em Temas, n. 73, pp. 70-80. Havana, jan.-mar. 2013.

ALZUGARAY TRETO, Carlos. "Cuba cincuenta años después: continuidad y cambio político", em Temas, n. 60, pp. 37-47. Havana, out.-dez. 2009.

ARMAS, Ramón de. La revolución pospuesta. Havana: Centro de Estudios Martianos, 2002.

AUGUST, Arnold. Cuba y sus vecinos. Democracia en movimiento. Havana: Ciencias Sociales, 2014.

CASTRO, Fidel. "Al tribunal de urgencia", 24 mar. 1952. Disponível em <http://www.fidelcastro.cu/es/articulos/al-tribunal-de-urgencia>.

____. "Discurso pronunciado por Fidel Castro Ruz, Presidente de la República de Cuba, en las honras fúnebres de las víctimas del bombardeo a distintos puntos de la república, efectuado en 23 y 12, frente al cementerio de Colón", 16 abr. 1961a. Disponível em <http://www.cubadebate.cu/noticias/2015/04/16/una-revolucion-de-los-humildes-por-los-humildes-y-para-los-humildes/#.WIDeoVMrLIU>.

____. "Discurso pronunciado por el Comandante Fidel Castro Ruz, Primer Ministro del Gobierno Revolucionario y Secretario del PURSC, como Conclusion de las Reuniones con los Intelectuales Cubanos, efectuadas en la Biblioteca Nacional", 16, 23, 30 jun. 1961b. Disponível em <http://www.cuba.cu/gobierno/discursos/1961/esp/f300661e.html>.

____. "Discurso pronunciado por el Comandante en Jefe Fidel Castro Ruz, Primer Secretario del Partido Comunista de Cuba y Presidente de los Consejos de Estado y de Ministros, en la ceremonia de condecoración con la Orden 'José Martí', a Hu Jintao, Secretario General del Partido Comunista de China y Presidente de la República Popular China, en el Palacio de la Revolución", 23 nov. 2004. Disponível em <http://www.granma.cu/granmad/secciones/visitas/china/art04.html>.

____. "Discurso pronunciado por el Presidente de la República de Cuba, Fidel Castro Ruz, en el acto con motivo de la primera graduación de la Escuela Latinoamericana de Medicina, Teatro Carlos Marx", 20 ago. 2005a. Disponível em <http://www.cuba.cu/gobierno/discursos/2005/esp/f200805e.html>.

____. "Discurso pronunciado por Fidel Castro Ruz, Presidente de la República de Cuba, en el acto por el aniversario 60 de su ingreso a la universidad, efectuado en el Aula Magna de la Universidad de La Habana", 17 nov. 2005b. Disponível em <http://www.cuba.cu/gobierno/discursos/2005/esp/f171105e.html>.

CASTRO, Raúl. "Discurso del General de Ejército Raúl Castro Ruz, Presidente de los Consejos de Estado y de Ministros, en el 8º Período Ordinario de Sesiones de la Asamblea Nacional del Poder Popular", 23 dez. 2011. Disponível em <http://www.cubadebate.cu/opinion/2011/12/23/discurso-de-raul-castro-en--el-parlamento-de-cuba/#.WHio-VMrLIU>.

COBO, Narciso *et al.* "Debate: Actualizando el modelo: economía política y cultura", em *Temas*, n. 73, pp. 70-80. Havana: jan.-mar. 2013.

CONCEPCIÓN, José Raúl; GUERRERO, Dianet Doimeadios; PÉREZ, Irene & MALMIERCA, Rodrigo. "Necesitamos atraer el capital extranjero", em *Cuba Debate*, 1º nov. 2016. Disponível em <http://www.cubadebate.cu/noticias/2016/11/01/rodrigo-malmierca-en-fihav-2016-necesitamos-atraer-el-capital-extranjero/#.WHecUVMrLIU>.

DÍAZ VÁZQUEZ, Julio A. "Un balance crítico sobre la economía cubana. Notas sobre dirección y gestión", em *Temas*, n. 66, pp. 123-33. Havana: abr.-jun. 2011.

DIEZ ACOSTA, Tomás. *Octubre de 1962: a un paso del holocausto*. Havana: Editorial Política, 2008.

DUHARTE, Emilio *et al.* "Debate: Actualizando el modelo: economía política y cultura", em *Temas*, n. 73, pp. 70-80. Havana: jan.-mar. 2013.

FAYA, Ana Julia; RODRÍGUEZ, Pedro Pablo. *El despliegue de un conflicto. La política norteamericana hacia Cuba: 1959–1961*. Havana: Editorial de Ciencias Sociales, 1996.

FERNANDES, Florestan. *Da guerrilha ao socialismo: a Revolução Cubana*. São Paulo: Expressão Popular, 2007.

____. *Capitalismo dependente e classes sociais na América Latina*. Rio de Janeiro: Zahar, 1975.

FERNÁNDEZ ESTRADA, Julio Antonio et al. "Debate: Politización/despolitización en la cultura contemporánea", em *Temas*, n. 76, pp. 72-82. Havana: out.--dez. 2013.

FERNÁNDEZ RETAMAR, Roberto. *Cuba defendida*. Havana: Letras Cubanas, 1984.

GARCÉS, Carlos. "Debate: Politización/despolitización en la cultura contemporánea", em *Temas*, n. 76, pp. 72-82. Havana: out.-dez. 2013.

GARCÍA ÁLVAREZ, Anicia Esther & ANAYA CRUZ, Betsy. "Gastos básicos de familias cubanas pensionadas y salario-dependientes", em *Temas*, n. 79, pp. 89-94. Havana: jul.-set. 2014.

GARCÍA, Tania et al. "Debate: Actualizando el modelo: economía política y cultura", em *Temas*, n. 73, pp. 70-80. Havana: jan.-mar. 2013.

GOTT, Richard. *Cuba: uma nova história*. Rio de Janeiro: Zahar Editores, 2004.

GUANCHE, Julio Cesar et al. "Debate: Politización/despolitización en la cultura contemporánea", em *Temas*, n. 76, pp. 72-82. Havana: out.-dez. 2013.

____. "La participación ciudadana en el Estado cubano", em *Temas*, n. 70, pp. 69-79. Havana: abr.-jun. 2012.

____ (org). *En el borde de todo. El hoy y el mañana de la revolución en Cuba*. Bogotá: Ocean Sur, 2007.

GUERRA VILABOY, Sergio; GONZÁLEZ ARANA, Roberto & MALDONADO GALLARDO, Alejo. *Revoluciones Latinoamericanas del Siglo XX*. Morelia: Universidad Michoacana de San Nicolás de Hidalgo, 2006.

GUEVARA, Ernesto Che et al. *El gran debate sobre la economía en Cuba (1963–1964)*. Melbourne: Ocean Press, 2006.

____. *Revolução Cubana*. São Paulo: Edições Populares, 1979.

HALPERIN DONGHI, Tulio. *Reforma y disolución de los impérios ibéricos, 1750–1850*. Madri: Alianza, 1985.

HARNECKER, Marta. *Fidel: a estratégia política da vitória*. São Paulo: Expressão Popular, 2000.

HERNÁNDEZ, Rafael et al. "Debate: ¿Valores em crise?", em *Temas*, n. 75, pp. 67-80. Havana: jul.-set. 2013a.

____. "Debate: Politización/despolitización en la cultura contemporánea", em *Temas*, n. 76, pp. 72-82. Havana: out.-dez. 2013b.

KATZ, Claudio. "La epopeya cubana. La pagina Claudio Katz, textos de ciências sociales", em *La Haine*, 1º dez. 2014. Disponível em <http://katz.lahaine.org/?p=243>.

LE RIVEREND, Julio. "Cuba: del semicolonialismo al socialismo (1933–1975)", em GONZÁLEZ CASANOVA, Pablo. *América Latina: historia de medio siglo*. Cidade do México: Siglo XXI, 1984.

LIMIA DÍAZ, Ernesto. *Cuba: ¿fin de la história?* Bogotá: Ocean Sur, 2016.

LÓPEZ R., Felipe & HERRERA CARLÉS, Humberto. "Inversión extranjera: clave para el futuro de Cuba", em *Forbes México*, mar. 2015. Disponível em <http://www.forbes.com.mx/inversion-extranjera-clave-para-el-futuro-de-cuba/#gs.V6HkLeE>.

LÓPEZ SEGRERA, Francisco. *La revolución cubana. Propuestas, escenarios y alternativas*. Barcelona: El Viejo Topo, 2010.

MARTIN ROMERO, José Luis. "Las relaciones de trabajo: una asignatura pendiente en la política de la Actualización", em *Temas*, n. 83, pp. 66-74. Havana: jul.-set. 2015.

MARTÍNEZ HEREDIA, Fernando. "Un socialismo primitivo", em *Cuestiones de América*, n. 13, fev.-mar. 2003. Disponível em <http://www.cuestiones.ws/revista/n13/feb03-fsm-cuba-fmh.htm>.

____. *A viva voz*. Havana: Editorial de Ciencias Sociales, 2010.

MARTÍNEZ, Osvaldo. "Cuba en el contexto de la economía mundial", em TABLADA, Carlos. *Cuba: transición... ¿hacia donde?* Madri: Editorial Popular, 2001.

MORAIS, Fernando. *Os últimos soldados da Guerra Fria*. São Paulo: Cia. das Letras, 2011.

MORENO FRAGINALS, Manuel. *El Ingenio: complejo económico-social cubano del azúcar*. Havana: Editorial de Ciencias Sociales, 1986.

____. Cuba-Espanha-Cuba. Uma história comum. Bauru: Edusc, 2005.

NOVA, Armando. "Debate: Actualizando el modelo: economía política y cultura", *Temas*, n. 73, pp. 70-80. Havana: jan.-mar. 2013.

OBAMA, Barack. "Discurso del presidente Obama al pueblo cubano", 22 mar. 2016. Disponível em <https://obamawhitehouse.archives.gov/the-press-office/2016/03/22/discurso-del-presidente-obama-al-pueblo-cubano>.

ORTEGA GONZÁLEZ, Diosnara *et al*. "Debate: ¿Que es para ti la Revolución? Los jóvenes opinan", em *Temas*, n. 56, pp.152-60. Havana, jul.-set. 2008.

PARTIDO COMUNISTA DE CUBA. "Lineamientos de la política económica y social del Partido y la Revolución (Resolución del 4º Congreso del PCC)", jun. 2011. Disponível em <www.congresopcc.cip.cu>.

PÉREZ JR., Louis. "Cuba, c. 1930-1959", em BETHELL, Leslie. *Cuba: a short history*. Cambridge: Cambridge University Press, 1993.

PÉREZ, Ernesto *et al.* "Debate: ¿Que es para ti la Revolución? Los jóvenes opinan", em *Temas*, n. 56, pp. 152-60. Havana, jul.-set. 2008.

RAFULS PINEDA, Daniel. "El sistema electoral cubano: de la representación formal a la participación real", em *Temas*, n. 78, pp. 64-71. Havana, abr.-jun. 2014.

RAMONET, Ignacio. *Fidel Castro: biografia a duas vozes*. São Paulo: Boitempo, 2006.

RICARDO LUIS, Roger. "Prensa e imagen Cuba ante el espejo de la realidad", em *Temas*, n. 77, pp. 49-55. Havana, jan.-mar. 2014.

RODRÍGUEZ, José Luis. "Cuba, su economía y la Unión Soviética", em *Temas*, n. 68, pp. 114-21. Havana, out.-dez. 2011.

ROJAS, Fernando Luis *et al.* "Debate: ¿Qué es para ti la Revolución? Los jóvenes opinan", em *Temas*, n. 56, pp. 152-60. Havana, jul.-set. 2008.

SADER, Emir. *Cuba: um socialismo em construção*. Petrópolis: Vozes, 2001.

SALAZAR FERNÁNDEZ, Diana (org.). *La red Capital Humano*. Havana: Editorial Academia, 2012.

SEXTO, Luis *et al.* "Debate: Politización/despolitización en la cultura contemporánea", em *Temas*, n. 76, pp. 72-82. Havana, out.-dez. 2013.

TABLADA, Carlos. *Cuba: transición... ¿hacia dónde?* Madri: Editorial Popular, 2001

TAIBO II, Paco. *Ernesto Guevara, também conhecido como Che*. São Paulo: Expressão Popular, 2008.

VASCONCELOS, Joana Salém. *História agrária da revolução cubana: dilemas do socialismo na periferia*. São Paulo: Alameda, 2016.

VITIER, Cintio. *Ese sol del mundo moral*. Havana: Unión, 2008.

Conversas

HAVANA, DEZEMBRO DE 2016

ACOSTA GONZÁLEZ, Yoan Karell. Pesquisador do Centro de Estudios Hemisféricos y sobre Estados Unidos (CEHSEU).

DACAL, Ariel. Educador popular do Centro Memorial Martin Luther King Jr.

FERNÁNDEZ ESTRADA, Julio Antonio. Advogado e ex-professor da Faculdade de Direito da Universidade de La Habana.

GARCÉS, Raúl. Jornalista e vice-diretor da revista *Temas*.

HERNÁNDEZ PEDRAZA, Gladys. Economista vinculada ao Centro de Investigaciones de la Economía Mundial (Ciem).

HERNÁNDEZ, Rafael. Diretor da revista *Temas*.

LIMIA DÍAZ, Ernesto. Assessor do Ministério da Cultura.

MARTÍNEZ HEREDIA, Fernando. Pesquisador do Instituto Cubano de Investigación Cultural Juan Marinello.

MARTÍNEZ, Jennifer. Presidente da FEU.

MORLOTE, Luis. Vice-presidente da Unión de Artistas y Escritores de Cuba (Uneac).

PADRÓN, Juan Nicolas. Escritor.

PIÑEIRO HARNECKER, Camila. Especialista em cooperativismo.

RODRÍGUEZ, José Luis. Ex-ministro da Economia de Cuba.

VALDÉS PAZ, Juan. Especialista em questão agrária.

12. México e o progressismo tardio na fronteira imperial

O traço distintivo do neoliberalismo é a corrupção. [...] O combate à corrupção e [governar com] austeridade nos permitirão liberar recursos suficientes, mais do que imaginamos, muito mais, para impulsionar o desenvolvimento do México.
— Andrés Manuel López Obrador, discurso de posse como presidente da República dos Estados Unidos Mexicanos perante o Congresso da União, 1º de dezembro de 2018

Nossos sonhos não cabem nas suas urnas, tampouco nossos pesadelos, nem nossos mortos.
— Grafite no caracol zapatista de Oventic, Chiapas, México

Introdução

O México elegeu um presidente progressista em 2018, quando a onda já tinha passado na América do Sul. Como interpretar este progressismo tardio na fronteira imperial? O segundo maior país da América Latina viveu no início do século XX uma das convulsões populares mais radicais da história.
A Revolução Mexicana de 1910 forjou as instituições, mas também o padrão de dominação do país, uma vez que a estrutura de classes foi preservada. Desde então, o monopólio político de um partido que se confundiu com o próprio Estado — o Partido Revolucionário Institucional (PRI) — assentou-se em um pacto social velado, que tem como referência a Constituição de 1917. Entretanto, a crise do nacional desenvolvimentismo comprometeu as bases materiais de um projeto de país dessa natureza. Na medida em que a classe dominante mexicana atrelou seu destino ao dos Estados Unidos, culminando na criação de uma área de livre-comércio, o monopólio do partido de Estado perdeu sustentação. Salvo primeiro pela fraude e depois por uma aliança com seu rival conservador — o Partido de Ação Nacional (PAN) —, com quem compartilhou o poder nas primeiras duas décadas do século XXI, a dominação do chamado "PRIAN" foi afinal atropelada por Andrés Manuel López Obrador. Diferente de Lula quando foi eleito, o partido do presidente goza de maioria parlamentar. Por outro lado, a força do crime organizado e a aguda dependência dos Estados Unidos singularizam os desafios do México no con-

texto latino-americano. Diante desse quadro, cabe perguntar se a eleição de López Obrador deve ser interpretada como uma vitória da esquerda ou como uma alternativa viável de gestão da profunda crise mexicana.

1. Da revolução institucionalizada à crise do "PRIAN"

Caso singular na América Latina, o México adentrou o século XX sob o signo de uma revolução. O levante contra a reeleição de Porfírio Díaz, em 1910, homem que comandava o país desde 1876, logo transcendeu os modestos objetivos políticos daqueles que o iniciaram, convertendo-se em uma das rebeliões populares mais radicais da história. Durante quase dez anos, o país mergulhou em uma guerra civil que envolveu tropas de trabalhadores rurais, guerrilhas camponesas, batalhões operários, caudilhos liberais e conservadores, a Igreja, as mulheres (como as *adelitas*),[1] o exército mexicano e os Estados Unidos.

Se a revolução não alterou a estrutura de classes da sociedade mexicana — podendo, nesse sentido, ser descrita como uma "revolução interrompida" —, ela foi um divisor de águas na história do país (Gilly, 1974). O muralismo mexicano; a reforma agrária e a nacionalização petroleira sob Lázaro Cárdenas; o PRI como partido de Estado; a neutralidade em relação à Revolução Cubana; a preservação do patrimônio arqueológico; e a trajetória da Universidade Nacional Autônoma do México

---

1. *Adelitas* ou *soldaderas* foi como ficaram conhecidas as mulheres que participaram da Revolução Mexicana, seja como soldados, nas frentes de batalha, seja nos acampamentos, como cozinheiras, enfermeiras etc. [N.E.]

(UNAM), maior universidade da América Latina, entre outros traços marcantes na trajetória do país, só podem ser compreendidos à luz desse evento fundador.

Não há consenso em relação ao momento em que a revolução se extinguiu. Entre o levante contra a reeleição de Porfírio Díaz e a Constituição de 1917 — mesmo ano da Revolução Russa —, o poder mudou de mãos diversas vezes. Nesse processo, a intransigência das classes dominantes com a mudança social tornou-se cristalina: sucessivos presidentes dedicaram-se a encerrar o conflito reprimindo a reivindicação popular, o que prolongou a guerra civil. Confrontada com o espectro da insurreição popular e da intervenção estadunidense, os de cima evitaram a todo custo o caminho mais curto para a paz: resolver a questão agrária.

Na leitura de Gilly e Roux, a revolução terminou em uma espécie de empate. Se é certo que a estrutura de classes e a desigualdade social se perpetuaram, demandas populares fundamentais foram integradas ao arcabouço institucional que se consolidou. Para endereçar a questão agrária sem questionar a ordem do capital, foi necessária a mediação estatal, que incorporou o direito à terra à nova ordem jurídica, plasmada na figura do *ejido*, modalidade de propriedade comunal. No conjunto, consumou-se um pacto velado em que os direitos políticos dos de baixo foram expropriados, resultando na dominação autocrática do partido de Estado, em troca de uma agenda de direitos sociais consagrados na nova Constituição (Gilly & Roux, 1996, p. 118).

Nesta chave, a legitimidade do padrão de dominação que se impôs dependeu muito mais do compromisso do partido de Estado com esse arranjo fundador do que da obtenção de votos. Visto por esse prisma, o partido que institucionalizou a revolução não foi forjado para competir pelo voto cidadão, mas para disciplinar os estratos da classe dominante que chegaram ao poder pelas armas (Meyer, 2016, p. 114). Quando o general revolucionário Álvaro Obregón foi assassinado, em 1928, sepultando suas ambições de perpetuar-se no poder, a alternância presidencial consolidou-se como regra, embora nunca a renovação política. O partido estatal se afirmou como o espaço de resolução das disputas intraburguesas.

Após a revolução ter sido capturada pelo Estado — que logo se confundiu com um partido —, o avanço de uma agenda estatal popular e nacional atingiu o ápice sob o governo do general Lázaro Cárdenas (1934-1940). Interpretado por alguns como uma continuidade da revolução (Gilly, 2001), neste governo a reforma agrária e a nacionalização do petróleo foram acompanhadas de um disciplinamento da relação com os trabalhadores segundo moldes corporativistas. A "democracia dos trabalhadores" de Cárdenas favoreceu o interesse material dos de baixo, mas não a sua autonomia.

No decênio seguinte, o regime pós-revolucionário se estabilizou. Caracteristicamente, o país que até então só havia tido presidentes militares, a partir deste momento foi comandado por civis. Entre 1940 e 1972, o México avançou consistentemente em uma direção industrial, enquanto o centro da economia gravitou do campo para a cidade, em meio a uma acelerada urbanização. Altas taxas de crescimento e baixa pressão inflacionária caracterizaram esse período, descrito como "desenvolvimento estabilizador" (Martín del Campo, 1984). Entretanto, a estabilidade política foi rompida em 1968, quando uma massiva mobilização estudantil foi reprimida violentamente às vésperas dos Jogos Olímpicos que se realizariam na capital. O massacre de Tlatelolco[2] fraturou de modo irreparável a

---

2. Episódio em que estudantes foram assassinados pelas forças do Estado mexicano após realizarem um protesto contra o governo na Praça das Três Culturas, no bairro de Tlatelolco, na Cidade do México, em 2 de outubro de 1968, dez dias antes da abertura dos Jogos Olímpicos. Estima-se que

ideologia democrática do Estado mexicano, expondo sua face autocrática e repressiva (Aguilar Camin & Meyer, 2000).

Nos anos 1970, o México se deparou com os impasses do desenvolvimentismo: o "milagre mexicano" se esgotou. Jazidas de petróleo exploradas no final da década atenuaram provisoriamente os desequilíbrios econômicos, enquanto o endividamento externo se acelerou em um contexto de liquidez internacional, de modo análogo ao que ocorreu na Venezuela no mesmo período (Mora, 1984). Entre 1973 e 1981, as reservas de petróleo passaram de 3,6 bilhões para 72 bilhões de dólares, enquanto a dívida externa saltou de 6,5 bilhões para 75 bilhões de dólares (Cano, 1999). Entretanto, a convergência entre a elevação das taxas de juros internacionais e a queda nos preços do petróleo provocaram uma aguda crise, e o país foi forçado a decretar moratória da dívida externa em 1982. Embora o México tenha assinado uma primeira carta de intenções com o FMI em 1976, é a partir da moratória que se impuseram políticas de ajuste estrutural, apontando para uma reorientação da economia em direção neoliberal.

Por baixo da dimensão financeira da crise, a burguesia mexicana entendeu que a melhor resposta aos impasses envolvia uma opção estratégica pelo alinhamento aos Estados Unidos. No plano manufatureiro, isso implicou estimular as *maquiladoras*, um setor manufatureiro de capital estrangeiro voltado para exportação, mas que pouco se articula às cadeias produtivas nacionais e gera baixo valor agregado. É provável que o cálculo mexicano supusesse fazer do país uma espécie de China, em que o investimento estrangeiro revitalizaria o setor industrial, dinamizando o conjunto da economia. Retrospectivamente, é evidente que isso não aconteceu. Entretanto,

---

entre 44 e 325 pessoas tenham morrido na jornada, muitas delas vítimas de franco-atiradores enviados pelas autoridades. [N.E.]

a economia mexicana se articulou de modo intenso, ainda que fragmentário, à dos Estados Unidos, e desde 1992 o movimento de ambas se sincronizou, indício do grau extremo de dependência consolidado (Morales, 2015; López Bolaños, 2018).

A opção estratégica pelos Estados Unidos nos marcos da inflexão neoliberal ocasionou um distanciamento das premissas do regime pós-revolucionário. Embora o compromisso com a nação até então prevalente não deva ser idealizado, houve uma guinada notável, em que a *maquiladora* ganha centralidade em lugar da indústria voltada para o mercado interno; privatizações comprometem a soberania sobre os recursos minerais e energéticos; pressões mercantis em prol do agronegócio ameaçam a propriedade comunal da terra. No conjunto, as bases do pacto fundador do Estado pós-revolucionário foram colocadas em xeque, erodindo a legitimidade do padrão de dominação que lhe correspondia (Roux, 2005).

É este o contexto em que se dá a rebelião eleitoral liderada por Cuauhtémoc Cárdenas, um dissidente do PRI que se candidatou à presidência contra o partido de Estado em 1988. Vitoriosa nas urnas, a candidatura foi derrotada por uma escandalosa fraude, que as manifestações subsequentes foram impotentes em reverter (Fuser, 1995). Cárdenas recuperava o ideário nacionalista do pai, Lázaro, no momento em que a burguesia mexicana se preparava para cruzar o Rubicão na direção de Washington. É sintomático que o PAN, que surgiu nos anos 1940 em reação ao cardenismo original, tenha se aliado ao PRI contra o neocardenismo meio século depois.

A presidência de Salinas de Gortari (1988-1994) começou sob o espectro da fraude e terminou em meio a denúncias de corrupção e assassinatos. No meio tempo, o México aderiu ao Acordo de Livre-Comércio da América do Norte (Nafta), que institucionalizou a opção da classe dominante pelos Estados Unidos, enquanto modificaram-se os artigos mais famosos da constituição de 1917, abrindo caminho para a mercantilização dos *ejidos* e para a ulterior privatização e desnacionalização das riquezas naturais. A resistência a esse processo foi sintetizada pela insurgência do Exército Zapatista de Libertação Nacional (EZLN), que eclodiu em Chiapas em 1º de janeiro de 1994 — mesmo dia em que o Nafta entrou em vigor.

O sentido do movimento pode ser sintetizado em alguns elementos. Consolidou-se um padrão manufatureiro dissociado do mercado interno e das cadeias produtivas nacionais, apoiando-se na superexploração do trabalho barato, em particular feminino. Indício do grau de abertura — e, portanto, de dependência da economia, a participação do comércio exterior no PIB saltou de 27% em 1994 para 60% em 2014 (Sotelo Valencia, 2016, p. 42). Modificou-se o papel do Estado, que deixou de ser um instrumento central de acumulação, para atuar em prol de privatizações. No início dos anos 1980, o Estado ainda respondia por cerca de dois terços dos ativos nacionais, mas entre 1982 e 2010 mais de mil empresas públicas foram leiloadas ao capital privado (Sotelo Valencia, 2016, p. 34). No plano das relações de trabalho, fragilizaram-se os padrões de organização e negociação coletiva que caracterizavam o Estado corporativista, em um contexto de mercantilização e individualização dos nexos sociais. No campo, políticas de apoio à produção camponesa, como os *bancos ejidales* e a política de preços, foram extintas, enquanto grãos transgênicos subsidiados provenientes dos Estados Unidos inundaram o mercado nacional (Rappo, 2018).

No plano ideológico, a classe dominante abandonou o grande relato da Revolução Mexicana, evidenciando que o pacto velado na origem do regime estava ultrapassado (Meyer, 2016, p. 68). Esvaziado qualquer lastro com a revolução que o fundou, daí em diante esse padrão de dominação se sustentou na base da coerção, do clientelismo e da fraude. Neste contexto, duas respostas políticas foram avançadas. No primeiro dia de seu governo, Salinas de Gortari lançou o Programa Nacional de Solidariedade (Pronasol), pioneiro entre as políticas de transferência de renda condicionada no subcontinente. Além de sinalizar a passagem da lógica de direitos universais para estratégias focalizadas de combate à pobreza, a iniciativa visava mitigar a combalida legitimidade do novo governo por meio de um programa assistencial manipulado segundo desígnios clientelistas (Sánchez Juarez, 2018). Ao mesmo tempo, o PAN foi instado pelo PRI a cogovernar, intensificando a alcance da aliança contra o neocardenismo.

Nas eleições seguintes, a expectativa em relação à entrada em vigor do Nafta, que afinal coincidiu com uma grave crise econômica, e os vínculos clientelistas reforçados pelo Pronasol, asseguraram a vitória do candidato do PRI, Ernesto Zedillo (1994-2000). Entretanto, a campanha foi marcada pelo assassinato do candidato original do partido, Luis Donaldo Colosio, e do próprio presidente do PRI, Francisco Ruiz Massieu — indícios da degeneração do seu papel aglutinador das classes dominantes. No pleito seguinte, em 2000, Vicente Fox (2000-2006) elegeu-se pelo PAN, rompendo o que pode ser considerado como o sistema de partido único mais longevo da história (1929-2000). Embora tenha sido celebrada por alguns como uma democratização, o que se observou, na prática, foi uma alternância nos marcos do conglomerado político que comandava o país, popularmente conhecido como "PRIAN". Sintomaticamente, Fox foi o primeiro presidente do país oriundo de uma universidade privada, como também seriam seus sucessores, até de Andrés Manuel López Obrador.

No pleito seguinte, em 2006, López Obrador deixou o governo do Distrito Federal para candidatar-se à presidência pelo Partido de la Revolución Democrática (PRD), fundado em 1988 por Cuauhtémoc Cárdenas. Em um resultado vivamente questionado, Obrador foi derrotado por uma diferença de 0,56% dos votos, enquanto o candidato do PAN, Felipe Calderón, assumiu a presidência *"haiga sido como haiga sido"*, segundo disse. Pela primeira vez, o PRI amargou um terceiro lugar.

Em 2006, López Obrador sustentava posições mais combativas do que sustentaria três eleições mais tarde. Era um momento de ascensão da onda progressista sul-americana: Chávez, Lula e Kirchner estavam no auge, o Frente Amplio comandava o Uruguai, Evo assumiu a presidência da Bolívia e Correa elegeu-se no Equador. Nesse contexto, é plausível que a eleição de López Obrador fosse temida por uma ordem comprometida com os Estados Unidos, ainda que o fantasma fosse mais assustador do que o candidato em carne e osso.

Se Salinas de Gortari recorreu ao Pronasol para fidelizar eleitores, Calderón (2006-2012) declarou uma "guerra às drogas" à moda norte-americana, na expectativa de dispersar o manto da fraude eleitoral com a pacificação do país. Ao longo dos anos 1990, a repressão e a pulverização dos cartéis colombianos desviara as rotas de drogas na região, favorecendo que o crime organizado prosperasse e se enraizasse no México (Barrios, 2018). Como consequência, espraiaram-se no país os níveis de violência colombianos, praticados com requintes de crueldade por antigos quadros da repressão às guerrilhas centro-americanas treinados pelos Estados Unidos, que passaram a tirar o sustento da economia criminosa. A adoção da Iniciativa Mérida, em 2008, versão local do Plan Colombia, consumou a incorporação da agenda de segurança dos Estados Unidos pelo México, alimentando com dinheiro, treinamento e inteligência a escalada da violência no país. De modo revelador, Thomas Shannon, assistente do secretário de Estado para o hemisfério ocidental à época, se referiu a esta integração militar dizendo: "We're armoring Nafta", ou seja, estamos blindando o Nafta (*apud* Cockroft, 2014, p. 43). Enquanto execuções, valas comuns, tiroteios e justiçamentos se multiplicavam no país, as estatísticas mais conservadoras contabilizavam o assassinato sessenta mil pessoas no país durante o governo de Calderón.

Nas eleições de 2012, o PRI pretendeu-se renovado e voltou à presidência com o jovem e *guapo* Enrique Peña Nieto (2012-

2018). De saída, o novo presidente acordou um "Pacto pelo México" com o PAN e o próprio PRD — que, após sucessivas derrotas eleitorais, se rendia ao "PRIAN". O segundo colocado López Obrador contestou novamente o resultado, deixou o PRD e transformou o movimento eleitoral que liderou em um partido político: o Movimento Regeneração Nacional (Morena). Enquanto isso, Peña Nieto acelerou um conjunto de reformas de cunho neoliberal a pretexto de modernizar o país, incluindo uma polêmica reforma energética, orientada a privatizar a exploração dos recursos mineiros e energéticos, inclusive da estatal Petróleos Mexicanos (Pemex), e uma reforma da educação que enfrentou encarniçada resistência (Sotelo Valencia, 2016). O presidente prosseguiu com a guerra às drogas, e seu governo terminou com baixíssimos níveis de aprovação, manchado por escândalos de corrupção e violações aos direitos humanos — a mais infame delas envolvendo a execução e o desaparecimento de 43 estudantes de uma escola rural no município de Ayotzinapa.

Em 2018, López Obrador triunfou com uma votação massiva. O candidato do Morena venceu em 31 dos 32 estados da federação (perdeu apenas em Guanajuato), arregimentando mais da metade dos votos em uma eleição em que compareceram quase dois terços dos eleitores. Se é certo que a superioridade eleitoral tornou qualquer fraude mais difícil, também se pode aventar que o desgaste do "PRIAN" frente à magnitude dos problemas nacionais tornou a alternância para a esquerda não somente aceitável, mas desejável. Em 2018, a onda progressista no continente já era passado. Estava claro que estes governos eram tigres sem dentes, e não botavam mais medo em ninguém — mas podiam ser gestores eficazes da crise, em contextos de desgaste da ordem. Para explorar esta hipótese, analisaremos a seguir diversos aspectos da crise mexicana, visando aquilatar a dimensão e a profundidade dos desafios encarados por este governo.

2. Radiografia da crise

Em contraste com outros países latino-americanos, a economia mexicana não está alicerçada no extrativismo, mas na indústria *maquiladora*. As origens desta atividade remontam aos anos 1960, quando a pretensão de industrializar a fronteira norte combinou-se ao propósito de reter a força de trabalho migrante, uma vez expirado o acordo que permitia e estimulava que mexicanos trabalhassem nos campos estadunidenses nos marcos do esforço de guerra. Entretanto, é a crise do padrão industrial de substituição de importações que impulsionou a difusão desse modelo produtivo, agravada no México pela conjunção entre a queda nos preços do petróleo e a crise da dívida no início dos anos 1980. Em um contexto em que a desvalorização da moeda nacional barateou a força de trabalho, a *maquila* mexicana consolidou-se como um elo de cadeias globais de valor, instalando-se em enclaves territoriais sob um regime de excepcionalidade fiscal e laboral. Ao longo dos anos 1980, o México se converteu em um exportador manufatureiro, e em 1993, às vésperas do Nafta, o setor respondia por 80% das exportações totais. Neste momento, registravam-se 2.114 *maquiladoras* no país, empregando 542.074 trabalhadores, que respondiam por metade das exportações manufatureiras (Morales, 2015, p. 106).

Visto em perspectiva, o tratado formalizou e consolidou uma tendência em curso, mas também criou condições para aprofundá-la (Arroyo Picard, 2009). O regime de liberalização comercial característico das *maquiladoras* foi generalizado, rebaixando-se as tarifas em quase todos os ramos da indústria. Ao mesmo tempo, anularam-se as exigências de conteúdo nacional nas manufaturas, que em três décadas não superou 3%, inclusive na indústria de automóveis, que não se enquadra como *maquila*. Impulsionado pela crise financeira de 1995, que triplicou o valor do dólar em pesos mexicanos, o padrão *maquilador* deixou a fronteira e se espraiou pelo país, convertido em "plataforma territorial exportadora" (López Bolaños, 2015; Morales, 2018).

Nas duas décadas seguintes, as exportações manufatureiras se multiplicaram 7,7 vezes, mas em um ritmo desigual: nos primeiros sete anos, cresceram 16% ao ano (a dólares de 2009), enquanto nos anos seguintes observou-se uma regressão a um patamar inferior a 1%, voltando a crescer em taxas de dois dígitos em 2010. Essa desaceleração está relacionada à crise das empresas pontocom nos Estados Unidos e à competição chinesa e de *maquiladoras* do Sudeste Asiático. Em 2006, o setor empregava cerca de 1,2 milhão de trabalhadores no México, volume similar ao das Filipinas, enquanto o Vietnã mobilizava um milhão de trabalhadores e a China, mais de quarenta milhões (Morales, 2013). Entre 2000 e 2013, as *maquiladoras* cresceram em média 3,7% ao ano, limitando o seu papel como dinamizador da economia, cujo crescimento médio esteve abaixo de 3% nos três governos deste século: 2,36% sob Fox; 1,58% sob Calderón; 2,5% sob Peña Nieto até 2017 (Sotelo Valencia, 2018).

Nesse período, 45% do investimento estrangeiro direto dirigiu-se ao setor manufatureiro, principalmente para a aquisição de empresas nacionais. Em 1999, dois terços das *maquiladoras* no México eram de propriedade estadunidense, empregando quase três quartos dos trabalhadores do setor; japoneses respondiam por 4,8% das fábricas e 9,8% do pessoal, enquanto um quarto pertencia a mexicanos, responsáveis por 11% dos trabalhadores, fundamentalmente nas *maquilas* de confecção (Morales, 2015, p. 109). A desnacionalização, que se agravou no último decênio, atinge todos os setores da economia: os três principais bancos — BBVA, Santander e Citibank — concentram mais da metade dos ativos do setor, 70% dos quais está em mãos estrangeiras. Na atualidade, mesmo a indústria de tequila é controlada por empresas estadunidenses e japonesas (López Bolaños, 2018).

No primeiro semestre de 2018, 87,5% do valor das exportações mexicanas correspondeu a bens manufaturados, seguido por produtos petroleiros (7%) e agropecuários (4%) (Aguirre, 2018). Desde 2007, as estatísticas do Instituto Nacional de Estatística e Geografia (INEGI) não diferenciam *maquiladoras* e demais exportações manufatureiras, como automóveis e caminhões, mas é notória a centralidade das *maquilas*. A principal exportadora não *maquiladora* é a indústria automotriz, que em 2017 fabricou veículos para mais de cem países, mas 77% deles foram para os Estados Unidos. Dados de 2015 indicam que 88,2% do total das exportações mexicanas se dirigiram aos Estados Unidos, enquanto 47,4% das importações provieram do vizinho do norte (Sotelo Valencia, 2018).

No conjunto, as expectativas de prosperidade associadas à *maquiladora* não vingaram. É certo que o México converteu-se em exportador de manufaturas, mas trata-se de uma modalidade de industrialização de enclave, com escasso encadeamento a setores produtivos nacionais ou transferência tecnológica. Assim, o crescimento do setor é incapaz de dinamizar o conjunto da economia, enquanto as divisas geradas são insuficientes e o endividamento público aumenta. Apesar do superávit com o país vizinho, que incitou Donald Trump a renegociar os termos do Nafta, a balança comercial mexicana tem sido deficitária em função das trocas com a Ásia, principalmente com a China. No reverso da expectativa de crescimento e modernização, a aposta *maquiladora* exponenciou a dependência e a superexploração do trabalho, agravando as determinações estruturais do subdesenvolvimento mexicano.

A galinha dos ovos de ouro da indústria *maquiladora* é o trabalho barato. Os salários no país estão em queda desde 1976 e, atualmente, encontram-se entre os mais baixos do mundo. Em 2018, o salário mínimo mexicano rondava os 128 dólares, valor inferior ao da China, mas também ao de países como Haiti e Honduras. Segundo Sotelo Valencia, a diferença salarial média entre trabalhadores no México e seus equivalentes nos Estados Unidos e Canadá é de catorze vezes, podendo atingir até trinta vezes em alguns setores. Em 2015, a indústria automobilística pagava em média 3,95 dólares por hora de trabalho no México, 34 dólares nos Estados Unidos e 40,40 dólares no Canadá (Sotelo Valencia, 2016, p. 41). De acordo com o Índice Nacional de Preços ao Consumidor, o salário mínimo de 88,36 pesos diários em 2018 não cobria os custos para alimentar uma família mexicana, estimado então em 204,73 pesos por dia.

Dados publicados em 2017 pelo Instituto para o Desenvolvimento Industrial e o Crescimento Econômico (IDIC) indicam que 62% da população que trabalha não tem acesso às instituições de seguridade social e 42% tem ingressos inferiores à "linha de bem-estar mínimo" (IDIC, 2017). Em uma população economicamente ativa estimada em 54 milhões de pessoas, 74% recebe menos do que cinco salários mínimos e a metade tem ingressos inferiores a duzentos pesos diários (cerca de dez dólares), enquanto 15,5% recebe menos do que um salário mínimo. No governo de Peña Nieto, a fração dos trabalhadores que ganha entre três e cinco salários mínimos caiu 9,6%, e a que recebe mais do que cinco salários mínimos encolheu 30,6% (Sotelo Valencia, 2017). No outro lado da moeda, o jornal *La Jornada* calcula que a fortuna dos dez indivíduos mais ricos do México equivale a 10% de economia do país, enquanto quatro em cada dez mexicanos não conseguem garantir uma boa alimentação diária (Cockroft, 2014, p. 155).

Seis em cada dez trabalhadores está na informalidade (cerca de trinta milhões), proporção que alcança quatro quintos da população em estados como Chiapas, Oaxaca e Guerrero. Estima-se que há cerca de oito milhões de jovens *ni-ni* — que nem estudam, nem trabalham. Em 2015, 53,4 milhões de mexicanos estavam em situação de pobreza, e 9,4 milhões em pobreza extrema, em uma população pouco superior a 120 milhões (Rappo, 2018; Sotelo Valencia, 2018). Parte dessa população é amparada pelos programas de transferência de renda de origem priista, que ofertam entre vinte e sessenta dólares mensais aos beneficiados.

Estudos indicam que sete em cada dez mexicanos que emigram têm trabalho no país, sugerindo que a precarização é um importante móvel da migração. Dentre estes, 90% se dirigem aos Estados Unidos, onde moram cerca de 12,7 milhões de pessoas que nasceram no México. A cifra atinge 31,8 milhões de cidadãos quando se incluem filhos e netos desses imigrantes. Ou seja, um em cada dez mexicanos mora nos Estados Unidos, e um em cada cinco trabalhadores mexicanos ganha o seu sustento neste país (Cortez, 2018).

Como decorrência, o envio de dólares dos imigrantes às suas famílias é outra dimensão da integração fragmentar da economia mexicana à estadunidense, que se tornou crucial para mitigar o desequilíbrio das contas do país. Em 2018, as remessas alcançaram 33 bilhões de dólares até outubro, o que equivale a quase 3% do PIB mexicano, superando as divisas provenientes do petróleo e do turismo. Para efeito de comparação, estima-se que o narcotráfico movimenta 40 bilhões de dólares por ano (Rappo, 2018). O México é o quarto país que mais recebe remessas de imigrantes no mundo, depois de Índia, China e Filipinas.

Outro vetor da intensificação das migrações foram as mudanças operadas no campo, que tiveram como divisor de águas a modificação em 1992 do célebre artigo 27 da Constituição, que resguardava a propriedade *ejidal*. A estrutura de amparo à produção camponesa, que envolvia um sistema público de crédito, seguro para a produção e política de preços protegidos, entre outros, foi progressivamente desmontada. A situação foi agravada pelo Nafta, que impulsionou a exportação de itens que os Estados Unidos não produzem a custos comparáveis, como frutas, cítricos, hortaliças, tomate, pepino e abacate, ao mesmo tempo que facilitou as importações de milho, leite, trigo e outros gêneros agrícolas que gozam de subsídio estatal nos Estados Unidos. Como resultado dessa política, o México, que exportava grãos até o final dos anos 1970, voltou a importá-los, com uma dependência na ordem de 50%. Atualmente, o país importa em torno de 40% do trigo, 80% do arroz e 60% do milho que consome, além de gêneros como carne bovina, feijão, soja e leite (Bartra, 2018; Rappo, 2018).

A mudança associada ao Nafta afetou o padrão alimentar dos mexicanos, principalmente da população mais pobre. Conforme apontou reportagem do *The New York Times*, atualmente o México exporta frutas, legumes e sucos, enquanto importa carne bovina, soja e milho, que servem de insumos para a indústria de alimentos processados, favorecida pela expansão de redes de *fast-food* e hipermercados estadunidenses. A taxa de obesidade na população saltou de 7% em 1980 para quase 21% em 2016, enquanto o diabetes tornou-se a principal causa de morte no país, que tem o maior número de obesos no mundo. Em 2015, o mexicano médio consumia, por dia, 1.928 calorias provenientes bebidas e alimentos ultraprocessados — 380 calorias a mais do que os estadunidenses (Jacobs & Richtel, 2017). É emblemática a situação do milho, patrimônio cultural ancestral da região: o México passou a importar o grão transgênico em lugar de abastecer-se com as variedades nativas, um sintoma da degradação do tecido social do país, denunciada pela campanha *sin maiz no hay país*. Fenômeno análogo aconteceu com o petróleo, agravado pela reforma energética imposta por Peña Nieto: o México se converteu em um país petroleiro que importa três quartos da gasolina que consome. Em 2018, até petróleo cru foi importado (López Bolaños, 2018).

A despeito da difícil situação da agricultura camponesa, que condenou muitos à migração para as cidades ou o exterior, cerca de metade da superfície do país ainda pertence a *comuneros* ou *ejidos*. Desamparados pelo Estado, famílias de trabalhadores rurais sobrevivem graças aos próprios esforços, muitas vezes apoiadas por remessas dos parentes que emigraram. Há um forte componente cultural na relação com a terra, e muitos resistem a deixar de ser camponeses, mesmo que a produção mal alcance para sobreviver. Embora somente um quarto dos quinze milhões de indígenas pertencentes aos 62 grupos etnolinguísticos do país ainda viva no campo, a vitalidade de tradições comunitárias que atravessaram a colonização e o capitalismo nutre essa resistência (Rappo, 2018).

A expressão política mais conhecida dessa verve comunitária é o Exército Zapatista de Libertação Nacional, que deixou sua origem guerrilheira nos anos 1980 para se embeber das culturas nativas da região de Chiapas, onde se enraizou: "o espírito revolucionário vanguardista daqueles primeiros guerrilheiros foi deglutido pelas comunidades indígenas (digerindo o revolucionário e descartando o vanguardismo), criando assim um movimento profundamente indígena e, ao mesmo tempo, cosmopolita, em singular sintonia com as necessidades daquele momento histórico de neoliberalismo e globalização" (Accioli & Reyes, 2019).

Esse movimento original veio a público em primeiro de janeiro de 1994, quando o EZLN tomou sete municípios chiapanecos no mesmo dia em que o acordo da Nafta entrou em vigor. Após cinco anos pressionando o governo a cumprir os Acordos de San Andrés então negociados, os zapatistas cortaram comunicação com o Estado, e em 2001 decidiram implementar os acordos em seu território por conta própria. Desde então, investem em frentes de construção da autonomia, entre os caracóis (centros administrativos) e as juntas de bom governo (guiados pelo princípio de "mandar obedecendo"), além de iniciativas de saúde, educação e cultura, tendo como horizonte "um mundo onde caibam muitos mundos" — menos o capitalista, esclarecem alguns (Sánchez Barraza, 2018).

Entretanto, o zapatismo é apenas o mais notável entre uma variedade de movimentos de orientação autonomista, angulados em torno da defesa do território (Badillo Cuevas, 2018; Garza, 2018). Em anos recentes, enfrentamentos entre comunidades agrárias e corporações multinacionais se multiplicaram, porque, se é certo que o México não é um país extrativista, como esclarece Armando Bartra, por outro lado tais atividades têm crescido aceleradamente no país, assim como em todo o continente. Sotelo Valencia sustenta que, diante do esgotamento do padrão de reprodução capitalista vigente, estaria se forjando no México um novo modelo extrativista baseado em petróleo, gás, mineração e agronegócio para responder à crise do modelo *maquilador*, relacionada, em última análise, aos impasses da economia estadunidense ao qual está associado (Sotelo Valencia, 2016; 2018).

Entre 2002 e abril de 2016, o governo outorgou 25.716 títulos de concessão mineira no país, concentradas nos estados de Baja California, Chiapas, Chihuahua, Guerrero, Oaxaca, Puebla e Michoacán. Em 2017, a área total concessionada superava vinte milhões de hectares, equivalente a um décimo do território nacional. Empresas canadenses operam dois terços desses projetos, enquanto firmas estadunidenses comandavam 13,2% e mexicanas, 9,2%. Explora-se principalmente ouro, prata, cobre, zinco e ferro. O governo Calderón permitiu às multinacionais elidir a dupla tributação, de modo que a mineração gera receitas irrisórias para os cofres públicos mexicanos, respondendo por menos de 1% da arrecadação. Entre 2006 e 2015, os direitos mineiros recolhidos representaram 1,3% do valor gerado no período (Fundar, 2018; Garduño, 2015; Informe, 2018). Por outro lado, ativistas estimam que, nos decênios recentes, extraiu-se mais prata mexicana do que em todo o período colonial (Reyes Mendez, 2018).

Na visão de líderes comunitários, desde que entrou em vigor a lei mineira em 1992, mesmo ano em que se modificou a lei de terras, o Estado atua como uma espécie de promotor dos projetos mineiros. Concessões são outorgadas sem consulta prévia às populações concernidas, violando a legislação nacional e internacional relativa ao direito à autonomia e à livre determinação dos *pueblos* e comunidades indígenas. Diversas prerrogativas legais facilitam a expropriação territorial para fins de exploração mineira, que também obtém direitos sobre a água dos respectivos territórios, em prejuízo das populações rurais. A lei é permissiva do ponto de vista socioambiental, e ainda que se constatem infrações, não são previstos mecanismos para cancelar projetos. Por outro lado, quando comunidades resistem ou se opõem ao negócio mineiro, paramilitares semeiam o terror, visando quebrar toda oposição. Há relações nebulosas, porém notórias, entre Estado, paramilitarismo, extrativismo e o crime organizado (Informe, 2018; Reyes Mendez, 2018; Paredes, 2018).

Tais nexos têm se intensificado nos anos recentes em decorrência da territorialização dos cartéis do narcotráfico e da diversificação de suas atividades. Além de atuarem em outros ramos da economia criminal, como o tráfico de migrantes, de armas e de órgãos, facções do crime organizado também ingressaram na economia formal, participando da exportação de abacates, de madeiras e na mineração, entre outras. Neste contexto, alguns cartéis comportam-se como Estado, cobrando inclusive impostos — os *derechos de piso*, para liberar e proteger negócios nos territórios que dominam. Assim, não há lugar no país em que o camponês esteja imune ao narcotráfico (Bartra, 2018).

A colusão entre Estado e crime organizado é aceita como

um dado da realidade por muitos mexicanos. Questionado sobre evidências dessa relação, o jornalista Heriberto Paredes relata que foi perseguido e alvejado por policiais após dar um testemunho comprometedor à justiça. Também presenciou militares uniformizados dando vivas aos Cavaleiros Templários, um poderoso cartel de drogas que percebe a si mesmo como uma irmandade religiosa (Paredes, 2018). Foi em uma região controlada pelos Cavaleiros Templários no estado de Michoacán que mulheres lideraram uma rebelião em 2011, expulsando os madeireiros da localidade de Cherán. A comunidade levantou-se contra a devastação do bosque nativo, que ameaçava o equilíbrio ecológico e o suprimento de água da região. Além disso, havia notórios vínculos entre os madeireiros e o crime organizado, que cobrava "imposto" de comerciantes da cidade. Entretanto, quando o conflito se aguçou, os moradores decidiram expulsar também a polícia e os políticos, suspeitos de colusão com as atividades delitivas. Em mais uma experiência de autonomia popular, Cherán desde então é gerida e defendida pela própria população, que organizou inclusive uma autodefesa comunitária, como ocorre em outras partes do país (Alonso Reynoso, 2018).

Os nexos entre o crime organizado e o Estado mexicano ganharam visibilidade internacional no chamado massacre de Iguala, ocorrido em 2014, quando 43 estudantes de uma escola rural no município de Ayotzinapa "desapareceram" enquanto se deslocavam para a capital do país para atividades em memória do massacre de Tlatelolco em 1968. A versão oficial sustenta que a chacina foi articulada pelo prefeito de Iguala e sua esposa, com a cumplicidade da polícia local: as autoridades teriam entregue os estudantes a um cartel, que os incinerou. Porém, esta versão, que inocenta o Exército, a Polícia Federal e o governo federal, é contestada por familiares e órgãos de direitos humanos, e foi desmentida por especialistas da Comissão Interamericana de Direitos Humanos dois anos mais tarde. Na falta de investigações conclusivas, suspeita-se que os ônibus que os estudantes tomaram para viajar, segundo uma prática comum entre a militância, estavam carregados de drogas. O receio de que viesse à tona um esquema de tráfico envolvendo altas esferas do poder público teria precipitado o massacre (Olivier, 2018).

Os desaparecidos de Iguala são a ponta do iceberg de um drama maior. No início de 2019, cifras oficiais registravam 40.180 desaparecidos (Animal Político, 2019), sem contar os imigrantes, enquanto ONGs de direitos humanos sugerem um número até cinco vezes maior. Os desaparecimentos, que até 2006 limitavam-se a 247 casos, são uma faceta da escalada da violência relacionada à "guerra às drogas" declarada por Calderón naquele ano. O número de homicídios também se multiplicou, e entre 2006 e abril de 2018 os registros do INEGI ultrapassaram 250 mil casos. A média anual, em ascensão desde 2014, atingiu em 2017 a cifra recorde de 31.174 pessoas — cerca de 25 homicídios por cada cem mil habitantes, enquanto em 2008 a taxa foi de treze por cada cem mil mexicanos. Estima-se que ocorrem cerca de sessenta mortes diárias vinculadas ao narcotráfico, no terceiro país com mais homicídios e mortes causadas por armas de fogo no mundo, ambas estatísticas lideradas pelo Brasil (EFE, 2018; PRODH, 2018).

Assim como na Colômbia, a guerra às drogas foi, por vezes, eficaz em desbaratar a centralização em grandes cartéis, diluindo a economia política do narcotráfico em uma miríade de grupos menores, mas sem abalar a vitalidade do negócio como um todo. A economia delitiva, que em 2006 se concentrava em oito cartéis, ao final do mandato de Peña Nieto se espraiava por mais de trezentas organizações (Alonso Reynoso, 2018, p. 8). A eficácia de operativos espetaculares com cobertura midiática é antes política do que criminal, e visa reforçar a imagem de governantes implacáveis, em um contexto em que três em cada quatro mexicanos considera inseguro o lugar onde vive.

A intervenção estatal, cujo poder de fogo é muito superior ao do crime organizado, frequentemente reprime uma facção em benefício de outra, melhor relacionada com a política de turno. Assim como na Colômbia, proliferam-se relações promíscuas entre o narcotráfico e o Estado — que, no entanto, não se partidarizam como no país sul-americano, onde se alinham principalmente ao uribismo. O crime organizado influi na política mexicana de modo diverso, seja amedrontando, subordinando ou comandando diretamente governos e prefeituras (Meyer, 2016, p. 264). Nas últimas eleições, em 2018, registraram-se 82 políticos assassinados. O narcotráfico é visto como ator determinante em ao menos cinco estados (Morelia, Veracruz, Tamaulipas, Sinaloa e Guerrero, onde ocorreu a chacina de Iguala). Avalia-se que a paz relativa na capital do país é mediada por acordos envolvendo o poder público e as facções criminosas. Diante de tal realidade, observadores pontuam que a noção de um narcoestado é absolutamente real, sublinhando que Estado e narcotráfico muitas vezes não são atores diferentes, mas papéis diversos exercidos pelas mesmas pessoas (Bartra, 2018; Paredes, 2018; Rappo, 2018).

A violência que emana desta relação, ora dialética ora simbiótica, entre repressão estatal e crime organizado, corrói o tecido social mexicano. A guerra às drogas colocou o Exército em ação em um ambiente civil, militarizando a sociedade segundo uma lógica em que a população pobre é tratada como inimigo interno. Leis de segurança inspiradas no modelo colombiano criminalizam o protesto social, enquanto a tortura se naturaliza como método de obter informações em qualquer investigação. No plano judiciário, apurações são barradas e investigadores indesejáveis, removidos, reforçando um clima de impunidade que favorece ações extremas (PRODH, 2018).

A violência atinge quem resiste mas também quem denuncia: mais de 120 jornalistas foram assassinados século XXI, o que torna o país um dos mais perigosos do mundo para exercer a profissão. No mesmo período, um número similar de ambientalistas foi vitimado. O México introduziu o termo "feminicídio" no vocabulário latino-americano, em função dos assassinatos de mulheres em grande escala em Ciudad Juárez, na fronteira com os Estados Unidos, que motivaram a legislação que tipifica este crime desde 2007. A morte persegue até quem escapa do país: entre 2002 e 2012, mais de dez mil pessoas pereceram tentando cruzar a fronteira com os Estados Unidos pela zona desértica (Meyer, 2016, p. 59). Diante deste cenário, há quem considere que o México vive uma crise humanitária não reconhecida, pois em doze anos de guerra às drogas morreu tanta gente quanto em décadas de guerra civil na Colômbia (PRODH, 2018).

Em resumo, a crise mexicana tem múltiplas facetas: desequilíbrios comerciais e fiscais, dependência dos Estados Unidos, precariedade do trabalho, desemprego, drama agrário, obesidade e diabetes como problemas de saúde pública, conflitos socioambientais, questão indígena, tensões migratórias, chauvinismo de Trump, crime organizado, desaparecidos, feminicídios, assassinatos políticos, impunidade, narcopolítica, corrupção... Se é certo que "este país é um cemitério", como sentenciou Josefina Morales, o governo López Obrador tem a difícil tarefa de ressuscitar a nação mexicana, para que o dia dos mortos volte a ser apenas um feriado comemorado uma vez por ano, e com festa.

3. A eleição de López Obrador

Vista sob o pano de fundo da história mexicana recente, a eleição de López Obrador incita expectativas contraditórias. De um lado, a primeira alternância para a esquerda em uma política marcada pelo autocratismo e pela fraude despertou um indiscutível entusiasmo, motivado por uma notável mobilização cidadã que concedeu ao novo governo uma legitimidade inicial ímpar. Por outro lado, a gravidade dos problemas do país coloca desafios colossais ao presidente, sugerindo a necessidade de soluções radicais. Retoricamente, isso é reconhecido quando López Obrador reivindica para si a responsabilidade de realizar uma "quarta transformação" no México, depois da independência de 1821, das reformas liberais do século XIX e da revolução de 1910.

Entretanto, qualquer mudança estrutural no país implica rever o padrão de relação com os Estados Unidos consolidado no Nafta, que incide em todas as esferas da existência: do padrão alimentar à política de segurança, da política industrial à questão agrária, do mimetismo cultural à imigração. Porém, isso está fora do horizonte do novo governo, que aceita os parâmetros estruturais da ordem legada.

Em sua campanha, López Obrador limitou-se a afirmar que exigiria dos Estados Unidos que o seu país fosse tratado com respeito, sem deixar claro o que isso significa. Uma vez eleito, membros de sua equipe se integraram à renegociação do tratado de livre-comércio forçada pelo governo Trump, que, durante a campanha para a Casa Branca, ameaçara diversas vezes abandonar o Nafta — o que se revelou como mais um de seus blefes. Assim, quando no início da presidência López Obrador dobrou o salário mínimo na região fronteiriça, seu governo respondeu a uma demanda apresentada por Estados Unidos e Canadá na renegociação do tratado. Em outras partes do país, o aumento concedido foi de 16,21%. Por outro lado, o novo tratado restringe as possibilidades do México negociar com economias que "não são de mercado" — ou seja, com a China. Há quem critique o Nafta por este ângulo, argumentando que o modelo *maquilador* seria mais favorecido por vínculos com a potência oriental, onde os salários estão em ascensão, do que com o vizinho do norte, cuja economia patina (Martínez, 2018).

Embora um verniz latino-americanista adorne o ideário do Morena, foram raras as menções a América Latina na campanha eleitoral, excluindo a possibilidade de uma guinada radical na política externa (Carvalho & Franzoni, 2018). Em todo caso, o contexto regional desfavorável a qualquer iniciativa integracionista, em contraste com 2006, facilita a postura conservadora do novo governo nesse campo. Assim, o não reconhecimento de Juan Guaidó como presidente autoproclamado da Venezuela em janeiro de 2019 remete a uma antiga acomodação diplomática com os Estados Unidos, em que a liberdade para destoar da grande potência acalma pressões domésticas, mas não tem consequências práticas relevantes. A oposição às sanções econômicas e à ruptura diplomática com Cuba durante a Guerra Fria se inscrevem nesta tradição.

Ao aceitar os parâmetros da relação com os Estados Unidos, a margem de manobra do Estado mexicano para fazer política pública se vê constrangida em todos as direções. Nesse contexto, mais realista do que uma "quarta transformação" é a expectativa de uma espécie de programa republicano de salvação pública, ambicionando frear a degradação do tecido social mexicano e recuperar a capacidade interventora do Estado, nos marcos de uma política econômica que, embora ortodoxa, reivindica o desenvolvimentismo (Oliver, 2018).

Entretanto, mesmo esta aspiração mais modesta se defronta com obstáculos e contradições. Qualquer desígnio desenvolvimentista se depara com uma realidade em que o Nafta restringe a possibilidade de controle do espaço econômico nacional; em que a burguesia mexicana comprometeu-se com a associação subordinada aos Estados Unidos em todos os níveis; em que a dependência em relação ao dinamismo da economia deste país se exponenciou; em que a indústria *maquiladora* reproduz os condicionantes que caracterizam um enclave econômico; em que a autonomia do Banco Central, vigente desde 1994, fragiliza o comando governamental da política monetária; em que a dívida pública tem crescido, a captação fiscal é baixa (cerca de 10% do PIB) e uma reforma tributária está fora da agenda. Assim, a agenda de López Obrador sinaliza para uma versão mexicana do progressismo sul-americano, mesclando a expectativa de crescimento econômico com programas sociais redistributivos, elidindo a raiz estrutural dos problemas associados ao subdesenvolvimento.

À maneira do Programa de Aceleração do Crescimento (PAC) brasileiro, López Obrador prevê um conjunto de megaprojetos de infraestrutura para dinamizar a economia e gerar parte dos dois milhões de postos de trabalho que prometeu. Os projetos mais conhecidos e polêmicos incluem um corredor industrial interoceânico através do istmo de Tehuantepec, onde a distância entre o Golfo do México (banhado pelo oceano Atlântico) e o Pacífico é mais curta, favorecendo o tráfico interoceânico em concorrência com o canal do Panamá e o projeto similar em curso na Nicarágua. A proposta está nos marcos da agenda de Peña Nieto de promover zonas econômicas especiais no sul do país, uma vez que os portos de Coatzacoalcos e Salina Cruz, vinculados pelo corredor, teriam este estatuto.

Outro projeto controverso é o chamado Trem Maya, uma rede de 1,5 mil quilômetros de linhas férreas também no sul do país, visando dinamizar a indústria do turismo. Entretanto, a lógica dos megaprojetos é associada a uma modalidade predatória de desenvolvimento que colide com as tradições comunitárias fortemente enraizadas e organizadas na região, prenunciando conflitos. O movimento zapatista já deixou claro que resistirá ao Trem Maya, que atravessará Chiapas. O governo anunciou que respeitará os protocolos de consulta às populações atingidas, mas, como disse um militante, "é bom que nos perguntem, mas é preciso escutar a resposta" (Froehling, 2018). Muitos desconfiam que isso não acontecerá.

Antes mesmo de tomar posse, o presidente emitiu um sinal em direção contrária: em outubro de 2018, respaldou uma consulta popular que rechaçou a construção de um aeroporto no lago drenado de Texcoco, obra que ameaça o equilíbrio ecológico e as fontes de água nos arredores da capital. López Obrador propôs como alternativa a ampliação e recondicionamento de outros aeroportos nas redondezas. Embora houvesse elementos de oportunismo na consulta, e a alternativa apresentada também seja questionável de um ponto de vista socioambiental (Badillo Cuevas, 2018), o compromisso do novo governo de interromper a obra orçada em 13 bilhões de dólares contrariou gente importante, como Carlos Slim, o homem mais rico do México e maior investidor no projeto. No entanto, o alcance do episódio deve ser matizado: não há qualquer indício de fissura com o empresariado, e o próprio Slim compareceu ao discurso de cem dias de governo, ao qual só fez elogios.

Tampouco está claro o compromisso do presidente de se contrapor ao que o campo popular descreve como "projetos de morte", como o aeroporto e a agenda extrativista. López Obrador se posicionou contra megaprojetos mineiros, prometeu "zero *fracking*" e condenou os transgênicos. Entretanto, nos primeiros dias de mandato, liberou mais de cem mil hectares para novas minas, enquanto um em cada quatro poços de petróleo no país continuava sendo fraturado hidraulicamente. No campo, anunciou uma política de crédito para os pequenos produtores sem necessidade de garantias, mas nomeou para a Secretaria de Agricultura, Pecuária, Desenvolvimento Rural, Pesca e Alimentação (Sagarpa) um especialista em transgênicos com vínculos com a Monsanto, Victor Villalobos, visto como "um defensor do modelo agroindustrial neoliberal" por movimentos camponeses e indígenas de Oaxaca (Resumen Latinoamericano, 2018).

A mesma ambiguidade é constatada no terreno da segurança e direitos humanos. López Obrador se comprometeu com o fim da guerra às drogas, mas anunciou a criação de uma controversa Guarda Nacional, mobilizando efetivos do Exército e da Marinha sob comando civil. A iniciativa indica que a militarização continuará, e foi severamente criticada por organizações de direitos humanos. Duas premissas discutíveis fundamentam a proposta: a primeira é que o Exército não se corrompeu. A segunda é que é inviável desmilitarizar a sociedade sem um Estado forte — em outras palavras, não é possível desmilitarizar o Estado sem antes militarizá-lo. No campo dos direitos humanos, criou-se uma Comissão da Verdade sobre o massacre de Iguala, enquanto organizações populares pleiteiam que se investigue o conjunto dos crimes cometidos sob a égide da guerra às drogas (PRODH, 2018).

Para além do recurso à repressão, o governo espalhará bolsas entre a juventude que estuda, como alternativa ao crime organizado. Segundo um informe da Câmara dos Deputados, quase meio milhão de mexicanos integram as redes do narcotráfico, em sua maioria jovens (Meyer, 2016; 277). Entretanto, é discutível o poder de atração dessas bolsas para uma juventude que tem como horizonte o desemprego e a violência. Como diz uma música no país, "mais valem cinco anos de rei do que vinte anos de boi". López Obrador também prometeu duplicar a pensão dos idosos e construir cem novas universidades, e, quando perguntado sobre a fonte dos recursos para tal, a resposta invariavelmente apontava para um tema central da sua campanha: o combate à corrupção e a moralização do Estado.

Em seu discurso de posse, falou em vender a frota aérea da presidência, eliminar pensões vitalícias para ex-presidentes, não usar guarda-costas nem a casa presidencial, proibir o uso de veículos públicos para fins pessoais, cortar motoristas, pessoal de segurança e assessores, reduzir viagens e diárias, limitar o valor dos presentes para servidores públicos, que não poderiam mais conviver em festas com provedores de serviços, e cortar gastos com publicidade. Decretou que nenhum funcionário público ganharia mais do que o presidente, sugeriu eliminar a imunidade do presidente e foros privilegiados para servidores públicos, estabeleceu como delito grave o tráfico de influências e fraudes fiscais, entre outras medidas republicanas, mas de escasso impacto orçamentário (López Obrador, 2018).

O limite do republicanismo anunciado é dado pela continuidade de formas convencionais de se fazer política. A ascensão do Morena foi acompanhada de alianças controversas e pelo acolhimento de defecções do "PRIAN" que, mais interessadas em permanecer no poder, não quiseram ir para a oposição. A coligação eleitoral que liderou incluiu o Partido Encontro Social, de orientação evangélica. A coordenadora da campanha, Tatiana Clouthier, militou muitos anos no PAN, e seu pai foi candidato presidencial por este partido em 1988. Por isso, ela se contrariou com a nomeação de Manuel Bartlett para dirigir a Comissão Federal de Eletricidade: o ex-priísta é considerado um dos artífices da fraude de 1988, quando presidia a Comissão Eleitoral. Outro que mudou de lado é o empresário Alfonso Romo, agora chefe de gabinete do presidente. Contas feitas, um militante avalia que metade do gabinete de López Obrador é constituído por quadros conservadores, enquanto a outra metade é descrita como uma esquerda neoliberal (Froehling, 2018).

Ambivalências também marcam o novo governo em relação às reformas antipopulares e antinacionais do seu antecessor. Obrador se comprometeu a enterrar a reforma educacional proposta por Peña Nieto, mas nomeou para a pasta da Educação um notório priísta, Esteban Moctezuma. Em seu discurso de posse, o novo presidente exortou os trabalhadores petroleiros a atuarem com patriotismo para resgatar esta indústria, "como se fez nos tempos do general Cárdenas", mas a nacionalização está fora do radar. Na realidade, a reforma energética promulgada em 2013, bem como a reforma trabalhista de 2012, não são questionadas. À moda do progressismo brasileiro, a ideia é construir sobre a estrutura legada, sem questionar suas fundações.

Reflexões finais

Com o massacre de Tlatelolco em 1968, vieram à tona as fissuras do nacionalismo revolucionário, que se institucionalizou como ideologia estatal sob a batuta do PRI, configurando a dominação partidária mais longeva do século. No decênio seguinte, os impasses da industrialização substitutiva em uma ordem impermeável às pressões populares conduziram a burguesia mexicana à opção preferencial pelos Estados Unidos, o que implicou renunciar aos fundamentos do pacto velado que sustentava a ordem priísta. O esvaziamento da legitimidade do regime se escancarou nas eleições de 1988, quando a dissidência neocardenista ganhou os contornos de uma rebelião eleitoral, abortada pela fraude. Foi um momento crucial: nos anos seguintes, as reformas do artigo 27 da Constituição e da lei mineira modificaram os parâmetros da relação com a terra e com os recursos naturais, enquanto a adesão ao Nafta comprometeu de modo irreparável a soberania do país. Tais mudanças condenaram o padrão de dominação vigente, que vislumbrou na incorporação do PAN como oposição leal uma via para a alternância controlada, enquanto setores populares radicalizaram-se em uma direção autonomista, como foi o caso dos zapatistas.

Na medida em que a chama neocardenista esfriou, López Obrador emergiu como alternativa à esquerda. Na sua leitura, o México só não entrou na onda progressista em 2006 porque houve nova fraude eleitoral. Embora a consolidação do Nafta tornasse a agenda cardenista do passado cada vez mais difícil, as movimentações em torno de uma integração latino-americana naquele momento geravam desconfiança. Avançando na direção contrária, Calderón estendeu a simbiose com os Estados Unidos ao plano da segurança, lançando uma guerra às drogas que elevou a violência ao nível de uma crise humanitária. O PRI ainda teve uma sobrevida eleitoral, mas, no fim das contas, o mandato de Peña Nieto consumou a decadência do "PRIAN". Se em 2006 a eleição foi dividida, em 2018 López Obrador se impôs com uma maioria incontestável.

 A sustentação popular do presidente remete antes ao desgaste da política tradicional do que a uma agenda social radical. Os tempos do neocardenismo passaram: sintomaticamente, a narrativa de uma "quarta transformação" deixa de fora o cardenismo, associado à reforma agrária e à nacionalização do petróleo. No centro do discurso reluz um moralismo republicano, que também tem uma dimensão personalista — como se o esforço de austeridade pessoal do presidente saneasse as finanças públicas, ou seu discurso direcionado ao povo tornasse o país mais democrático. Ao mesmo tempo, deixa claro que a autonomia do Banco Central e o compromisso com a austeridade fiscal serão respeitados. No conjunto, a noção de que o combate à corrupção e a moralização da coisa pública financiarão a agenda social do governo é, na melhor das hipóteses, ingênua e, na pior, hipócrita. Talvez a principal mensagem transmitida é que mudanças estruturais não são cogitadas.

 De todo modo, isso já estava dado pela postura em relação aos Estados Unidos. Sem questionar o modo como a burguesia mexicana atrelou o seu destino ao do vizinho, a intenção de recuperar a margem de manobra do Estado para fazer política pública é severamente constrangida, em todas as esferas. O progressismo tardio mexicano se depara com uma realidade particularmente inóspita, pois além de todas as dificuldades inerentes à mudança no capitalismo periférico, está amarrado aos Estados Unidos, gangrenado pelo crime organizado e conta com escassos aliados regionais.

Diante desse cenário e à luz da história recente, é pertinente indagar se a primeira variação eleitoral para a esquerda na história mexicana é antes uma vitória da mudança ou uma alternativa de gestão da crise. Vista em perspectiva internacional, o triunfo do Morena replica um fenômeno global, em que novidades políticas se impõem diante de partidos tradicionais, explicitando o descrédito da política convencional: nesse sentido, há uma semelhança com a eleição de Jair Bolsonaro no Brasil. A particularidade mexicana é que a vitória de López Obrador parece estar na contramão da história, porque ocorre depois de a onda progressista sul-americana ter passado e, com ela, os ensaios integracionistas que convergiram na Unasul e na Celac. Porém, encarada do ângulo do padrão autocrático da política mexicana, a eleição de López Obrador pode ser interpretada como a culminação de uma transição controlada, que aponta para a emergência de um padrão de dominação novo, mas restrito aos marcos da ordem vigente. Se no Brasil a vitória de Bolsonaro assinala o ocaso da Nova República, o triunfo de López Obrador no México culmina o longo fim do reinado do PRI. Uma transição lenta e gradual, mas segura, afinal.

Analisados nesta perspectiva, o progressismo e o bolsonarismo emergem como faces opostas mas complementares da autocracia burguesa na América Latina, avessa ao protagonismo popular e impermeável à mudança. Assim, o governo de López Obrador coloca um dilema para a esquerda: rebento tardio da estirpe progressista, que pretende mudar sem enfrentar a raiz dos problemas, seu êxito dependerá da relativa eficácia em gerir, em múltiplas frentes, a colossal crise mexicana. Em outras palavras, o sucesso de um governo dessa natureza reside em garantir condições relativamente estáveis para a reprodução capitalista, o que implica tourear as pressões populares — entre migalhas, cargos e repressão — enquanto se aprofundam as estruturas do capitalismo dependente. Por outro lado, o seu fracasso será interpretado como uma derrota da esquerda com a qual se alinha, nutrindo uma frustração que pode se converter em ódio, favorecendo a antipolítica e a repressão, em um país onde o Exército é uma das poucas instituições que ainda goza de credibilidade junto à opinião pública.

Pode demorar menos tempo, como Lugo no Paraguai, ou mais tempo, como o PT no Brasil, mas o roteiro do progressismo já foi vivido. Embora os rumos da história sejam sempre imprevisíveis, é possível antecipar as linhas gerais da sua evolução, como costuma ser o caso com as novelas mexicanas. Nesse caso, porém, é improvável que o final seja feliz.

Referências bibliográficas

ACCIOLY, Luciana & REYES, Alejandro. "Como está o zapatismo na atualidade?", em DESSOTTI, Fabiana; FRANZONI, Marcela & SANTOS, Fabio Luis Barbosa dos (orgs.). *O México de López Obrador*. São Paulo: Elefante, 2019 (no prelo).

AGUILAR CAMIN, Héctor & MEYER, Lorenzo. À sombra da Revolução Mexicana. São Paulo: Edusp, 2000.

AGUILAR MORA, Manuel. *Crisis y esperanza: México mas allá de 1984*. México: Juan Pablo Editor, 1984.

AGUIRRE, Joel. "La indústria maquiladora y manufacturera es la más productiva de México", em *Newsweek*, 11 nov. 2018. Disponível em <https://newsweekespanol.com/2018/11/industria-maquiladora-manufacturera-productiva-mexico/>. Acesso em 20 mar. 2019.

ALONSO REYNOSO, Carlos. *Movimientos recientes de autodefensas y polícias comunitárias en México*. Guadalajara: Universidad de Guadalajara, 2018.

ALTMANN, Werner. *México e Cuba: revolução, nacionalismo, política externa*. São Leopoldo: Unisinos, 2002.

ANIMAL POLÍTICO. "Hay más de 40 mil desaparecidos y 36 mil muertos sin identificar en México, reconoce Gobernación", em *Animal Político*, 17 jan. 2019. Disponível em <https://www.animalpolitico.com/2019/01/40-mil-desaparecidos-mexico-victimas-sin-identificar/>. Acesso em 20 abr. 2019.

ARROYO PICARD, Alberto. "México a 14 años del TLCAN: realidad y propaganda", em SANDOVAL PALACIOS, Juan Manuel. *TLCAN: balance general e impactos subregionales y sectoriales*. México: Red Mexicana de Acción frente al Libre Comercio, 2009, pp. 15-46. Disponível em <http://www.rmalc.org.mx/documentos/libros/tlcan2009.pdf>. Acesso em 7 set. 2013.

CANO, Wilson. *Soberania e política econômica na América Latina*. São Paulo: Unesp, 1999.

CARVALHO, Carlos Eduardo & FRANZONI, Marcela. "López Obrador diante de Trump", em *Valor Econômico*, 20 jul. 2018.

COCKROFT, James. *Revolución y contrarevolución en México*. Havana: Editorial de Ciencias Sociales, 2014.

EFE. "La tasa de homicídios em México alcanza su mayor nível en una década", em EFE, 30 jul. 2018. Disponível em <https://www.efe.com/efe/america/mexico/la-tasa-de-homicidios-en-mexico-alcanza-su-mayor-nivel-una-decada/50000545-3706122>. Acesso em 20 abr. 2019.

FUNDAR. Centro de Análisis e Investigación. *Anuario 2017. Las actividades extractivas en México: minería e hidrocarburos hacia el fin del sexenio*. México: Fundar, 2018. Disponível em <http://fundar.org.mx/mexico/pdf/AnuarioExtractivas2017.pdf >. Acesso em 20 abr. 2019.

FUSER, Igor. *México em transe*. São Paulo: Scritta, 1995.

GARDUÑO, Roberto. "Fox y Caldedrón cedieron casi 10 millones de hectáreas a mineras", em *La Jornada*, 20 set. 2015. Disponível em <https://www.jornada.com.mx/2015/09/20/politica/005n1pol#>. Acesso em 20 abr. 2019.

GARZA ZEPEDA, Manuel & PLEYERS, Geoffrey. *México en movimentos*. Oaxaca: UABJO, 2017.

GILLY, Adolfo. *La revolución interrumpida*. México: El Caballito, 1974.

___. *El cardenismo: una utopía mexicana*. México: Era, 2001.

___. *México: el poder, el dinero y la sangre*. México: Nuevo Siglo, 1996.

GILLY, Adolfo & ROUX, Rhina. "México: crisis de la forma de Estado", em GILLY, Adolfo. *México: el poder, el dinero y la sangre*. México: Nuevo Siglo, 1996, pp. 111-38.

INFORME. *Juício popular comunitário contra el estado y las empresas mineras en Oaxaca*. Oaxaca: 2018.

INSTITUTO PARA EL DESARROLLO INDUSTRIAL Y EL CRECIMIENTO ECONOMICO (IDIC). La Voz de la Industria, v. 5, n. 108. Disponível em <http://idic.mx/wp-content/uploads/2017/12/VozIndustria-20171213-Vol-05-Num-108-Bajos--salarios-informalidad-y-pobreza-la-debilidad-social-del-modelo-econ%-C3%B3mico-v2.pdf >. Acesso em 21 mar. 2019.

JACOBS, Andrew & RICHTEL, Matt. "Nafta pode estar relacionado à disparada da obesidade no México", em *The New York Times*, 13 dez. 2017. Disponível em <https://www1.folha.uol.com.br/equilibrioesaude/2017/12/1942835-nafta-pode-estar-relacionado-a-disparada-da-obesidade-no-mexico.shtml>. Acesso em 18 mar. 2019.

KNIGHT, Alan. "Interpretaciones recentes de la Revolución Mexicana", em *Revista Secuencia*, n. 13, pp. 23-43, jan.-abr. 1989.

LÓPEZ BOLAÑOS, Alejandro César. "México: la continuidad y profundización del despojo neoliberal. Balance de la economía a partir del Tratado de Libre Comercio de América del Norte (TLCAN), 1994-2014", em ROJAS VILLAGRA, Luis. *Neoliberalismo en América Latina: crisis, tendencias y alternativas*. Asunção: Clacso, 2015, pp. 223-40.

LÓPEZ OBRADOR, Andrés Manuel. Discurso de Andrés Manuel López Obrador, Presidente da República, 1º dez. 2018. Disponível em <https://www.gob.mx/presidencia/articulos/discurso-de-andres-manuel-lopez-obrador-presidente-de-los-estados-unidos-mexicanos?idiom=es>. Acesso em 20 abr. 2019.

MARTÍN DEL CAMPO, Julio Labastida. "La unidad nacional al desarrollo estabilizador (1940-1970)", em GONZÁLEZ CASANOVA, Pablo. *América Latina: historia de médio siglo*. México: Siglo XXI, 1984, pp. 328-76.

MEYER, Lorenzo. *Distopía mexicana: perspectivas para una nueva transición*. México: Penguin Random House, 2016.

MORALES, Josefina. "La industria maquiladora en México bajo el TLCAN, 1993-2013", em ROJAS VILLAGRA, Luis. *Neoliberalismo en América Latina: crisis, tendencias y alternativas*. Asunção: Clacso, 2015, pp. 103-24.

___. "Maquila, reestructuración industrial y trabajo", em ROLDÁN, Genoveva (coord.). *La globalización del subdesarrollo en el mundo del trabajo*. México: IIEC-UNAM, 2013.

RESUMEN LATINOAMERICANO. "México: indígenas de Oaxaca advierten que futuro titular de agricultura ha sido defensor del modelo neoliberal para el sector", em *Resumen Latinoamericano*, 16 jul. 2018. Disponível em <http://www.resumenlatinoamericano.org/2018/07/16/mexico-indigenas-de-oaxaca-advierten-que-futuro-titular-de-agricultura-ha-sido-defensor-del-modelo-neoliberal-para-el-sector/>. Acesso em 20 abr. 2019.

ROUX, Rhina. *El príncipe mexicano: subalternidad, historia y estado*. México: Era, 2005.

SOTELO VALENCIA, Adrian. "Trabajo precário e informalidade laboral en México", em *Rebelión*, 28 dez. 2017. Disponível em: <http://www.rebelion.org/noticia.php?id=235878>. Acesso em 21 mar. 2019.

___. *México (des)cargado. Del Mexico's moment al Mexico's disaster*. México: Itaca, 2016.

Entrevistas em Cidade do México, Puebla, Oaxaca, San Cristóbal de las Casas e comunidades de San Pablo Tecalco e San Luis de Tecualtitlan, Vale do Teotihuacán, entre 2 dez. 2018 e 13 dez. 2018.

BADILLO CUEVAS, Donatto Daniel. Professor e militante no Vale do Teotihuacán.
BARRIOS, David. Especialista em geopolítica, UNAM.
BARTRA, Armando. Estudioso das questões indígena e agrária, UAM-Xochimilco.
CORTÉZ, Sergio. Especialista em questões migratórias, Benemerita Universidad Autónoma de Puebla.
FROEHLING, Oliver. Servicios Universitarios y Redes de Conocimiento en Oaxaca (SURCO).
GARZA, Manuel. Universidad Autónoma Benito Juárez.
LEÓN, Efrain. Professor de Geografia, UNAM.
LÓPEZ BOLAÑOS, Alejandro. Professor de Economia, UNAM.
MARTÍNEZ, Ignácio. Professor de Relações Internacionais, UNAM.
MORALES, Josefina. Professora de Economia, UNAM.
OLIVIER, Lucio. Estudioso movimentos sociais e Estado, UNAM.
PAREDES, Heriberto. Jornalista.
PRODH (Centro de Derechos Humanos Miguel Agustín Pro Juárez).
RAPPO, Susanna. Especialista em questão agrária, Benemerita Universidad Autónoma de Puebla.
REYES MÉNDEZ, Neftalí. Liderança popular em Oaxaca, rede EDUCA.
REYES, Alejandro. Comunicador, escritor, apoiador do EZLN.
SÁNCHEZ BARRAZA, Raymundo. Centro Indígena de Capacitación Integral (CIDECI UniTierra).
SÁNCHEZ JUAREZ, Karina. Universidad Autónoma Benito Juárez.
SOTELO VALENCIA, Adrian. Professor de sociologia, UNAM.

Epílogo

As reflexões finais que seguem estão encadeadas em três seções. Inicialmente, reconstituo as determinações gerais do movimento da história em que se inscreveu a onda progressista, para então estabelecer relações entre os processos analisados. Embora a quantidade e a diversidade de países limite a possibilidade de comparações detalhadas, saliento os traços comuns e as particularidades mais relevantes, em um exercício ensaístico de comparação histórica.

Na sequência, analiso convergências e divergências entre os diferentes governos no âmbito da integração regional. A hipótese de que a onda progressista atesta o estreito espaço para a mudança dentro da ordem se desdobra na constatação de que uma integração regional que não confronte as estruturas da dependência está condenada a reproduzi--la. No conjunto, observa-se uma correspondência entre os processos progressistas nacionais e o esforço de integração regional, em que a mudança nos marcos da continuidade econômica restringiu-a à superfície da política.

Na terceira seção, enuncio nove proposições motivadas pela reflexão em torno da onda progressista que motivou o livro, com a intenção de contribuir para pensar a política necessária e construir a mudança necessária.

Parte I.

A Revolução Democrática e Cultural é feita com votos, não com balas; com consciência política militante e sem ambições nem ganância.
— Evo Morales em declaração no Twitter,
 16 de dezembro de 2016

Ao confundir democracia com revolução, seus campeões patrocinam a imobilidade da ordem e a contrarrevolução permanente.
— Florestan Fernandes

O contraste da trajetória dos países sul-americanos revela semelhanças e diferenças, como toda comparação histórica. A semelhança fundamental é dada pelo sentido geral do movimento, arrancado de um passado colonial comum, perpetuado na articulação entre dependência e desigualdade. No plano econômico, é possível sintetizá-lo na sequência de industrialização substitutiva de importações, internacionalização dos mercados internos, crise da dívida e inflação, até neoliberalismo, *boom* das *commodities*, recessão. Na esfera política, sucedem-se nacional-desenvolvimentismo, revolução *versus* contrarrevolução, transição, desgaste dos partidos convencionais, onda progressista, regressão conservadora.

Não há uma correspondência precisa entre os termos econômicos e políticos, que tampouco obedecem a uma sequência cronológica exata nas diferentes situações. Assim como alguns países pouco avançaram na direção industrial, subsistindo na condição de economia de encrave,[11] houve aqueles que não elegeram presidentes identificados com o campo progressista no início do século XXI. A despeito das particularidades, a sucessão destes momentos transmite o sentido geral da história nos últimos cem anos na região. Sua relativa simultaneidade nos diferentes países concretiza o significado do imperialismo — e da dependência — no subcontinente. De maneira inversa, a constatação de que a traje-

---

11. Florestan Fernandes (1975, p. 19) descreveu as economias de encrave como "versões modernizadas do antigo sistema colonial ou do neocolonialismo transitório do início do século XIX". Este padrão de dominação externa cristalizado sob a ascendente hegemonia dos Estados Unidos fundamenta-se em controles indiretos criados pelos mecanismos de mercado, determinando que apenas uma massa diminuta da riqueza produzida seja retida no espaço econômico nacional, o que impõe limites rigorosos ao alcance e ao ritmo da descolonização. Exemplos desta situação são as ilhas caribenhas e o conjunto da América Central.

tória cubana difere substancialmente deste roteiro ilustra o que significa romper com estas amarras.

As especificidades são dadas por cada formação socioeconômica, articulada de modo mais ou menos coeso em torno de Estados nacionais a partir do século XIX. Às particularidades estruturais de cada país, como o subdesenvolvimento com abundância de divisas na Venezuela, a *sociedad abigarrada* na Bolívia ou a violência na Colômbia, somam-se as múltiplas vicissitudes inerentes aos processos históricos. Embora Fidel Castro argumentasse que, onde quer que existam dezenas de revolucionários reunidos, como no *Granma*, sempre haverá um Che, um Raúl, um Cienfuegos e um Fidel, o papel do indivíduo na história é único.

Situada em uma perspectiva histórica ampliada, as linhas gerais do movimento que desaguou na onda progressista remetem ao triunfo da contrarrevolução no período da Guerra Fria, que congelou a mudança histórica em numerosas situações nacionais, na esteira da Revolução Cubana. Este processo foi mais visível nas ditaduras do Cone Sul, mas a mudança também foi bloqueada em regimes em que a política se restringiu ao circuito fechado dos pactos oligárquicos, como na Venezuela e na Colômbia.

O congelamento da mudança significou não só a derrota da revolução, mas também da reforma. A intensificação da penetração das multinacionais contornou as pressões pela reforma social e a integração regional, entendidas como premissas para superar o esgotamento da industrialização substitutiva. No plano político e também ideológico, selou-se a dissociação entre desenvolvimento e integração nacional, rompendo com a referência consagrada pelo pensamento cepalino no pós-guerra, que associava industrialização e nação.

O crescente endividamento externo da região nos anos 1970 foi uma das dimensões do aprofundamento da dependência, assentando as bases para o fim do nacional-desenvolvimentismo e para a dominância do capital financeiro. Quando eclodiu a crise da dívida na década seguinte, os países enfrentaram uma combinação de estagnação econômica e inflação. Os problemas econômicos contribuíram para desestabilizar as ditaduras, porém, em todos os casos, a transição foi um processo controlado, embora menos na situação argentina e mais no caso chileno.

Como decorrência, prevaleceram governos identificados com a oposição consentida aos regimes desmanchados, em situações em que não havia correlação de forças nem interesse político em confrontar o seu legado. Em outras palavras, a derrota anterior modulou as acanhadas condições com que os governos chamados democráticos enfrentaram a crise. O resultado universal desta impotência, partilhada pelos poucos países que não vinham de ditaduras, foi a progressiva subordinação das políticas nacionais às instituições financeiras internacionais, notadamente o FMI. Na medida em que a globalização se acelerava, os programas de ajuste neoliberal colocavam os últimos pregos no caixão do nacional-desenvolvimentismo.

O ritmo e a intensidade da incorporação dos países da região ao neoliberalismo variaram em proporção inversa à devastação social produzida pelos regimes anteriores. Ou seja, quanto mais devastado estava o campo popular, como no caso argentino ou peruano, mais radical foi o neoliberalismo. No plano político, esta agenda foi implementada em alguns casos por gente até então identificada com o nacionalismo, como os peronistas na Argentina, Victor Paz Estenssoro na Bolívia e Carlos Andrés Pérez na Venezuela. No Chile, onde a relação entre ditadura e neoliberalismo prescindiu de mediações, os socialistas geriram a ordem. No mesmo diapasão, os autodenominados social-democratas comprovaram no Brasil a impossibilidade de uma centro-esquerda na América Latina, gravitando para a direita liberal.

No conjunto, a implementação da agenda neoliberal desgastou as velhas forças políticas e abriu espaço para as novas. No campo popular, a corrosão dos instrumentos tradicionais da política classista, como os sindicatos e os partidos operários, debilitou a base material de projetos de mudança associados à classe trabalhadora como tal. Este fenômeno mundial foi potencializado pelo fim da União Soviética, que facultou uma ofensiva neoliberal ulterior sintetizada na noção do "fim da história". Cuba desafiou este veredito e sobreviveu como uma aberração, mas está na defensiva desde então.

Por outro lado, emergiram novos atores políticos, organizados principalmente como movimentos sociais. Entre os sem-terra no Brasil, os *piqueteros* na Argentina e os zapatistas no México, os resultados políticos mais impactantes foram alcançados por movimentos de origem camponesa e ligados à identidade indígena na Bolívia e no Equador, onde vários presidentes foram derrubados no início do século XXI.

A conjunção entre o desgaste da política convencional e a ascensão do protesto social abriu espaço para a novidade eleitoral. Em alguns casos, triunfaram organizações tradicionalmente associadas à esquerda, como o PT brasileiro ou o Frente Amplio uruguaio. Em outros, emergiram figuras identificadas com a mudança, como Hugo Chávez na Venezuela, Evo Morales na Bolívia, Rafael Correa no Equador e Fernando Lugo no Paraguai. Na Argentina, Néstor e Cristina Kirchner expressaram a mínima mudança possível para aplacar um contexto radicalizado. No Chile, os socialistas assumiram a dianteira da Concertación, mas frustraram qualquer expectativa de transformação. Somente Peru e Colômbia penderam explicitamente para a direita, gerando regimes de características ditatoriais que combinaram neoliberalismo, "relações carnais" com os Estados Unidos, assistencialismo e repressão. Estes foram os únicos países em que a luta armada subsistiu nos anos 1990 — no caso peruano, como uma perversão do que foram as guerrilhas na

Guerra Fria —, o que legitimou, aos olhos de parte da população, o terrorismo de Estado.

Na vanguarda da onda progressista esteve, desde o primeiro momento, a Venezuela. Determinado a recuperar o controle estatal sobre a renda petroleira, o movimento comandado por Chávez deparou-se com a intolerância das classes dominantes, que fizeram de tudo para derrubá-lo em seus anos iniciais. Vitorioso nas ruas e nas urnas, a singularidade do processo bolivariano em relação aos seus contemporâneos foi sua progressiva radicalização, quando os demais recuaram. Este curso foi favorecido pelas posses de Luiz Inácio Lula da Silva no Brasil e Néstor Kirchner na Argentina, em 2003, seguidas de vitórias à esquerda no Uruguai, na Bolívia, no Equador e no Paraguai. Assim, quando a Unasul foi criada, em 2008, a Colômbia de Álvaro Uribe se viu constrangida a aderir, sob pena de isolar-se na região.

Entretanto, a despeito da retórica revolucionária, o processo bolivariano jamais transcendeu a institucionalidade burguesa. Ao contrário, recorreu constantemente às urnas para legitimar-se, curso seguido pela Revolução Cidadã no Equador e pelo *proceso de cambio* na Bolívia — onde a retórica revolucionária foi mais discreta. Esta via se traduziu em processos enquadrados pela dinâmica parlamentar, indício de debilidade de uma suposta pretensão revolucionária. Em 2016, sintomaticamente, setores populares no Chile e na Colômbia — onde a esquerda foi silenciada por décadas — evocavam uma Assembleia Constituinte como instrumento de descongelamento da política. Nestes países, assim como no Peru, frentes à esquerda cresciam como terceira ou segunda força eleitoral, manejando discursos e práticas que reeditavam a ilusão progressista.[1]

---

1. A eleição de Andrés Manuel López Obrador no México, em 2018, se deu neste mesmo diapasão: alternância política nos marcos da ordem. No caso mexicano, pretende-se renegociar a relação subordinada com os

No plano tático, ao eleger o parlamento como o foro de resolução das tensões sociais, os governos progressistas optaram pela conciliação de classes, inclusive onde havia notável potencial de radicalização popular. Frequentemente, a via legislativa serviu como um meio para tirar o povo das ruas e devolver a política à institucionalidade, restituindo a ordem na Argentina, na Bolívia e no Equador. No polo oposto, o jogo eleitoral foi eficaz para alternar presidentes no Peru e na Colômbia, onde a esquerda esteve praticamente proscrita, assim como no Chile, onde foi congelada pelo socialismo.

Invariavelmente, a política parlamentar progressista envolveu concessões aos conservadores, articulando estratégias de neutralização do potencial disruptivo do campo popular, que variaram entre a cooptação e o enfrentamento aberto. Em todos os casos, houve setores que aderiram ao governo, motivados por uma mescla de convicção e benefícios, enquanto quem preservou a autonomia foi acusado de fazer o jogo da direita. No conjunto, os governos ditos progressistas se transformaram em gestores da ordem, tanto mais eficazes porque neutralizaram seus principais contestadores.

A centralidade do parlamento também implicou estratégias orientadas ao prestígio eleitoral, que dominaram o horizonte da política. Os progressistas advogaram a mudança, mas por meios convencionais. Além de buscarem alianças conservadoras e militarem contra a autonomia popular, adotaram toda sorte de práticas identificadas com a alienação burguesa, como o *marketing*, a demagogia, o clientelismo e o personalismo, além de repisarem ideologias econômicas liberais, como o mito do crescimento e a ilusão do consumo.

Estados Unidos, opção das classes dominantes selada nos anos 1980, sem questionar seus fundamentos.

No conjunto, o comando do Estado deixou de ser um meio para a mudança, para tornar-se um fim em si.

No caso venezuelano, é possível argumentar que houve esforços para construir uma correlação de forças favorável à radicalização. Porém, o desígnio de promover a mudança a partir do Estado esbarrou em contradições inerentes à proposição de fortalecer o poder popular a partir da institucionalidade. Este dilema atingiu o paroxismo na Revolução Cubana, onde a exigência de um Estado que defenda a ilha do imperialismo conflita com a necessidade de radicalizar a base democrática da revolução, entendida como poder popular. Porém, diferentemente de Venezuela, Bolívia ou Equador, o processo cubano se assentou em uma revolução popular, e não em uma Constituição reescrita sob um presidente recém-eleito. Significativamente, a revolução só adotou uma Constituição dezessete anos depois do seu triunfo, o que equivalia à duração do processo bolivariano em 2016.

Finalmente, a conciliação de classes significou que os governos progressistas descartaram transformações estruturais: apostaram na mudança sem mexer na raiz dos problemas. Este entendimento implicou a continuidade econômica, o que esvaziou o papel da direita tradicional. Subsistiu uma oposição recalcitrante constituída por desalojados do poder, mas com escassa ressonância, uma vez que sua relevância advém do poder do dinheiro, que financiou os braços esquerdo e direito do partido da ordem e dormiu tranquilo durante a onda. Nos países onde a esquerda foi estigmatizada em meio a guerras civis, ou sequestrada pelo transformismo socialista no caso chileno, a necessidade de negociação foi menor e o sono do capital, ainda mais tranquilo.

O ensejo de modificar sem enfrentar as questões estruturais restringiu o horizonte da mudança a políticas distributivas apoiadas na receita estatal, oriunda principalmente da exportação primária. Portanto, o outro lado da difusão de programas de renda condicionada incentivados pelo Banco Mundial, como o Bolsa Família no Brasil, foram obras de infraestrutura que potenciaram a circulação das *commodities*. Ambas as políticas foram adotadas por todos os governos na América do Sul e não foram uma exclusividade progressista. Em alguns casos, houve esforços para aumentar a renda apropriada pelo Estado, como na Venezuela e na Bolívia, ou para ampliar a cobertura dos programas, como no Brasil. Mas a redução de índices de pobreza foi geral, ao mesmo tempo que a desigualdade se manteve intocada. No conjunto, o processo foi lubrificado por extraordinárias receitas desfrutadas durante a alta no preço das *commodities*, que beneficiou a todos e facilitou a conciliação de interesses nas gestões progressistas. Por outro lado, aprofundaram-se as determinações que caracterizam o legado colonial, como a dependência econômica, a superexploração do trabalho e a devastação ambiental.

No conjunto, reproduziram-se sociedades incapazes de controlar o próprio destino, avançando rumo à degradação em todas as esferas da existência — que é característica do capitalismo contemporâneo. Se a velocidade rumo à barbárie foi mais lenta sob administração progressista, o sentido do movimento permaneceu inalterado. Porém, ao praticar políticas que debilitaram o campo popular que os elegeu, estes governos ajudaram a criar as condições para a reação antipopular que se vislumbra, dinâmica evidente nos casos paraguaio e brasileiro.

Em síntese: a política associada à onda progressista se mostrou suficiente para vencer eleições, mas foi insuficiente para mudar os países. A aposta na conciliação de classes resultou em diferentes estratégias de desmobilização ou aparelhamento do campo popular, ao mesmo tempo que os negócios prosperaram e se fortaleceram. Portanto, em uma perspectiva histórica ampliada, o interlúdio progressista pode ser visto como funcional à reprodução da ordem, porque conteve a mudança em contextos onde a sublevação contra o neoliberalismo — latente no Brasil, Paraguai e Uruguai, ou aberta, como na Argentina, no Equador e na Bolívia — ameaçava a própria ordem. Nesta perspectiva, o ocaso da onda progressista está associado ao esvaziamento desta funcionalidade política — a contenção da mudança —, em um contexto em que o declínio do *boom* das *commodities* agravou a crise capitalista no subcontinente, pressionando por políticas antipopulares mais agressivas.

País onde o progressismo mais avançou e ensaiou desafiar a ordem, o impasse venezuelano ilumina os paradoxos. Incapaz de enraizar a mudança na sociedade, solidificando o apoio dos pobres que representou, o processo bolivariano encastelou-se no Estado, de onde resistia a entregar o poder. Em 2017, sua força era também sua debilidade: o poder estatal ainda lhe permitia evitar uma saída eleitoral como na Argentina, ou um golpe como no Brasil. O paradoxo é que, para sustentar-se no poder, transmutava-se em um fator político conservador. Na Bolívia e no Equador, constatava-se uma degeneração política comparável, embora nestes países há muito o poder progressista não se identificasse com a mudança. Por outro lado, a velocidade e a intensidade da crise venezuelana desafiavam paralelos. Em suma, quanto mais se forteleceu o progressismo, mais conservador se tornou; e onde mais fundo foi, mais aguda tem sido a crise. Sob este prisma, o governo Nicolás Maduro emerge como um desdobramento do próprio chavismo, e não como uma inflexão, assim como Michel Temer é a metástase das gestões petistas. Vista entre sua vanguarda política e seu motor, a onda progressista revelava-se, afinal, como uma outra cara da barbárie — e não como o seu contrário. Em 2017, sobrevivia somente como uma casca vazia, ou uma ideologia.

Parte II.

Vamos desbravar a América do Sul, que ao mesmo tempo está tão próxima e distante.
— Luiz Inácio Lula da Silva, 2003

Na política externa, será constituída o que poderíamos denominar, de uma maneira informal, uma internacional progressista e revolucionária a nível continental.
— Álvaro Garcia Linera, 2016

Se é possível dizer que a Venezuela esteve na vanguarda da onda progressista, o motor dinâmico regional foi o processo brasileiro, país que representa cerca de metade do território e da economia sul-americanas.

O móvel econômico da integração foi a internacionalização de setores oligopolizados do capital brasileiro, potencializada por dinheiro público gerido pelo BNDES. A competitividade das "campeãs nacionais" esteve vinculada à superexploração do trabalho e dos recursos naturais, além de relações venais com o Estado. Neste quadro, a integração regional só poderia ser uma extensão do apoio doméstico à exportação primária e à construção civil, materializada nos corredores de exportação projetados pela IIRSA. A articulação de organismos regionais, notavelmente a Unasul, serviu como alicerce da liderança política brasileira, cacifando o país no plano mundial.

Associada aos parâmetros da ortodoxia no plano doméstico e internacional, a política externa brasileira condenou ao isolamento as pretensões mais arrojadas ensaiadas pela Venezuela sob a égide da Alba, então denominada Alternativa Bolivariana para as Américas. Se é certo que o processo bolivariano prefere governos simpáticos, também é verdade que a opção brasileira restringiu suas parcerias anti-hegemônicas às limitadas possibilidades de Cuba. A empatia petista ajudou os bolivarianos a sobreviverem, desde que aceitassem a ordem proposta.

No outro polo, Colômbia, Chile e Peru constituíram um eixo de apoio explícito à agenda estadunidense na região. Mais além do Plan Colombia, expressão radical desta cumplicidade, a convergência entre os países se expressou na Aliança do Pacífico, à qual se somou o México. Constituída como um contraponto às aspirações regionalistas do bloco progressista em 2011, a aliança se articulou em torno da abertura comercial multilateral, reunindo os países da região que têm acordos de livre-comércio com os Estados Unidos.

Entretanto, este alinhamento internacional divergente não impediu que todos convivessem na Unasul. A constatação de que os países sul-americanos aderiram unanimemente a esta iniciativa e à sua coluna vertebral, a IIRSA, evidencia os limites do progressismo na região. A exportação de matérias-primas foi um denominador comum a todos, entre os que aderiram à Aliança do Pacífico e aqueles que se alinharam à Alba. Mesmo os governos que se autodescreveram como "revolucionários" foram incapazes de avançar uma alternativa ao *extractivismo*, ou seja, a uma economia ancorada na exploração de recursos primários para exportação.

A Venezuela bolivariana ensaiou enfrentar a questão, com resultados insuficientes. Porém, prevaleceram governos que nunca questionaram consistentemente este padrão, a despeito de uma retórica em contrário, plasmada nas constituições do Equador e da Bolívia, ou no discurso neodesenvolvimentista no Brasil e na Argentina. Sob a égide do "consenso das *commodities*", os contrastes entre os governos sul-americanos se diluíram (Svampa, 2017).

Encarada sob o prisma da continuidade econômica e do conservadorismo social, a onda progressista emerge como uma espécie de reciclagem, em que a novidade política foi instrumentalizada para reproduzir o velho padrão de dominação, descrito por Florestan Fernandes como o Estado Autocrático Burguês. Este foi o caso dos governos do PT no Brasil, cujo projeto regional pode ser sintetizado em dois vetores: dependência econômica nos marcos do extrativismo com benefícios relativos para corporações brasileiras, que frequentemente são elos fracos em cadeias de negócios que não comandam; e autonomia política também relativa, cujo limite são os interesses dos Estados Unidos na região.

Em síntese, há uma correspondência entre o alcance e

o limite dos processos identificados com o campo progressista, onde se constata uma mudança política nos marcos da continuidade econômica e a dinâmica no plano da integração regional, em que a Unasul despontou como uma novidade política positiva mas associada à IIRSA, cujo marco logístico aprofundou as estruturas da dependência. Este paradoxo explica a convergência dos países sul-americanos nestas iniciativas regionais, cujo potencial inovador foi, como consequência, limitado. Por outro lado, a ambiguidade entre progressismo político e conservadorismo econômico gerou situações contraditórias, como no caso paraguaio, em que o apoio do Estado brasileiro a setores econômicos que se opuseram à mudança política terminou finalmente por revertê-la.

Assim, se a onda progressista oferece uma prova prática dos constrangimentos ao reformismo como via da mudança nacional, os impasses da integração regional revelam outra face da mesma moeda. A pretensão de abrir brechas no espaço sul-americano conciliando soberania e imperialismo replicou no plano internacional a mágica que o lulismo e governos correlatos pretenderam operar no plano doméstico, conciliando capital e trabalho, burguesia e nação. Porém, a vulnerabilidade da mudança ancorada no continuísmo econômico se explicitou quando a queda no preço das *commodities* alimentou situações críticas na região. A corrosão das bases do pacto social lulista, a derrota eleitoral do kirchnerismo e a crise enfrentada pelo bolivarianismo incidem no processo de integração regional, cuja fragilidade era patente em 2016.[2]

Assim, se a reforma não é um caminho aberto para a

---

2. Em abril de 2018, Argentina, Brasil, Chile, Colômbia, Peru e Paraguai anunciaram que se retirariam da Unasul, agravando a crise da instituição, que não tinha um secretário-geral desde fevereiro de 2017.

mudança social na região, a conciliação com o imperialismo tampouco é uma via para a soberania. Na segunda independência da América Latina, a soberania é indissociável da igualdade, assim como a integração regional é indissociável da revolução.

Parte III.

*Mil vezes pior do que uma derrota
é desviar-se por muito tempo da luta,
ali onde ela se tornou inevitável.*
— Rosa Luxemburgo

*Só imaginando outros mundos
é que este será mudado.*
— Alberto Acosta

Como o propósito de uma análise da onda progressista a partir de uma perspectiva comprometida com a mudança é contribuir para que ela aconteça, desenvolvo a seguir reflexões em torno da articulação entre soberania, igualdade e integração continental, entendidas como referências de um projeto de mudança a ser construído. O enfoque salienta a unidade continental, uma vez que cada situação nacional tem suas particularidades — e também porque a expressão "onda progressista" pressupõe algum nível de inter-relação entre os processos recentes, que de fato projetaram diferentes visões sobre a integração regional. As nove proposições que seguem evidenciam o acanhamento das projeções ensaiadas face aos desafios colocados para a unidade continental, ao mesmo tempo que pretendem pensar o seu devir.

Estas notas incorporam reflexões sobre processos revolucionários exteriores ao continente, notadamente a Revolução Russa. Afinal, a revolução latino-americana não deve ser nem mais nem menos do que um capítulo da necessária revolução mundial.

1. A integração é uma dimensão da revolução latino-americana

No século XXI, a unidade latino-americana revela-se como premissa necessária, embora insuficiente, para salvaguardar a região das tendências desagregadoras que caracterizam o capitalismo contemporâneo. Encarada sob este prisma, a integração deve articular processos de mudança nacionais que incorporem a unidade continental como uma necessidade histórica. Em outras palavras, a integração regional reemerge como dimensão de um movimento que podemos descrever como uma revolução latino-americana, orientado a assumir o controle sobre o próprio destino, subordinando a economia aos anseios e às necessidades do conjunto da população. Pois, como lembra Mariátegui (1990, p. 14), é inviável articular nações incompletamente formadas:

> Mas o que separa e isola os países latino-americanos não é esta diversidade de agenda política. É a impossibilidade de que, entre nações incompletamente formadas, entre nações apenas mal esboçadas em sua maioria, se conspire e articule um sistema ou um conglomerado internacional. Na história, a comuna precede a nação. A nação precede toda a sociedade de nações.

Na América Latina contemporânea, nação, unidade continental e socialismo são indissociáveis na resistência à barbárie.

2. A história exige soluções próprias para problemas próprios

Uma integração orientada a superar a articulação entre dependência e desigualdade deve assumir como premissa a singularidade da formação socioeconômica da região. Seu principal traço é a permanência do legado colonial, que se expressa na orientação extroversa de sua base econômica, apesar do avanço da industrialização e do adensamento do mercado interno em diversos países.

Esta constatação traz duas consequências políticas. Em primeiro lugar, uma formação histórica original exige propostas de integração próprias. Em particular, esquemas transplantados das experiências europeias revelam-se inadequados à realidade continental. Projetos integracionistas que reneguem a especificidade latino-americana arriscam-se a reeditar debates análogos àqueles que informaram o campo democrático no século XX, como o mito do *take off*[3] avançado por Walt Whitman Rostow ou a polêmica em torno da existência de um feudalismo latino-americano (Rostow, 1974; Assadourian & Cardoso *et al.*, 1973).

Já no final do século XIX, José Martí (2000, t. 3, p. 282) salientava dificuldades desta natureza ao analisar os entraves enfrentados por Simón Bolívar:

> Por acaso, em seu sonho de glória, para a América e para si, não viu que a unidade de espírito, indispensável para a salvação e a felicidade de nossos povos americanos, padecia, mais que se ajudava, com sua união em formas teóricas e artificiais que não se acomodavam sobre a segurança da realidade.

---

3. Uma das fases de desenvolvimento econômico pelas quais os países teriam que passar para atingir o desenvolvimento, segundo teoria do referido economista estadunidense, criada no início dos anos 1960. [N.E.]

3. A integração latino-americana será contra a economia

A segunda decorrência da orientação extroversa da economia é a precariedade das bases materiais de um projeto integracionista. Parte-se de uma estrutura produtiva constituída, desde o período colonial, nos marcos de uma inserção subordinada ao mercado mundial, como exportador primário. De modo correspondente, a infraestrutura de transportes, comunicação e energia está ligada ao imperativo de conectar os polos produtores de gêneros de exportação a seus escoadouros logísticos no litoral.

Historicamente, os níveis de troca intrarregional são baixos, pois prevalece a redundância entre as bases produtivas nacionais em lugar da complementariedade, impondo uma concorrência entre os países em lugar da cooperação. Sem dúvida, esta é uma decorrência dos entraves para os países da região comandarem o próprio destino, que se expressam, de um lado, na perpetuação de vínculos de dependência característicos da relação centro-periferia e, de outro, na impotência para estabelecer relações de colaboração regional. Esta questão foi agravada por sua expressão cultural, uma vez que prevalecem influências ideológicas e vínculos políticos e acadêmicos com os países do centro, em detrimento do conhecimento mútuo e da cooperação intelectual intracontinental.

Estas constatações indicam que a integração latino-americana não está inscrita na evolução econômica da região — à maneira como o desenvolvimento das forças produtivas geraria as condições objetivas para o socialismo. Isto porque o movimento da história tem reafirmado a articulação entre dependência e superexploração do trabalho. E, com isso, são reproduzidas as determinações gerais que obstam a integração nas diferentes esferas, tanto econômica e política quanto cultural.

Partindo de uma trajetória econômica adversa, a integração regional será um desígnio político emanado do movimento histórico destas sociedades: a antítese da barbárie reservada à condição dependente. Embora a análise de Jorge Abelardo Ramos (2012, p. 551) sobre a "nação latino-americana", publicada em 1968, evoque uma problemática "unidade essencial" do continente, sua conclusão indica este caminho:

> Fica evidente, pelo que foi dito, que a unidade da América Latina não se postula hoje como exigência do desenvolvimento das forças produtivas na busca do grandioso mercado interno das vinte repúblicas, mas sim, justamente, pela razão oposta. Para nos lançarmos decididamente no caminho da civilização, da ciência e da cultura, e exatamente para desenvolver o potencial econômico de nossos povos, seja pela via capitalista, por meio do capitalismo de Estado, pela rota de um socialismo crioulo ou por uma combinação de todas as opções mencionadas, a América Latina precisa se unir para não se degradar. Não é o progresso do capitalismo, como aconteceu na Europa ou nos Estados Unidos, o que exige, hoje, a unidade de nossos Estados, mas sim a crise profunda e o esgotamento da condição semicolonial de que padecemos.

A revolução latino-americana será contra a economia, ou, mais precisamente, mobilizará a política contra a orientação extroversa da economia. Em última análise, será preciso confrontar o mito do desenvolvimento econômico, expressão periférica da ideologia do progresso.

4. O desenvolvimento deve ser igual e combinado — com o povo e o planeta

A Revolução Russa e todas as revoluções que a seguiram estiveram referidas ao paradigma marxista do desenvolvimento das forças produtivas. Sua premissa fundamental é a necessidade de acelerar a industrialização e a mecanização da produção rural como condições da realização do comunismo na periferia, para que a socialização da produção não se transforme na socialização da pobreza. No plano político, entendia-se o comunismo como a solução histórica para a contradição entre o caráter social da produção e a apropriação privada da riqueza no capitalismo. O comunismo colocaria o potencial produtivo, fruto do progresso capitalista, a serviço da maioria trabalhadora.

A ideia por trás deste paradigma é inatacável: o comunismo almeja a igualdade na abundância. Porém, a dificuldade emerge na história quando o imperativo do desenvolvimento das forças produtivas colide com as exigências políticas do processo de mudança. Talvez o exemplo mais conhecido seja a coletivização forçada da produção camponesa na União Soviética, onde o desígnio de mecanização da produção rural, entendida como necessária para prover alimentos baratos e força de trabalho para a industrialização, colidiu com o modo de vida dos camponeses — e só avançou em meio a um banho de sangue.

O saldo deste processo foi paradoxal: a acelerada industrialização converteu a União Soviética em uma potência econômica, mas sacrificou o lastro popular da revolução. Portanto, não se trata de questões fáceis, mas de dilemas: problemas em que todas as soluções vislumbradas são difíceis. Assim, se a União Soviética não tivesse se tornado uma potência industrial, provavelmente teria sido aniquilada pelo nazismo. Por outro lado, o caminho escolhido para o desenvolvimento alienou a maioria camponesa, colocando em xeque a própria razão de ser da revolução. O processo cubano também viveu e ainda vive seus dilemas. Nos anos 1970, por exemplo, prevaleceu o entendimento paradoxal de que a dependência soviética era necessária para preservar a independência da ilha na Guerra Fria.

No século XXI, há ao menos três motivos para rever este paradigma. O primeiro deles já foi mencionado: o imperativo do progresso atropelou as aspirações populares, alienando a razão revolucionária. Desta problemática decorre uma segunda: a tensão entre centralização — associada à defesa nacional e ao desenvolvimento das forças produtivas — e democratização popular, que detalharei adiante. Por fim, há uma questão de ordem: o mundo pode acabar se a política anticapitalista não subverter a ideologia do progresso. O imperativo ecológico obriga a rever o enfoque da natureza como força produtiva, assim como a emancipação do trabalho será impossível tratando pessoas como recursos humanos.

A equação entre as necessidades do desenvolvimento econômico e o imperativo ecológico não é simples nem consensual na esquerda latino-americana. Na prática, redunda frequentemente em um dilema entre razão de Estado e ideologia, ilustrado de forma lapidar na postura do presidente equatoriano Rafael Correa, que, parafraseando o naturalista alemão Alexander von Humboldt (1769–1859), declarou repetidas vezes: "Não podemos ser mendigos sentados em um saco de ouro".

No polo oposto, o princípio do Bem Viver ilumina os impasses civilizatórios que se projetam para a integração regional. Em primeiro lugar, traduz um rechaço popular ao "extrativismo", o que sugere uma diversificação baseada na industrialização, mas também aponta para uma rejeição ao padrão de desenvolvimento ancorado no crescimento econômico. Esta segunda dimensão crítica se articula a um rechaço generalizado do que podemos sintetizar, nos termos de Karl Marx, como a "sociedade das mercadorias". Em suma, o Bem

Viver reivindica o legado aborígene como fonte de inspiração de um projeto civilizatório alternativo, condizente com a realidade regional, no qual as determinações do desenvolvimento econômico se subordinam aos anseios e às necessidades do conjunto da sociedade — que incluem a preocupação ecológica. Sob esta perspectiva, a integração sul-americana referida à IIRSA é identificada com a perpetuação do legado colonial.

Privilegiar as determinações sociais não significa desconsiderar a dimensão econômica da integração regional, mas sim implicar a política no direcionamento da economia, e não o contrário. Pois uma integração de sentido emancipador deve transcender acordos de livre-comércio ou a interconexão infraestrutural, visando constituir, como observou Celso Furtado (1986, p. 267-8), um autêntico sistema econômico regional:

> Admite-se, presentemente, como mais ou menos evidente, que, longe de ser simples questão de liberalização de comércio, o verdadeiro problema consiste em promover a criação de um *sistema econômico regional*, o que não será tarefa pequena, em razão da orientação anterior do desenvolvimento, dos riscos de agravamento da concentração geográfica tanto das atividades econômicas como da apropriação dos frutos do desenvolvimento, da considerável autonomia com que atuam na região poderosos consórcios internacionais, que controlam não somente atividades de exportação tradicionais, mas também grande parte do setor manufatureiro moderno, das divergências entre as políticas nacionais no controle e orientação dos processos econômicos e de outros fatores de não menor importância.

Em síntese, a integração regional deve estar associada à soberania, exigindo uma política que inverta o sentido da economia, na qual a superação do legado colonial está necessariamente ligada a um padrão civilizatório alternativo.

5. Progresso é andar com as próprias pernas, com a cabeça onde os pés pisam

O desenvolvimento das forças produtivas e a modernização dos padrões de consumo são duas faces do paradigma do progresso que a esquerda deve superar.

Além da igualdade na abundância, a ênfase nas forças produtivas assentou-se em uma segunda premissa: que o socialismo seria mais produtivo do que o capitalismo. Ao final da Segunda Guerra Mundial, a impactante vitória soviética encorajou estimativas sobre quantos anos levariam para ultrapassar as potências ocidentais. Em pouco tempo, os soviéticos desenvolveram a bomba nuclear e, logo, mandaram um cachorro para o espaço.

Retrospectivamente, há quem entenda que isso foi uma ilusão, e que o socialismo se mostrou ineficiente do ponto de vista da produção. O socialismo teria perdido a disputa com o capitalismo no terreno da economia (Blackburn, 2005). Não pretendo discutir qual sistema é mais produtivo — embora eu esteja convencido de que o comunismo, que ainda não vivemos, será mais produtivo. O ponto a enfatizar é que a superioridade do socialismo não precisa estar na produtividade, mas no atendimento aos anseios e às necessidades das pessoas.

Para enunciar a questão em termos weberianos, o debate sobre a eficiência econômica colocado em termos de produtividade dissocia os meios dos fins. Assim, tornou-se comum dizer que o Estado cubano é ineficiente. Mas sob qual critério um Estado que abriga, alimenta, educa, cuida da saúde e defende toda a sua população em meio ao subdesenvolvimento é considerado ineficiente? Ao aceitar o debate nos termos da eficiência econômica, reduzida à produtividade, a esquerda incorporou referências capitalistas para projetar o êxito socialista.

Esta questão tem um desdobramento crucial para a imaginação anticapitalista na América Latina, onde é impossível e indesejável generalizar os padrões de consumo dos países centrais. A integração latino-americana deve construir outro horizonte civilizatório, tendo como valores fundamentais a autodeterminação econômica, a soberania política, a integração social e a autorreferência cultural.

Este não é um enfoque inédito no pensamento crítico do subcontinente. Problematização análoga foi feita por ao menos dois intelectuais em momentos históricos e realidades nacionais diferentes, e que se debruçaram sobre o problema da integração continental. No final do século XIX, José Martí sugeriu desde Cuba um rechaço ao "ódio de classes" que caracterizava as sociedades ocidentais, acenando um caminho civilizatório próprio, angulado em torno das noções de "homem natural" e "equilíbrio do mundo". Quase um século mais tarde, Celso Furtado problematizou a reprodução de padrões de consumo do centro capitalista em sociedades periféricas, onde a estreita base produtiva exigia uma concentração de renda como condição para a realização capitalista. A partir desta perspectiva, o economista brasileiro formulou uma aguda crítica ao "mimetismo cultural" das classes dominantes na América Latina, indicando a impossibilidade de conciliar padrões de consumo importados e integração da população através do trabalho. No século XXI, o ideário do Bem Viver retomou, à sua maneira, uma problemática similar, apontando a necessidade de um horizonte civilizatório alternativo.

Estas reflexões indicam que é preciso subordinar o desenvolvimento econômico aos interesses do conjunto da população — o que, à luz da problemática ecológica no século XXI, implica questionar o paradigma civilizatório ancorado na noção de progresso. Isso não significa rejeitar os avanços da civilização industrial, como Martí e Furtado nunca fizeram, mas sim subordinar os meios aos fins. Para a América

Latina, o paradigma do progresso revela-se tanto inviável quanto indesejável, pois mesmo sua versão exitosa produziu sociedades marcadas pelo individualismo, a alienação e a concorrência, em lugar da vida, da liberdade e da busca da felicidade, como prometia a Declaração de Independência dos Estados Unidos. Onde vingou, o capitalismo central resultou em sociedades pautadas pela acumulação, assentadas na exploração dos trabalhadores e do meio ambiente, tanto na pátria como no estrangeiro. É preciso lembrar que nesta realidade, como disse Walter Benjamin, todo documento de cultura é também um documento de barbárie.

Adotando perspectiva distinta, a integração da América Latina, assim como o socialismo, é uma utopia da abundância que aponta para o futuro, mas que não faz escala em Miami. Ou seja: é preciso adequar o padrão de consumo às bases materiais das sociedades periféricas, o que envolve uma descolonização cultural e uma reorientação produtiva que rompa com a concentração e o privilégio, em favor da integração social. A abundância que se almeja não está embasada no consumismo moldado pela indústria da propaganda. A emancipação cultural implica libertar-se também da modulação das necessidades humanas pelos imperativos do capital. Trata-se, em síntese, de controlar o ritmo, o tempo e a orientação da inovação social: andar com as próprias pernas, a passos que sejam do tamanho delas, na direção do interesse comum.

6. Valores não somente opostos, mas diferentes daqueles do capitalismo

A compreensão de que a hegemonia neoliberal articula coerção e consenso implica assumir a cultura como um terreno em disputa, no qual a principal arma anticapitalista são valores radicalmente diferentes.

O socialismo será, eventualmente, um sistema social de maior eficiência produtiva. Mas precisa ser imediatamente superior nos planos político, social e cultural. Deve ser politicamente mais democrático, porque a antítese do liberalismo burguês não são operários no parlamento, mas parlamentos operários — como foram em sua origem os sovietes. Deve ser socialmente mais humano, porque contempla as necessidades básicas da população, em oposição ao desamparo que marca as sociedades contemporâneas. Deve ser culturalmente diferente porque regido por valores antitéticos ao capitalismo, como a solidariedade, o altruísmo e o contentamento. A superioridade também será econômica, mas o critério imediato não deve ser a produtividade, e sim a prática de relações de produção democráticas, favorecendo a reapropriação do trabalho pelo trabalhador.

Na América Latina, esta subversão dos valores precisa estar associada a uma profunda descolonização cultural: é preciso deixar claro que a igualdade impõe outras referências culturais e outro padrão de consumo. Esta proposição indica a necessidade de um esforço contínuo e de longo prazo para desmontar o que Antonio Gramsci chamou de "senso comum", construindo uma visão contra-hegemônica sobre o horizonte civilizatório do continente. Este esforço tem três dimensões principais.

Primeiramente, como já mencionado, é preciso explicitar a incompatibilidade entre a integração do conjunto da população através do trabalho e os padrões de consumo copiados dos países centrais. Nas antípodas do mito do crescimento econômico, a democratização do consumo exige uma adequação da estrutura produtiva às necessidades do conjunto da população, em um movimento que contradiz a modernização dependente. É preciso explicitar os nexos entre modernização dos padrões de consumo e concentração de renda, mostrando sua relação antitética com o controle sobre o espaço econômico e a igualdade social (Furtado, 1974). Em suma, é necessário evidenciar que, no atual momento histórico, é preciso optar entre modernização e concentração, ou soberania e democratização.

Uma segunda dimensão, que decorre da primeira, é a importância da descolonização cultural. Esta proposição, que é mais fácil dita do que feita, tem múltiplas implicações, desde o padrão de consumo até a teoria social, passando pelo racismo e as referências culturais. Longe de ser um fenômeno restrito às classes dominantes, a admiração das expressões culturais do capitalismo central — e dos Estados Unidos em particular — é um fenômeno que perpassa todas as classes sociais e também diferentes espectros políticos, embora em diferentes graus de intensidade.

A outra face deste fenômeno é um sentimento de inferioridade em relação ao que é nativo. Por isso, o ponto de partida para enfrentar o colonialismo cultural é a valorização do que é próprio em todas as suas dimensões, o que envolve um reconhecimento da especificidade continental. Não se trata somente de uma questão de fundo humanístico, reivindicando-se o estatuto civilizatório de diferentes culturas, mas de uma questão política central em um horizonte de autodeterminação. Porque os valores pelos quais se avalia o êxito de uma empreitada latino-americanista devem ser outros, referidos à autonomia e à democratização, ao equilíbrio ecológico e à realização das potencialidades humanas.

A terceira dimensão aponta para uma conscientização sobre as determinações históricas que irmanam o destino dos países latino-americanos. A despeito dos obstáculos econômicos, históricos e culturais para a integração continental, o movimento em direção à internacionalização da produção e à financeirização do capital, ao qual corresponde a formação de blocos regionais, torna ainda mais improvável a superação dos dilemas comuns em escala nacional. A unidade continental reemerge no século XXI como uma necessidade histórica.

Será preciso superar uma visão instrumentalizadora da integração entre países vizinhos. Uma integração de sentido emancipador não pode ser pautada pela lógica da concorrência econômica e da dominação política, mas deve se orientar pela busca do bem comum, privilegiando a cooperação econômica e a solidariedade política, respeitando-se o direito à autodeterminação dos povos. Uma diplomacia da generosidade deve ser assumida e praticada com altivez na região, principalmente pelo Brasil, cultivando um casamento a ser selado não somente por dinheiro, mas também por amor.

7. A igualdade no trabalho contra o capital

A premissa de que a superação do subdesenvolvimento na América Latina exige a superação do capitalismo e tem como horizonte a igualdade substantiva, enseja a reflexão crítica sobre o processo soviético, que assombrou a direita com o espectro da revolução e jogou uma sombra sobre a política revolucionária no século passado.

Em sua análise sobre a União Soviética, István Mészáros diagnosticou uma sociedade pós-capitalista que não foi além do capital. Na visão do intelectual húngaro, o capital é constituído pelo tripé propriedade privada, trabalho assalariado e Estado. Ao romper apenas com o primeiro elemento deste tripé, a União Soviética abalou um elemento fundante do capitalismo — a propriedade privada dos meios de produção —, mas o sistema metabólico do capital manteve-se intacto: por isso a União Soviética é descrita como uma sociedade pós-capitalista que não superou a tirania do capital (Mészáros, 1996).

Esta análise sugere que as revoluções contra o capital no século XXI serão mais e não menos radicais do que a experiência soviética. Porque além de superar a propriedade privada dos meios de produção — a contradição entre o caráter social da produção e o caráter privado da apropriação —, é preciso enfrentar as outras duas pernas do capital.

Portanto, será necessário romper com a hierarquia nas relações de trabalho. A experiência histórica mostra que abolir a propriedade privada dos meios de produção é uma condição necessária, porém insuficiente, para superar a alienação do trabalho. Isso exigirá que os produtores se apropriem do processo de produção: o socialismo entendido como a autogestão dos produtores associados.

Esta também não é uma tarefa simples ou imediata. Entre outras coisas, porque uma dimensão da alienação capitalista é tornar os trabalhadores descrentes ou desinteressados da apropriação do trabalho, assim como da política. Mencionamos um exemplo concreto durante a Revolução Cubana, quando a maioria absoluta dos trabalhadores rurais optou por trabalhar para o Estado em lugar de aderir a uma cooperativa. No penúltimo país a abolir a escravidão nas Américas, os lavradores pareciam contentes em ter um patrão decente, e não ambicionavam comandar a si mesmos.

Portanto, a hipótese revolucionária enfrenta outro dilema: como instituições e seres humanos forjados sob o capitalismo constroem uma sociedade não capitalista?

8. Um Estado forte que não me coma

A noção do socialismo como processo de transição do capitalismo para o comunismo advém da compreensão de que é necessário construir as condições objetivas e subjetivas para uma sociedade sem propriedade privada, sem classes sociais e sem Estado. O diagnóstico subjacente é que as relações econômicas e sociais, além da cabeça das pessoas forjadas sob o capitalismo, não têm condições de mergulhar sem mediações no comunismo, arriscando-se a uma desorganização social que levaria, em última análise, à restauração capitalista.

O livro que Lênin acabou às pressas, porque considerava "mais importante fazer uma revolução do que falar sobre ela", consagrou o Estado como o principal instrumento desta transição. Em consonância com o ideário comunista, assumiu-se que o Estado é uma instituição de dominação de classe, mas nesta situação histórica serviria ao interesse da maioria: é a ditadura do proletariado. Confrontada com a impossibilidade de liquidar esta perna do capital, a revolução pretendeu invertê-la (Lênin, 1986).

Daí em diante, a aposta principal para construir a sociedade anticapitalista onde a revolução triunfou foi o Estado operário e camponês. Na prática, porém, a concepção do Estado como instrumento da transição ao comunismo, que seria uma sociedade sem Estado, deparou-se com um paradoxo de difícil solução: como afirmar o Estado pós-revolucionário enquanto instrumento da transição e, simultaneamente, torná-lo prescindível? Em suma, como fortalecer-se e fenecer ao mesmo tempo?

Além deste argumento propositivo, que concebe o Estado como instrumento da transição, o dilema estatal tem uma segunda dimensão, de caráter defensivo. A centralização do poder se mostrou necessária para enfrentar a contrarrevolução, desencadeada por qualquer revolução. A experiência histórica, desde a Revolução Francesa até a Cubana, passando por processos frustrados como a Revolução Mexicana ou a Guerra Civil Espanhola, revela este impasse: a centralização do poder foi necessária e eficaz para derrotar a contrarrevolução, mas militou contra o potencial democratizador original destes processos.

No caso soviético, a centralização exigida pela guerra civil foi parcialmente revista na economia com a adoção da Nova Política Econômica (NEP). Mas não houve um movimento análogo no plano político, o que contribuiu para a consolidação posterior do stalinismo. No caso cubano, em que persistiu um notável compromisso do Estado com a igualdade e a soberania, Martínez Heredia sintetizou o dilema colocado pela exigência de centralização do poder nos seguintes termos: "Como fazer um Estado forte que não me coma?".

Porque na América Latina, onde a dominação capitalista foi descrita por Florestan Fernandes (1975) como "imperialismo total", a defesa da revolução será sempre premente. Apesar dos abusos e distorções que podem ser apontados, há uma inegável sabedoria no processo cubano que resiste há décadas, quando nacionalistas bolivianos, socialistas chilenos, sandinistas, entre outros, sucumbiram. Esta é uma questão central, frequentemente elidida por formulações que remetem ao zapatismo, sugerindo mudar o mundo sem tomar o poder, ou referidas ao Bem Viver. Estas elaborações aportam uma crítica pertinente e necessária ao caráter antipopular da política estatal no subcontinente, inclusive sob governos progressistas. Porém, é preciso responder na teoria e na prática aos desafios concretos que o imperialismo coloca.

Assim como a produção industrial em pequena escala dificilmente atenderá as necessidades materiais das sociedades contemporâneas, é improvável que a política descentralizada defenda com eficácia um país do imperialismo. Esta dupla constatação dos constrangimentos para generalizar nas sociedades periféricas a abundância, ainda que emancipada dos padrões da publicidade capitalista, associada à exigência de defesa da revolução nos marcos do imperialismo, é o que renova a atualidade do comunismo como uma utopia mundial.

Em outras palavras, enquanto a integração econômica subordinar-se à racionalidade mercantil e a dominação imperialista for uma realidade, o Estado nacional será um instrumento necessário para defender econômica e militarmente as sociedades que desafiam a ordem. No século XXI, a igualdade na abundância e a sociedade sem Estado seguem vigentes como paradigmas do comunismo, assim como a revolução mundial.

9. Não há alternativa ao poder popular

A democratização das relações de produção, assim como a democratização da política, foram contidas em revoluções passadas em função dos imperativos da produção e da defesa. Deparando-se com homens e mulheres forjados pelas sociedades que pretendiam superar, lideranças revolucionárias desconfiaram, compreensivelmente, do protagonismo popular, centralizando a direção da economia e da política.

Porém, a hierarquização do trabalho e o fortalecimento do Estado bloquearam a superação do capital, e a restauração capitalista apoiou-se nestas duas pernas do tripé. Com base na experiência histórica, a solução do dilema "centralização *versus* democratização" parece se impor: a infalibilidade do comitê central deve ceder espaço à espontaneidade do poder popular (Luxemburgo, 2017). A ditadura do proletariado dará lugar à transição concebida como uma pedagogia da práxis.[4]

Se a origem do comunismo no século XIX esteve vinculada à ciência, e seus primeiros ensaios históricos no século XX

---

[4]. A noção de práxis entende a história como um processo ilimitado de dupla transformação das relações do homem com o meio, que forja sua própria natureza. Segundo esta perspectiva, não existiria uma essência humana imanente, mas é sua natureza prática e histórica, como ser que se produz socialmente, que a define. É esta consciência da produção e da autoprodução como características constitutivas da natureza humana que está na raiz da unidade entre teoria e prática que fundamenta a problemática da formação da consciência de classe e da superação do capitalismo do ponto de vista do materialismo histórico. Sobre isso, ver Sánchez Vázquez (2007).

ossificaram-se como dogmas, a práxis do século XXI precisará acreditar na espontaneidade enquanto caminho para a autodeterminação dos trabalhadores: menos ciência e mais espontaneidade, entendida não como voluntarismo ou improvisação, mas como expressão criativa do humano. A criatividade intrínseca à aurora da revolução, momento em que os trabalhadores "tomam o céu de assalto", revela que, com uma situação histórica nova, brotam respostas históricas originais. Foi isso o que se entreviu na Comuna de Paris em 1871.

A estratégia bolchevique em 1917 teve como pano de fundo o massacre com que terminou a breve experiência da Comuna. Na Revolução Russa, que influenciou todas as revoluções seguintes, a exigência de centralização do poder para derrotar a contrarrevolução foi sucedida pelo temor da contrarrevolução vinda de dentro e de fora, respondido com a centralização estatal como meio de controlar o processo. O fato de que os bolcheviques tomaram e sustentaram o poder, abrindo a *possibilidade* de construir pela primeira vez na história uma sociedade em que a exploração de classe fosse abolida, é um feito político extraordinário.

Por outro lado, o imperativo da sobrevivência abafou a criatividade original do processo. Rapidamente, a defesa da revolução se confundiu com a defesa do Estado, e a razão de Estado suplantou a revolução mundial. Na União Soviética, como em outras revoluções que a sucederam, o Estado distanciou-se do ideário que o legitimou na origem, atuando frequentemente em um sentido contrarrevolucionário. Assim como o desenvolvimento econômico se tornou um fim em si, o comando do Estado também se converteu em um fim em si. No conjunto, o poder econômico e o poder político se alienaram do propósito original: o poder popular.

Entendo que o poder popular se mostra como o único caminho para enfrentar o poder econômico e cultural do capital no século XXI. A equação dos dilemas da "eficiência *versus* democratização da produção", assim como da "centralização *versus* democratização da política", só encontrará resposta na própria experiência histórica, em experiências que confiem na iniciativa da classe trabalhadora. Este é também o caminho para afirmar uma cultura radicalmente diferente, assentando as bases da sustentação popular necessária a qualquer revolução igualitária. Os trabalhadores defenderão uma sociedade que seja deles, por mais imperfeita que seja.

É possível que, por esta via, se tracem mais curvas do que retas. O mais importante é romper com o sistema metabólico do capital e não andar em círculo, mesmo que seja um círculo de décadas de comprimento. Nesta perspectiva, os meios revelam-se tão ou mais importantes do que os fins. A aposta leninista no Estado operário e camponês no século XX precisará conviver, no século XXI, com a hipótese da autodeterminação das massas formulada por Rosa Luxemburgo. Cem anos depois de outubro, a observação de que é preferível errar com o povo do que acertar sem ele parece incontornável.

Parece desejável, afinal de contas, uma sociedade menos eficiente, mas mais feliz. Pode ser que assim não plantemos a bandeira vermelha na Lua nem vençamos os Jogos Olímpicos. Mas quem sabe cultivaremos a sabedoria das crianças uruguaias que jogavam futebol nas ruas e cantavam: "*Ganamos, perdimos, igual nos divertimos*" (Galeano, 1995).

Referências bibliográficas

ABELARDO RAMOS, Jorge. *História da Nação Latino-Americana*. Florianópolis: Insular, 2012.

ASSADOURIAN, Carlos Sempat; CARDOSO, Ciro Flamarion Santana; CIAFARDINI, Horacio et al. *Modos de producción en América Latina*. Buenos Aires: Siglo XXI, 1973.

BLACKBURN, Robin (org.). *Depois da queda: o fracasso do comunismo e o futuro do socialismo*. São Paulo: Paz e Terra, 2005.

FERNANDES, Florestan. *Capitalismo dependente e classes sociais na América Latina*. Rio de Janeiro: Zahar, 1975.

FURTADO, Celso. *A economia latino-americana*. São Paulo: Companhia Editora Nacional, 1986.

____. *O mito do desenvolvimento econômico*. Rio de Janeiro: Paz e Terra, 1974.

GALEANO, Eduardo. *El fútbol a sol y sombra*. Buenos Aires: Siglo XXI, 1995.

LÊNIN, Vladimir I. *O Estado e a Revolução*. São Paulo: Hucitec, 1986.

LUXEMBURGO, Rosa & LOUREIRO, Isabel. *Textos escolhidos*. São Paulo: Unesp & Fundação Rosa Luxemburgo, 2017.

MARIÁTEGUI, José Carlos. *Temas de Nuestra América*. Lima: Amauta, 1990.

MARTÍ, José. *Obras Escogidas*. Havana: Editorial de Ciencias Sociales, 2000.

MÉSZAROS, István. *Beyond Capital*. Nova York: Monthly Review Press, 1996.

ROSTOW, Walt Whitman. *Etapas do desenvolvimento econômico*. Rio de Janeiro: Zahar, 1974.

SÁNCHEZ VÁZQUEZ, Adolfo. *Filosofia da práxis*. São Paulo: Clacso & Expressão Popular, 2007.

SVAMPA, Maristella. *Del cambio de época al fin de ciclo: gobiernos progresistas, extractivismo y movimientos sociales en América Latina*. Buenos Aires: Edhasa, 2017.

Sobre o autor

FABIO LUIS BARBOSA DOS SANTOS é doutor em História Econômica pela Universidade de São Paulo (USP), professor do curso de Relações Internacionais da Universidade Federal de São Paulo (Unifesp) e autor dos livros *Além do PT: a crise da esquerda brasileira em perspectiva latino-americana* (Elefante, 2016) e *Origens do pensamento e da política radical na América Latina* (Unicamp, 2016). É também um dos organizadores de *Cuba no século XXI: dilemas da revolução* (Elefante, 2017).

[cc] Editora Elefante, 2018
[cc] Fabio Luis Barbosa dos Santos, 2018

Primeira edição, novembro de 2018
Terceira reimpressão atualizada e ampliada, março de 2022
São Paulo, Brasil

Você tem a liberdade de compartilhar, copiar, distribuir e transmitir esta obra, desde que cite as autorias e não faça uso comercial.

Dados Internacionais de Catalogação na Publicação (CIP)
Angélica Ilacqua CRB-8/7057

Santos, Fabio Luis Barbosa dos
 Uma história da onda progressista sul-americana (1998-2016) / Fabio Luis Barbosa dos Santos. -- São Paulo : Elefante, 2018.
 648 p.

ISBN 978-85-93115-18-9

1. América Latina - Política e governo 2. América Latina - Ciência política 3. América Latina – Partidos de esquerda 4. Progressismo I. Título

18-1902   CDD 320.980

Índices para catálogo sistemático:
1. América Latina - Política e governo

EDITORA ELEFANTE
editoraelefante.com.br
editoraelefante@gmail.com
fb.com/editoraelefante
@editoraelefante

Sol Elster [comercial]
Samanta Marinho [financeiro]
Isadora Attab [redes]
Camila Yoshida [mídia]

FONTES More Pro & National
PAPÉIS Cartão 250 g/m² & Ivory slim 65 g/m²
IMPRESSÃO BMF Gráfica